本书由2018年度国家社会科学基金教育学项目"计量分析视角下的民国前期中央教育行政研究"（编号：BOA180050）资助出版

1912—1928

民国前期教育部研究

阎登科 著

Minguo Qianqi

Jiaoyubu Yanjiu

中国社会科学出版社

图书在版编目（CIP）数据

民国前期教育部研究：1912—1928 / 阎登科著 . —北京：中国社会科学出版社，2020.5

ISBN 978 – 7 – 5203 – 6142 – 2

Ⅰ.①民… Ⅱ.①阎… Ⅲ.①教育部—研究—中国—1912 – 1928 Ⅳ.①G529.6

中国版本图书馆 CIP 数据核字（2020）第 045953 号

出 版 人	赵剑英	
责任编辑	田　文	
责任校对	张爱华	
责任印制	王　超	

出　　版	中国社会科学出版社	
社　　址	北京鼓楼西大街甲 158 号	
邮　　编	100720	
网　　址	http://www.csspw.cn	
发 行 部	010 – 84083685	
门 市 部	010 – 84029450	
经　　销	新华书店及其他书店	

印　　刷	北京君升印刷有限公司	
装　　订	廊坊市广阳区广增装订厂	
版　　次	2020 年 5 月第 1 版	
印　　次	2020 年 5 月第 1 次印刷	

开　　本	710×1000　1/16	
印　　张	23	
插　　页	2	
字　　数	389 千字	
定　　价	108.00 元	

凡购买中国社会科学出版社图书，如有质量问题请与本社营销中心联系调换
电话：010 – 84083683

序

　　民国前期（1912—1928）在中国近代教育发展进程中具有特殊的地位。辛亥革命推翻了清王朝的统治，这是中国历史发展进程中的一次重大飞跃，是中国从传统社会向近代社会转变过程中的一个重要里程碑，中国教育近代化或曰早期现代化由此进入一个新的历史时期：在短短的十几年间，实现了教育宗旨的新旧嬗变，制订了具有重大影响的《壬子癸丑学制》和《壬戌学制》，完成了发展模式从师法日本到取向欧美的转型；义务教育的付诸实施，职业教育的兴起，社会教育的开创，高等教育的改制，国语运动的深入，收回教育主权运动的蓬勃，多姿多彩空前活跃的思想理论氛围的出现，等等，所有这些在中国教育早期现代化进程中具有标志性意义的事件，几乎都是在这一时期实现的。中国教育早期现代化的基本内涵追求民主、崇尚科学、强调实用、求新知于世界等等，第一次在理性思考和实践活动两个层面得到较为全面的展现。

　　我们知道，民国前期即所谓北洋政府时期是一个军阀横行、战祸频仍、政局动荡、民不聊生的时代。为什么在这样的大背景下，传统教育的变革和新式教育的推进能取得如上实绩，这实在是一个值得深入探讨的问题。在已有的研究成果中，人们比较多地着眼于从专制政体的崩溃和中央政府的软弱这两个角度切入，认为前者给教育理论、教育思想的多彩纷呈提供了空间，而后者则为民间社会力量的充分介入和展现提供了可能。这种分析是合理而有成效的，对某些问题的解释很有说服力；但是，似乎又不够全面。因为，教育作为一项国家事业，要在全国范围内取得一定的进展，无论是法规、制度、政策的制订层面，还是在具体的实施实践层面，缺乏全局性的统领、整合、推动与监督，显然是不可能的。换言之，要想丰富对这一时期教育发展实况的认识和理解，对全国最高教育行政机构教育部的所作所为进行深入的考察，应该是一个绕不过去的话题。阎登科博士的新作《民国前期教育部研究（1912—1928）》在这方面是一个很好的尝试。

对于北洋政府时期教育部的状况，人们经常喜欢用两句话概括，一句是教育总长"走马灯似地你方唱罢我登台"换人极其频繁，另一句话是"政令不出都门"。应该说，这两句话从某种程度上讲都有其真实的一面，也可能正是由于这样一种印象令人望而生畏，所以，学术界对于北洋政府时期教育部的关注远远不够，成果相当薄弱。登科攻读博士学位期间，社会上的"民国教育热"方兴未艾，"民国教育"甚至一度成了坊间街谈巷议、网络上各种帖子的主题词。在我们商定他的博士论文题目时，他对民国教育表现出极大的兴趣。根据他的知识结构和学术积累，我同意这一方向；但是，建议他不要去选那些"短、平、快"，容易出成果、容易博"眼球"的题目，应该沉下心来做一些有难度、具有挑战性、前人涉足较少的题目。几经商量，他把北洋政府时期的教育部作为论文研究内容，经过三年多时间的努力，博士论文《民国前期教育部研究（1912—1928）》顺利通过答辩。论文通过后，他没有急着出版，又放了四五年，其间不断地收集扩充材料，调整、完善结构，力求有新的提升。现在，《民国前期教育部研究（1912—1928）》一书终于出版，向登科表示祝贺也为他高兴。

关于本书在学术上的得失，读者诸君在阅读之后自然会有自己的感受。在这里我只想说两点看法，一是全书的框架结构比较合理。上篇集中梳理教育部自身发展演变的线索，分别从机构与职能、人事组织及演变、行政路向和活动轨迹三个层面切入，考察了1912年至1928年间上述三个层面的变迁，从教育行政近代化的角度对教育部总体发展演变情况作出了深入剖析。下篇则围绕教育部与民国前期教育事业的关系展开，对教育部在学制演变、义务教育、社会教育、国语运动及收回教育主权等五个领域的所作所为进行考察，即是说，从中国教育近代化的视野对教育部的工作作出客观的评判。这样两条线索相辅相成，易于给读者形成比较完整的印象。二是资料工作做得比较细。说实话，这一时期由于政治失序、军阀混战、党派林立、社会不稳定，给史料文献的收集和使用造成很大的不便。在这方面作者下了不少功夫，翔实的资料不仅为作者观点的形成提供了有力的支撑，也为后来的研究者提供了很大的方便。

民国前期教育部的研究还有许多工作要做，在我的印象中，整个中国近代教育行政机构的研究，无论是方法论层面还是史料的发掘利用层面都还有很大的空间，希望登科结合自己的工作，沿着这一大的方向，继续努力，有更多的成果问世。是为序。

田正平
庚子年清明前夕于浙大西溪校区

目　　录

上篇　民国前期教育部的自身发展演变

下篇　民国前期教育部与教育事业的推进

第一章 导论

第一节 选题缘起及意义

民国前期（1912—1928）是中国教育发展历史上的重要时期，尽管全国范围内政局动荡不安、经济紊乱失序，教育事业仍然艰难地实现着由传统向近代的转型。作为领导和管理全国教育事业的中枢，这一时期的教育部虽深受外部环境影响，自身运转颇为动荡，施政路向多有变化，但总体上看，它在时代大潮的冲击和各种教育力量的推动下，制定和实施了一系列推动教育发展的政策和措施，在中国教育由传统向近代的过渡和转型过程中充当了重要角色。因而无论是考察这一时期政治、经济、文化等领域的深刻变化对教育事业的影响，还是从教育行政活动中全面认识这一时期教育事业发展的艰难曲折，抑或是深入考察近代中国教育行政的发展历程，作为中央教育行政机关的教育部无疑都是一个很好的切入点。

迄今为止，关于民国时期教育的研究已很丰富，既有关于这一时期教育整体发展状况的系统性研究成果，也有关于这一时期教育制度、教育行政等的大量论著和文章。但是，相对于民国后期国民政府教育部的研究成果而言，民国前期教育部研究尚未引起学人足够的重视，不仅把民国前期教育部作为特定对象的整体性研究成果尚未及见，而且对其在动荡时局下所表现出的阶段性和复杂性特点也存在着认识上的不足，至于其在民国前期教育发展过程中的作用更遑有论及。因此开展民国前期教育部研究，全面考察教育部自身各方面的发展变化，不仅有助于我们厘清其历史面貌和时代特征，而且通过考察教育部在动荡环境下推动教育事业发展的途径、方法及成效，能够生动再现教育近代化进程的艰难情景。

机构的设置和职能的分配是行政机关得以运作的前提和基础。作为中央政府组成部分之一，教育部机构的设置和职能的分配与中央政府的组织进程相一致，在主要受政治局势影响的同时，也受到经济因素和其他诸多因素的制约。机构设置和职能分配的原则是中央教育行政近代化发展水平的标志，它是否科学合理，直接关系到机构运作是否高效。中央教育机构因应教育形势发展的需要还会新设或改造附属机构和地方教育行政机关。因而考察教育部机构设置和职能分配的发展变化，不仅可以直接反映政治、经济、文化等社会因素对教育行政机构设置和职能分配的影响，也有利于进一步认识教育部在自身近代化过程中所做的努力。

人是行政机关运作的主体，是行政机关职能实施的具体筹划者和实施者，教育部工作人员的素质决定着教育行政的效率和水平，它的发展演变又影响着教育行政的方向。作为中央教育行政机关，民国前期教育部深受纷扰政局的影响，其组织人事表现出"多变"的一面。这种"多变"主要体现在教育总长的更迭以及教育总长更迭而引起的教育部内部人事的频繁调整。与"多变"相对，教育部组织人事也有相对稳定的一面。其主要原因之一即是在动荡的政局中，军阀们对文化教育事业无暇顾及，采取自由放任的态度，教育部被认为是"闲曹"而为各方政客所不屑，除教育总长以外的教育部组成人员包括次长在内，虽然变动幅度大小不一，但相对总长的频繁更迭而言又有稳定的一面，这一特点有利于教育部在动荡时局下保持正常运转，从而一定程度上能够持续地采取一系列推进教育发展的措施。全面考察教育部组织人事"多变"和"稳定"的双面，整体把握和认识教育部人事变化轨迹及其成因，不仅能够较清晰地反映政治经济等因素对教育部在人事方面的直接影响，而且能较好地解释外在环境影响转化为教育部施政行为的内在机制。

作为中央行政机构，教育部肩负领导和管理全国学务重责，全面筹划全国教育、持续推进教育发展是其职能所在，但在矛盾丛生的民国前期，受政治经济文化等因素的综合影响，教育部在不同历史阶段呈现出不同的行政路向和活动轨迹。受政治局势影响，不仅教育宗旨等大政方针因政局变幻而更易，而且教育制度的完善过程也因政治动荡而进展缓慢，其推进的力度和范围更因各个阶段政局的发展而表现各异。经济领域的深刻变革对教育目标、内容及方法等产生了革新要求，而财政困窘直接阻碍了教育部推进教育发展的努力。文化领域中民主科学旗帜的高扬、中西文化的汇聚激荡激发民间教育力量的兴起，并逐渐成为影响中央教育决策的重要因素，而且文化领域的变革往往对教育部人员产生更直接的影响，从而使教育部行政活动方向、内容及侧重点有所调整。因而考察教育部行政路向及其活动轨迹，既有助于认识外在环境对教育部行政活动的影响，也有利于整体把握教育部为推进教育事业所做的各种努力。

民国前期中国教育基本完成了由传统向近代的过渡和转型，这一过程是在政治动荡、经济紊乱、文化失范的艰难困境中完成的。作为中央教育行政机关，教育部对全国教育事业的推动难言系统，诸如对全国学务的整体规划、教育经费的统筹安排均无能为力，但教育部对教育发展中的重大事项也曾给予足够的重视，如这一时期两部学制的制订、义务教育的推进、国语运动的开展、社会教育的开拓以及教育主权的回收等等，作为中央教育行政机关，教育部都曾作出了巨大和艰辛的努力。分专题深入考察这一时期教育部推动教育发展的举措及其成效，有利于深入认识民国前期教育部与这一时期教育事业整体关系，客观评价其在教育近代化进程中的历史作用。

总之，对民国前期教育部进行多角度、多层次考察，能使我们整体把握其机构、职能、人事等各方面的发展沿革及特点，在不同层面展现教育部为推进教育发展所做的各种努力，有利于客观评价它在中国教育由传统向近代过渡和转型进程中的贡献和影响，从而丰富近代教育行政史和民国教育史的研究。

第二节　研究成果综述

一　1949 年以前的相关研究成果

（一）教育通史、断代史类

较早涉及民国前期教育部相关活动的通史类著作是王凤喈所著《中国教育史大纲》，作者以学制演变为界把民国前期分为民国新学制颁布时期（1912—1921）和学校系统改革时期（1922 年以后），从教育宗旨、学校系统、教育政策三方面进行概述，但对教育部自身沿革并未涉及。[①] 方秉性所著《中国教育史》从教育行政机关沿革、学制变迁、新教育趋势三方面描述了民国以来的教育发展状况，对于民国前期教育部仅列出组织结构图，叙述甚为简略，而对地方教育行政机关叙述稍详。作者还简要分析了政治局势对民国前期教育的影响，认为此时期"秉国钧者，辄以教育为闲曹"，凡事因循，且旧习已深，导致民国元年教育方针效力不佳。袁世凯时期兴起的读经思潮虽事未成，但"其后数年之教育现象者，未始非此紊乱政治为之历阶"，欧战告终为导致教育宗旨调整之重要因素等。[②] 对笔者颇有启发。陈青之所著《中国教育史》以教育制度为主线，把民国前期教育划分为"日本式"和"美国式"前后两段，前段截止到1918年欧战告终，后段截止到1926年"三·一八"惨案。认为前段教育"进步的速度，民国初年尚不及前清末年之大"，并予以数量上的统计说明；对民国前期中央、省、县教育行政机关也有简要述及，还从教育总长的教育思想入手探讨教育思潮与教育宗旨、教育政策的关系。对于后段教育，认为新文化运动特别是五四运动促进了思想解放，使平民主义教育思潮盛行，对教育行政的影响则是集中于学制演变，中央教育行政重心在县教育行政机关的变革，教育部此期成为留美学生把持教育大权的总机关。[③] 1931年商务印书馆出版《最近三十五年之中国教育》，在教育行政篇中叙述了民国前期教育部职掌和地方教育行政机关的变迁，认为教育部历任长官于额外添设人员，致使教育部"民国十年以后，冗员充塞"，县教育行政则历经民国初期劝学所、学务课及学务委员会等紊乱局面至教育局的转变，此外其他各篇也有涉及教育部之处。[④] 1932年出版的陈翊林著《最近三十年中国教育史》把民国前期称为新教育"改造期"，在叙述时代背景与教育思潮的基础上，分教育制度、初等教育、中等教育、高等教育、实业教育、师范教育、留学教育及收回教育权等专题评述了这一时期的教育发展，认为此时期教育的积极方面有重视高等教育、改组中等教育、教育成为专门研究和男女同学，但同时又存在着中央教育行政受政治影响太深、始

① 王凤喈：《中国教育史大纲》，商务印书馆1930年版。

② 方秉性编辑，汪懋祖校正：《中国教育史》，浙江印刷公司1937年版。

③ 陈青之：《中国教育史》，中国社会科学出版社2009年版。

④ 商务印书馆编：《最近三十五年之中国教育》，商务印书馆1931年版。

终面临学潮、推翻师范独立制度等消极方面。① 同年出版的萧恩承所著《中国近代教育史》，对清末民初教育部官制、省县教育行政设置、视学制度、教育部与全国教育会联合会的关系等进行了评述。② 1934 年出版的周予同所著《中国现代教育史》把民国前期分为学制颁行时期和新学制修订时期，分别从教育宗旨、教育行政、学校系统等八个方面讨论了教育发展情况，其中教育行政篇涉及教育部官制及职能变迁，省、县两级教育行政机构的大致变迁，作者认为虽然民国前期教育部官制规定科员应精简，但"历任总长每每添设办事员、行走、帮办等职"，又渐现"官僚政治的丑态"，县级教育行政的紊乱一方面是"对于旧日劝学所制还没有明文规定"，另一方面受当时地方官制影响。③

（二）教育行政、教育制度类

此类著作中最早把民国前期教育部纳入研究范围的是郭秉文，他于 1914 年完成的哥伦比亚大学博士论文《中国教育制度沿革史》是"中国第一部具有通史性质的教育制度史"④，该著从民国元年暂行教育政策、临时教育会议、新教育宗旨和教育部官制、民元学制系统及课程标准等方面勾勒了民初教育部的活动情况，对教育部官制调整、视学制度作了简要介绍，于地方教育行政也有述及。⑤ 进入 20 世纪 30 年代，教育史研究迎来高潮期，姜书阁著《中国近代教育制度》、张季信著《中国教育行政大纲》和薛人仰著《中国教育行政制度史略》是这一时期教育制度类和教育行政类的代表作。姜氏的著作从教育宗旨、行政制度、视导制度、义务教育、学校教育、私立学校、留学制度、社会教育制度等方面对近代教育制度进行了梳理，对教育部官制调整及地方教育行政制度沿革、教育视学演进讨论比较深入，其他各章也涉及民国前期教育部的相关内容，并呈现出较为清晰的线索。⑥ 张季信的著作取比较的研究方法，从教育行政机关之组织、教育经费、教育制度三方面对清

---

① 陈翊林：《最近三十年中国教育史》，太平洋书店 1932 年版。

② Theodore E. Hsiao, *The History of Modern Education in China*, Beiping：Peking University Press，1932.

③ 周予同：《中国现代教育史》，良友图书印刷公司 1934 年版。

④ 杜成宪、邓明言：《教育史学》，人民教育出版社 2004 年版，第 35 页。

⑤ 郭秉文：《中国教育制度沿革史》，福建教育出版社 2007 年版，根据商务印书馆 1916 年版编。

⑥ 姜书阁编著：《中国近代教育制度》，商务印书馆 1933 年版。

末至国民政府时期的教育制度及其与教育事业的关系进行了分析，涉及民国前期教育部官制沿革、视学制度的建立、社会教育的推进及筹措教育经费的努力等内容。① 薛人仰一书则叙述了中央、省、县及学区四个层面的教育行政因循沿革，对民国前期教育部运行机制有深入论述，认为"此期教育部之用人设官，较学部实为合理"，其最大特色"实在社会教育司之设置"，还就推行社会教育的原因予以论评。② 20 世纪三四十年代，除前述著作外，其他涉及民国前期教育制度和教育行政的专著还有夏承枫著《现代教育行政》③、程湘帆著《中国教育行政》④、邰爽秋等编《教育行政原理》⑤、沈慰霞、章柳泉著《教育行政》⑥、罗廷光著《教育行政》⑦、常导之著《教育行政大纲》⑧ 等，它们或采中西比较方法，或从本国教育行政沿革入手，对中央教育行政如机构组织、教育经费、视学制度等都有不同程度的论述，对民国前期教育部研究有一定的借鉴和启示。

（三）教育专题史类

关于教育思潮的研究有多部专著行世，⑨ 其中影响较大的是舒新城1932 年出版的《近代中国教育思想史》，该书对自 1862 年始的近六十年间的各种教育思潮从其产生背景、变迁过程、现实影响进行了分析，探讨了教育思潮影响于教育宗旨、教育制度及教育部活动的路径，对研究民国前期教育部施政思想提供了分析思路。收回教育权运动在 20 世纪 20 年代兴起，舒新城在《收回教育权运动》一书中深入剖析了这一教育事件，认为收回教育权运动中一种特殊的良好现象就是"民间与官厅的积极合作"，特别是教育部颁布《外人捐资设立学校请求认可办法》为政府影响最大的行动，肯定了教育部在收回教育权运动中的作

---

① 张季信编：《中国教育行政大纲》，商务印书馆 1935 年版。

② 薛人仰：《中国教育制度史略》，中华书局 1939 年版。

③ 夏承枫：《现代教育行政》，正中书局 1932 年版。

④ 程湘帆编：《中国教育行政》，商务印书馆 1930 年版。

⑤ 邰爽秋等编：《教育行政原理》，教育编译馆 1935 年版。

⑥ 沈慰霞、章柳泉等编著：《教育行政》，中国教育研究社 1942 年版。

⑦ 罗廷光：《教育行政》，商务印书馆 1946 年版。

⑧ 常导之编著：《教育行政大纲》，中华书局 1930 年版。

⑨ 主要有樊炳清著《现代教育思潮》，郑次川著《教育思潮概说》，高卓著《现代教育思潮》，[日]中岛半次郎著《教育思潮大观》，舒新城著《近代中国教育思想史》，大濑甚太郎著《现代教育思潮》，冯品兰著《现代教育思潮》等。

用。作者还列举征引资料二百余种，对于研究民国前期教育部在收回教育权运动中之作用实有莫大助益。① 陈宝泉在其《中国近代学制变迁史》中把民国前期分为民国新学制颁布时期和学校系统改革案颁布时期，以学制为主线，以学制产生、颁布、影响的逻辑展开，涉及教育部参与学制改革、义务教育及国语运动等的活动，作者在凡例中说明"取材见知者居十之七八，闻知者居十之二三"，且作者久在教育部和京师任职，所涉资料较为真实，具有一定的史料价值。② 程谪凡所著《中国现代女子教育史》把民国以来女子教育定位为"现代女子教育发展期"，认为在教育部推动下始自清末的男女教育"双轨制"逐渐崩溃，至 1922 年新学制颁布男女平等之"单轨制"才正式确立③。舒新城所著《近代中国留学史》对清末至抗战爆发前的留学教育作了全面梳理，其中涉及民国前期教育部留学政策及留学生派遣等情况，书中附表更成为研究和分析民国前期教育部留学政策的重要史料。④《近代中国教育史稿选存》汇集了舒新城关于幼稚教育、中学教育、师范教育、留学教育和教育思想等方面的研究，由于舒新城是一位对教育史素有研究的教育家，也是收集教育史料的文献家，故这部著作兼具了著作和史料的双重价值。⑤ 以上专题史从各个侧面反映了民国前期教育部相关活动内容，虽然总体而言所涉还不够深入，但为进一步研究开拓了路径。

（四）有关论文

此时期有关民国前期教育的论文十分丰富，但关于民国前期教育部的论文并不多见。蒋维乔撰写的回忆文章《从南京教育部说到北京教育部》，⑥ 详细介绍了民国前期教育部人事变动、组织构成、政策制定等内容，俱为作者亲见亲闻之事，具有很高的史料价值。⑦ 希有撰写的《论教育总长与全国文化之关系》，对教育总长与全国文化的关系从中西比较的角度进行了阐述，一方面说明了教育总长的重要性，一方面还

---

① 舒新城：《收回教育权运动》，中华书局 1927 年版。
② 陈宝泉：《中国近代学制变迁史》，文化学社 1927 年版。
③ 程谪凡：《中国现代女子教育史》，中华书局 1936 年版。
④ 舒新城：《近代中国留学史》，中华书局 1939 年版。
⑤ 舒新城：《近代中国教育史稿选存》，中华书局 1936 年版。
⑥ 蒋维乔：《从南京教育部说到北京教育部》，《教育杂志》第 27 卷第 4 号。
⑦ 蒋维乔：《民国教育总长蔡元培》，《教育杂志》第三年第十期。

就教育部应采取哪些教育文化政策提出了建议。① 陈翊林撰写的《中国新教育制度行政小史》，② 此前所评述的陈著《最近三十年中国教育史》即是在此篇内容基础上扩充而成，在此不再赘述。

总的来讲，1949 年以前关于民国前期教育部相关研究成果有着以下特点：一是有关研究主要散见于各类教育史著作之中，系统性和整体性研究成果尚未及见；二是内容大多仅限于教育部官制沿革、教育行政体制变迁、视学制度建立等，涉及面不够宽；三是对民国前期教育部多定性之语，很少展开具体论证，即有具体论证也较为浅显，而且许多结论尚有较大探讨余地，从而留下了较多学术空间；四是所用资料大都取材于官方政令文牍，来源较为单一，难于再现丰富鲜活的教育部影像；五是此时期著作多注意从时代背景出发论述教育及教育部活动，对开展本研究提供了有益的分析思路。

二　1949 年以后的相关研究成果

（一）民国历史类

教育史是历史学和教育学的交叉学科，民国历史研究者对民国前期教育及教育部也有所关注，且其视角和结论对我们有借鉴意义和参考价值。20 世纪 80 年代后陆续出版的多卷本《中华民国史》全景式再现了民国前期动荡的社会形势，为深入解读政治动荡、军阀混战对教育部的影响提供了背景材料。③ 台湾"教育部"主编的《中华民国建国史》，虽然字里行间充满着对大陆政权的偏执之词，但所提供的史料无疑成为大陆相关著作的有益补充，其与民国前期教育部相关的内容为第一篇第 10 章第 5 节《教育文化的创新》，涉及民国前期教育部制定教育宗旨、学制系统、课程标准等的活动以及中央教育行政官制和部员聘任等情况。第二编第 6 章以整章篇幅对民初教育的发展分 14 个方面进行叙述，较为全面地反映了民国前期教育发展面貌，为民国前期教育部研究提供了丰富素材。④ 2006 年出版的朱汉国、杨群主编的《中华民国史》为纪传体大型史书，其中"志"部分专门有教育志，"传"部分对包括民国

---

① 希有：《论教育总长与全国文化之关系》，《教育杂志》第三年第十二期。
② 陈翊林：《中国新教育制度行政小史》，《中华教育界》1930 年第 3 期。
③ 李新主编：《中华民国史》，中华书局 2011 年版。
④ 台湾"教育部"主编：《中华民国建国史》，编译馆出版社 1987 年版。

前期历史人物的主要经历及其地位和影响予以介绍和评价，"表"部分也有社会文教类，提供了民国前期教育部人事特别是总长更迭的资料。[①] 同年出版的张宪文主编的《中华民国史》第一卷第七章"北京政府时期的中国社会"对民国前期教育部在南京临时政府、袁世凯统治时期及新文化运动时期的活动进行了评述，认为南京临时政府时期采取的教育改革措施代表资本主义发展的要求，但袁世凯统治时期教育复古政策使教育发展受挫，新文化运动时期思想得到极大解放，教育部"整饬学风"等政策已经难以压制教育界追求民主、自由的潮流。[②] 美国学者费正清、费维恺主编的《剑桥中华民国史》下卷第8章《学术界的成长，1912—1949年》的作者孙任以都认为，民国前期教育部高度重视高等教育而一定程度上忽视了中小学校教育，中央政府和教育部的软弱为教育革新提供了难得的机会。孙任以都在该章第1节《现代教育机构的出现（1898—1928）》中对现代教育机构人员（海外培训的精英）、机构形成（大学的成立）以及科学研究工作和财政状况等进行了考察，认为"民国初年教育不仅得益于中央政权的软弱，也得益于帝国主义列强的多元影响"，这些观点对分析民国前期教育部活动有一定的借鉴意义。[③] 2000年出版的郭剑林主编的《北洋政府简史》以单独一章的篇幅从教育方针、教育改革两方面对北洋政府时期教育概况进行了整体描述，对北洋政府多元文化政策进行了探讨，概述了民国前期文化教育发展情况，其中涉及民国前期教育行政包括教育部官制沿革。认为民国前期教育行政制度有三大特点：一是对社会教育的重视；二是过于强调执行部门的权责，忽视视导和审议咨询部门的作用，偏重日常行政事务的处理，忽视专门学术及教育发展计划；三是政局动荡不定，地方教育行政处于紊乱状态，再加上经费匮乏，严重影响了教育事业发展。但总体上说，三级教育行政体制的逐步完备，"基本上保证了各项教育改革的顺利进行，并为整个民国时期的教育行政奠定了基础"。[④] 来新夏等著《北洋军阀史》侧重于北洋军阀的发展历史，其时间范围超出民国前

---

① 朱汉国、杨群主编：《中华民国史》，四川人民出版社2006年版。

② 张宪文等：《中华民国史》，南京大学出版社2006年版。

③ ［美］费正清、费维恺编：《剑桥中华民国史》（下卷），刘敬坤等译，中国社会科学出版社1993年版。

④ 郭剑林主编：《北洋政府简史》，天津古籍出版社2000年版。

期，但所涉及仅限于政治、军事方面，书中对政治派系争斗内幕多有新材料或新说法出现，对进一步理清军阀统治下的派系纷争对教育部人事的影响有极大助益。① 钱实甫所著《北洋政府时期的政治制度》，全面介绍了北洋政府各行政机构、各级行政机关及同时期并存的其他统治机构的状况，资料搜集宏富，其中关于教育部官制、地方教育行政机构的演变以及行政官和教员的任用制度都有较详介绍。② 总体上看，有关民国时期的历史著作为民国前期教育部研究提供了新的资料和新的研究视角。

（二）教育通史类

1949 年以后大型多卷本通史类著作在大陆地区主要有毛礼锐、沈灌群主编的《中国教育通史》、王炳照、阎国华主编的《中国教育思想通史》、李国钧等主编的《中国教育制度通史》和陈学恂主编的《中国教育史研究》，这些著述在研究视角逐渐推向深入的同时，史料显然日益丰富，编写体例也不断创新，持论也渐趋客观公允。《中国教育通史》（四、五两卷）③ 仍依传统的近现代历史研究分期，分南京临时政府、袁世凯统治时期和新文化运动三个时期对民国前期教育进行了介绍，认为南京临时政府时期教育部所采取三大政策清除了封建思想、推动了教育事业的发展；袁世凯的教育复古政策使教育出现了倒退；新文化运动时期教育社团的兴起促进了教育改革等。另外还对此时期教会教育、教育独立运动予以了关注，为民国前期教育部研究提供了大致线索。田正平主编的《中国教育思想通史》（第六卷）打通了近现代分期界限，时间涵盖整个民国前期，对此时期十数种影响较大的教育思潮进行了剖析，深入探讨了教育思潮与教育改革和发展的内在联系，为从思想层面审视教育部的活动开拓了思路。④ 于述胜所著《中国教育制度通史》（第七卷）把 1912—1927 年教育制度发展列为专章，划分为"民国初年的教育改革"和"新文化运动与 1922 年新学制"两个时期，认为民国初年教育制度改革建立了适合资本主义发展的教育体系，而"1922 年新学制的制定，终于把这场改革推向了高潮"，并"朝着与中国社会实际相结合的方向发展"。书中涉及教育部官制演变，认为与清

---

① 来新夏等著：《北洋军阀史》，南开大学出版社 2000 年版。
② 钱实甫：《北洋政府时期的政治制度》，中华书局 1984 年版。
③ 毛礼锐、沈灌群主编：《中国教育通史》（四、五卷），山东教育出版社 1988 年版。
④ 田正平主编：《中国教育思想通史》（第六卷），湖南教育出版社 1994 年版。

末学部相比机构设置上的变化是由五司精简为三司，并且设立了社会教育司，后又设置与三司并行的视学处，至 1927 年教育部官制都没有大的变化①。田正平主编的《中国教育史研究·近代分卷》分专题对中国近代教育进行研究，不仅关注近代教育发展演变的活动轨迹和近代教育制度的演变进程，而且对近代教育的发展特点、教育制度演进的深层动因进行了深入分析，还把近代教育家群体单独作为专题进行考察，其写作思路给民国前期教育部研究以极大的启发。②

（三）教育断代史类

20 世纪 70 年代中国大陆主要有陈景磐著《中国近代教育史》③ 和陈元晖著《中国现代教育史》④ 两种著作行世。《中国近代教育史》从新教育的发展和教会教育在中国的运行轨迹两方面展现了中国近代教育领域的激烈斗争，特别对传统思想在民国前期教育领域中的表现及帝国主义侵夺和控制中国教育主权等问题着墨较多，对 1919 年以前教育部的主要活动进行了简单评述。《中国现代教育史》将重心放在了五四运动对教育的影响方面，认为"五四运动时期的中国教育史，是中国教育发展史上的关键时期，是新旧历史的转折点"，这时期的教育状况，"一面表现出蓬勃的气象，一面又可以看出斗争的激烈"。1991 年出版的李桂林所著《中国现代教育史》，用三章篇幅对民国前期教育进行了分析，包括"五四时期的教育思潮"、"教育家及团体"、"蔡元培的大学改革"，与教育部有关的是教育调查会、教育会联合会等教育团体的活动，对教育部与各教育团体之互动状况有生动描述。⑤ 1996 年出版的《中国教育近代化研究》丛书⑥，以专题的形式从教育思想、近代学制、教会学校、留学生、地方教育等角度对中国教育近代化进程进行了深入

---

① 李国钧等主编：《中国教育制度通史》，山东教育出版社 2000 年版。

② 田正平主编：《中国教育史研究·近代卷》，华东师范大学出版社 2002 年版。

③ 陈景磐：《中国近代教育史》，人民教育出版社 1979 年版。

④ 陈元晖：《中国现代教育史》，人民教育出版社 1979 年版。

⑤ 李桂林：《中国现代教育史》，吉林教育出版社 1991 年版。

⑥ 田正平主编：《中国教育近代化研究》丛书，包括：《中国近代学制比较研究》（钱曼倩、金林祥主编）；《中国近代教科书发展研究》（王建军著）；《教会学校与中国教育近代化》（何晓夏、史静寰著）；《留学生与中国教育近代化》（周谷平著）；《从湖北看中国教育近代化》（田正平著）；《近代西方教育理论在中国的传播》（董宝良、熊贤君主编）；《从浙江看中国教育近代化》（张彬著）；广东教育出版社 1996 年版。

剖析，其中对留学生在教育部的分布情况、教育部与近代学制演变等内容进行了深入研究和分析。20世纪90年代，中国大陆四位学者分别出版了《中华民国教育史》① 《中华民国教育史》② 《民国教育史》③ 和《动荡转型中的民国教育》④ 等四部关于民国时期的教育专著，比较全面地呈现出民国前期教育发展状况和民国前期教育部的活动场景。熊明安以纵向演进为主线梳理了民国时期各个阶段的教育概况，又从横的方面分私立学校教育、边疆少数民族教育、华侨教育等方面加以详细叙述。对民国前期教育部在南京临时政府时期、袁世凯时期及五四运动前后各个时期所采取的教育政策进行评述，认为南京临时政府时期的教育改革使新式学校教育迅速恢复并有所发展，袁世凯时期的复古教育阻碍了教育进步，五四运动前后的教育政策是在教育团体的推进下颁布的。初步讨论了教育部在各阶段活动中对教育事业的作用。冯开文则把中华民国成立至五四时期称为"近代教育的终了"，把五四时期称为"现代教育的开端"，对各阶段教育政策和教育活动进行了论述，并分析了当时教育思潮对教育政策的影响。指出这一时期教育发展的多线条和对峙性特点，虽未涉及民国前期教育部自身有关情况，但对民国前期教育部活动的阶段划分、政策沿革、思想背景等研究有借鉴意义。李华兴把民国前期教育划分为民国教育的创始（1912—1915）、新文化运动与教育改革（1915—1927）两个阶段，从学制、思想、管理、办学四个专题进行纵向详细论述，其中管理篇涵盖教育行政制度改革、教育宗旨、教科书、教学方法、师资管理、教育经费、学位制度、留学教育、教育学术团体等，不仅对教育部自身沿革有所介绍，而且较为全面地再现了教育部的活动。申晓云是从中国教育近代化大背景去审视和考察民国教育的，把民国教育划分为前期（南京临时政府时期和北洋政府时期）和后期（国民政府时期），认为民国前期是"民国教育乃至中国近代教育历经新旧嬗变的关键时期"，也是"资产阶级新教育战胜封建复古教育，最终确立自身地位的时期"。对教育部官制及调整、南京临时政府时期教育部三大兴革及北洋政府时期教育部推行复古政策、与教育社团

---

① 熊明安：《中华民国教育史》，重庆出版社1990年版。
② 冯开文：《中华民国教育史》，人民出版社1994年版。
③ 李华兴主编：《民国教育史》，上海教育出版社1997年版。
④ 申晓云主编：《动荡转型中的民国教育》，河南人民出版社1994年版。

的互动等均有涉及，为本研究至为重要的参考著作。台湾地区和美、日等国的学者在民国前期教育研究方面也取得了相当程度进展。1971年台湾出版的孙邦正所著《六十年来的中国教育》分十章全面梳理了民元以来教育发展的历史轨迹，包括对民国前期教育部活动的系统整理，书中所附大量图表、附录、所引用史料等对民国前期教育部研究有很高的价值。① 1981年台湾出版的郭为藩编著《中华民国开国七十年之教育》分上下卷，分别从教育思想、教育政策、教育制度、教育研究与实验及各级各类教育发展五个方面叙述了1912年后近七十年的教育发展历程，包括1949年以后台湾地区的教育发展。其中下卷第九章教育行政篇涉及民国前期教育部官制沿革，认为民国前期教育部初步构建了"计划—执行—考核"三联行政制度，教育行政运行"虽较具明显之科层体制形态"，但实际运行重视"科层体制"与"专业影响"的相辅相成。② 2007年大陆出版的台湾学者苏云峰著《中国新教育的萌芽与成长》一书，认为考察政府在发展现代教育中所扮演之角色应从教育宗旨与政策、学制系统、教育管理机构、师资培养、教育投资等五方面考察。他认为民国前期在教育宗旨与政策方面表现最弱，教育制度特别是学制方面行动迟缓，三级教育行政体制呈现两头重、中间轻的现象，师范教育初步完备，这些看法于本研究亦具有重要的参考意义，书中所列关于民国前期教育的图表和数据也成为本研究的重要参考材料。③ 1973年台湾地区出版的美国学者埃德蒙（Charles K. Edmunds，中文名为笔者所译）所著《中国现代教育》一书，涵盖时限自1862年至袁世凯统治时期。该著把南京临时政府时期和袁世凯统治时期称为重组期，从各级各类教育情况、教育实际要求、教育所处社会背景等方面审视了中国教育，关于民国前期教育部仅简单介绍了南京临时政府教育部采取的临时措施及视学制度的建立等。④ 法国学者玛丽安·巴斯蒂1971年发表的《20世纪初年的中国教育改革》一书，以清末民初著名士绅张謇的教育主张及其办学活动为主线，从人物活动的视角审视中国教育改革的整体，对民国元年蔡元培为推进教育的努力和所受挫折及张謇为代表的传

① 孙邦正编著：《六十年来的中国教育》，正中书局1974年版。
② 郭为藩编著：《中华民国开国七十年之教育》，广文书局1981年版。
③ 苏云峰：《中国新教育的萌芽与成长》，北京大学出版社2007年版。
④ Charles K. Edmunds，*Modern Education in China*，Taipei：Ch'eng Wen Pub. 1973.

统士绅的活动作了较详细的描述。其主要观点如认为临时教育会议是全国教育会联合会的先声，蔡元培辞职是因为他感到不被理解和支持，民初教育主要被传统士绅所控制等，为研究民国前期教育部提供了有益的启示。①

（四）教育制度和行政类

1981 年大陆和台湾分别出版了顾树森所著《中国历代教育制度》②和雷国鼎著《中国近代教育行政制度史》③。1996 年大陆出版了熊贤君著《中国教育行政史》④，2000 年出版了李国钧、王炳照总主编的《中国教育制度通史》，历经二十年，教育制度研究达到了一个新的水平。顾树森把南京临时政府时期和袁世凯统治时期都归入北洋军阀初期，评述了教育部所颁布教育宗旨、学制系统以及复古教育政策，认为此时期教育制度仍受清末"新教育"制度影响。雷国鼎从中央、省、县三级对民国前期教育行政进行了研究，认为民国前期教育部有三个方面的努力值得称道：一是教育经费，二是社会教育，三是对教育会议的重视，指出了民国前期教育部活动的重点所在。熊贤君显然借鉴了前两者的成果，设专章对民国前期教育制度进行研究，指出"分裂、动荡、战乱"是此时期的社会特征，并首次把教育部研究设置为专节，分内部组织、行政官员、三大兴革及北洋政府教育行政的纷乱四方面进行论述，所涉史料更丰富、线索更明确，持论也较公允。李国钧等主编的《中国教育制度通史》第七卷是民国时期教育制度，前已作过介绍，在此不再赘述。应该说此一时期出版的教育制度和教育行政类著作还有不少，但内容多有雷同，不再列举。

（五）教育管理类

20 世纪 80 年代以来一批教育管理史著作相继出版，如程斯辉所著《中国近代教育管理史》⑤、刘德华主编《中国教育管理史》⑥、梅汝莉

---

① Marianne Bastid, *Educational Reform in Early* 20*th-Century China*, translated by Paul J. Bailey, Center for Chinese Studies, The University of Michigan, 1988.
② 顾树森：《中国历代教育制度》，江苏人民出版社 1981 年版。
③ 雷国鼎：《中国近代教育行政制度史》，台湾文物出版社 1981 年版。
④ 熊贤君：《中国教育行政史》，华中理工大学出版社 1996 年版。
⑤ 程斯辉编：《中国近代教育管理史》，武汉工业大学出版社 1989 年版。
⑥ 刘德华主编：《中国教育管理史》，河南教育出版社 1990 年版。

主编《中国教育管理史》①、李才栋等主编《中国教育管理制度史》②、张良才等著《中国教育管理史略》、孙培青主编《中国教育管理史》③、黄仁贤著《中国教育管理史》④、王建军等主编《中国教育管理史教程》⑤ 等。这些著作都较为自觉地把握了教育管理史和一般教育史的关系，从文教政策、教育宗旨、教育行政、教育制度等管理学角度考察民国前期教育管理，并且每部著作都有相关篇、章论及民国前期教育部，但同样多有雷同和重复之处，仅以比较有代表性的程斯辉和梅汝莉的著作加以评述。程斯辉对民国时期教育部设置及官制内容进行了概述，认为民国初年中央教育行政机构及其有关制度的建立情况较清末学部有了进步，其一是人员配备"因事设人，注重实效"；其二是增设社会教育司；其三是"确立了一套较为完备的视学制度"，还认为教育部以召开全国教育会议的形式，弥补了在教育部主干机构之外未设如清末时的高等教育会议所、学制调查局等附属机构的不足。但在袁世凯统治时期，封建教育思想回潮，教育行政管理受到很大冲击："教育行政领导频繁更换，无有任期"；"教育行政组织机构时有变化，无定制"；"教育财务行政无自主权，教育经费拮据，管理混乱"。梅汝莉认为民国初年教育部活动的新意体现在"社会教育司的设立体现了重视成人教育的思想"、"重视职业教育的管理"、"注重初等教育的发展"、"教育总长的地位与权限有明显提高"、"残疾儿童教育的管理"纳入管理内容、学术团体管理以及设立了视学专官等；"大致到 20 年代，我国近代的教育行政体制才建成了自部而厅、自厅而局，自局而区的一个完整的系统。标志着近代教育行政体制的建成。"

除以上论著外，其他专题史研究成果在 20 世纪 90 年代后蔚为大观。这些专题史研究从不同侧面深化了民国前期教育的研究，同教育通史和教育断代史类著作相比较，专题史研究提供了更深层次的专题资料，对进一步开展民国前期教育部研究有很大帮助。在这些专题史著作

---

① 梅汝莉主编：《中国教育管理史》，海潮出版社 1995 年版。

② 李才栋、谭佛佑、张如珍、李淑华主编：《中国教育管理制度史》，江西教育出版社 1996 年版。

③ 孙培青主编：《中国教育管理史》，人民教育出版社 2001 年版。

④ 黄仁贤：《中国教育管理史》，福建人民出版社 2003 年版。

⑤ 王建军、薛卫东编：《中国教育管理史教程》，广东高等教育出版社 2003 年版。

中，有两部专著必须提及，即关晓红的《晚清学部研究》①和广少奎的《重振与衰变：国民政府教育部研究》②。对于本研究而言，这两部专著的意义在于：其一，这是迄今为止为数不多的对近代中央教育行政部门的专门研究成果，其论文架构、写作思路以及对史料的广泛采撷等对于本研究有着直接借鉴意义；其二，对于本研究来讲，所要实现的重要目标之一就是要正确把握民国前期教育部在中国近代教育发展过程中的历史地位和作用，因此在研究过程中同前后两个时期教育部有关活动内容作纵向比较自然是题中之义，此两部专著提供了比较的基础；其三，两部论著均对民国前期教育部活动有所涉及，前者认为民国元年教育部的行政组织机构基本沿用学部框架，只是略为精简，教育人事上也是以学部职官为骨干；后者主要对民国前期和民国后期教育社团的特点和作用进行了比较，认为"民国前期的教育社团在教育行政中有着极为重要的地位和作用，对教育决策发挥着巨大的影响力"，"到了国民政府时期，这种现象就已极为少见了"。这一观点，对本研究很有参考价值。

（六）教育部人物研究类

相对而言，民国前期教育部人员的研究过于集中，就笔者目力所及，仅限于蔡元培、章士钊以及当时作为教育部人员的鲁迅等人。关于蔡元培的史料整理和研究论著据作者粗略统计不下百种，论文则为数更多，比较有代表性的为《蔡元培年谱长编》③、《蔡元培全集》④、《蔡元培自述》⑤、《蔡元培与北京大学》⑥等，作为民国前期学人的代表，蔡元培先是出任中华民国教育总长，又执掌北京大学，其思想主张及教育活动成为民国前期教育部研究的重点内容。长期在民国前期教育部工作的鲁迅，因其在中国近代文学史和思想史上的地位而备受关注，关于他的研究成果达上千种，而涉及鲁迅教育思想或实践者却不多见⑦，但由于其特殊的社会身份，一些研究成果呈现了当时教育部的活动情形，成

---

① 关晓红：《晚清学部研究》，广东教育出版社2000年版。
② 广少奎：《重振与衰变：南京国民政府教育部研究》，山东教育出版社2008年版。
③ 高平叔撰著：《蔡元培年谱长编》，人民教育出版社1996年版。
④ 蔡元培：《蔡元培全集》，浙江教育出版社1998年版。
⑤ 蔡元培：《蔡元培自述》，河南人民出版社2004年版。
⑥ 梁柱：《蔡元培与北京大学》（修订本），北京大学出版社1996年版。
⑦ 如《鲁迅论儿童教育和儿童文学》《鲁迅的教育思想和实践》《鲁迅教育思想研究》《鲁迅论教育》《鲁迅论儿童教育》等。

为可资引用的资料。关于章士钊的相关研究成果也较丰富，约有十多种，如《章士钊社会政治思想研究：1903—1927》①《章士钊年谱：1881—1973》② 等。多次出任总长的范源濂新近只有《范源濂集》出版。③ 整体而言，民国前期教育部人员的研究还很薄弱，教育部的运作要通过人的活动来体现，因此民国前期教育部人员研究的薄弱也体现出对民国前期教育部的关注不够，同时这种研究现状也决定了本研究面临的一大困难就是人物素材的缺乏，大量搜集这些人物的文集、日记、年谱、传记等就成为开展本研究的基础工作。

（七）学术论文方面

应该说关于民国前期教育的学术论文是非常丰富的，但同民国前期教育部直接相关的并不多。从宏观层面论述民国前期教育的有于述胜《论民国时期教育制度的评价尺度及其发展逻辑》④，作者为《中国教育制度通史》第七卷撰稿人，此篇论文即为其完成此卷写作的心得体会。作者认为教育制度与其他政治法律制度相比具有一定的独立性，不能仅仅从政治制度的角度来分析和评价教育制度，避免教育史研究党史化，否则就难以对民国时期教育制度作出全面、客观、准确的评价。而评价教育制度的内在尺度就是教育实践，只有在制度与思想、制度与实践的互动关系中把握特定教育制度的历史意义，制度史的研究才会丰满。就民国前期来看，于述胜认为最大的特点就是实现了日本模式到美国模式的转变，这种转变是"以中国民族资本主义的发展为基础，以新文化运动所倡导的科学民主精神为先导，欧美教育制度、特别是美国教育制度以其与新文化运动基本精神的内在切合，以及其他一些文化历史因素的影响，而引起了中国教育界的高度关注"，经过长期试验与酝酿之后遂有 1922 年新学制的产生。这些论述对民国前期教育部研究思路和活动评价均有一定的启示。熊焰所撰《清末和民国时期教育行政管理机构改革的历史回顾与评价》⑤ 一文，

---

① 邹小站：《章士钊社会政治思想研究》，湖南教育出版社 2001 年版。
② 袁景华：《章士钊年谱：1881—1973》，吉林人民出版社 2001 年版。
③ 范源濂著，欧阳哲生、刘慧娟、胡宗刚编：《范源濂集》，湖南教育出版社 2010 年版。
④ 于述胜：《论民国时期教育制度的评价尺度及其发展逻辑》，《华东师范大学学报》（教育科学版）1999 年第 3 期。
⑤ 熊焰：《清末和民国时期教育行政管理机构改革的历史回顾与评价》，《教育史研究》2000 年第 12 期。

通过回顾清末和民国时期教育行政管理机构的改革，认为南京临时政府增加社会教育司和蒙藏教育司，扩大了教育部职权，开创了一个新的中央教育行政管理构架；1912 年 8 月所颁教育部官制是以近代教育分类为依据，部门减少、人员编制精简，有利于部门的运转，正式确立了民国时期中央教育行政管理机构的基本格局；民国前期三级教育行政体制基本结构为南京国民政府所采用等。专门论述民国前期教育部的有《民国时期教育部长简介》①、《民初教育部倡行图书馆的立场和贡献》② 等，前者介绍了民国前期 18 位教育总长（兼署、暂代均除外）的生平简历，后者通过教育部官制和分科规程分析了民国前期教育部倡行图书馆的立场，认为民国前期教育部倡行图书馆的贡献在于"在行政制度上确立了图书馆作为社会教育的机构"、"推广了以普及教育、增强国民精神为主要内容的图书馆观念"、"推进了全国的图书馆建设"。河北师范大学硕士学位论文《清末民初中央教育行政机构对教科书的管理》③ 在第三章梳理了民国元年和袁世凯统治时期教育部的教科书管理工作，认为民国元年教育部鼓励民编教科书、予地方选择教科书自主权、完善教科书审定规程等政策推进了教科书近代化进程，但在袁世凯统治时期教科书近代化进程受阻，最后还对民编教科书与中央教育行政机构的关系进行了探讨。南京师范大学博士学位论文《中国近代教育行政体制研究》④ 对清末以来的教育行政体制进行了较为系统的研究。该文除对民国前期教育部总长更迭、人员组成、官制演变以及教育部与地方教育行政的关系进行了讨论之外，还从政治、经济、文化等因素对教育部的影响进行了分析，提出诸多新论点，如南京临时政府时期教育部在行政组织上较清末学部实为倒退，袁世凯时期的封建复古思潮并没有对教育行政产生多大影响，民国前期教育部在推动教育发展方面相比学部成绩斐然等，虽然这些论点有进一步商榷的余地，但相比其他研究成果，其对民国前期教育部研究已经相当深入。

---

① 李友唐：《民国时期教育部长简介》，《教育史研究》1996 年第 1 期。
② 范玉红：《民初教育部倡行图书馆的立场和贡献》，《图书馆》2006 年第 3 期。
③ 周海霞：《清末民初中央教育行政机构对教科书的管理》，硕士学位论文，河北师范大学，2006 年。
④ 刘建：《中国近代教育行政体制研究》，博士学位论文，南京师范大学，2008 年。

综上所述，1949 年以后海内外的民国前期教育部相关研究成果，无论从研究的内容、层面，抑或是研究的角度、方法、结论都较过去广泛、丰富与新颖、平实，但也存在着缺点和不足。具体表现为：研究时段上呈驼峰现象，即南京临时政府和五四运动时期关于教育或教育部的相关研究相对较为深入，袁世凯统治时期和北洋政府其他时期则大都一笔带过或避而不述，使这一时期教育部整体面貌仍不明晰；研究范围上比过去有大幅度拓展，但大部分仍限于教育制度、学校系统、教育宗旨、法令规程等教育部外部活动，对于人事更迭、机构运作等内部活动只有极少量著作涉及，全面呈现教育部活动图景的成果仍然缺乏；研究层面上多为政策层面的实然研究，对政策背后隐藏的深层动机的因然研究相对较少，无法深入认识教育部活动的复杂动因和深刻理解教育部的历史作用；成果体现上，民国前期教育部依然表现为各类著作的"公共领地"，整体性研究论著及文章尚未出现，教育部作为中央教育行政机构的角色在一定程度上被忽视或贬低。当然，一些研究成果对民国前期教育部及其活动的评价有新的突破，值得后续研究者参考和借鉴。

全面检视已有研究成果，认真分析其提供的观念、方法和材料，深入认识其存在的不足之处，有利于明确进一步研究的方向。笔者认为民国前期教育部研究仍有较大拓展空间。一是要进一步挖掘和利用史料。应该说民国前期教育部相关史料已经相当丰富，但相关研究对其利用程度与史料整理水平尚有一定差距，以民国前期教育部政令文牍档案等为基本史料，与报纸杂志、日记、书信、传记、谱牒等互为补充，通过爬梳整理，在丰富坚实史料的基础上构建民国前期教育部的丰满形象，这是笔者努力的方向之一。二是拓宽研究思路，形成系统研究成果。民国前期教育部作为中央教育行政机关，其活动空间涉及政治、经济、文化和社会等诸多方面，活动时限贯穿整个民国前期，欲明确教育部在历史时空中的坐标，不仅要系统研究教育部自身沿革概况及其活动的成效和不足，还要从纵向上对其活动动因、活动过程和活动影响作深入考察，从横向上全面分析政治、经济、文化及社会等对教育部的影响，或可全面再现教育部自身演变轨迹和客观评价其与这一时期教育事业的关系。三是坚持以科学态度来评价民国前期教育部及其活动。以往的相关研究成果，对民国前期教育部的作用和影响评价不一，这既是前人留给后人的思想财富，同时也易使后人先入为主而产生思维定式，导致后续研究向既有结论的无意识靠拢，因此运用科学的研究方法、秉持客观的治学态度和坚持论从史出的治学原则对史料进行充分挖掘和细致论证就显得至关重要，只有这样才能对民国前期教育部自身特点作出符合史实的总结，对其历史作用作出恰如其分的评价。

第三节 研究思路与方法

一 研究思路

本书以民国前期教育部为研究对象，首要任务即是使教育部的整体形象清晰化，通过理清教育部推进教育事业的具体思路和考察其各项举措的实际成效，对教育部的历史作用予以客观置评。

首先是对教育部自身的演变进行系统梳理。拟从机构与职能、人事演变及施政行为三个层面进行系统考察。机构与职能为教育部运行的基础，其演变及调整反映了其在中央政府架构中的地位变化和政治体制变革的方向，体现了外在环境对教育部的影响。机构及职能的变化还直接导致人事的调整和教育部施政范围的变化，其各项运作机制对教育部活动产生了规制作用。人事是教育部运行的主体，也是把社会变革转变为教育法令促进教育发展的活的中介和桥梁，考察其人员素质、组成结构及人事演变的程度和范围，有助于探寻教育部施政行为的深层原因，也是考察教育部受政治等各方面影响的重要切入点。在前两个层面的基础上对教育部施政行为作系统梳理，更可以直接感知教育部行政走向，初步理清教育部在动荡局势下的作为。

其次是对教育部推进教育事业做重点考察。教育部在自身发展演变的同时，它对教育事业的推动还受外部环境的巨大影响，这种影响既有积极的也有消极的，因而教育部在推进各项教育事业时面临的形势各不相同，它采取的途径、方法及措施也迥然相异，取得的成效也程度不一。对具有典型意义的教育事业进行重点考察，不仅可以清晰再现教育部推进教育事业发展的艰苦努力，还能在一定程度上全面反映外部因素对教育部施政的综合影响。

最后对民国前期教育部的整体特点进行总结，并全面评判教育部自身发展与推动教育事业发展的成败得失，客观评价民国前期教育部对中国教育近代化进程的贡献，对其历史作用给予客观定位。

二 研究方法

（一）文献法

文献法为史学研究最基本的方法，教育史研究也是如此。利用现代目录学和先进信息技术等手段全面搜集教育部有关史料及相关的近代史史料，在充分利用教育部有关史料的基础上，全面爬梳、细致甄别近代史史料中与教育部相关内容，精心连缀历史碎片，认真复原历史细节，勾勒这一时期教育部的历史概貌。将教育部置于民国前期教育发展和中国教育近代化进程中进行全面考察，以丰富、翔实、可靠的史料为基础，坚持论从史出，言而有据，对其活动及影响进行实事求是的分析，得出符合实际的论断，客观评价教育部在中国教育近代化的地位和作用。

（二）统计法

统计法是自然科学研究常用方法，在社会科学研究领域使用统计法，能使社会科学研究数量化，使研究结论更为缜密和更具说服力，表现形式也更为直观、生动。对民国前期教育部研究而言，史料中存在着大量的数据和图表，利用统计方法进行处理，能够生动呈现教育部活动及其成效在数量上的变化轨迹，同时也可能揭示出过去用传统方法无法洞悉从而易被人忽略的历史联系或难以解释的原因，从而把研究工作推向深入。

（三）比较法

比较方法是通过对不同时空条件下的历史现象进行对照比较、分析异同、探寻规律的史学研究方法。民国前期教育部深受政治、经济、文化、社会等诸多因素的影响，其自身沿革和教育活动呈现出较为复杂的特征，运用比较方法分析各方面因素的影响以及各阶段之间发展的同异，能更为深刻地认识教育部自身发展和施政活动呈现出复杂性和阶段性的原因。相对晚清学部和国民政府教育部而言，民国前期教育部具有承前启后的作用，运用比较方法对三者作一些纵向对比，能更准确认识和客观评价民国前期教育部在教育近代化进程中的贡献和作用。

（四）个案法

个案法是对研究对象中具有代表性的历史个体或个案进行深入探究的方法，运用个案法可以让研究者对某一历史个体或个案获得细致透彻的认识，从而对其代表的一类研究对象有整体上的认知。民国前期教育部活动千头万绪、错综复杂，进行面面俱到的研究难以深入，因此在系统研究的基础上适当撷取具有代表性的样本进行深入的个案分析就成为较佳选择，这样可以达到以点及面、从面到整体的研究效果，使研究具有一定的深度和可读性。

此外，教育部作为中央教育行政机关，其自身沿革和教育活动与政治、经济、文化、社会等紧密相连。因此，借助政治学、行政学、社会学等学科理论和方法，综合加以运用，进行多角度和多层面地分析和解读，能更客观地评价教育部的贡献和作用。

上　篇

民国前期教育部的自身发展演变

民国前期是中国教育由传统向近代转型的重要阶段，也是清末启动的中国教育行政近代化取得明显进展的重要阶段。作为中央教育行政机关的教育部，在这一时期政治、经济和文化等领域深刻变革的影响下，其自身发展演变在不同层面呈现出较为复杂的特点，集中反映了这一时期中国教育行政近代化的发展历程。

民国前期是共和政治的确立期和实验期。民初从组织形式上仿效美国三权分立原则建立了中央政权架构，在经历了最初的总统制之后即过渡到责任内阁制，但因封建专制遗毒并未彻底肃清，先后出现两次封建复辟及后期军阀割据的混乱局面。这种政治变革的反复和矛盾状态对教育部各方面产生了根本性影响，不仅影响着教育部地位的起伏和机构的调整，而且冲击了教育部组织人事，进而对各项行政活动形成了程度不一的影响。民国前期也是中国传统农业经济向近代工业经济的过渡阶段，这一发展趋势不仅对教育部在确立人才培养目标、改革教育内容及方法等方面提出变革需求，同时由于传统农业经济趋于破产和西方资本主义经济的侵逼使国家经济受控于西方列强之手，不仅中央财政靠举债度日，地方财政也不容乐观，这种情况直接影响教育部的日常运转，严重削弱了中央教育行政机关领导和管理全国教育的能力，地方教育事业也难以为继，成为中央教育政令无法贯彻施行的重要因素之一。文化的变革在民国前期不仅表现为新旧文化的冲突，还表现为中西文化的碰撞，教育部员知识结构的新旧并存和中外交织成为影响这一时期行政路向的重要因素，同时在时代大潮下兴起的教育革新运动成为教育部推进教育发展的外部助力。

教育部的自身演变与上述社会形势的发展息息相关，本篇拟从机构设置和职能调整、人事组织及演变、行政路向及活动轨迹等三个层面，对教育部进行静态和动态相结合的综合考察，力图呈现民国前期教育部在社会转型期发展演变的立体影像，以期展现中央教育行政近代化的真实历程，同时理清教育部自身演变与社会其他方面的关系，为后续专题考察提供相关的背景基础。

第二章　从学部到教育部

晚清学部是中国历史上第一个专门设置的中央教育行政机关，它的设立改变了中国数千年礼教合一的传统教育管理体制，标志着中国教育行政近代化的起步。学部成立后在机构设置和职能界定、人员组织和筹划学务、制订教育法令规程等方面的作为对中央教育行政有着筚路蓝缕之功，其对清末新式教育的推进也为民国教育的发展奠定了一定的基础。辛亥革命后，学部处于风雨飘摇之中，但也表现出了一定的趋新性和向共和政治靠拢的一面，这一特点成为南北教育行政部门并合的基础。南北政府统一，学部被教育部接收，它的诸多经验和教训被民国前期教育部借鉴、承继和发展。

第一节　武昌起义前的晚清学部

1905 年 12 月，清廷颁布上谕，"著即设立学部，荣庆著调补学部尚书，学部左侍郎著熙瑛补授，翰林院编修严修，著以三品京堂候补，署理学部右侍郎"①。中国历史上第一个专门设置的中央教育行政机关产生，在中国教育行政发展史上具有里程碑意义，标志着教育行政近代化的开始。

学部是中国近代以来新式教育发展的产物。自洋务运动开始诞生的新式教育，随着中国向西方学习层面的不断加深而得到较为迅速地发展，产生了变革原有教育行政体制的需求。虽然在清末新政前期中央教

---

① 《上谕（准设立学部）》，载朱有瓛、戚名琇等编《中国近代教育史资料汇编·教育行政机构及教育团体》，上海教育出版社 2007 年版，第 10—11 页。

育管理体制已有一些渐进性改革，如管学大臣及学务处的设立，但只是在原有官僚机构体系中的局部调整，并未改变中央教育管理部门的附属地位，1905 年科举制度的废除彻底抽掉了原有政教不分的管理体制存在的基础，成为学部设立的临门一脚。与当时其他各部不同的是，学部系新立部门，各项设置并无传统旧例可循，只能效法西方国家中央教育行政机关之建制特别是日本文部省之成例、兼顾传统中央机构架构之模式完成自身的机构设置、人事组织及相关制度建设。这一工作大致在首任尚书荣庆任内完成。荣庆主要从三方面完成了学部的自身组织：一是划定与礼部的职能权限，将中央教育行政从礼部职能中剥离，并实现对国子监等原有学务机构的并合，从而完成了中央教育行政机关的独立设置。二是制定学部官制，规定内部机构设置。在学部形成了五司十二科的总体架构，建立了初具科层制雏形的机构设置。三是以有利于新式教育事业的发展为标准从中央各机关及各地方学务机构调人入部，并大胆启用维新派人士，使学部一时成为东西留学生的大本营，这是它能够迅速推进新式教育发展的最直接原因。上述举措不仅为学部的运行提供了前提，也为推进新式教育发展提供了人员保证。在完成自身组织的基础上，学部对原有地方教育行政机构进行改造，包括省级教育行政长官改差为缺，完善省县教育行政机关的职能，逐渐形成系统较严密、上下贯通的独立的教育行政体制。设立各级视学官，负责对地方学务的调查、监督和指导，建立了较为完善的教育监督体系。学部还根据教育事业发展的实际，积极行使领导和管理全国学务的职能，对《奏定学堂章程》中有关内容进行了适度调整，形成了以癸卯学制为中心的教育制度体系。应该说，在荣庆的努力下，学部各项规制皆趋完备，自身运行渐上轨道，不仅"中央与地方的新旧教育行政顺利衔接，上下关系也基本理顺"[①]，初步建成了三级教育行政体制，教育法规体系也逐渐形成，从而为清末新式教育发展提供了行政和法律保障。人事组织上重视东西洋留学生，使学部能够借鉴东西方教育经验采取有利新式教育发展的举措，说明教育行政近代化中人事组织的近代化至为关键。

1907 年，清末"通晓学务第一人"、湖广总督张之洞入主军机处，并以军机大臣身份兼管学部，学部重心遂移至张氏身上。囿于朝局敏

---

① 关晓红：《晚清学部研究》，广东教育出版社 2000 年版，第 105 页。

感，精于官场之道的张之洞并未对于学部内部的机构设置及人事组织多加干涉，仅对个别人事任用稍表不满。他主要是在政策上对前一时期学部过于偏重直隶模式深有芥蒂，意欲作一番更正。其一是将普及教育置于重要地位，表示决心"办有成效方为满意"①，并以经费筹措及师范培养作为入手之方，严格教科书审定及改良私塾。其二是对前期发展并不明显的实业教育予以重视，不仅提出了具体的规模与数量指标，并且明定期限，配之以其他相关的措施，促进了这一时期实业教育的快速发展。虽然张之洞根据自己以往的经验对此前教育部行政方向作出了具有积极意义的修正，但与其此前对西方学术较为看重相比，此时其对旧学的态度发生了改变，不仅公开提倡办理存古学堂，还继续实施学堂学生奖励出身制度等，在教育领域掀起复古之风，无形中对新式教育的发展势头产生阻碍，直至其去世后，清廷对其制定的教育政策仍然坚持。正如有的学者所指出的，学部在张之洞管部期间经历了"从锐进而缓行，由创新而复古"的矛盾历程。② 这种矛盾历程一方面反映了中央教育行政部门在封建专制体制下和新旧交替之际推进教育改革的艰难和曲折，另一方面也说明在中国传统官僚体制之下民主决策的相对缺乏，使行政主官处于绝对权威地位，导致长官意志直接决定着教育部行政方向。事实证明，唯具有近代教育理念的行政主官及人员才能真正推进教育行政近代化，从而引领中国教育的近代化发展方向，一旦任非其人就会出现波折和反复。

1910 年，曾任江苏学政、时任吏部左侍郎的唐景崇出任学部尚书。唐景崇既无荣庆蒙古贵族的身份，也无张之洞封疆大臣的资本，缺少生存于官场中必须的人脉根基和靠山背景，于是其上台之后，第一件要事即是整顿人事，目的有二：一是裁汰冗员以精简机构、提高行政效率；二是通过调整中下层人事以改变原有人事格局，提高其行政威权，去除不必要的人事阻碍。第二件事即是配合清末宪政改革实施普及教育的规划，其各方面措施的力度比直隶模式更进一步，可以视作前者的深度延伸。③ 借人事调整巩固权力基础、应时势发展采取相应举措，唐景崇的

① 《张中堂之壮志》，《大公报》1908 年 3 月 10 日，第 1 张。
② 关晓红：《晚清学部研究》，广东教育出版社 2000 年版，第 120 页。
③ 关晓红：《晚清学部研究》，广东教育出版社 2000 年版，第 198—200 页。

作为足有可观之处，但并不能挽救清王朝崩溃覆亡的命运，他的诸般努力虽然使学部一度焕发生机，但武昌城头的炮声使学部随整个清廷一起陷入了恐慌和动荡之中，唐氏的诸般努力也付于流水。

从上述清学部的运行简况中，我们可以看出在历任长官的努力下，学部在许多方面都有所建树，从而奠定了中国中央教育行政近代化的基础：循西方国家特别是日本中央教育行政机关之建制，在中央行政层面上首次设立独立的中央教育行政机关，标志着中国教育行政近代化的开始；积极改造地方教育行政机关，形成了上下贯通、左右相连的独立的三级教育行政体制，为中央教育行政机关开展行政活动提供了较好的体制保障；积极履行各项职能，逐步建立了以癸卯学制为中心的教育制度体系，为清末新式教育的发展提供了法律保障。上述措施适应了废除科举之后新式教育发展的需要，极大地推进了教育行政近代化和教育近代化进程。但在封建专制体制的禁锢之下，虽然学部召集东西留学生并启用维新人士，但教育中枢权力依然握于传统重臣之手，致使学部各项政策虽大多有利于新式教育的发展，但其行政方向仍然是服务皇权、维护专制统治。在学部运行中，受传统体制的约束，各项运行机制很难真正贯彻执行，决策权力大多取决于行政长官一人，使具体政策带有鲜明的个人色彩。前者限定了学部推进教育事业的程度和范围，后者则造成各项政策的摇摆甚至前后矛盾。可见，刚刚启动的教育行政近代化进程遭遇了封建专制制度的束缚和传统官僚体制的影响而步履蹒跚，一旦这种束缚和影响得到解除，教育行政近代化必将有新的发展和质的飞跃。

第二节　武昌起义后的晚清学部

武昌起义爆发标志着一个新时代的到来，也使清廷陷入混乱之中。起初中央各部"紧要人物尚可至署敷衍办事"[1]，但此后仅历月余革命浪潮已席卷南方十四省，北京各界人士始起恐慌，各部司员纷纷潜行出京。学部也有大量司员出走，学务大臣唐景崇以"张皇误公"等情由，对擅自出走人员进行扣薪、即行开除等惩罚，但显然已经难以挽回颓

---

① 《各衙门之清冷》，《大公报》1911年11月6日，第2张。

势，"以致部中公务无从举办"①。10月下旬清廷重新启用原被开缺的袁世凯，中央政府面临重新洗牌，众官员"见内阁已经推倒，粤援尽失，一己之官秩利权不久即将消灭"，"亦复无心到署"。除外务部依然较为繁忙外，包括学部等行政衙门"均阒其无人，只一般下级应差人役往来，而已大有庚子时之现象"②。直到10月31日袁世凯完成组阁，京中局势才归于平静，原先出走的各部司员也陆续返京。但学部方面"各司仍有多数未到之员"，时任尚书唐景崇只得发出饬令未回部人员"一律开去乌布"，一般职员遂乘势运动、趁机占位，引致一轮人事动荡。③

伴随着人事动荡而来的是经费困顿。清廷国库本因对外战争赔款、对内挥霍无度而频频告急，武昌军兴以后巨大的军费开支更是彻底恶化了中央财政，最后只得动用宫中内帑，仍不敷使用，结果导致各部行政费用大量缩减，裁减人员、合并机构成为包括学部在内的中央各部的无奈选择。1911年11月间，学部先是"将编订名词馆、学制调查局并入图书局"④，又"拟将八旗学务处归并督学局"⑤，而督学局不久也因经费无着申请自行裁撤⑥。除机构合并和裁撤外，学部还大裁司员⑦。仅一个月前，学部还在使用各种手段阻止司员离部，而今却只能进行裁员以资维持。经费的支绌甚至威胁到学部自身的存在，"学部存款告竭，无法支持。兹闻阁议拟将该部暂行裁撤而并其事于民政部，俟项有着，再行归复旧制"⑧。1912年年初，经费困顿下的机构裁撤继续进行。八旗学务处被正式批准裁撤，⑨又"拟将督学局归并学部"⑩。1912年1月22日，学部正式"将编译图书局、名词馆、学制调查局一律暂行裁撤，各员津贴亦由本月暂行停发"⑪。人事动荡、经费支绌令学部堂官职位顿成烫手山芋，人心不稳渐由普通司员而波及上层。学务副大臣一

① 《学部之调查司员》，《大公报》1911年11月18日，第2张。
② 《各衙门之清冷》，《大公报》1911年11月6日，第2张。
③ 《学部之对待逃遁司员》，《大公报》1911年11月26日，第2张。
④ 《学部之裁并局所》，《大公报》1911年11月22日，第2张。
⑤ 《学部拟撤八旗学堂》，《大公报》1911年11月23日，第2张。
⑥ 《督学局自请裁撤》，《大公报》1911年11月27日，第2张。
⑦ 《学部将大裁司员》，《大公报》1911年11月24日，第2张。
⑧ 《学部亦有暂裁之耗》，《大公报》1911年12月23日，第2张。
⑨ 《八旗学堂之解散》，《大公报》1912年1月21日，第2张。
⑩ 《督学局局长之位置》，《大公报》1912年2月2日，第2张。
⑪ 《学部裁并各局所》，《大公报》1912年2月13日，第2张。

职，杨度、刘廷琛、张元济、劳乃宣先后被任命，但均托病请辞。① 即如继续留任的学务大臣唐景崇，对与袁合作也不无戒心而陷入去留矛盾之中。

1912年1月1日，中华民国南京临时政府宣告成立。如果说武昌首义的冲击因袁世凯重组内阁而被冲淡的话，此次中华民国临时政府的成立无疑宣告了清王朝的末日来临。清廷官员感觉到"大势已去"，寻求退路和出路成为他们的本能选择，兼因"库款异常支绌，各部本月薪津迄未发放，又加以爱国公债之摊派"，官员生计受到威胁，许多人不得不暂作回乡之计，于是"实缺之郎中主事等逐日纷纷呈请"离去，散行、候补等员干脆不辞而别，各部"萧条之现象"又显，② 学部也不例外。首先是学务大臣唐景崇心理上的最后防线终被冲垮。1月18日，他开始以生病为由告假，5天后以"病势增剧"为由奏请开缺。袁世凯虽表示可以续假调理，毋庸开缺，但唐并未答应回任。与此同时，新署学部副大臣劳乃宣也托病不到任。学部顿时陷于群龙无首之境地。袁内阁只好请旨著奉天民政使张元奇开去本缺各职，署理学务副大臣。③ 2月初，张元奇正式上任。为维持部务运转，张氏首先尝试解决经费问题。先是与度支部会商，先行拨处小数款项，"目前但求支持一二月，将来全局自有新政府筹划"④。再是利用汇丰银行到期存款发放部员津贴。⑤ 鉴于八旗学堂已经解散，又拟撤销八旗学务处以节省经费。⑥ 在经费有所缓解的基础上，张氏又重新规划学部方针，呈请袁世凯内阁审议实行，内容包括准备颁布新的教育宗旨、删改旧订教科书、实行征收学费、推广地方学务、统筹补助教育费、规定暂行学章等项。⑦ 学部还表现出向共和政体靠拢的趋向，在蔡元培北上迎袁期间，学部曾将关于教育问题择其重要之件，拟出议案十一件，"送交临时筹备处，呈由总统与蔡使提议"⑧。

① 关晓红著：《晚清学部研究》，广东教育出版社2000年版，第90页。
② 《各京官又纷纷出京》，《大公报》1912年1月1日，第2张。
③ 关晓红著：《晚清学部研究》，广东教育出版社2000年版，第91页。
④ 《北京学务近况》，《教育杂志》第3年第12期，记事，第89页。
⑤ 《学部又发全薪》，《大公报》1912年1月2日，第2张。
⑥ 《学部筹画八旗学务》，《大公报》1912年2月27日，第2张。
⑦ 《学部首领之节略》，《大公报》1912年2月27日，第2张。
⑧ 《学部之重要议案》，《大公报》1912年3月2日，第2张。

学部的上述行为既体现了在政治局势剧变之下努力维持教育秩序的良苦用心，也反映出应时而变向共和政治靠拢的倾向，表现了学部人员趋新的一面，为此后学部与南京临时政府教育部的并合打下人事上的基础。

第三节　教育部接收学部

1912年3月8日袁世凯在北京宣誓就任中华民国临时大总统，南北政府统一工作也正式启动，南北中央教育行政部门交接也就此开始。经过教育部和学部的先期准备和蔡元培抵京后的细心筹划，接收工作顺利进行。

一　南北交接之准备

北京方面起初专门为中央政府交接事宜成立了临时筹备处，内设学务股专责教育行政过渡之进行。3月中旬，袁世凯要求原清廷中央各部"于日内将本部案卷交于临时筹备处点收"，"再由筹备处分交各该部察入"。袁氏还曾饬筹备处拟定整顿学务办法，据《教育杂志》载其内容大致如下：

> （一）前清所订学生不准干预政事等条一律删除；（二）各校监督及校长非有专门学问及声名素著者皆不得留用；（三）各校招考应不分汉满回蒙界限，有入学之资格者，皆可投考；（四）裁撤八旗学务处及更改各校，如八旗高等学堂等。①

上述事项不仅废除师生不准干预政事的禁令，予师生以议论自由的权利，而且更注重各办学人员的专业素质，力图摒弃清末官僚办学之不良现象，此外还试图泯灭教育领域中的满汉界限，裁撤八旗学堂等，废除满族贵族教育特权，袁世凯还打算就上述办法与北上迎袁代表团团长、时任南京临时政府教育总长的蔡元培磋议，表现出了袁氏在政权过渡之时在教育领域向共和政治靠拢的一面。

---

① 《关于教育之计划》，《教育杂志》第4卷第2号，记事，第10页。

由于临时筹备处在实际运行过程周折过多、手续繁杂，许多工作未能迅速进行，袁氏遂命令各部长官"限于三星期内务将本部一切案卷检出备齐，以便新内阁成立时对部交代"①，不必再交至临时筹备处。在交接过程中，学务大臣张元奇为抢占人员组织先机，发布通告召集各专门学校毕业生，多方搜求人才。② 由于教育部初期人员录用并无相关规则可循，张元奇这一时期召集的人员，虽然起初未能大量入部，但随着工作渐上轨道，在后续录用中此批人员仍成为主要来源，因而对教育部人事构成实际上产生了较大影响。至 4 月上旬，学部已完成各项交接准备工作，"北京各旧部纷纷赶办交替，闻除内务陆军两部由赵段两总长自行交代自行接收处，其他各部均于八号呈报总统府，已将应行交代事宜办理完毕"③。同时根据袁世凯的要求，在部对部办理交代之前，"各该正副首领、各司司长及凡有乌布人员仍当逐日到署，照常办公"④。

与此同时，南京教育部也在积极进行解散和筹备北上事宜。蔡元培 3 月 18 日返回南京。3 月 22 日教育部开会宣布解散，"议决总次长及部员之尚有经手未了事件者，暂留部中以次交卸"，同时拟订南京教育部北上之人员。⑤ 3 月 29 日，南京临时参议院通过蔡元培为北京政府教育总长，蔡氏遂着手准备北上重新组织教育部。4 月 3 日，蒋维乔等人"拟定北京学部接收前预备之计划，即日寄交蔡先生"⑥。当时蔡元培陪孙中山离宁赴沪。4 月 9 日，在沪的蔡元培、蒋维乔同往爱国女学，继续商议教育部新旧交接及职务分配等事。⑦ 4 月 15 日，蔡元培率一众部员与唐绍仪、宋教仁等乘"新昌"轮离沪北上。时蒋维乔仍留沪上等待第二批人员，后于 23 日乘"安平"轮北上。⑧

二　南北交接之完成

4 月 20 日，唐绍仪偕蔡元培、宋教仁等阁员到达北京。4 月 21 日，

---

① 《袁总统交谕各部预备交代》，《大公报》1912 年 3 月 21 日，第 2 张。
② 《学部将搜求专门人才》，《大公报》1912 年 3 月 22 日，第 2 张。
③ 《各部交代已经竣事》，《大公报》1912 年 4 月 12 日，第 2 张。
④ 《各部人员仍逐日到署办公》，《大公报》1912 年 4 月 22 日，第 2 张。
⑤ 《教育部预备交替》，《教育杂志》第 3 年第 12 期，记事，第 88 页。
⑥ 高平叔编撰：《蔡元培年谱长编》（上册），人民教育出版社 1996 年版，第 432 页。
⑦ 高平叔编撰：《蔡元培年谱长编》（上册），人民教育出版社 1996 年版，第 434 页。
⑧ 高平叔编撰：《蔡元培年谱长编》（上册），人民教育出版社 1996 年版，第 435 页。

北京政府国务院宣告正式成立。当日临时大总统袁世凯在外务部迎宾馆与各部总长会议，下令在京原有各部事务即分别交替，由各部总长接收办理。对各部用人之权，首任国务总理唐绍仪主张进行干涉，并提议为促进南北合作，应多用南方人。袁世凯则明令各总长"官制虽改，断不能全换新手，仍当照前委托，或略更调而已"。后在内务总长等人的压力下，唐氏放弃对各部用人的干涉，从而使新旧并存成为中央行政各部的人事组织方向。① 在教育部方面，由于蔡元培力主"教育立于政潮之外"，因而从大方向上看，教育部的用人思路与袁世凯并无直接的冲突，亦较符合当时的实际情况。

接收工作首先涉及人员去留这一敏感问题，各部旧员也因去留问题多次向总统呈请，因而在接收学部旧员方面，蔡元培还是颇费了一番心思。首先，4月24日发布《接收前清学部谕示》，任命原学部十八名部员为接收员，此即是原学部第一批留部人员。既能保证各司科有关事务的顺利交接，也能起到安抚人心的作用。这十八人的名单是：总务司：白作霖、赵允元；专门司：陈应忠、刘唐勋；普通司：陈清震、王章祐；实业司：路孝植、王家驹；会计司：陈问咸、柯兴昌；司务厅：崇贵、陈琦；督学局：彦德、祝椿平、刘宝和、李春泽；图书馆：高步瀛；名词馆：常福元。其次是妥善安抚原学部其他人员。鉴于当时法部因人员安置不当曾致冲突，为免重蹈覆辙，4月25日，即公布留部人员名单的次日，蔡又特派赵允元向各司人员声明，"此次所留之十八人系为接收交代起见，其单中未列名者并非一律屏弃，将来仍拟分别任用，并令各员即日离署，听候知会"。当时未列名各司员自然深解其意，均自觉离部。4月26日，教育部总、次长正式到部上任。5月初，蔡元培因"部务繁要，应再酌留若干员，以资得力"，在第一批学部人员留部的基础上，由次长范源濂查核之后，"王季烈、崇岱、董敦江等十二员"成为第二批留部人员。② 接收工作相较于其他各部较为顺利，其中最重要的原因即是蔡元培坚持"能者在职"原则，较为公平地决定学部旧员的去留，次长范源濂的特殊地位和人脉关系也是保证这一工作顺

---

① 刘景全、张静、汪向阳：《宋教仁与民国初年的议会政治》，河北人民出版社1998年版，第201—202页。

② 《教育部续留人员》，《大公报》1912年5月2日，第2张。

利推进的直接因素。教育部接收学部，正式宣告了学部的终结，标志着教育部开始对全国学务行使管理权，中国教育行政进入了新的历史阶段。

虽然学部已成历史，但其借鉴西方先进的行政管理模式，逐步建立了分工负责、分类管理的内部机构，形成了地方和中央权限较为明晰的教育行政体制，并颁布实施各项教育法令规程，从而开启了中国教育行政近代化的端绪，顺应了科举废除之后新式教育急需统筹规划和大力推进的客观需要，加速了中国教育近代化进程。这些应政治改革和经济发展要求所建立的适应教育发展客观要求的制度和措施，在民国成立后多被教育部承继、改造和发展，迅速转变成维护共和政治的有力手段，这一现象说明了社会的革命性变革并不能离开渐进性变化的基础，在教育领域尤其如此。

当然，学部受制于政体和社会文化心理等因素的影响，虽然采取了一系列有利于教育近代化进程的举措，但在具体施政时受到传统守旧势力的非议和攻击，因而对新式教育的推进颇为矛盾，政策走向上也有所摇摆，这种矛盾行为致使许多举措的出台与酝酿期的想法相比已显缩水，颁布后的实施情况与预期效果更是相去甚远，这些历史经验和教训对民国前期教育部又有所警示。

第三章 1912—1916 年间的教育部

1912 年 1 月 1 日，中华民国南京临时政府成立，宣告了封建专制政体的结束，中国教育行政近代化迎来重大历史机遇。1912 年至 1916 年四年间，国家政体经历了由专制到共和再到帝制的两次历史性剧变，全国两次出现南北对峙的政治局面。1914 年欧战爆发，西方列强对中国的经济侵略减弱，民族资本主义获得了发展机会。思想文化领域出现了共和思想激荡而传统思想牢牢占据着主导地位的复杂态势。在上述社会变革的大环境下，教育部在机构及职能设置、人事组织及其演变、行政路向及活动轨迹等方面既有比较清晰的发展趋势，也有动荡和摇摆的一面，集中反映了这一时期中国教育行政近代化的曲折。

第一节 机构与职能

成立机构及赋予相应的职能是教育部得以运行的前提和基础。教育部在中央政府架构中的地位起伏直接决定着其独立行政空间的变化；主体机构的设置及职能分配是否合理直接影响其行政效率的高低，也对教育部员的工作积极性及诸项活动有着重要的制约作用；附属机构设立的数量和运转情况是教育部与民间教育力量合作的晴雨表；地方教育行政机关的改造和运作则成为中央政令能否贯彻实施的关键所在。对以上四方面进行综合考察，可以反映这一时期教育行政近代化在机构层面的实际发展水平。

一 教育部的成立及其地位变化

辛亥革命之后，中央政府的组建成为各方关注焦点。随着南京临时政府的成立，教育部也得以设立，但处于临时过渡阶段。北迁后的教育部才开始建章立制、分司设科而正常运作，但在中央政府各部中的实际地位较低。随着袁世凯专制统治加强，教育部独立行政空间也大大缩小。

（一）教育部的成立

1911 年 10 月 10 日辛亥革命爆发后未及一月，全国先后有十四省宣布独立，革命势力已经三分天下有其二，组建临时统一政府以与清政府分庭抗礼开始提上独立各方日程。

最早对中央各部设置提出建议的是湖北都督府，它在 11 月 10 日的通电中提议："敝省拟中央临时政府暂分七部：一、内务，二、外交，三、教育，四、财政，五、交通，六、军政，七、司法。"① 就各部的设置及其顺序安排来看，这一通电的立场显然认为革命已经完成，中央临时政府应以建设为主，因而把内务、外交及教育置于前三位。通电发出后，各省纷纷复电回应表示赞成。② 这份通电代表了当时实际主导湖北事务的立宪派和传统官僚的主张。

如果说湖北省都督府的提议使筹议中的中央临时政府有了一个轮廓，那么各省都督府代表会的成立则标志着临时统一政府组建有了实质进展。在经历沪鄂之争后，原赴沪的各省代表决定赴鄂，与赴鄂的各省代表重组各省都督府代表会。11 月 30 日，代表会在武昌召开第一次会议，议决：在临时政府成立以前，以鄂军都督为中央军政府大都督。因有停战议和之洽商，所拟中央军政府设置之各部当时并未实现。③ 12 月 3 日，代表会议决《临时政府组织大纲》21 条，经 10 省代表 22 人签名确认和 4 省代表会后追认生效，这是中华民国第一份关于中央政府的组织法令，代表着组织中央政府的正式进行。由于该大纲"系短期过渡性质，实为应付变乱时局的规约，所以条文非常简单。未设副总统，行政各部也只列举与军事有密切关系的外交、内务、财政、军务、交通五部

---

① 辛亥革命武昌起义纪念馆、政协湖北省委员会合编：《湖北军政府文献资料汇编》，武汉大学出版社 1986 年版，第 185—186 页。

② 台湾"教育部"编：《中华民国建国史》（第一篇：革命开国），编译馆出版社 1985 年版，第 868 页。

③ 许师慎编：《国父当选临时大总统实录》（上册），国史丛编社 1967 年版，第 17 页。

而已"①，可见在特殊时期，教育与政治、军事、财政等相比属于次要位置。

当时作为武汉三镇之一的汉阳已被北洋军攻破，形成了对武昌的直接威胁。12 月 2 日，革命军攻占南京。12 月 4 日代表会鉴于武昌形势危急，乃议决以南京为临时政府所在地，代表会也随之由鄂迁宁。② 此后由于代表会在临时政府首长人选问题上又起争执，临时中央政府组建再度受阻。12 月 25 日同盟会领袖孙中山归国使这一局面得以根本改变。12 月 29 日，代表会一致选举孙中山为临时大总统，迈出了组建临时政府的关键一步。1912 年 1 月 1 日，孙中山在南京宣布就职，中华民国南京临时政府成立。其时中央政府建制采美国联邦制之基本精神，实行三权分立基础上的总统制，中央行政各部直接对总统负责。2 日南京临时参议院议决修正《临时政府组织大纲》，其第十八条规定中央行政各部"设部长一人，总理本部事务"；其第十九条规定"各部所属职员之编制及其权限，由部长规定，经临时大总统核准施行"。对中央所设各部则删除原来五部之规定，不作出具体规定以利大总统斟酌设置。③《组织大纲》明确各部设部长一人，部长有权规定该部人员编制及权限设定。按照正常国家政权建设思路，中央各部行政权限应由立法机关界定，因而上述规定实际上赋予了各部部长在建国之初极大的行政自主权，这也是此后教育部机构与职能设定中蔡元培的设想能够得到实现的法律保障。

1 月 3 日，南京临时参议院通过《临时政府中央行政各部及其权限》，规定中央设置九部，教育部位列第七，与此前教育部位列第三的状况相比，表明这一时期革命党人主导的南京临时政府对国家建设的态度。对于各部长官之设置，其第二条规定："各部设总长一人，次长一人。次长由大总统简任。次长以下各员，由各部部长按事之繁简，酌定人数。"对于具体人事之权力，其第三条规定，"各部局长以下各员，均由各部总长分别荐任、委任"。教育总长之职掌，其第四条规定，教

① 左舜生：《黄兴评传》，传记文学杂志社 1968 年版，第 82 页。
② 许师慎编：《国父当选临时大总统实录》（上册），国史丛编社 1967 年版，第 26—27 页。
③ 《修正中华民国临时政府组织大纲》，载中国第二历史档案馆编《中华民国史档案资料汇编》（第二辑），江苏古籍出版社 1981 年版，第 6 页。

育部长"管理教育、学艺及历象事务，监督所辖各官署学校，统辖学士教员"。对于次长职权，其第五条规定，"次长辅佐部长，整理部务，监督各局职员"①。上述规定明确了各部人事及行政权力集于总长一身，次长则处于辅佐地位，从而使教育总长成为教育部决策的核心人物，同时这一时期教育部地位不彰的一个客观后果则是给教育总长带来了较为自由的施为空间。

同日，参议院议决教育总长为蔡元培，景耀月为次长。在经历一系列的筹组工作后，1月19日教育部正式在南京碑亭巷挂牌成立。

（二）教育部在中央政权中的地位变化

南京临时政府时期，中央行政架构仿效美国采取三权分立基础上的总统制，设大总统、参议院和行政各部，行政各部长官对大总统直接负责。当时大总统系革命党领袖，内阁成员中各部总长虽多系社会名流，但多畏于局势未明而不到任，各部工作实际由同盟会员以次长身份主持，加之临时参议院议员中革命派比例为77%，因而南京临时政府就其性质而言是一个资产阶级民主革命政权。② 这种政权性质使得中央政府的运行颇具民主气息，各部拥有较大的行政自主权。同时临时政府的主要精力集中于南北和谈，对于军事、外交等高度重视，教育则基本上由行政长官自主裁决。检阅有关档案史料，关于教育方面孙中山仅发一道督促教育部速令各省已设优级初级师范学校开学和速筹开办中小学校的指令，③ 人事方面也从维持政权的革命性质出发仅对蔡元培欲延揽康有为入部表示异议。④ 因而南京临时政府时期虽行总统制，教育总长实际拥有高度自主的施政权力，从而保证这一时期教育行政方向能够按照蔡元培的设想进行。

在南北和谈告成之际，为防止袁世凯专权，南京临时参议院于1912年3月10日通过《中华民国临时约法》，改总统制为责任内阁制，

---

① 《中华民国临时政府中央行政各部及其权限》，载中国第二历史档案馆编《中华民国史档案资料汇编》（第二辑），江苏古籍出版社1981年版，第8—9页。

② 杨阳主编：《中国政治制度史纲要》，中国政法大学出版社2001年版，第339页。

③ 《临时大总统关于各省已设优级初级师范一并开学中小学速筹开办致教育部令》，载中国第二历史档案馆编《中华民国史档案资料汇编》（第二辑），江苏古籍出版社1981年版，第477页。

④ 《孙文关于对康有为与章太炎等应分别对待复蔡元培函》，载中国第二历史档案馆编《中华民国史档案资料汇编》（第二辑），江苏古籍出版社1981年版，第12页。

各部总长"辅佐临时大总统负其责任","于临时大总统提出法律案，公布法律及发布命令时，须副署之"，并"得于参议院出席及发言"。①上述规定使中央行政各部成为中央政府之主干，各部总长在大总统发布各项政令时拥有副署权，保证了各部拥有较高的行政独立性；各部总长能够出席参议院会议并有发言权，可以增强对立法机构的影响。上述规定对教育部的运作具有积极意义。事实上责任内阁制在初期也确实对袁世凯独断专行形成有效牵制，也是教育部在北京政府初期能够坚持教育变革民主方向的重要原因。袁世凯显然不甘心受制于责任内阁制，先是耍弄手腕在国会挑动党争，借进步党之手对抗国民党，继之于 1913 年3 月制造"宋案"，导致"二次革命"爆发。8 月袁世凯镇压"二次革命"之后，于 11 月解散国民党、取消国民党籍国会议员的资格，造成从中央到地方各级议会活动的无形中止，并另筹组政治会议以代之。1914 年 1 月 9 日，袁世凯正式下令残留的国会议员停职并正式解散国会。3 月 18 日袁氏组织约法会议。5 月 1 日通过《中华民国约法》，同时废止《中华民国临时约法》。新《约法》将原来的内阁责任制改为总统制。其第十四条规定"大总统为国之元首，总揽统治权"；第三十九条规定"行政以大总统为首长，置国务卿一人赞襄之"；第四十一条规定"各部总长依法律、命令，执行主管行政事务"，置国务员于"总统的属员"地位，各部由行政机关沦为"事务机关"；第四十二条规定"国务卿、各部总长及特派员，代表大总统出席立法院发言"。责任内阁制的废除，不仅使各部总长失去了副署权，甚至在立法机关的发言权也被变相剥夺，导致"元首直接控制行政，行政权力远出于立法权力之上"②。新《约法》公布的当天，袁氏即下令撤销国务院，代之以政事堂，政事堂日常事务由国务卿负责，国务卿对大总统负责，"实为总统的幕僚长"③，各部总长则成为幕僚员。随后，袁氏对中央各部官制也进行了相应修订。1914 年 7 月 10 日，修正后的《教育部官制》颁布，

① 《中华民国临时约法》，载中国第二历史档案馆编《中华民国史档案资料汇编》（第二辑），江苏古籍出版社 1981 年版，第 109—110 页。
② 钱实甫：《北洋政府时期的政治制度》（上册），中华书局 1984 年版，第 69—71 页。
③ 汪朝光：《中国近代通史》（第六卷），江苏人民出版社 2007 年版，第 67 页。

规定"教育部直隶于大总统，管理教育、学艺及历象事务"①，"原属总长的职权一律改为部的所有职权，总长本身在法律上没有固定职权，只是以部的代表者来行使部的职权"②。教育总长的其他职权，如管理部务、对各省行政长官执行本部主命令的监察指示责任等方面的规定，似与以往无明显区别，但均强调要呈请大总统定夺，教育总长的独立行政空间被大大压缩。

袁世凯在完成对全国政权的掌控之后，继续强化中央集权，扩大个人权力，帝制自为的企图也逐渐显露，全国范围内表现出浓厚的封建复古气息，一改南京临时政府力图建设共和政治之新气象，"往者南京政府时代，以旧为戒，事惟求新；今则以新为戒，事惟复古"③。此时进步党人主持下的教育部一方面受中央行政体制的制约，一方面又与袁世凯在尊孔上有着表面的一致性，致使教育领域复古思潮大兴。1916 年 3 月 22 日，登上洪宪皇帝宝座不满百日的袁世凯在全国上下的反帝怒潮中宣布取消帝制，恢复国务院。6 月 6 日袁世凯在危惧中死去，承其衣钵的段祺瑞在各方压力之下宣布恢复《中华民国临时约法》和国会，迎任副总统黎元洪为民国大总统，共和政体和责任内阁制得到恢复，各部的地位重新得到提高。

由上可知，1912—1916 年间，虽然共和政体成立，内阁制框架下的教育部拥有较大的行政自主权，但由于袁氏专制及复辟帝制，教育部在中央架构中的地位逐渐下降。这种情况的发生，究其根源，在于封建专制制度被革命力量推翻之后，文化思想的变革并未同步发生，农业经济为主导的经济结构也未发生根本变化，因而代表封建专制势力的力量依然强大，并乘民众对共和政治失望之机进行反扑，从而导致帝制闹剧的发生。教育部在中央政权中的地位起伏反映了政体和政局的变化，地位的起伏又对自身运行和执政路向产生了直接影响。在革命党人为主导的南京临时政府时期以及北京政府初期责任内阁制时期，教育部都拥有较大的独立行政空间，不仅完成了较为合理的机构设置和人事组织，也

---

① 《修正教育部官制》，载陈学恂主编《中国近代教育史教学参考资料》（中册），人民教育出版社 1987 年版，第 276 页。

② 徐争游等编：《中央政府的职能和组织机构》（下册），华夏出版社 1994 年版，第 89 页。

③ 柳隅：《新政制》，《庸言》第 2 卷第 5 号，1914 年 5 月。

使教育事业沿着资产阶级民主方向前进。随着袁氏加强专制统治和走向封建复辟，并置教育部在其直接控制之下，致使教育部机构及人事也发生巨大转变，各项行政活动受到强力干预，这一时期教育政策带有封建复古色彩与此有着直接的关系。

二　主体机构的设置及调整

主体机构是教育部机构体系的躯干，其结构是否科学合理，运行机制是否完善，不仅直接决定着教育部的行政效率，而且对各项政策的形成也会产生影响。南京临时政府时期，教育部处于暂时过渡状态，至北京政府成立才分司设科、完善职能。此后由于政局的变化和各司科事务繁简不同，主体机构及其职能有所调整。主体机构的设置及调整过程既反映了外部环境变化所带来的影响，也反映了不同时期教育部工作重心所在。

（一）官制的拟定与主体机构的设置

1912 年 1 月 2 日通过的《修正中华民国临时政府组织大纲》第五条规定，"临时大总统得制定官制、官规兼任文武职员，但制定官制暨任免国务各员及外交专使，须参议院之同意"①。孙中山下令总统府下设之法制局②拟定各官制送交参议院议决。法制局时任正副局长分别为宋教仁和汤化龙，汤氏并未到职，实际由宋教仁主持其间。宋氏毕业于日本法政大学及早稻田大学，对于西方法律尤其日本法律有着精深研究，也为这一时期所拟定的各项官制带有日本色彩埋下了伏笔。1912年 1 月 29 日，大总统将法制局拟定各部官制通则及各部官制草案送交参议院，其中包括教育部官制七条，此部官制草案"大抵全仿日本"，内设普通教育、专门教育和实业教育三司，把宗教礼俗归内务部管理。③ 此份草案 2 月 9 日提交国务会议讨论，蔡元培颇不满意，建议将宗教礼俗划归教育部，内设各司改为"学校教育司、社会教育司、历象

---

① 《修正中华民国临时政府组织大纲》，载中国第二历史档案馆编《中华民国史档案资料汇编》（第二辑），江苏古籍出版社 1981 年版，第 5 页。
② 该机构初设时为法制院，后改为法制局，其原因居正在《梅川日记》中曾提及："中央政府设立伊始，有法制院一机关。……后有忌之者，谓法制机关，属于总统府，与秘书处平行，不应称院，应改称局。"
③ 《教育部内部之组织》，《教育杂志》第 3 年第 11 期，记事，第 79 页。

司，其中学校教育司分普通教育科、专门教育科、实业教育科，社会教育司分宗教科、美术科、编辑科，历象司分天文科、测候科"，当时到会人员均表赞成。① 社会教育单独设司，体现了蔡元培对西方社会教育思想的认可和创新。会后该议决案"呈请总统，转致法制局修改"②。从3月份《教育杂志》所刊载的《教育部官职令草案》来看，法制局将两份草案进行了并合，规定教育部内分六司，职能一项加上宗教礼俗事务，③ 很显然这种简单的折中拼凑并不合理。

修改后的官职令草案于2月19日被列入参议院议事日程，由于参议院忙于其他议程，各部官制案一再搁置，直至23日才开教育部官制一读会并议定交法律审查会审查。④ 此后参议院精力集中于南北和谈事项，蔡元培也于2月18日北上迎袁，教育部官制审议再次停滞。直至3月18日蔡元培返宁，袁世凯也已于北京就职，统一政府建立在即，而各部官制尚未完成，南京参议院才加紧相关工作。3月20日，《教育部官职令草案》被参议院重新议决送法律审查会审查，其名称未改说明此时依然是3月份《教育杂志》披露之稿。蔡元培自京返宁后也马上过问官制事宜，"3月20日晚间，讨论教育部官制"⑤，对原有官职令草案进行大幅修改形成删改案，这一次干脆绕过法制局直接送交参议院审议，3月25日该案被参议院议决送审查，参议院将此案与原案并案处理。4月1日至4日，参议院三读通过教育部官制案，成为民国建立以来第一个由参议院通过的教育部官制。⑥ 该官制规定教育部职能为"教育总长管理教育、学艺及历象事务，监督全国学校及所辖各官署"；内设一厅三司，并对各厅司职能进行了明确规定。⑦ 议决案的通过为教育部设司分科提供了依据。

① 《教育部与内务部分划权限》，《申报》1912年2月10日，第3版。
② 王世儒编纂：《蔡元培先生年谱》（上册），北京大学出版社1998年版，第121页。
③ 《民国教育部官职令草案》，《教育杂志》第3年第12期，附录，第63—65页。
④ 张国福选编：《参议院议事录、参议院议决案汇编》，北京大学出版社1989年版，第53、63页。
⑤ 高平叔编著：《蔡元培年谱长编》（上册），人民教育出版社1996年版，第423页。
⑥ 张国福选编：《参议院议事录、参议院议决案汇编》，北京大学出版社1989年版，第143、174—175、194页。
⑦ 张国福选编：《参议院议事录、参议院议决案汇编》，北京大学出版社1989年版，第83—86页。

　　教育部北迁之后，蔡元培在 5 月 2 日的国务会议上仍然坚持把宗教礼俗划归教育部，总统府当月将决议案交参议院审议，因而此时教育部设司分科并没完全按照参议院所通过的官制进行，教育部所编《教育部行政纪要》所述"民国元年四月，本部成立初据南京参议院议决官制"等语并不确切，但大体上是依此官制进行。① 当时分科的大致情况如下：

表 3.1　　　　　　　　　　1912 年 5 月教育部分科情况

厅司名称		职能	厅司名称		职能
承政厅	文书科	文牍、图书、学校卫生	普通司	第一科	幼稚园、小学
	会计科	出纳报告、监查预算决算、庶务		第二科	中学
	统计科	调查编译		第三科	师范和高等师范
	建筑科	规划和检验		第四科	实业学校、实业补习科和艺学校
	编纂处	编辑法令、编译书报		第五科	蒙藏回学务
	审查处	审查教科图书及仪器标本			
专门司	第一科	大学及游学生	社会司	第一科	宗教礼俗
	第二科	高等专门		第二科	科学美术
				第三科	通俗教育

　　资料来源：民国教育部总务厅文书科编《教育部行政纪要》（全一册），文海出版社 1986 年影印版，第 1—2 页。

　　就主体机构的设置过程来看，教育部起着主导作用，基本按照首任总长蔡元培的思路来设计，使其沿着民主高效的建设方向发展。但我们也要看到这一进程由于政治形势的干扰被延迟，客观上不利于教育部分司设科正常运转。从最终形成的机构设置情况来看，新成立的教育部不仅首次设立社会教育司，将社会教育与学校教育置于同等重要的地位，

---

　　① 依据有二：一是南京参议院所定官制规定教育部管理教育、学艺及历象事务，并不涉及宗教礼俗；二是根据蔡元培所提出的《国务会议审核教育部官制修正草案理由》，载于中国第二历史档案馆编《中华民国史档案资料汇编》（第三辑政治），江苏古籍出版社 1991 年版，第 22 页。

而且在借鉴清学部机构设置经验教训的基础上，对学部各司多有合并，一改学部叠床架屋之弊端，形成民初教育部精简高效的运行状态，有利于各项工作的开展，既表现了行政机构设置上的承继性又显示出创造性。

（二）主体机构及其职能的调整

袁世凯在位期间，因统治需要对中央官制进行数次调整，教育部官制也随之有幅度不一的修订，加上实际运作过程中各司科事务繁简区别渐显以及行政经费的掣肘，教育部主体机构在一厅三司总体框架基础上有所变动，主要集中于科室层面的调整和并合。

第一次调整的直接动因是袁世凯认为参议院所定官制议及分科恐于各部行政多所滞碍，各部人员也多认为官制过于理想而实际上未必可行，1912年4月袁氏遂将各项官制送交参议院复议。① 此次复议首先是重新厘清各部职权范围。蔡元培在5月份国务会议上再次提出把宗教礼俗归入教育部，这一议案送达参议院后引起激烈争执。当时议员们的争论集中于教育与宗教关系以及利用宗教培养国民思想的具体办法等问题，经过多日辩论，最后在5月16日的表决中蔡元培的提议被否决，宗教礼俗事务最终划归内务部。② 其次是妥善处理荐任职与委任职之升迁举任问题，决定废科长、科员级别而改为佥事和主事，并对其员额作严格规定，科长、科员定为职务名称而非官位。③ 前者导致教育部在处理宗教与教育问题上的权限丧失，不利于其对教会学校采取措施；后者实行官职分离，为各部机构设置及人员组织提供了一定的灵活性。8月2日修正后的教育部官制由大总统正式公布。

与4月份南京临时参议院通过的官制相比，此次官制修正除实行官职分离及调整人事员额外，对机构及职能也作了部分更动：1. 改承政厅为总务厅，主要职能虽大体未变，但管辖范围则扩大为囊括教育部日常运转各项事务，实际上把原来各司关于庶务等事项皆纳入总务厅职掌范围，使各司的职能得到进一步集中和明确，在各司人员较为精简的情况下，这一调整对于提高工作效率有着积极意义；2. 各司具体职掌有

① 《覆议各部官制之原因》，《申报》1912年4月30日，第2版。
② 中国第二历史档案馆整理《政府公报》，上海书店出版社1988年版，第2册第318—319页，第4册第26—29、91—94页。
③ 《新官制之谭片》，《申报》1912年6月22日，第2版。

所增减，普通司增"关于检定教员事项"，专门司减"关于国史馆事项"，并改"分科大学事项"为"大学校事项"，社会司增"关于厘正通俗礼仪事项"、"关于调查及搜集古物事项"，[①] 职能得到扩充和完善。由上可见，此次官制的修正并未触及一厅三司的主体架构，主要是各司职能有所调整和变化，这种调整和变化直接导致各科室的裁减并合和职能变化。其一，改承政厅为总务厅，不再设秘书长，而由负责辅佐总长、整理部务的教育次长兼任总务厅厅长，下设秘书、编纂、审查三处及文书、会计、统计、庶务四科，原建筑科事项并入新增的庶务科。其二，普通教育司"仍分五科，惟改第一科掌师范，第二科掌小学事项，余均如故"。其三，专门教育司增第三科，"专掌国语统一事项"，表明对国语的重视。其四，社会教育司因宗教礼俗划归内务部，裁撤第一科改设两科。[②]

这一次官制修正带来的上述主体机构和职能调整最终体现在 1912 年 12 月 20 日教育部公布的分科规程，具体内容见表 3 - 2。

1913 年为主体机构更动较为频繁的一年。前期在范源濂任内，范氏为推动教育监督工作正式设立视学处。后期在汪大燮任内，因中央财政紧张而实施减政主义，主要集中于总务厅编纂、审查两处的并合。教育部各项运行细则等也于是年先后颁布，运行机制渐趋规范。

1913 年 1 月 20 日，教育部公布《视学规程》，于部内设视学处，这是建立全国教育监督制度的重要举措。《视学规程》规定：将全国划分为八个视学区，其中蒙古、西藏暂作为特别视学区域，其规程另定；每区派视学二人，当时视学设十六人，与八个视学区相匹配，视学负责视察该区域之普通教育及社会教育，教育部还要按情况酌派部员协同视察；视察分定期及临时两种，定期视察每年自八月下旬起，至次年六月上旬止，临时视察依教育总长特别命令行之；视察内容包括教育行政状况、学校教育状况、学校经费状况、学校卫生状况、关系学务职员执务状况、社会教育及其设施状况暨特命视察事务凡七项；规程还对视学任职资格作了规定；对于专门以上学校及其他特别事项，教育总长可以派临时视学，或命该区域之视学兼司其事；视学视察完毕，除面陈概要

---

① 《参议院议决修正教育部官制》，载陈学恂主编《中国近代教育史教学参考资料》（中册），人民教育出版社 2000 年版，第 273 页。

② 民国教育部总务厅文书科编：《教育部行政纪要》（全一册），文海出版社 1986 年版，第 2 页。

外，应提出本年度之总报告书。① 3 月 21 日和 28 日又先后出台《视学支费暂行规则》和《视学处务细则》，对视学经费安排、视学前期准备、视学行程及程序、具体人员配备作了详细规定。② 1913 年 12 月 30 日和 1914 年 12 月 20 日又先后颁布《视学留部办事规程》和《视学室办事细则》，就视学留部期间所承担职能及视学室运行事宜进行了详细规定。③ 至此，不论视学外出视察还是留部任事，都做到了有规可循，规范了视学工作的进行。1913 年 3 月教育部派出视学员对全国学务进行了一次比较全面的视察，至同年 8 月结束，并将视学报告次第公布，成为教育部此后出台相应举措的事实依据，也为我们留下了这一时期不可多得的珍贵教育史料。

表 3.2　　　　1912 年 12 月教育部机构设置及各科职能分配表

部门名称		主要职掌
总务厅	秘书处	一、掌管机要；二、典守印信；三、记录职员之进退；四、关于直辖学校及公立学校职员事项；五、关于教育会议事项；六、关于教育博览会事项。
	编纂处	一、纂辑本国教育法令；二、编译外国教育法令；三、辑译各国学校章程及关于教育之书报。
	审查处	一、审查教科书；二、审查教育用品及理科器械。
	文书科	一、收发各项公文函件；二、纂辑保存各项公文函件；三、撰拟不属于各处各科及各司之文牍；四、管理部内参考用之图书。
	会计科	一、管理本部所管经费并各项收入之预算、决算及会计；二、稽核会计；三、管理本部所管之官产官物。
	统计科	一、调查关于教育统计之各项材料；二、编制关于教育之各项统计表。
	庶务科	一、本部所辖学校、图书馆、博物馆等修建事项；二、本部所置建筑物等修建事项；三、调查公私立诸学校图书馆、博物馆之设置及图案事项；四、学校卫生事项；五、其他不属于各处科及各司之庶务。

---

① 《教育部公布视学规程》，载陈学恂主编《中国近代教育史教学参考资料》（中册），人民教育出版社 2000 年版，第 275—276 页。

② 《教育部令第十七号》《教育部令第二十八号》，载多贺秋五郎编著《近代中国教育史资料》（民国编上），文海出版社 1976 年版，第 150、388 页。

③ 《视学留部办事规程》《视学室办事细则》，载多贺秋五郎编著《近代中国教育史资料》（民国编上），文海出版社 1976 年版，第 389 页。

续表

部门名称		主要职掌
普通教育司	第一科	一、师范学校事项；二、高等师范学校事项；三、女子高等师范学校事项；临时教员养成所及与养成教员相关事项；五、检定教员及关于服务事项；六、不属于他科所掌事项。
	第二科	一、中学校事项；二、与中学校相当之各种学校事项。
	第三科	一、小学校事项；二、蒙养园事项；三、盲哑学校事项；四、调查学龄儿童就学事项；五、与小学校相当之各种学校事项。
	第四科	一、甲种乙种实业学校事项；二、与实业学校相当之各种学校事项；三、养成实业教员事项。
	第五科	一、蒙回藏教育事项；二、养成蒙回藏教员事项；三、与蒙回藏教育相关之事项。
专门教育司	第一科	一、大学事项；二、外国留学生事项；三、博士会事项；四、授学位事项。
	第二科	一、高等专门学校事项；二、与以上相等之各种学校事项；三、历象事项。
	第三科	一、国语统一会事项；二、医士药剂士开业试验委员会事项；三、各学术会事项；四、不属于他科所掌事项。
社会教育司	第一科	一、博物馆、图书馆事项；二、动植物园等学术事项；三、美术馆、美术展览会事项；四、文艺、音乐、演剧等事项；五、调查及搜集古物事项。
	第二科	一、厘正通俗礼仪事项；二、通俗教育及讲演会事项；三、通俗图书馆、巡行文库事项；四、通俗教育之编辑、调查、规划等事项；五、不属于他科所掌事项。

资料来源：商务印书馆编译所《中华民国教育新法令》（第三册），上海商务印书馆 1913 年 3 月出版，第 3—8 页。

1913 年 11 月教育部修正分科规程，对各科多有调整和并合，其背景则是因军兴过后袁世凯为解决财政困难而实行减政主义。11 月 1 日，因"蒙藏回学务事简，无庸设立专科"，将职掌此项事务的普通教育司第五科裁撤。① 又将总务厅编纂、审查两处合并为编审处，原有编纂员

---

① 《大事记》，《教育杂志》第 5 卷第 9 号，记事，第 72 页。

和审查员改称编审员，分编纂、审查两股办事。裁撤总务厅统计科，将该科职掌归并文书科办理。职能上的变化有：总务厅秘书兼管本厅各科事务，并于所管事务增列关于褒赏一项；普通教育司第三科增列特殊教育及县学务机关设立变更、小学校基本金奖励、小学教员、整理私塾等项；将专门教育司第一科所掌博士会事项改属第三科；社会教育司第三科增感化院及惠济所事项。① 在修正分科规程的基础上，11 月 28 日，教育部出台《教育部会议细则》和《教育部请假规则》，就教育部各类会议召开程序及部员请假事宜进行规定，不仅使教育部日常运行趋于规范，而且有关会议召开的规定使民主决策方式在制度上有了一定的保障。12 月教育部官制又有所调整，以贯彻减政主义之实施，规定"参事定额二人，佥事定额十八人，主事定额四十二人，视学定额十六人，技正定额一人，技士定额二人"，除部员员额有所减少之外，主体机构整体框架及职能未作更动。② 当时担任教育总长的汪大燮因对民初蔡元培极力主张的社会教育并不认同，意欲借此减政机会裁撤社会教育司，"社会教育司之类或当相机裁减"③。这一主张虽因遭到部员强力抵制并未实行，④ 但成为这一时期唯一的一次对厅司层面的冲击，说明政治形势的逆转对教育部机构影响程度之大。

1914 年 7 月，袁世凯在停止国会、改责任内阁制为总统制后，再次修改中央官制，教育部官制也再次修订。如前所述，此次修订规定教育部"直隶于大总统"，从而加强对教育行政的掌控。在具体各厅司职掌上也作了较有针对性的调整。其一是重视教育经费问题，总务厅除原来所掌"关于本部经费并各项收入之预算、决策及会计事项"之外，新增"关于学校经费及稽核直辖各官署之会计事项"；其二是对普通教育倍加重视，普通司增设"整理私塾事项"以及"地方学务机关设立变更事项"，充分利用和改造原有私塾推进教育普及，同时强化对地方教育行政机关的改造和管理力度；其三是注重社会教育的实效性，为其

---

① 民国教育部总务厅文书科编：《教育部行政纪要》（全一册），文海出版社 1986 年版，第 3 页。

② 《修正教育部官制案》，载多贺秋五郎编著《近代中国教育史资料》（民国编上），文海出版社 1976 年版，第 154—155 页。

③ 《教育总长照例发表政见》，《大公报》1913 年 9 月 19 日。

④ 民国教育部总务厅文书科编：《教育部行政纪要》（全一册），文海出版社 1986 年版，第 3 页。

专制统治服务，将"通俗教育及演讲会事项"置于社会教育司职掌第一项，"感化事项"置于第二项，明确了社会教育的重心。① 教育经费是教育发展的重要保障，普通教育承担着国民教育的重任，社会教育以通俗教育为中心，上述调整说明了这一时期袁氏发展教育的重心所在，对当时的各项教育事业颇具积极意义。

此次调整后，教育部主体机构设置及职能分配已经定型，此后政治局势虽然动荡不安，但主体机构及其职能未有根本变动，使教育部有了一个相对稳定的运行基础和组织前提。具体组织结构见图 3－1。

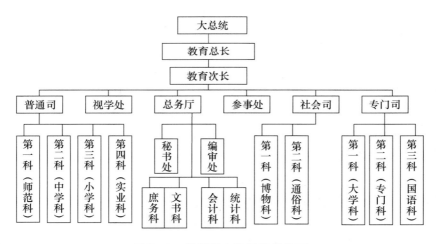

图 3－1 教育部主体机构结构图

从图 3－1 可以看出，教育部主体机构较之晚清学部，基本上承袭了前者分司设科的思路和大致框架，职能界定上也有较大延续性，表明了政体变更之下制度改革的连续性。同时也存在着两大不同特点：一是机构和人员较为精简，内部共设三司一厅十二科，人员为七十人左右；二是首次将社会教育独立设司，形成了大教育管理的框架，表现出了承继基础上的创新，体现了教育行政近代化的进步。但同时我们也要看到，机构和人员的精简其实也有政局动荡和经费紧张的影响因素，客观上使教育部行政活动的范围和规模受到限制，最为典型的是晚清学部时

① 《教育部官制修正》，载朱有瓛等主编《中国近代教育史资料汇编·教育行政机构及教育团体》，上海教育出版社 2007 年版，第 113 页。

期曾设立的咨询机构在这一时期并未得到继续。

三　附属机构的渐次设立

随着教育部主体机构及其职能的逐步完善，为适应推进教育事业的需要，各种附属机构的设立开始提上教育部日程。这些种类不同、功能各异的附属机构的设立反映了教育部某一时期的施政重点，也成为吸纳民间力量参与中央教育行政的重要平台，同时也在一定程度上弥补了咨询机构没有设立的缺失。总体上这些机构主要分为三类。

第一类是教育部直属机构，大都由具体科室直接负责，目的是为了推动某项工作和强化科室某项职能，有临时和常设之分。择其要者列举如下：

1912 年 9 月 12 日，为筹建美术馆、博物馆之美术部及古物调查出版等作研究和准备工作，教育部成立美术调查处，隶属社会教育司第一科。其人员不作为行政编制，"参加人员以社会教育司第一科为基础，吸收一些有关部员兼职充任"。美术调查处任务一为进行国内调查，一为进行国外调查。调查步骤"先由载籍考核，此后渐次扩张，及于实地调查"。第一步"载籍考核"所需书籍先于教育部藏书室及京师图书馆借用，外国书籍则择要购置；第二步扩张后的章程另定。但美术调查处实际上"并没有进行多少活动"，11 月 8 日派刘宗颐、许季上、戴克让赴沈阳"考察清宫美术物品"算是这一时期美术调查处一次最主要的调查活动，[①] 其他活动则付阙如。

1912 年 12 月，根据临时教育会议议决通过的"采用注音字母方案"和《教育部官制》中关于"筹议国语统一之进行方法"的规定，教育部设立读音统一会，并于 1913 年 2 月 15 日召开第一次会议。会员主要有各地各界代表、教育部延聘人员及教育部员。该会主要负责制定注音字母工作和编写国音字典。隶属关系上归专门教育司第三科管理。读音统一会在会长吴敬恒的努力下，召开成立大会及第一次会议，历时三个月左右，形成注音字母表和国音字典草案两大成果，虽然当时未获得颁行，但在帝制之后国语运动大潮中先后公布，对推进国语运动起了

---

① 薛绥之主编：《鲁迅生平史料汇编》（第三辑），天津人民出版社 1983 年版，第 115—117 页。

很大作用。①

为配合袁世凯尊孔政策，教育部采取"节录经文"入教科书加以推行，需要对民初以来的教科书重新进行编撰及审查。1914 年夏，教育部设立"以审查教科书编纂纲要之适用与否为本旨"的教科书编纂纲要审查会和"负责编纂教授要目以资编订教科书者之参考"的教授要目编纂会，以较好地做好教科书编纂审查工作，隶属总务厅编审处。这两个机构为临时机构，教科书编纂和审查工作完成之日即机构结束之日，人员由教育部员充当，且均为荣誉职。②

上述机构的特点主要有二：一是为教育部直属，直接向教育总长负责，大都在业务上隶属于某一司科；二是以教育部人员为主导，或全部由部员兼任，或延聘社会上学有专长之人，成为官方和民间教育力量协作的平台；三是多为各阶段重点工作而设，表现了教育部的施政重心。

第二类为独立性质的直辖机关，主要包括各国留学生管理机构、中央观象台、国史馆等。择其要者列举如下：

其一是各国留学生管理机构的改造。清末以来兴起的留学潮以欧美和日本为主，因而清末留学生管理机构主要包括设在驻日使署内的管理游学日本学生监督处，设在国内的"游美学务处"和设在美国的驻美学生监督，以及在英、德、法、俄、比五国各设一处的欧洲游学生监督处。南京临时政府时期，教育部除电令原各国留学生学费"由驻各国外交代表审核发给"外，③对各国留学管理机构并未着手整理。北京政府教育部成立后，鉴于"近年以来，东洋留学生归国者众，在西洋者总数不及千人"，"监督一职，不过经理学费事项，颇觉名实不符"④，1913年 1 月 8 日通电驻外使馆，裁撤各国留学生监督，改设经理员，主要管理当时最为紧迫的留学生学费旅费等事。⑤ 这一工作进展颇为快速，3 月即裁撤游学日本学生监督处改设驻日留学生经理员，由教育部及各省

---

① 薛绥之主编：《鲁迅生平史料汇编》（第三辑），天津人民出版社 1983 年版，第 118—121 页。

② 民国教育部总务厅文书科编：《教育部行政纪要》（全一册），文海出版社 1986 年版，第 22—23 页。

③ 高平叔编撰：《蔡元培年谱长编》（第一卷），人民教育出版社 1999 年版，第 426 页。

④ 《取消留学生监督》，《教育杂志》第 4 卷 11 号，记事，第 75 页。

⑤ 陈学恂主编：《中国近代教育大事记》，上海教育出版社 1981 年版，第 235 页。

行政公署分别派员经理，其中各省区可联派。① 7 月裁撤欧洲留学生监督改设留欧学生经理员一人，设办事处于比利时，但俄国留学生学费则由驻俄使馆兼管。② 留美学生清末由外交部与教育部共同管理，此次仍采旧制。9 月与外交部商定由该部驻美清华庚款留学生监督黄鼎兼任教育部游学经理员。③ 至此完成了对留学机构的初步改造。1913 年 12 月又裁撤留欧学生经理员而改由委托英国伦敦华比银行办理留欧学生学费事宜，其他事宜由教育部直接办理。这种为节省经费而降低地位和裁员的做法显然不利于留学工作的开展。随着留学人数渐增，1914 年 12 月驻日公使陆宗舆咨教育部称"留东（日本）学务繁重，各省经理员，无论得力与否，不过为照料学生庶务之员，而重要之件及关系全局之事，仍非有人综理其事不可，应请改中央经理员为中央留学生监督"，教育部采纳该建议，又改经理员为监督，由部"遴选熟悉留东学务人员充任，不作为实官"，各省所派经理员均隶属于部派监督。④ 1915 年 5 月，驻英公使施肇基呈大总统称"使馆事繁不能兼顾留学生事务，请速派监督专办"，8 月 26 日教育部公布《管理留欧学生事务规程》，又改经理员为监督，由此前曾任留欧学生监督的金事出任，监督可延用书记员，但其薪俸在办公费项下开支。⑤ 继日本及欧洲各留学机构完成改设之后，1916 年 3 月教育部因"留学日本及欧洲各国学生，均经订定管理规程"，"独留美学生事务，尚沿暂行规则之旧，未设监督，不无办理歧异之嫌"，遂拟定管理留美学生事务规程，"比照日本欧洲之例，一律改设监督"⑥。至此教育部基本完成对留学机构的统一化管理。

其二是专门职掌历象事务的中央观象台。1912 年 5 月原钦天监划归教育部改为中央观象台，12 月公布中央观象台官制，规定中央观象台直隶于教育总长，掌观测天文、纂修历书并鉴定观象用器械，下设天

①　民国教育部年鉴委员会编：《第一次中国教育年鉴》（戊编），传记文学出版社 1971 年影印版，第 230 页。

②　《经理欧洲留学生事务暂行规程》，载多贺秋五郎编《近代中国教育史资料》（民国编上），文海出版社 1976 年版，第 566 页。

③　民国教育部年鉴委员会编：《第一次中国教育年鉴》（戊编），传记文学出版社 1971 年影印版，第 230 页。

④　《大事记》，《教育杂志》第 7 卷 1 号，记事，第 2—3 页。

⑤　《大事记》，《教育杂志》第 7 卷 7 号，记事，第 59 页。

⑥　《大事记》，《教育杂志》第 8 卷 4 号，记事，第 25 页。

文、历数、气象、磁力四科，员额三十人。① 其三是国史馆的设立及划出。在 1912 年 3 月份披露的《教育部官职令草案》中国史馆为教育部所属，在 4 月份临时参议院通过的《教育部官制》中国史馆事项归属专门教育司，但在同年 8 月大总统颁布的修正案国史馆被划出。根据 10 月份所公布之国史馆官制，国史馆长为特任官，可推知其直属大总统。② 后又计划成立中央学会，并于 11 月份颁布《中央学会法》，规定中央学会直隶于教育总长，以研究学术增进文化为目的，其会员由从事高等教育及学有专长的人士中选取，③ 后因种种原因无形中止。

第三类为教育部全权管辖的京师地方教育机关。

京师地方作为首善之区，其举动往往被全国视为模范。1912 年 5 月 12 日，教育部召开行政会议，决定裁撤清末所设京师督学局、八旗学务处，合并为京师学务局，直隶教育总长。④ 5 月 17 日，正式通告改设京师学务局，管理京师中等以下学校。1913 年 1 月公布京师学务局组织及管理权限，设"局长一人主持局务，副局长一人佐之"，其下设"总务、中学、小学、通俗四科"，经费由教育部筹给，并在管理权限上与顺天府划清界限，明确管理范围为"内务部所属之内外城"及"步军统领衙门所辖之京营地段"⑤。京师学务局在教育部的直接管理下，许多措施都走在了全国之先，如率先设立通俗教育科，被教育部作为典型要求各省区效仿。⑥ 1916 年在京师学务局所辖各县设立劝学所，负责劝办小学，京师地区教育行政体制逐步完善。

这些附属机构的成立，不仅使教育部主体机构的功能得到进一步的扩展，完善了教育部对直接管辖的各类教育事业的管理体制，而且还为吸引民间教育力量参与中央教育行政提供了活动舞台，是教育部尝试民

---

① 《中央观象台官制》，载中国第二历史档案馆整理《政府公报》（第 7 册），上海书店出版社 1988 年版，第 815—816 页。

② 《国史馆官制》，载中国第二历史档案馆整理《政府公报》（第 6 册），上海书店出版社 1988 年版，第 803 页。

③ 《中央学会法》，载中国第二历史档案馆整理《政府公报》（第 7 册），上海书店出版社 1988 年版，第 816—817 页。

④ 《大事记》，《教育杂志》第 4 卷 4 号，记事，第 24 页。

⑤ 《京师学务局之组织及管理权限》，载多贺秋五郎编《近代中国教育史资料》（民国编上），文海出版社 1976 年版，第 383 页。

⑥ 民国教育部年鉴委员会编：《第一次中国教育年鉴》（戊编），传记文学出版社 1971 年影印版，第 11 页。

主和科学决策的一种表现形式,同时各类机构设置时间的不同也反映了这一时期教育部工作重点的变化。

四 地方教育行政机关的改造

从教育行政学的角度来看,教育行政运行的关键环节在于教育法令规程的有效实施。就此而言,承担着具体推进责任的地方教育行政机关建设的好坏就成为中央教育政令法规能否得到贯彻和实施的重要一环,因而教育部一经成立,即着手对地方教育行政机关进行改造,以期形成一个运转高效的三级教育行政体制,并取得一定的成效。

教育部对省级教育行政机关的改造,因涉及中央与地方行政权力的分配,因而与政治形势等的发展变化密切相关。南京临时政府时期及北京政府初期,教育部鉴于各省区教育行政机关“官制未定,名称纷歧”,于具体事务上也“省自为政”,1912 年 5 月通电各省“凡本部通行公事,有称教育司者,所有主管全省之教育长官,无论名称是否相符,均应一律遵照,以专责成”①,此通电有引导各省区将原有教育行政机关统一改造为教育司之意。这时中央政权内国民党力量居主导地位,袁世凯还不敢公然与国民党对抗,因而蔡元培领导下的教育部政令虽无强制实行之意,却得到南方独立各省的纷起响应,至 1912 年年底,已有江苏、浙江、安徽、山东、山西、湖南、湖北、福建、广东、广西、四川、云南等省设立教育司,② 与之相反,受袁世凯控制下的北方及偏远各省无明显进展。1913 年 1 月,袁世凯趁国民党占主导地位的国会休会期间,公布《划一现行各省地方行政官厅组织令》,意图主导对各省行政进行统一筹划的工作,该命令规定各省设行政公署,内设内务、财政、教育、实业四司,设官名称为司长、科长、科员,教育司司长由省长推荐。③ 这一命令在北方各省及偏远省份得到响应,江西、河南、直隶、贵州、陕西、甘肃、新疆、奉天、吉林、黑龙江等省先后新

---

① 《教育部电饬各省教育长官名称均应改归一律》,载朱有瓛等编《中国近代教育史资料汇编·教育行政机构及教育团体》,上海教育出版社 2007 年版,第 122 页。

② 《各省教育司长姓名及任职时间》,载朱有瓛等编《中国近代教育史资料汇编·教育行政机构及教育团体》,上海教育出版社 2007 年版,第 123—125 页。

③ 《大总统令各省教育公署内设教育司》,载朱有瓛等编《中国近代教育史资料汇编·教育行政机构及教育团体》,上海教育出版社 2007 年版,第 124 页。

设教育司。① 从以上各省区教育司设立情况来看，与当时地方与中央的亲疏关系和中央政治派系力量的变化密切相关，是清末以来中央与地方关系日益松弛的形势的延续，直接导致不同部门或层级发出的政令在各地方执行情况的不同。尽管如此，各省区教育司设立工作毕竟取得了明显进展。

1913 年 8 月，取得对全国控制权的袁世凯开始致力于地方行政建设。囿于财政困窘，袁氏认可安徽都督倪嗣冲的办法，下令各省将教育、实业归入内务司为科，后各省实行军民分治，又将教育事项置于各省巡按使署政务厅之下，实质上取消了省级教育行政机关的独立地位，这是对教育部建立独立的省级教育行政机关努力的一大打击，同时这种做法也造成了消极后果，1917 年各省教育厅成立后出现了教育厅与省公署第三科争权的现象，实肇源于此。② 11 月袁氏又发出通电，除鄂直苏粤教育司存留外，其余如有缺出，暂由各省自行委人代理，不必请示中央简任，部分放弃了中央简任省级教育行政主官的权力。③ 这种状况使是年 12 月教育部订定的教育司组织章程失去应有的意义。按章程规定，各省教育司下设四科：第一科掌"文书、会计、统计、教育会议、图书审查、学校卫生等事"，第二科"掌中小学校、蒙养园、师范普通实业、盲哑等学校、学龄就学等事"，第三科"掌私立大学、公立私立专门学校、外国留学生等事"，第四科"掌博物馆、图书馆、动植物园、美术文艺音乐演剧古物通俗教育等事"④，基本体现了与教育部各司科设置呈上下贯通的思路，但各省区教育司的存废无常使之成为具文。不仅如此，就是存留的教育司，其具体权限也一直没能明确划分。1914 年 4 月，趁各省官制厘定之机，暂代总长的蔡儒楷认为地方学务"舍旧图新，必赖有专司划一之机关与深明大义之官长"，遂呈送大总统关于规定各省教育司长职权的说帖，但蔡儒楷不久去职，此次呈帖未

---

① 《各省教育司长姓名及任职时间》，载朱有瓛等编《中国近代教育史资料汇编·教育行政机构及教育团体》，上海教育出版社 2007 年版，第 123—125 页。

② 薛人仰：《中国教育行政制度史略》，台湾中华书局 1983 年版，第 131 页。

③ 《国务院通电各省教育、实业两局归并内务司为两科》，载朱有瓛等编《中国近代教育史资料汇编·教育行政机构及教育团体》，上海教育出版社 2007 年版，第 124 页。

④ 《最近教育部之政绩》，《教育杂志》，第 5 卷第 1 号，记事，第 2 页。

见下文,① 权限不明给省级教育行政造成了极大阻碍。为恢复省级教育行政的独立地位,教育界人士借助各种途径向大总统及教育部呈请设置地方教育独立官厅,教育总长汤化龙在其任内也进行了努力,② 但终因经费"财政部既无法可筹,各省亦均不承认"③ 而未实行,终袁世凯统治时期省级教育行政大多处于司、科并存的状况,未能实现全国范围内的独立设置。④

与省级教育行政机关的改造比较艰难相比,由于采取较为灵活的策略,县级教育行政机关的改造相对顺利。南京临时政府成立后,1912年2月即颁行地方行政官制,规定"裁各县劝学所,于县公署设第三科,专管全县教育事宜"⑤。1913年1月,临时大总统公布划一现行各县地方行政官厅组织令,仍沿袭南京临时政府之地方官制,规定在县知事公署设教育科,置科长、科员,由省行政长官委任。⑥ 但在具体实施过程中,县级教育行政机关设置非常混乱,"有在县署设第二科的,有仍设劝学所的,有新设教育公所的,有设学产经理处的,有设学务委员的,有不设任何教育行政机关的"。教育部不得已于1913年7月通咨各省"未设学务委员之县,一律暂留劝学所,并照旧设视学一职"⑦,县级教育行政出现了学务公所与劝学所并存现象。1915年,教育部深感对地方教育之设施"悉听其自由",则"专责成效自属无多",故抓紧进行县级教育行政机构建设,先后公布《地方学务通则》和《劝学所规程》《学务委员会规程》,明确了劝学所及学务委员会的权限,就县域或自治区内的学区划分事宜、劝学所与学务委员会权限、教育经费之

① 《教育部呈大总统请规定各省教育司长职权》,载朱有瓛等编《中国近代教育史资料汇编·教育行政机构及教育团体》,上海教育出版社 2007 年版,第 124 页。

② 《教育总长汤化龙请各省组织教育厅》,载朱有瓛等编《中国近代教育史资料汇编·教育行政机构及教育团体》,上海教育出版社 2007 年版,第 129 页。

③ 《汤总长又呈教育厅之陈请》,《大公报》1915 年 7 月 9 日,第 2 张。

④ 《教育独立恐难如愿》,《大公报》1914 年 6 月 29 日,第 2 张。

⑤ 丁致聘:《中国近七十年来教育纪事》,国立编译馆 1935 年影印版,《民国丛书》(第二编第 45 辑),第 35 页。

⑥ 《江苏省县教育行政机构之变迁》,载朱有瓛等编《中国近代教育史资料汇编·教育行政机构及教育团体》,上海教育出版社 2007 年版,第 143 页。

⑦ 《教育部通咨各省一律暂留劝学所》,载朱有瓛等编《中国近代教育史资料汇编·教育行政机构及教育团体》,上海教育出版社 2007 年版,第 141 页。

筹措等事宜作出规定，使县级教育行政制度得到进一步规范。①

这一时期的中国社会，专制统治的骤然崩坍导致社会的发展出现整体位移，清末开始的教育近代化进程得到了较为迅速的推进，但受反复动荡的政治局势的影响，这一进程在各方面的推进程度并不一致。此时期教育部机构与职能的发展演变反映了教育行政近代化的曲折。

其一，政体变更之际教育部机构与职能的承继性。清末借鉴西方教育行政管理经验成立专门教育行政机关和设立科层制机构框架的思路在民初依然被承继。中央政府设立教育部，职能规定上与学部基本一致，内部设三司一厅十二科，其总体形式上也与学部大致相似。设置附属机构的做法也被民初教育部延续。地方三级教育行政体制也大致上被接收过来予以改造。机构和职能设置的延续性说明社会的革命性变革并不意味着与既有制度的完全决裂，它体现了社会发展渐变和突变的统一。

其二，政体变更之下教育部机构与职能的创新发展。在承继既有制度的同时，由于民主共和政治代替了封建专制统治，机构设置有了一个完全不同的政治前提，因而在具体的部门设置及行政体制的建设上有显著的不同。首先是责任内阁制的成立，使教育部相较清末学部拥有了更大的行政权力，使之更能依循教育发展规律开展行政活动。其次是设立社会教育司，在中国历史上首次将社会教育置于和学校教育同等的地位，在教育行政上实现追求教育普及的大教育行政设想，使原来隶属于不同部门的社会文化教育事业得以专司责成，初步搭建了推进社会教育、提高国民素质的社会教育行政体系。再次是明显的决策民主化倾向，不论是在教育部运行过程中的重大事项处置和重要决策的出台，还是较之清末学部设立更多的允许民间力量加入的附属机构，都体现了这一点。最后是对清末三级教育行政体制进行了改造，最终初步建立了上下贯通的三级教育行政体制，有益于教育部对地方学务情形的获悉和中央教育政令在地方的贯彻实施。

其三，政局动荡之下教育部机构与职能发展的局限性。机构与职能的发展因政治、经济局势的不良影响，存在着较大的局限性。首先是教育部在中央政治体制中的地位并不稳固，由于袁世凯厉行专制和进行复

---

① 《教育部呈拟订地方学事通则缮具草案请核定公布文并批令》，载朱有瓛等编《中国近代教育史资料汇编·教育行政机构及教育团体》，上海教育出版社 2007 年版，第 145—151 页。

辟，改变了中央政权架构，把中央行政各部置于自己的控制之下，使教育部独立行政空间大大压缩，进而对行政活动形成干扰。其次是民主决策化受到传统官僚制度的影响和旧有官场心理的阻碍而难以有效贯彻，如蔡元培和范源濂之后实际主导教育部的汪大燮和汤化龙等人，他们的执政风格就带有浓厚的传统官僚习气，这一时期成立的附属机构在吸纳民间力量方面也多囿于政局不稳及经费不裕而成效不显。最后在地方教育行政机关的改造方面，因地方对中央的离心倾向趋重，加之财政窘迫，各地或借口经费不足或托言自治，不仅使改造进程一再迁延，而且改造完成之后的统系也未能迅速达成一致，三级教育行政体制难以形成高效系统。

教育部机构与职能在这一时期的复杂演变，体现了政治、经济和文化等领域的变革对中央教育行政的综合影响，它们的逐步健全和完善为教育部运行提供了前提和基础。教育部的运行主体是教育部部员，这一群体整体面貌、执政风格及去留演变直接影响着教育部的运行效率、执政方向和职能实施水平，欲进一步探明教育部机构运作及职能实施情况，较为深入地认识政治、经济及文化变革对教育部诸项活动的影响，就需要对教育人事组织及演变进行全面考察。

第二节 人事组织及演变

人的因素是行政系统的关键因素，因而行政人员及其组织的近代化是教育行政近代化的重要内容。如果承担着机构运转和职能实施的人员，自身还没有从心理、思想、态度和行为方式上实现相应的转变，人事组织也未能有效建立，则必然导致机构运转的失灵和活动方向的迷失，失败和畸形发展的悲剧结局是不可避免的。[①] 考察教育行政人员的选拔标准和组织原则、行政人员的整体素质及去留变化情况就成为我们进一步分析教育部及其活动成败得失的基本前提。

一 人事组织

民国前期国家官吏实行文武分途，中央行政各部的行政官属于文官

---

① 殷陆君编译：《人的现代化——心理·思想·态度·行为》，四川人民出版社1985年版，第4、8页。

序列。相关法令在南京临时政府时期并没有形成，政府北迁之后始出台《中央行政官官等法》。该法令规定，中央各部门行政官除特任外，分为九等。第一、二等为简任官，第三至五等为荐任官，第六至九等为委任官。① 教育部员按照以上标准，共分为三级七等，即其正式行政官员最低等级为七等委任官。具体官等分布如下表：

表 3.3 　　　　　　　　1914 年中华民国教育部官等表

特任	简任			荐任		委任			
	一等	二等	三等	四等		六等	七等	八等	九等
总长	次长	同左	秘书	同左 四等始者派一人	五等				
				秘书	同左				
			参事	同左					
			司长	同左					
				佥事	同左		主事	同左	
				视学	同左				
			技正	同左	同左		技士	同左	

资料来源：神州编译社年鉴编辑部编《民国三年世界年鉴》，神州编译社 1914 年版，第 342—343 页。

由上表可以看出，教育部员的等级序列较为简明，不同等级与实际官职的匹配上也有一定的灵活处理的空间，使人事组织工作规范的同时具有一定的弹性。在人员的录用方面，一般来说，新人入部必须参加由中央政府组织的文官考试。当时文官考试有普通文官考试和高等文考试两种，考试合格即由铨叙局分别以委任职和荐任职分发各部叙用。除正常的考试之外，还有免除考试直接分部的形式，按照文官考试令第十一条规定，"国内外高等专门以上各学校毕业业者，免其考试。各大学本科卒业得有学位者，免其考试"②。教育部员的产生基本上就分为这两

① 神州编译社年鉴编辑部编：《民国三年世界年鉴》，神州编译社 1914 年版，第 17 页。
② 《中华民国文官考试令》，载神州编译社年鉴编辑部编《民国二年世界年鉴》，神州编译社 1913 年印行，第 450 页。

种方式。当然在文官考试相关制度未颁布之前或文官考试久未进行之际，其人员产生的形式就因行政长官的用人思路各异，这在以下章节中将详细讨论。

在教育部员的具体任命和升迁叙等方面，各层级人员的标准并不相同。教育总长属特任官，不受行政人员有关法令的约束，较多地受各方政治力量起伏的影响，最终由总统提出名单交参议院审议。属于教育部或直隶于教育部的简任官，其任免叙等，由教育总长商承国务总理呈请大总统行之。属于教育部或直隶于教育总长者的荐任官，其任免叙等由各部总长推荐经由国务总理呈请大总统行之。委任官之任免叙等，由各部长官行之。各层级初任人员要从该层级最低等做起，升任人员持相同原则。转任人员若高于其转任官职最低等的，仍依其原任官等。退官后复任人员，与原任官等相同或降至较低官等，如果原任已超过两年，可以晋一等级。但作为行政长官亲信之人的秘书官不适用于上述规定。①

教育部人员限额虽因官制的历次调整而有所变动，但至1914年7月修正官制颁布以后，人员限额在制度层面上保持了稳定。总长设一人，承大总统之命管理本部事务，监督所属职员，并所辖各官署；次长一人，辅助总长整理事务；参事三人，承长官之命，掌拟订关于本部主管之法律、命令案事务；秘书四人，承长官之命掌管机要事务；视学十六人，承长官之命掌学务之视察；佥事二十四人，承长官之命分掌总务厅及各司事务；主事四十二人，承长官之命助理总务厅及各司事务；技正一人、技士二人，承长官之命掌技术事务；因缮写文件及其他特别事务，得酌用雇员。② 除雇员之外，属于行政官序列的人员共有94人，人员配置相较其他各部及清末时期较为精简。具体到各类附属机构，则多由部员兼充或临时聘用社会人士参与，一定程度上扩大了人员规模和范围。

从上述人事组织的相关规定来看，教育部内部人事大权集于教育总长一身，掌握着次长以下各层级人员的任命和升迁叙等，实际上次长一职的人选，也大多取决于教育总长的意向，因而人事变化的根源在于总

---

① 钱实甫著：《北洋政府时期的政治制度》，中华书局1984年版，第345页。
② 《教育部官制公布》，载朱有瓛等主编《中国近代教育史资料汇编·教育行政机构及教育团体》，上海教育出版社2007年版，第113页。

长的更迭。教育总长又是中央政府主要成员之一，能够出任这一职务的多为各政治派系的领袖或中坚人物，这一群体的更迭也反映了外部政治形势的变化，是政治力量消长的产物。不同政治立场和思想观念的总长的更迭，势必对教育部行政运作及诸项活动产生决定性的影响。对这种影响，德国社会学家马克斯·韦伯的言论可资参考："直接决定人们行为的是利益，而非观念。但是，观念所创造的'世界观'往往像扳道工规定着利益驱动行为前进的轨道。"[①] 这种影响首先体现在教育总长对部内的人事调整方面，继而体现在教育部行政活动之中。

二　教育总长更迭

集人事大权于一身的教育总长，在教育部内部人事变动中起着关键性作用，我们首先对这一群体的更迭情况进行考察。

表3.4　　　　　　　1912—1916 年期间历任教育总长任职时限一览表

姓名	任职时限	说明	姓名	任职时限	说明
蔡元培	1912.1.3—1912.7.14		汪大燮	1913.9.11—1914.2.20	
范源濂	1912.7.26—1913.1.28		严修	1914.2.20—1914.5.1	未就
刘冠雄	1913.1.28—1913.3.19	兼署	汤化龙	1914.5.1—1915.10.5	
陈振先	1913.3.19—1913.5.1	兼署	张一麐	1915.10.5—1916.4.23	
董鸿祎	1913.5.1—1913.9.11		张国淦	1916.4.23—1916.6.30	

资料来源：刘寿林编《辛亥以后十七年职官年表》，中华书局 1966 年版，第 56—60 页。

表 3.4 显示，除去南京临时政府时期，袁世凯统治四年间教育总长先后历 10 人，总体而言更迭较为频繁；总长任职时间长短不一，最长任期为汤化龙一年半时间，最短为陈振先不到两个月，有的根本就没到任，如严修。总长之所以更换如此频繁，主要归因于政治局势的发展变化。南京临时政府时期和北京政府初期革命党人在国家政权中占主导地位，在国民党与袁世凯决裂之后，北京政权被袁世凯掌控，一直追随袁氏的进步党获得了参与政权的机会，但随着袁氏复辟意图渐显，对此持

---

① 陈洪捷：《德国古典大学观及其对中国大学的影响》，北京大学出版社 2002 年版，第 8 页。

反对立场的进步党人也公开走向反袁道路，北洋派人员开始主导中央各部门。我们可从教育总长的派系情况清楚地看到这一走向。

表3.5　　　　　1912—1916 年期间历任教育总长所属派系简表

姓名	所属派别	姓名	所属派别
蔡元培	国民党	汪大燮	进步党
范源廉	进步党	严修	清学部旧人
刘冠雄	北洋派	汤化龙	进步党
陈振先	北洋派	张一麐	北洋派
董鸿祎	前清学部旧人	张国淦	北洋派

　　资料来源：根据谢彬著《民国政党史》，学术研究会 1928 年版；刘寿林《辛亥以后十七年职官年表》，中华书局 1966 年版；张国淦著《中华民国内阁篇》，选自《张国淦文集》，燕山出版社 2000 年版；郭剑林《北洋政府简史》，天津古籍出版社 2000 年版等有关内容编制而成。

　　虽然国民党、进步党和北洋派先后执政的演变轨迹中也出现过断裂情况，但出任之人多系临时兼署或代理，甚至并未到任，并不能改变教育总长演变的基本走向。我们来考察一下这一基本走向的大致过程，就能清晰地看到政治形势的变化与总长去留的关系。

　　南京临时政府时期，革命党在政权组织中居主导地位，这为革命派人员出任教育部长提供了前提。即使如此，蔡元培能够出任民国首任教育总长也有着特殊的原因。学者陶英惠认为"可能与其翰林头衔以及清末在上海所从事的各种寓革命于教育的活动有关"[1]，此后学者也多持此论。但就当时的政治形势而言，同盟会高层借此修复与原光复会势力的关系更有可能是背后主因。当然，就根本上来讲，当时虽然同盟会居革命首功，但独立各省大多数控制权却落在立宪派人士之手，而且即使是革命党人，对于民国甫立之时各项社会建设也多抱过渡立场，因而对事关国家基础的教育事业多持稳健立场，由翰林出身、学贯中西而兼具革命家与教育家于一身的蔡元培出任教育总长一职更能为各方所接受。

――――――――――

　　[1]　陶英惠：《教育文化的创新》，载台湾"教育部"主编《中华民国建国史》（第一篇：革命开国 1—2），编译馆出版社 1985 年版，第 1133 页。

　　北京政府成立时，蔡元培坚辞教育总长一职并推荐原清学部参事、共和党人范源濂出任，但范氏闻讯后致电袁世凯及唐绍仪坚辞。[①] 袁世凯于 3 月 22 日致电孙中山及即将抵达南京的唐绍仪设法慰留蔡元培。[②] 此时全国舆论也对蔡元培留任寄予厚望，加之社会上谣传"以范易蔡，乃因蔡迎袁无效而受惩"[③]，为避全国上下之误会及顺应学人之期望，蔡元培遂不再坚辞。[④] 蔡元培以高深的学识和高尚的道德成为举国上下公认的教育总长最佳人选，这种声望也成为其在北京政府时期按照共和政治要求全面筹划民国教育事业的政治资本，当然也与北京政府初期中央政府仍然在责任内阁制轨道上运转密切相关，更与此时期国民党力量在政府及国会中占据主导地位有关。之后因袁世凯与唐氏内阁关系日趋紧张，导致唐绍仪辞职及"四总长事件"发生，袁氏与国民党开始了公开较量。蔡元培辞职后，内阁组织久拖不决。按照《临时约法》规定，内阁成员由大总统提出，提交国会议决通过。当时的国会中以同盟会为主的革命派力量处于优势，对于内阁成员的通过与否握有决定权。在蔡元培等四总长辞职时，同盟会内即有推举蔡元培出任国务总理组建同盟会内阁之动议，教育总长一职则传闻由与同盟会立场接近的统一共和党人吴景濂出任。[⑤] 同盟会的这一举动自然引起袁世凯的警惕和阻挠，袁氏提请赵秉钧为国务总理，国民党人主导的国会则在具体阁员上进行反制，双方为此展开拉锯战。由于内阁迟未产生，国家中枢瘫痪，引起全国舆论的普遍谴责，而且矛头集中指向国会参众两院。在此情景下，统一共和党和同盟会召开联合会商讨对付办法，同盟会认为"教育为范源濂人望尚符"，决定通过范源濂一人。[⑥] 7 月 26 日，范源濂被正式任命为教育总长。从中可见，决定范氏能否出任主要在于同盟会的态度，而蔡元培在当时同盟会中的意见无疑最为关键，因而此次范氏最终得以出任教育总长最直接背景即是二人合作期间形成的密切关系，这种出任背景也是

---

①　高平叔编撰：《蔡元培年谱长编》（第一卷），人民教育出版社 1996 年版，第 429 页。

②　中国第二历史档案馆整理：《临时政府公报》（第三辑第三册），总第 49 号，1912 年 3 月 27 日。

③　崔志海编：《蔡元培自述》，河南人民出版社 2004 年版，第 84 页。

④　高平叔编撰：《蔡元培年谱长编》（第一卷），人民教育出版社 1999 年版，第 430 页。

⑤　《改组内阁之日记四》，《申报》1912 年 7 月 3 日，第 2 版。

⑥　《新阁员通过前之八面观》，《申报》1912 年 7 月 31 日，第 2 版。

范氏上任后采取"蔡规范随"执政方针的重要因素。

　　1913 年 3 月"宋案"爆发，国民党人在南方发动"二次革命"，双方公开决裂，这一特殊时期教育总长先后有刘冠雄、陈振先及董鸿祎暂时兼署或代理，而刘、陈的兼署之理由分别为"衙署相近，便于照料"和"清闲无事"，可见当时袁氏用人之苟且。① 至 8 月，随着南方国民党人的失败，袁世凯实现了对全国的基本掌控，一直拥护袁世凯与国民党对抗的进步党人在国会中的地位一时无两。此时的袁世凯虽对政党政治渐感不耐，但要成为正式大总统进一步扩张权力，进步党以及国会这个舞台还有一定的利用价值，进步党人汪大燮、汤化龙得以先后出任教育总长。虽然其间与北洋派关系密切的蔡儒楷及严修曾兼署或被任命为教育总长，但因在职时期较短或未到任，因而教育部执政重心在汪汤二氏身上。

　　1915 年 8 月，以鼓吹帝制为己任的筹安会活动渐起，京师地面复辟空气渐浓，起先对与袁氏合作尚存幻想的汤化龙，至此乃知袁氏真实意图，"始绝望，知不可将就"，乃于 9 月 10 日托病赴津，继而请辞取道南下，走上反袁道路。② 汤氏的离去，标志着进步党与袁氏的彻底决裂，此后的中央政府各部门均由袁之亲信所掌控。1915—1916 年间，教育总长一职先由袁世凯心腹、政事堂机要局局长张一麐出任，帝制撤销后由与北洋派关系密切的张国淦出任。

　　由上可见，这一时期教育总长的更迭决定于各派政治力量与袁氏的关系。由于各部总长系特任官，属内阁成员，因而其选拔任用非常特殊，袁世凯在提请参议院议决有关文官任用等法律时，即强调特任官为"大总统所信任之人"，"自不能以本法资格绳之"③，从而将各部总长产生的决定权操之于总统之手，这也是各部总长的更迭主要受总长所在政治力量与袁世凯关系变化影响的最直接原因。虽然袁世凯以政治手腕善变著称，在不同时期其所利用的政治力量也并不相同，但在主持教育大政的教育总长人选上却表现出了注重学识和实际才干

---

　　① 《闲评二》，《大公报》1913 年 3 月 25 日，第 2 张。
　　② 中国社会科学院近代史研究所近代史资料编辑部编：《近代史资料》（总第 70 号），中国社会科学出版社 1988 年版，第 6—7 页。
　　③ 中国第二历史档案馆：《中华民国史档案资料汇编》（第三辑，政治），江苏古籍出版社 1991 年版，第 274 页。

的特点，除刘冠雄、陈振先及董鸿祎等在特殊局势之下的暂时兼署和代理以及张国淦主要充当政治调解人而出任之外，其他总长大都有着丰富的教育管理和实践经验以及兼通中西的学识，说明袁世凯对于教育依然较为重视。袁氏的重视有借发展教育粉饰和掩盖其专制统治的一面，但教育总长较高的整体素质说明这一群体的确具有主持全国学务的能力和学识。

表3.6　　1912—1916 年期间历任教育总长求学经历及功名一览表

姓名	求学经历及功名	任前教学及教育管理经历
蔡元培	就学于传统私塾，后留学德国，清末进士	曾任绍兴中西学堂监督、澄衷学堂总理、南洋公学教习、绍兴学务公所总理，参与创办中国教育会、爱国女学及爱国学社
范源濂	就学于湖南时务学堂，后留学日本	曾任清学部主事、清"游美学务处"会办、清学部参事及民国教育部次长，清末参与筹办京师优级师范学堂和创办法律学校和殖边学堂
汪大燮	清末举人	清末曾任留日学生监督，民初继任
严修	清末进士	曾任清贵州学政、清直隶学务处督办、清学部侍郎，创设新式学堂，赴日考察学务
汤化龙	就学于黄州经古书院，后留学日本，清末进士	留学日本期间曾组织留日教育学会
张一麐	清末经济特科进士	创办苏学会

资料来源：本表主要根据夏征农主编《辞海》（第 6 版缩印本），上海辞书出版社 2010 年版；卞孝萱、唐文权编《辛亥人物碑传集》，团结出版社 1991 年版；《民国人物碑传集》，团结出版社 1995 年版；顾明远主编《教育大辞典》（第十卷），上海教育出版社 1991 年版；陈旭麓等主编《中国近代史词典》，上海辞书出版社 1982 年版；李盛平主编《中国近现代人名大辞典》，中国国际广播出版社 1989 年版；顾明远总主编《中国教育大系：历代教育名人志》，湖北教育出版社 1994 年版等有关内容编制而成。

如前所述，由于这一时期总长更迭频繁，多位总长系临时兼署、代理，时间也较为短暂，未对教育部各方面产生较大影响，因而教育部人事演变的重心主要在蔡元源、范源濂、汪大燮、汤化龙及张一麐任内。由于此五人有着明显的派系分野，在政治立场、知识结构及教育理念等各方面有着显著差别，导致教育总长更迭之下内部人事变化也呈现出明显的阶段性特点，从而对教育部行政方向及行政活动轨迹的变化产生直接影响。

三 内部人事演变

1912—1916 年间教育部内部人事演变总体上经历了奠定根基和人事逆转两个大的阶段，主要表现为用人原则、人事结构等方面的变化，当然在人事调整方面也有着工作导向的共性。

（一）1912—1913 年：人事根基的奠定

1912—1913 年年初，包括南京临时政府时期和北京政府初期，教育部人事调整的重心在蔡元培和范源濂任内。虽然两人分处不同的党派，但在蔡元培任内跨越党派的合作，使蔡元培人事组织的思想及人事格局在范氏任内不仅没有出现大的变化，而且得到进一步的扩充和巩固，共同奠定了教育部人事根基。这一过程经历了初组、重组和扩充三个阶段。

南京临时政府时期，革命党人在政府中占据主导地位，应该说首任教育总长蔡元培组织一个纯粹由同盟会掌控的教育部并非难事，但蔡氏并未囿于党派观念，而是以教育家大公无私的立场，坚持"能者在职"原则，人员组织上不分党派、省籍及新旧，甚至致信孙中山表达了将康有为等人纳入部中的意愿。① 由于当时并无法令可依，人员入部主要有三个途径：一是通过原有人脉直接邀请入部，如蒋维乔、钟观光等即是蔡氏直接邀请而来；二是通过教育部员转相延请，如鲁迅进入教育部是部员许寿裳推荐；三是对前来投效之人甄别录用。② 当时部员数量最多时仅三十余人，除总次长两位主要行政人员及会计员、缮写员等辅助人员外，普通部员数量也不过二十人左右，我们对有名称可考的 11 名部员的有关情况做些分析，以期大略反映南京临时政府时期教育部员整体面貌。

---

① 《孙文关于对康有为与章太炎等应分别对待复蔡元培函》，中国第二历史档案馆编《中华民国史档案资料汇编》（第二辑），江苏人民出版社 1981 年版，第 12 页。

② 高平叔编撰：《蔡元培年谱长编》（上册），人民教育出版社 1996 年版，第 424 页。

表 3.7 　　　　　　中华民国南京临时政府教育部部分人员简表

姓名	出生年份	籍贯	教育经历
董鸿祎	1878	浙江仁和	举人出身；曾任学部候补主事；后离职赴日本留学，早稻田大学毕业
钟观光	1868	浙江镇海	秀才出身；曾赴日考察教育和实业；创办"四明实学会"，曾任江苏高等学校理化教员，主持爱国女校
蒋维乔	1873	江苏武进	曾就学江阴南菁书院和常州致用精舍，后任爱国学社教员、商务印书馆教科书编辑，主持过小学师范讲习所
王小徐	1875	安徽芜湖	曾就学北京同文馆；后留学英国和德国
俞大纯	1883	浙江绍兴	两次留学日本；后就学德国柏林大学
钱方度	1883	江苏常州	曾就学德国柏林大学
许寿裳	1883	浙江绍兴	曾就学东京弘文学院和高等师范学校，回国后任浙江省立两级师范学堂教务长
周树人	1881	浙江绍兴	曾就学东京弘文学院和仙台医学专门学校，任浙江省立两级师范学堂教习，绍兴中学堂监学，山阴初级学校校长
王云五	1888	广东香山	曾就学守真书馆和上海广方言馆，曾任益智书屋和吴淞中国公学英文教员，上海留学预备学堂教务长
胡朝梁	1879	江西铅山	曾就学江南水师学堂，后赴日本考察海军，继入震旦学院学习，曾任两江师范学堂、上江师范学堂教习
谢冰	1883	江苏武进	举人出身；曾就学震旦公学和京师译学馆

　　资料来源：高平叔编《蔡元培年谱长编》（上册），人民教育出版社 1996 年版，第 424 页。http：www.dizang.org/gs/kx/040.htm；http://zjtz.zjol.com.cn/05zjtz/system/2010/05/20/016624093.shtml；http://baike.baidu.com/view/3354323.htm。

　　由上表可知，南京临时政府时期教育部部员大致有以下特点：（1）大都学兼中西且具有丰富的教育实践经验。表中所列 11 人中有留学或出国考察教育经历者为 8 人，其余 3 人也曾受过西学教育。留学生作为清末民初最具近代意识的群体，以他们为主体有利于教育部借鉴东西方先进国家教育发展经验完成民国教育基础的创制。11 人中有 7 人具有丰富教育实践和管理经验，说明蔡元培在选用人员上较为注重专业素质。（2）大多为对民主共和充满向往的热血青年，平均年龄在 32 岁左右。如谢冰、钟观光为同盟会员；其他部员如许寿裳、蒋维乔、王小徐等都是与蔡元培一道参加革命教育的同事；俞大纯、钱方度虽系官宦子弟，也因向往民主革命而追随蔡元培到南京就职。（3）江浙人士占了多数。这种现象并非基于党派和地域的关系，而是当时"江浙为文化最发达之区"的客观形势使然。①这样一群充满革命热情、有着学兼中西的文化背景和一定教育实践经历的部员群体，在蔡元培的带领下加紧工作，一面采取措施清除封建教育因素和恢复教育秩序，一面借鉴东西各国经验拟定以学制为中心的各项教育法规，使民国教育事业一开始就有了一个良好的发展基础。

　　1912年3月29日蔡元培被任命为北京政府第一任教育总长。作为民初政治进程的当事人，蔡元培对当时政治局势有着深切的洞察，深知欲谋教育之长远发展，必须坚持"教育独立于政潮之外"，在人事组织上必须对政党轮流执政下教育行政的持续性作通盘安排。他在应允出任北京政府教育总长之后，所做的第一件事即是邀请共和党人范源濂出任次长。范源濂（1875—1927），字静生，湖南湘阴人，1898年入梁启超等创办的湖南时务学堂，从此"成为梁启超的忠实追随者"，维新运动中的积极分子。②变法失败后，受乃师梁启超之邀于1899年赴日本留学，先后就读于东京大同学校和东京高等师范学校。后在严修等人赴日考察教育时多方奔走效力，遂见纳于严氏。1906年范氏正式进入学部，积极从事教育实践活动，先后创设殖边学堂、筹办优级师范学堂及清华学校，发起成立尚志学会，因对职责所掌"无不悉心规划，劳瘁不辞"，颇得当道欣赏，"故不至三四年间，由主事而员外、而郎中、荐任至参事"③。当清帝退位后，原学部上层大多避居不出，在此情势下作为后起之秀的范源濂就成为蔡元培所能借助之人。1912年3月29日，南京参议院通过唐绍仪内阁名单，蔡元培正式被任命为北京政府首任教育总长，范源濂为教育次长。④蔡元培力邀范源濂出任次长时两人

---

①　王学哲编：《岫庐八十自述》（节录本），上海人民出版社2007年版，第42页。

②　欧阳哲生、刘慧娟、胡宗刚编：《范源濂集》，湖南教育出版社2010年版，《前言》第2页。

③　欧阳哲生、刘慧娟、胡宗刚编：《范源濂集》，湖南教育出版社2010年版，《前言》第3页。

④　高平叔编撰：《蔡元培年谱长编》（第一卷），人民教育出版社1999年版，第429—430页。

曾作过一次推心置腹的深谈，蔡氏希望范氏与自己一道跨越党派利益为国家教育"立一个统一的智慧的百年大计"①，两人从此结下了深厚的友谊。力邀范源濂担任次长，既是对范氏个人品质和学识的推重，体现了在教育部新旧过渡和政局变幻莫测的非常时期蔡元培的高瞻远瞩，对民国前期教育部产生了深远的影响，这在以后将继续论证。

　　总之，教育部在两人的密切配合下，顺利完成了兼纳南京临时政府教育部和北京学部原有人员的重组工作，形成了新旧并存、优势互补的人事格局。当时部员的总体结构，如蔡元培回忆"一半是我所提出的，大约留学欧美或日本的多一点，一半是范君静生所提出的，教育行政上有经验的多一点，却都没有注意到党派的关系"②。新旧并存的格局体现在各个层面，如重要的参司层面，三名参事中的蒋维乔和钟观光二人原属南京临时政府教育部，马邻翼为原学部参事，既实现了新旧合作，也照顾到了原有职务等级。普通教育司任命对义务教育及师范教育极有研究、曾任直隶提学使署总务科长兼图书科长的袁希涛出任；专门教育司由原学部参事、时任北京法政专门学校教务长的林棨执掌；社会教育司涉及宗教事务，蔡元培特别邀请对宗教问题素有研究、曾任清礼部主事的夏曾佑出任司长。③ 负责教育部日常运转重任的承政厅则任命曾任学部候补主事、留学日本后加入南京临时政府教育部的董鸿祎担任秘书长。人员的新旧并存一方面是当时新旧交替形势下的必然现象，更是蔡元培坚持"能者在职"而不问新旧的直接结果。在蔡、范二人的通力合作下，1912—1913 年间教育部人事的"新旧并存"并未演变成"新旧对立"，而是呈现出一派团结奋进的新景象。著名记者黄远庸在其《新政府人才评》中说："教育部新旧杂用，分司办事，已确有规模。……蔡鹤卿君富于理想，范源濂君勤于任务，总次长实具调和性质，亦各部所未有。"④ 对此一时期的教育部新气象，当事人范源濂更是感受颇深，他曾回忆说，"在我们（即指范氏和蔡元培）的合作期间，部里的人都是知无不言，言无不尽，讨论很多，却没有久悬不决的

---

① 中国蔡元培研究会编：《蔡元培全集》（第二卷），中华书局 1984 年版，第159—160 页。

② 蔡元培：《蔡元培自述》，传记文学出版社 1985 年版，第 88 页。

③ 蔡元培：《蔡元培自述》，传记文学出版社 1985 年版，第 85 页。

④ 《新政府之人才评》，载黄远生《远生遗著》，文海出版社 1968 年版，第 144 页。

事。一经决定，立刻执行。所以期间很短，办的事很多"①。这一时期教育部主要工作是对南京临时政府时期的各项法令草案进行完善，组织召开临时教育会议，继续推进全国教育秩序的恢复和稳定，上述工作的顺利推进与这一时期卓有成效的人事组织有着直接的关系。

1912年6月15日，北京政府内阁总理唐绍仪辞职，同盟会四总长也联袂辞职。7月14日，袁世凯准蔡元培辞职，16日令次长范源濂代理部务。7月26日，范源濂被正式任命为北京政府第二任教育总长。范氏虽出身共和党，但在就任后承继了蔡元培的教育理念和执政思路，并结合自己的教育理念和行政经验加以充实和发展，基于这一思路，其在人事方面主要是对原有的人事进行扩充，这一工作是在临时教育会议结束后陆续进行的。范氏对教育部决策层面人员并没有作大的调整。仅参事马邻翼于1912年9月出任甘肃提学使，遗缺改由新近归国的留日学生王桐龄增补。王桐龄（1878—1953），字峄山，河北任丘人，清末秀才，后留学日本，1907年毕业于东京第一高等学校，1912年毕业于东京帝国大学文学系，获文学学士学位。② 王桐龄此次能够以一名新近归国的留学生直接出任教育部参事，与1912年9月颁布的文官考试令草案有关，其第十一条规定，国内外"各大学本科毕业得有学位者"，免其高等文官考试，可直接录用。③ 当然，范源濂自身侧重普通教育和师范教育，对高等教育了解不深，招王氏入部有助于加强高等教育方面的力量也是重要考量。其他层面人员的调整，主要根据修正后的官制调整科室，适当调整人员和增加新人，使部员得到进一步的合理配置和扩充，为工作的全面开展进行了人事准备。其任内各科人员大致分布情况如下。

表3.8　　　　　　1912年范源濂任内教育部各科人员分布表

厅司	科室	人数	厅司	科室	人数
总务厅	秘书处	秘书长一名	专门教育司	第一科	佥事3人，主事1人
	文书科	佥事2人，主事4人		第二科	佥事3人，主事1人

①　高平叔编撰：《蔡元培年谱长编》（第一卷），人民教育出版社1999年版，第433页。
②　樊荫南编纂：《当代中国名人录》，良友图书印刷公司1931年版，第27页。
③　神州编译社编辑部编：《民国二年世界年鉴》，神州编译社1913年版，第414页。

续表

厅司	科室	人数	厅司	科室	人数
	会计科	佥事 2 人，主事 3 人		第三科	佥事 2 人，主事 1 人
	统计科	佥事 2 人，主事 3 人	社会教育司	第一科	佥事 3 人，主事 4 人
	庶务科	佥人 2 人，技正 2 人		第二科	佥事 3 人，主事 3 人
普通教育司	第一科	佥事 2 人，主事 3 人			
	第二科	佥事 2 人，主事 2 人			
	第三科	佥事 2 人，主事 2 人			
	第四科	佥事 2 人，主事 1 人			
	第五科	佥事 2 人，主事 1 人			

资料来源：根据神州编译社编辑部编《民国二年世界年鉴》，神州编译社 1913 年版，第 488—490 页有关内容编制而成。

　　上表中部员名单与蔡元培掌部期间相比，有以下不同之处：（1）各司科人员已经按官职分离办法进行。各部除总长为特任官不在普通行政官之内，其他设有次长、参事、秘书、佥事、主事等，次长一人，参事二至四人，各司司长一人，秘书四人。[①] 教育部除上述人员外，还另设有视学、技正、技士等官职，视学十六人，技正二人，技士八人，佥事、主事员额另以部令定之，其中主事员额不得逾八十名。[②] 从实际设置来看，当时分配各司佥事有 32 名，主事总数则距定额甚远，人员设置仍然较为精简。（2）各司科人员有所增减。从具体人员增减和调整来看，原属总务厅的编审人员不再计算在内，其人员实增 3 人，普通教育司增 2 人，专门教育司增 1 人，社会教育司增 2 人，各厅司力量均得到增强；（3）上表中虽未能显示各科科长的选任，但实际上范氏任内的各科科长与蔡元培任内所定科长人选无大出入，表明范源濂"蔡规范随"的执政思路在人事调整上得到了较为彻底的贯彻。

　　还有一部分人员的变更情况并未在此表中显现：（1）主事的调整和变动。按照官制规定，主事员额以八十人为上限，截止到 1913 年 2

[①] 《行政各部通则》，神州编译社编辑部编《民国二年世界年鉴》，神州编译社 1913 年版，第 406 页。

[②] 神州编译社编辑部编：《民国二年世界年鉴》，神州编译社 1913 年版，第 449 页。

月 26 日，主事陆续增加至近 70 人，① 这是教育部人员总数有明显增加的开始，除分科办事外的其他主事主要派往所属机构任事，因而这一时期各附属机构的力量也得到了新的补充。（2）编审员和秘书的调整和变动。由于编审处官制尚未出台以及秘书的特殊地位，此两处人员没有出现在教育部各科人员名单中，各科室调整人员除极少部分自动辞职或外调他部外，大部分被分派至编审处或秘书处办事，如方表、曹典球、刘家愉等人派至秘书处，顾兆熊、张轶欧、常福元、白作霖等人派至编审处，也就是说原有部员的流动大都在内部进行。由上可见，虽然在职员表中人数与蔡元培任内相比并未有大幅增加，但由于主事变更及秘书、编审人员不在各科室名单内，因而实际上此时期教育部人员有了较大增加。

范源濂任内新增人员来源主要有两类：一类人员来自于原学部旧员。一方面原学部旧员具有一定的教育行政经验，一方面教育部在接收之初也有如确需人手当优先从旧员中荐用之承诺，因而范源濂任内有一部分学部旧员加入教育部。二是铨叙局分部之人员。当时各专门学校毕业生纷至教育部要求录用，教育部将名单详报铨叙局请求加以录用，铨叙局呈请大总统同意之后按照所习科目分类将名单发至各部，先后分至教育部人员共有 6 批 41 名。② 虽然对于分部人员并无强加录用之要求，铨叙局也声明系文官考试法等法令出台之前的暂时之举，③ 但这批分部人员仍然成为教育部录用新员的主要来源之一。

总之，范源濂掌部期间人事变动有三大特点：一是参司层面人员乃至各科科长均没有出现大的变动，体现范氏"蔡规范随"的掌部思路，不仅有利于保持精干力量的稳定，而且保持了教育部诸项工作的持续性；二是坚持"能者在职"的用人原则，延续了蔡元培任内形成的良好部风；三是根据官制规定人事有了大幅度增加，主要集中于主事层面，其来源主要是原学部旧员及新分部人员，并及时分到各司科任事，

---

① 《教育部部令第八号》，载中国第二历史档案馆整理《政府公报》（第 11 册），上海书店出版社 1988 年版，第 195 页。

② 《铨叙局咨送各署录用专门学校毕业生人数表》，载中国第二历史档案馆整理《政府公报》（第 6 册），上海书店出版社 1988 年版，第 784 页。

③ 《铨叙局咨教育部分送各学校毕业生请酌量录用文》，载中国第二历史档案馆整理《政府公报》（第 5 册），上海书店出版社 1988 年版，第 195 页。

使教育部行政效率大为增加。范源濂对人员的调整和扩充，最终完成了人事基础的奠定，保障了教育部的高效运行，这一时期各项教育法令得以陆续颁布，民国教育制度体系得以初步建立，即仰赖于是。

1913 年 1 月 28 日，范源濂因"政见不符"而"抱病"引退，[1] 此后政局趋于紧张，袁世凯集中精力对付国民党，根本无暇顾及内阁调整，教育总长先后由海军总长刘冠雄和农林总长陈振先暂时兼署，继由次长董鸿祎暂时代部。范源濂任内奠定的人事根基一直延续到董鸿祎代部期间。人事的相对稳定，使教育部虽历乱局，总长几度易人，但依然保持了此前的行政路向，各项教育法令规程也陆续颁布。

综观以上内容，可以看到教育部 1912 年至 1913 年上半年，通过蔡元培、范源濂的相继努力，其内部人事演变具有以下鲜明的特征。其一，人员结构上的新旧并存。这种人员格局主要在蔡元培任内形成，在范源濂任内得到了延续和扩充，并在之后的三任总长中得到了维持，反映了政体骤变、新旧交替之下部员组织的渐进性特点。其二，坚持"能者在职"的用人原则。蔡元培不仅在南京临时政府时期全面贯彻该原则，而且在北京政府教育部重组过程中更是对学部人员依照才能进行留用，这种用人原则在范源濂任内大量增加人员时也得到了坚持，不仅保证了教育部员的整体素质，实现了学部人员和南京临时政府教育部人员的优势互补，形成了较为合理的人事格局，还营造了浓厚的民主氛围，有利于行政效率的提高，反映了有别于清末注重门生、同乡私谊的传统用人习惯的进步之处。其三，实现了跨党派的密切合作。不仅在总次长层面实现革命派和立宪派人员的合作，在其他人事层面也比较注意不同政治派别和新旧人员的互补，这种人事格局不仅使教育部成为当时中央政府最有规模和生机的部门，也对其能够独立于政潮之外、按照教育发展规律出台相应举措具有重要现实意义。

（二）1913—1916 年：人事组织的逆转

1913 年 9 月，国民党在南方发动的"二次革命"遭到失败，北方的国民党人或被屠杀或遭压制，中国政局发生了重大变化。9 月 21 日，进步党人汪大燮正式就职，标志着教育部人事逆转的开始。与国民党人主要来自于清末留学生、受民主革命思想影响较深相比，进步党前身是传统官

---

[1]　欧阳哲生、刘慧娟、胡宗刚编：《范源濂集》，湖南教育出版社 2010 年版，第 632 页。

僚为主的立宪派，在人事组织上更多地表现出旧式官僚的观念和作为。

汪大燮上任后，即"以尊孔教、禁邪说自命"，积极贯彻熊希龄内阁的施政方针，推进教育领域内的尊孔活动，这一政策在教育部遇到抵制。汪氏在管理方式上难脱旧式官僚习气，进一步引起久沐民初革新气氛的部员的反感。在汪氏方面，急欲调整人员控制部务，而在部员方面，则随着政治环境日益恶劣而欲离部，时任次长的董鸿祎也有辞职之意。[1] 人事的变动首先是秘书处王桐龄、路孝植"援成例"呈请辞职，曹典球已于 9 月 13 日调任总统府秘书，10 月底参事钟观光、蒋维乔先后辞职。继之，12 月由于财政困难中央政府实行减政主义，教育部参事员额减为二人，佥事减为十二人，主事减为四十二人，普通教育司第五科也因"事务较简，无庸设立专科"而裁撤，[2] 人员限额减少和机构裁撤加大了人事变更的范围和幅度。

表 3.9　　　　　　　　　汪大燮掌部期间人事变动简表

层面	人员调整情况	人事调整原因
次长层面	未更动	
参司层面	1913 年 10 月 30 日，王振先、许寿裳荐任参事 1913 年 10 月 30 日，陈清震任普通教育司司长 1913 年 10 月 30 日，汤中任专门教育司司长	参事钟观光辞职南下，蒋维乔辞职，汤中转任专门教育司司长，袁希涛转任视学，林启调任大理士院推士
佥事视学	1913 年 10 月袁希涛转任视学 1913 年冬任命钱家治、章宗祥等 11 人为视学	实行减政主义，视学员额调整为 12 人，需重新进行调整和任命
科长层面	1913 年 11 月 3 日，佥事谢冰派充普通司第二科科长，视学张瑄派充普通司第三科科长，佥事王家驹派充普通司第四科科长，普通司第四科科长、佥事洪逵调充专门司第一科科长，暂署专门司第一科科长佥事程良楷调充专门司第三科科长	陈清震出任普通教育司司长，许寿裳升任参事，普通教育司第五科裁撤

①　高平叔撰著：《蔡元培年谱长编》（第一卷），人民教育出版社 1999 年版，第 535 页。

②　《教育部部令第四十七号》，载中国第二历史档案馆整理《政府公报》（第 19 册），上海书店出版社 1988 年版，第 130 页。

续表

层面	人员调整情况	人事调整原因
秘书编纂	1913 年 9 月任命杨彦洁、汪馨为荐任秘书 1913 年，任命许士熊荐任秘书 1913 年 11 月 4 日，暂署专门教育司司长王之瑞仍回佥事原职派编审处办事	1913 年 9 月 13 日秘书曹典球调任国务院秘书；9 月 20 日署秘书王桐龄、路孝植辞职；10 月 30 日汤中出任专门教育司长

资料来源：《政府公报》第 17 册第 499 页，第 19 册第 130、152 页；民国教育部年鉴委员会编：《第一次中国教育年鉴》（戊编），传记文学出版社 1971 年版，第 221 页；刘寿林编：《辛亥以后十七年职官年表》，中华书局 1966 年版，第 57 页。

　　由表 3.9 可知，汪大燮任内人事调整不仅范围大、涉及人员多，而且较之 1912—1913 年间蔡、范二人任内的人事组织出现了多方面的逆转，人事组织近代化严重受挫：（1）蔡、范二人任内新旧并存格局被打破。参司层面除社会教育司长夏曾佑极力迎合汪大燮得以留任、参事汤中转任专门教育司长外，其余人员全部予以更换。代替袁希涛出任普通教育司司长的陈清震，系直隶南宫人，曾留学日本，原学部主事、员外郎，时任教育部普通教育司第二科科长。[1] 新任参事许寿裳、王振先，许寿裳（1883—1948），字季弗，浙江绍兴人，日本东京高等师范学校毕业，时任普通教育司第三科科长。[2] 王振先，福建闽侯人，毕业于日本早稻田大学，[3] 民国成立后曾任福建军政府教育部普通科副科长，[4] 时任中央观象台校对。[5] 从新增三人的履历中可以看到汪氏较注重才干和按等叙进，但旧有出身成为重要因素。（2）"能者在职"原则受到一定程度的破坏。以秘书的更迭为例，汪大燮任命的 3 位秘书杨彦洁、汪馨、许士熊均是新增人员。杨彦洁，湖北武昌人，毕业于日本关西大学获法学学士学位，曾译大瀬甚太郎《实用教育学》一书，清末

---

　　[1]　民国教育部年鉴委员会编：《第一次中国教育年鉴》（戊编），传记文学出版社 1971 年影印版，第 215—217 页。

　　[2]　樊荫南编纂：《当代中国名人录》，良友图书印刷公司 1931 年版，第 267 页。

　　[3]　朱峰编著：《基督教与近代中国女子高等教育：金陵女大与华南女大比较研究》，福建教育出版社 2001 年版，第 256 页。

　　[4]　《闽军政府职员一览表》，《申报》1912 年 2 月 27 日，第 7 版。

　　[5]　中国第二历史档案馆编：《中华民国史档案资料汇编》（第三辑·文化），江苏古籍出版社 1991 年版，第 573 页。

时任学部学制调查局行走；① 汪馨，安徽黟县人，与汪大燮同一祖籍；许士熊，江苏无锡人，幼时就读南菁书院，② 清末曾在杨模创办的俟实学堂任教，③ 汪大燮驻英大使任内在驻英大使馆工作。④ 以上三人虽与教育不无关系，但除杨彦洁之外均系非教育专业人士，他们能够出任，乡籍和同僚关系成为重要因素。（3）加强对教育部的掌控，主要体现在科长的更动上。陈清震升任司长和普通教育司第五科的裁撤引发了科长大变动，共调整 6 人，实际更动 5 人，占科长数量一半，他们是谢冰、张渲、王家驹、洪逵、程良楷。谢冰，清末举人，京师大学堂译学馆毕业，译有《大学之行政》一书，对高等教育行政有着深入研究；⑤ 张渲，清末北洋大学堂毕业生，留学日本，时任教育部视学；王家驹，进步党人，时为教育部佥事；⑥ 程良楷，曾就学于南洋公学，受教于蔡元培，⑦ 时任教育部佥事；洪逵，字菱舲，安徽怀宁人，英国伦敦大学政治经济科肄业，曾任安徽高等学堂教员，时任教育部佥事。⑧ 各科科长虽然均为部内人员调整，但总体上较注重旧派人物、进步党人以及同乡人员，有利于强化对教育部的掌控。（4）1913 年冬季一次任命十一名新视学，其直接原因是此时教育部官制重新修订，视学员额由十六人调整为十二人之故，当然此举也有着教育政策变更之后强化实施监督的长远考虑。

总之，汪大燮通过拔擢旧员、任用亲信、重新任命等手段，改变了教育部参司层面和科长层面的人事格局，秘书处也基本由其亲信掌控，不仅革新派部员在部内受到压制，原有立场本趋中立的部员也开始转向汪氏，以进步党人为核心的保守派力量开始居于上风，这是当时社会传统守旧势力力量上升的态势在教育部内的反映，是人的近代化进程在新旧过渡之际复杂性和反复性的反映，也是保守势力对教育部人事组织近代化进程的一次阻击。这种人事演变结果大大削减了汪大燮的施政阻

① 程燎原：《清末法政人的世界》，法律出版社 2003 年版，第 396 页。
② 丁福保编：《畴隐居士自传》，话林精舍 1948 年版，第 1 页。
③ 顾明远总主编：《中国教育大系·历代教育名人志》，湖北教育出版社 1994 年版，第 374 页。
④ 于建坤：《地学情缘——李四光》，山水画报出版社 1998 年版，第 42 页。
⑤ 商务印书馆编：《商务印书馆图书目录（1897—1949）》，商务印书馆 1981 年版，第 98 页。
⑥ 章伯锋、顾亚主编：《近代稗海》（第十二辑），四川人民出版社 1988 年版，第 81 页。
⑦ 金林祥：《思想自由 兼容并包：北京大学校长蔡元培》，山东教育出版社 2004 年版，第 34 页。
⑧ 樊荫南编纂：《当代中国名人录》，良友图书印刷公司 1931 年版，第 165 页。

力，使其任内推行尊孔、节录经文等政策得到实施和推行。正当汪氏大张旗鼓进行人事调整欲有所作为之时，被袁世凯暂时作为政治利用工具的熊希龄内阁很快垮台。1914 年 2 月 20 日汪大燮辞职。汪氏任职自 1913 年 9 月 11 日至 1914 年 2 月 20 日，历时虽不及半年，但其任内人事调整对教育部产生了消极影响。

此后，袁世凯又先后任命与其私交甚笃、曾任清学部左侍郎的严修出任教育总长一职，在严修未赴任前由时任直隶提学使的蔡儒楷以教育次长身份暂时代理部务，实际上严修并未上任，部务由蔡氏主持。经历过短暂的过渡之后，1914 年 4 月袁世凯开始着手重组新一届内阁。此时进步党人虽已失去利用价值，但袁氏对于教育部等非核心部门，仍希望由社会名流出面维持。一方面教育事业的推进对于巩固统治确实非常重要，另一方面也是借名流声望装饰门面以应对社会舆论。5 月 1 日时任众议院议长的进步党人汤化龙被任命为新一届教育总长。[①]

汤化龙（1874—1918），字济武，湖北蕲水人，1904 年清末最后一届进士，授刑部主事。后应山西学政宝熙之聘，任山西大学堂国文教习，开始与教育结缘。1906 年自费留学日本入法政大学攻读法律，曾参与发起组织"留日教育学会"，认为推行政治变革须从教育事业着手。1909 年回国后并没有继续从事教育，而是介入政治领域，先任湖北咨议局筹办处参事，次年被推选为咨议局副议长、议长，1910 年被推选为各省咨议局联合会会议主席，成为清末立宪派领袖人物。武昌起义后，积极参与湖北军政府建设，历任军政府政事部长、编制部长等职。南京临时政府成立后，被委以法制局副总裁，参与发起成立"共和建设讨论会"，"南北和议"达成后，当选为临时参议院副议长兼法政委员会委员。1912 年 5 月，加入"共和党"任干事，10 月组织"民主党"任干事长。1913 年 1 月，当选为众议院议员，旋又当选为众议院议长，依附于袁世凯与国民党对抗。[②]这样一位清末民初政教两界的头面人物出任教育总长，对于袁世凯而言无疑是装饰门面的极佳选择，对于汤化龙来说，也是其推行政治变革须从教育事业着手理念的机会。

---

① 刘寿林编著：《辛亥以后十七年职官年表》，中华书局 1966 年版，第 58 页。
② 顾明远主编：《中国教育大系·历代教育名人志》，湖北教育出版社 1994 年版，第 383—384 页。

　　汤化龙以众议院议长的身份就教育总长之职，本就有为本党人物谋出路的用意，适值 1914 年 7 月教育部官制调整，北京政府各项人事制度也已经颁布实施，文官考试合格人员陆续分部学习，多重因素使汤氏任内教育部人员变动规模较大。

表 3.10　　　　　　　　　**汤化龙掌部期间人事变动简表**

层面	人员调整情况	人员调整原因
次长层面	1914 年 5 月 7 日梁善济简任教育次长	董鸿祎调离
参司层面	1914 年 9 月 5 日参事王振先暂兼专门司长 1915 年 2 月 28 日易克臬出任专门司长，覃寿坤增补参事 1915 年 3 月 21 日伍崇学出任普通教育司长 1915 年 7 月 31 日高步瀛继任社会教育司长	署专门司长易克臬请假 参事王振先呈请辞职 原司长陈清震积劳病故 夏曾佑出任京师图书馆长
科长层面	1914 年 6 月 11 日陈问咸出任普通教育司第三科科长 1914 年 9 月 5 日朱炎暂代专门教育司第三科科长 1914 年 2 月 10 日白振民暂代总务厅文书科科长	原科长程良楷调任
金事视学	1914 年 7 月 31 日，冯承钧、刘元骥荐任金事 1914 年 7 月 17 日视学袁希涛因病辞职 1915 年 1 月 24 日林锡光、钱稻孙、许丹、杨天骥荐任视学 1915 年 6 月 13 日熊崇煦荐任金事	冯系新补秘书，刘未知 金事程良楷调财政部
秘书编纂	1914 年 5 月 26 日，任命高步瀛为编纂股主任，陈文哲为审查股主任，陈衡恪、熊崇煦等四人为编审员 1914 年 6—10 月先后任命冯承钧、邓文瑗、刘文炳为秘书 1914 年 7 月 25 日，聘任主事胡朝梁为编审员	编纂处和审查处合并，重新派定人员
其他层面	升任主事 9 人，新派部办事员 24 人，新入学习员 19 人，并将各员分派各司科及新设各机构办事	汤化龙将官制以外人员分为办事员、学习员等级别

　　资料来源：《政府公报》第 29 册 525 页，第 30 册 221、346 页，第 31 册 75 页，第 32 册 82、310 页，第 34 册 192、395 页，第 35 册 332 页，第 36 册 5、331 页，第 37 册 246 页，第 38 册 124—125 页，第 39 册 336、366、443 页，第 40 册 496 页，第 41 册 231 页，第 42 册 104 页，第 45 册 425、476 页，第 47 册 163—165、202 页，第 48 册 371、568 页，第 49 册 545 页，第 50 册 163 页，第 53 册 53 页，第 57 册 585 页，第 58 册 562 页，第 60 册 77—78 页，第 69 册 428 页；刘寿林《辛亥以后十七年职官年表》，中华书局 1966 年版，第 58—59 页。

　　由上表可知，汤化龙任内人事调整与同为进步党人的汪大燮的举措相比基本一脉相承但又有所不同：（1）汤氏首先兑现对本党人士的承诺，在各个层面安插人手，人事调整的党派因素非常明显。先是推荐进步党重要人物、立宪派元老梁善济出任教育次长。梁氏系清末进士、翰林院检讨、日本法政大学毕业，曾任山西教育会会长，在教育界也颇有声望。秘书处成为安插新人最方便之处。覃寿坤、冯承钧、毕惠康均为汤氏同乡和众议院重要人物。毕氏时任进步党机关《天民报》编辑；覃寿坤与汤化龙同乡，时任湖北省议会议长；冯承钧早年留学比利时，后赴法国巴黎大学，主修法律，获索邦大学法学学士学位，归国后历任湖北外交司参事、众议院一等秘书。① 后来任命的秘书邓文瑗、刘文炳也是进步党人。还有多人被直接荐任为佥事、视学，如刘元骧、杨天骥等人。提拔本党人员导致非教育专业人员大量进入教育部成为这一时期人事调整的主要特点。（2）科长层面变动相对较小，先后有陈问咸、朱炎和白振民三人新任科长。陈问咸，湖北安陆人，清末举人，原学部建筑科主事，曾任京师优级师范学堂监督，② 时任教育部佥事。朱炎，江苏上海（今上海）人，曾留学欧洲，民国后曾在复旦公学任教，③ 时任教育部佥事、留欧学生监督。白振民，曾任澄衷学堂总教习，④ 时任教育部佥事。从中可以看出，科长层面注重对原有部员的提拔，且不分人物的新旧，遵循了中央行政官等法的规定，反映了汤化龙希望正常过渡的一面。（3）扩大编审处规模。根据公布的编审处规程，重新派定编审处人员，除处长由教育次长兼任外，编纂和审查两股主任2人，编审员7人分股任事，佥事、视学及主事4人在编审处办事，另有办事员、学习员8人，这是汤化龙强化教科书编撰和审查工作在人事调整上的反映。（4）巧立名目，增加部员层级。除原官制规定各官等外，汤氏任内设有办事员、学习员、绘图员、录事、电报员、分科工程办事人员等，1915 年年初部员人数急剧膨胀至 200 名左右，较民初已增近三倍。⑤ 人员的激增虽然表现出了汤氏欲有所作为的执政意图，但同时也

---

① 樊荫南编纂：《当代中国名人录》，良友图书印刷公司 1931 年版，第 323、326 页。

② 北京师范大学校史编写组编：《北京师范大学校史》，北京师范大学出版社 1984 年第 2 版，第 18 页。

③ 复旦大学校史编写编：《复旦大学志》（第一卷：1905—1949），复旦大学出版社 1985 年版，第 86 页。

④ 胡适：《四十自述》，岳麓书社 1998 年版，第 47 页。

⑤ 《补登教育部历年员额暨俸给支数表》，载中国第二历史档案馆整理《政府公报》（第 56 册），上海书店出版社 1988 年版，第 244 页。

使教育部开始出现人员冗杂的现象。

汤化龙任内，通过大量引进本党人物和议会人员，使教育部这一专业机构出现了许多非教育人士，汪大燮任内任用旧员、引进亲信的做法在此全面演变成了政党一统的局面，可以说两者在用人方面有着内在的一致性。这种情况不仅使部内人员结构专业化程度趋低，而且非专业人员的大量进入使教育部部风大变，人浮于事、效率低下成为汤化龙任内教育部的显著特征。汤化龙试图以教育变革推进政治变革的愿望，首先即被其以政治手段和党派利益之下所进行的教育部人事调整的消极后果所稀释，这也是其任内虽百般努力致力于教育的推进却成效不彰的原因之一。

1915 年 9 月 10 日汤化龙托病赴津，继而请辞取道南下，走上反袁道路。[①] 汤氏自 1914 年 5 月 1 日上台，1915 年 9 月 10 离京，共在职一年零 5 个月时间。汤氏的离去，标志着进步党与袁氏的彻底决裂，此后的中央政府各部门均由袁之亲信所掌控。

1915 年 10 月 5 日张一麐就职。张一麐（1867—1943），字仲仁，江苏吴县人，清末经济特科进士。1903 年入时任北洋大臣兼直隶总督袁世凯幕佐办文案，为文"既工且敏"，且性情和易做事谨慎不苟，积年愈久为袁氏所倚任，进而参预机要。[②] 辛亥革命后，袁世凯就任大总统，张氏北上任总统府秘书，至政事堂成立，又出任机要局局长。就是这样一位袁世凯的心腹幕僚，在袁世凯帝制自为企图日益明显之际，出于"爱护国家兼爱惜袁氏之故，独不赞成帝制"，曾"入谏反复陈利害"。虽然袁氏采取不纳不怒之态度，但张氏却遭袁氏左右嫉恨，曾有安徽督军倪嗣冲等人公然对其大示恫吓，甚至有人在其住宅投弹威胁，张遂请辞，袁于是让其出任地位虽隆、但不闻机要的教育总长。[③] 张氏就职后，进步党人、次长梁善济即呈请辞职，张氏坚留未果之下，电邀已经南下的原教育部普通教育司司长袁希涛出任次长。张氏力邀袁希涛主要是借重其在教育部中的资历，从而"使教育制度不受政治影响，以维护国家元气"[④]。出于这种良苦用心，张氏对于人事未大加更动，只

① 中国社会科学院近代史研究所近代史资料编辑部编：《近代史资料》（总第 70 号），中国社会科学出版社 1988 年版，第 6—7 页。

② 贾逸君编：《中华民国名人传》，上海书店出版社 1989 年版，第 344 页。

③ 黄炎培：《张仲仁先生传》，《心太平室集》，文海出版社 1966 年版，第 2 页。

④ 素民：《记已故教育泰斗袁希涛先生》，载于《苏讯》1946 年第 67 期。

是"颇思整饬部僚风气"①，赠言教育部员要"勤职业、求学问、造风气"，试图改变教育部"暮气多而朝气少"的形象。② 当时汤化龙任内秘书毕惠康、邓文瑷、刘文炳等人于 1915 年 10 月 22 日依例呈请辞职，③ 张氏于 10 月 30 日荐任佥事王嘉榘、视学汪森宝兼任秘书，编审员罗惇曧试署秘书，④ 后王嘉榘辞职，1916 年 2 月 3 日又任命陈任中兼任秘书。⑤ 王嘉榘，浙江嘉兴人，曾入杭州求是书院，后留学日本，为早期同盟会员，曾参与编辑出版《浙江潮》，浙江嘉兴光复重要人物；汪森宝，江苏吴县人，与张一麐同乡，系清末名士汪凤池长子，拔贡出身，清光绪时曾任驻日本使馆参赞，归国后任清外务部科员；罗惇曧，广东顺德人，清末历任邮传部郎中、礼制馆第一类编纂；陈任中，江西赣县人，光绪壬寅并科举人，历任京师大学堂检察官、监学官，京师督学局局员，学部专门司科员。由上可见，张氏用人并无明显的地域和党派之见，而且始终坚持任用原有部员而不进新人，在维持人事稳定的同时也一定程度上坚持了民初"能者在职"的用人原则，在当时的历史环境下尤为可贵。张氏任内人事调整的另一个特点是强化通俗教育研究会的力量。10 月 18 日加派佥事陈懋治、编纂员毛邦伟为通俗教育研究会会员，⑥ 25 日又加派编审员周庆修为该会会员，⑦ 12 月 31 日再次加派视学齐宗颐、编审员朱文熊、主事戴克让、朱颐锐、办事员裴善元为通俗教育研究会会员。⑧ 这种人事安排与其较为重视社会教育直接相关。

1916 年 3 月袁世凯在全国反对的声浪中被迫取消帝制，由段祺瑞出面组阁收拾残局。帝制时期各阁员均被视为与帝制有嫌而全部革除，

① 梁漱溟：《纪念张仲仁先生》，《心太平室集》，文海出版社 1966 年版，附录，第 6 页。

② 《教育总长之赠言》，《教育杂志》第 8 卷 3 号，记事，第 17—18 页。

③ 《大总统策令》，载中国第二历史档案馆整理《政府公报》（第 70 册），上海书店出版社 1988 年版，第 88 页。

④ 《大总统策令》，载中国第二历史档案馆整理《政府公报》（第 70 册），上海书店出版社 1988 年版，第 497 页。

⑤ 《政事堂奉令》，载中国第二历史档案馆整理《政府公报》（第 80 册），上海书店出版社 1988 年版，第 146 页。

⑥ 《教育部饬第 364 号》，载中国第二历史档案馆整理《政府公报》（第 70 册），上海书店出版社 1988 年版，第 167 页。

⑦ 《教育部饬第 376 号》，载中国第二历史档案馆整理《政府公报》（第 70 册），上海书店出版社 1988 年版，第 320 页。

⑧ 《教育部饬第 478 号》，载中国第二历史档案馆整理《政府公报》（第 77 册），上海书店出版社 1988 年版，第 226 页。

张一麐于 4 月 23 日去职,同时张国淦被任命为教育总长。① 张氏上任时,次长袁希涛早于年初的帝制喧嚣中南下,此时称病恳请辞职,但未获允准,② 次长一职暂由张国淦在政事堂的同事李国珍署理,李氏于 5 月 20 日上任。③ 对于教育部其他人事,由于张上任的主要工作重心在于对各方进行政治调解,具体部务及人事调整根本不及着手,只是教科书编纂处人员稍有精减,④ 余皆大体照旧。

总体来看,进步党人汪大燮、汤化龙和北洋派人张一麐、张国淦任教育总长期间,与民初蔡、范二总长任内教育部人事组织相比,有了明显的不同。其一是"能者在职"原则被打破,出身及党派等因素成为人事调整的显规则,旧派人员被大量启用,教育部人员格局开始逆转,进步党人或追随进步党的保守人员掌控了部内局势,使教育部人事格局不仅没有呈现趋新发展反呈倒退之势,这一现象预示着执政方向的转变。这一原则虽然在张一麐任内得到一定程度地恢复,但显然并没有形成真正的转折。其二,众多非教育专业人员入部,教育部员整体专业素质开始下降,中央教育行政机关的专业威权受到损害,也进一步影响了教育决策的科学性,对教育行政近代化产生了严重干扰,同时专业权威的丧失也导致教育部与教育界关系的疏远,增加了其推进教育发展的难度。虽然张一麐试图提振部风,由于时局不稳其努力并未见明显成效。其三,行政长官为安排新人而逾越既有官制增加新的层级,破坏了原有的升迁次序,打击了原有部员的积极性,而且随着部员队伍日益庞大,人浮于事的现象开始出现,民初教育部的良好作风也不复存在,教育部的高效运转开始陷入低潮。这种人事演变使民初以来的良好人事局面受到严重破坏,是政治局势直接冲击教育领域的体现。在此影响之下,民初民主方向的教育方针被否定,教育领域内复古思潮弥漫,多项教育法令规程被篡改,民初高速发展的教育事业在政局相对稳定之时反坠入低潮,虽然是这一时期政治、经济、文化等方面的变化因素对教育部及教育事业

① 刘寿林编:《辛亥以后十七年职官年表》,中华书局 1966 年版,第 60 页。
② 《政事堂奉批令》,载中国第二历史档案馆整理《政府公报》(第 85 册),上海书店出版社 1988 年版,第 423 页。
③ 刘寿林:《辛亥以后十七年职官年表》,中华书局 1966 年版,第 60 页。
④ 《教育部饬令 196 号》,载中国第二历史档案馆整理《政府公报》(第 87 册),上海书店出版社 1988 年版,第 410 页。

影响的最终体现，但与此时期教育部人事演变有着更为直接的关系。

通过对 1912—1916 年间教育部人事演变的考察，我们看到，与教育部机构和职能的相对稳定和逐步完备相比，这一时期教育部人员更迭情况就显得较为复杂多变。就教育行政近代化而言，最为关键的是主持教育大政的人的近代化及人事组织的近代化，唯有如此才能使共和政治框架下教育部机构和职能设置的各种优势发挥出来，就此而言，这一时期的人事演变对教育行政近代化产生了利弊不一的影响。

其一，人事演变中的积极倾向。就教育总长而言，我们可以看到这一时期先后出任总长的 12 人中，除暂时兼署或代理的几位总长外，大多数总长都具有学兼中西的学识和丰富的教育管理和实践经验，与清末留学生并未进至中央教育行政机关核心层面相比局面大为改观，说明这一群体有着领导和管理全国学务的学识和素质。从教育总长的人事调整思路来看，无论是坚持"能者在职"的用人原则还是遵循党派利益或同乡、门生情谊，所用人员大都有着实际才干，尽管也出现过许多非专业教育人士进入部内，但不能否认总长们筹划和推动教育事业的热情。从形成的人事格局来看，蔡元培和范源濂任内坚持"能者在职"奠定了新旧并存、高效合作的人事格局，但在汪大燮和汤化龙任内人事格局被改变，人事控制倾向日益明显，旧派人员渐居主导地位。虽然张一麐任内得到一定程度地纠正，但并未得到彻底恢复。同时不同派别的总长也表现出了一定的人事组织共性。如范源濂即继承了蔡元培的用人原则和思路，最终奠定了教育部良好的人事开局，也对此后教育部人事演变产生了深远影响。作为袁世凯亲信的张一麐则坚持自己的政治理念和行政思路，对汪汤二氏任内的不良人事格局进行了纠正，从而使部风有所恢复。

其二，人事演变的消极因素。这一时期的教育总长虽然有着留学经验和实践经验的人占据多数，但他们新旧并存的知识结构和较为复杂的政治立场使得教育部在行政路向在外部局势发生动荡的情况下多有反复和变化，同时这一群体的频繁更迭也破坏了教育行政工作的持续性。总长的频繁变更也对教育部内部人事调整产生了程度不一的冲击，民初"能者在职"的原则不久即遭到持保守立场的总长们的破坏，新旧并存和高效合作的局面也转变为保守派力量占据上风，专制体制下形成的传统官僚习气在教育部重现。更为关键的是，肩负着教育部运行和职能实施的各级教育部人员的频繁更迭，使很多部员不安于位，得过且过的苟安心理浓厚，其对教育部行政活动的消极影响可想而知。

其三，人事演变的深层原因。这一时期人事演变的肇因是总长的频繁更迭，其直接原因是政治因素使然。12 位先后掌部人员中，蔡元培为国民党人；范源濂、汪大燮、汤化龙均为进步党人；刘冠雄、陈振先、张一麐、张国淦均系北洋派或与北洋派关系密切之人；严修为教育名流。先是国民党人挟建立共和之功居主导地位，国民党人与袁世凯决裂之后，依附于袁氏与革命党人对抗的进步党人成为袁氏的依靠对象，随着袁氏走向复辟，进步党最终与之决裂，政权全部落入北洋派之手。由此可见，导致总长频繁更迭的直接原因是政治因素。但在这些表面政治变化的背后，则是经济和文化因素使然。人作为社会发展和历史环境的产物，无论是个人意义上的人格、学识、观念的形成还是集体意义上的道德观念、习惯力量的形成有着相当漫长的过程，一旦形成又具有较为稳定的特点，即使在时代大潮的冲击下会有所转变，但这一转变过程也非常艰难，集中表现在民初时期顽固势力长期存在和传统文化社会心理的根深蒂固。半殖民地下资本主义工商业的零星出现并未根本上冲击原有的农业经济模式，依附和建立在经济基础之上的政治制度和社会心理依然有着存在的理由。

在政治形势变化莫测、传统文化和社会心理依然顽固的历史环境下，不同党派出身的人员先后出掌教育部，他们的不同人格、学识、观念都使部内人事产生范围和幅度不一、目标和方向不同的调整，从而形成了不同历史时期的人事格局和部内风气。教育总长及部员作为教育部职能实施的具体承担者，他们的去留变化无疑直接决定和影响着教育部行政活动的方向及其轨迹，是社会环境变化最终影响教育部活动的媒介。

第三节　行政路向及活动轨迹

活跃于民国前期、后在国民政府时期出任教育部长的蒋梦麟，对民国时期中央教育行政活动深有感触，"一国的教育行政，实以其政治、经济、社会与文化等的实情为基础，换言之，其政治目的、经济制度、社会组织、文化潮流乃决定教育行政路向的要素"①。1912—1916 年间

①　蒋梦麟：《过渡时代之思想与教育》，商务印书馆 1933 年版，第 5 页。

的教育部，受制于这一时期两次政体变更以及经济、文化的变革，派系分野鲜明、政治立场和教育理念各异的总长们对外部环境变化的反应也各不相同，其内部人事调整又影响着行政活动的进行。在内外部因素的双重影响下，教育部不仅在行政路向出现了较大变动，而且在具体行政活动的推进中也呈现出既有延续性又摇摆不定的复杂现象。

一 奠定民国教育事业的基础：1912.1—1913.8

民国成立之初，社会事业百端待举，作为中央教育行政机关的教育部，面临着恢复教育秩序和筹划全国教育事业的重大历史任务。连续出任南京临时政府和北京政府初期教育总长的蔡元培，一方面宣布新教育方针以引领教育部工作的进行，一方面通过召开临时教育会议筹划全国教育大业。继任总长范源濂承继和发展蔡元培的执政思路，使临时教育会议得以继续召开，各项政策法令先后颁布，各项工作得以进一步推进。二人的持续接力奠定了民国教育的良好开局。

（一）持续努力恢复教育秩序

首先是及时发布通令恢复普通教育秩序。南京临时政府成立后，独立各省由于中央教育制度未定，"多发临时学校令，省自为政，日趋纷歧"①。教育部为避免"全国统一之教育界，俄焉分裂"的险状，在 1 月 19 日成立的当天，即发布《普通教育暂行办法》十四条，开始着手教育秩序的恢复。② 随同《普通教育暂行办法》颁布的还有《普通教育暂行课程标准》十一条，并考虑"地方风土、财力以及种种关系之不同"，还将课程设置"可以变通之处，一一明载条文"，以利地方施行。《办法》及《课程标准》一方面对学年、学期规定、课程设置及教科书使用等作出明确规定，使各类学校复学有所依据；一方面清除教育领域中的封建因素，如改学堂为学校，监督或堂长改称校长，废除读经科，禁用清学部教科书，废止奖励出身等，体现了共和政治的要求。它们的出台，使民国初立之际中小学校及初级师范学校有了恢复运行的依据，被誉为"民国教育史之绝续汤"③。3 月 5 日，教育部发布通令，谓"高

① 蒋维乔：《清末民初教育史料》，《光华大学半月刊》第 5 卷第 1 期。
② 《教育部电各省颁发普通教育暂行办法》，载琚鑫圭、唐良炎编《中国近代教育史资料汇编·学制演变》，商务印书馆 2007 年版，第 596—597 页。
③ 郑子展编：《陆费伯鸿先生年谱》，文海出版社 1973 年版，第 24 页。

等专门学校，若不从速开学"，会导致"高等学生废学、中学毕业学生亦无升学之所"，要求各省高等专门学校从速开学，以重学务。① 3 月14 日，教育部又遵大总统令通告各省将已设之优级师范一并开学。② 至此，在教育部的推动下，独立各省中小学校、师范学校及专门学校次第开学，南京临时政府影响区域内的教育秩序渐次恢复。

北迁以后，教育政令得以通行全国，教育部及时发布通令对北方各省教育事业进行规范。1912 年 5 月颁发普通教育办法九条，通告京内外各学堂一律遵办。③ 此办法与南京临时政府时期《普通教育暂行办法》基本一致，实现了对全国范围内普通教育的规范。与此同时，为推进学校教育的恢复，教育部还就地方教育行政机关的改造及新式教科书的编写发布有关通令。5 月间，教育部连续就各省教育长官名称和设置问题、学校等级问题发出通电，要求各省教育长官名称均应改归一律，各学校等级不宜不问实际任意标题，以期实现全国划一。还颁布《审定教科书暂行章程》，要求各书局将所出教科书送部审查。④ 对归属教育部直辖的京师学校教育，教育部于 5 月 12 日召集会议讨论京师内外各教育机关振兴及合并办法。议定对各省学校"以收复教育财产，使其即时开学为下手办法"，至于对京师教育的整顿，教育部先是将京师督学局及八旗学务处合并为北京学务局，再是将财政学堂、法律学堂等合并为法政学校，取消原有的八旗高等学堂的八旗名目，废止贵胄法政学堂并入陆军学堂。⑤ 完成了京师教育在行政及学校两个层面的重新组织。

在努力恢复国内各级各类学校教育秩序的同时，教育部还做好留学生教育及华侨教育工作。政体的骤然更迭使远在东西各国的留学生顿时失去生活来源，一时间函电交驰、嗷嗷待哺，清学部"以库款告匮，未有以应"⑥。教育部 2 月间会同财政部和外交部致电驻欧洲各国外交代

---

① 《孙总统令教育部通告各省将已设之优级、初级师范一并开学》，载琚鑫圭、唐良炎编《中国近代教育史资料汇编·学制演变》，商务印书馆 2007 年版，第 602 页。

② 《大事记》，《教育杂志》第 3 年第 12 期，记事，第 87 页。

③ 高平叔编著：《蔡元培年谱长编》（第一卷），人民教育出版社 1999 年版，第 452—453 页。

④ 《饬各书局将出版各种教科书送部审查》，载《教育杂志》，第 4 卷第 4 号，记事，第 23 页。

⑤ 高平叔编著：《蔡元培年谱长编》（第一卷），人民教育出版社 1999 年版，第 446 页。

⑥ 林子勋：《中国留学教育史（1847—1975）》，华冈出版有限公司 1976 年版，第 222 页。

表按照标准对留欧学生分为遣归及继续留学两类人员，并要求速报临时政府以便汇款接济。[①] 积极鼓励华侨教育。当时爪哇日惹阜中华学校呈请立案，教育部除照准外，还对"该总理等不忘祖国，输款兴学"义行深表嘉许。日本横滨华侨学堂值理缪菊辰等禀请立案并赏给匾额，教育部除批示准予立案外，还着重指出其"课程表尚沿满清弊制，急宜遵照本部所颁暂行章程分别修正"[②]。

教育部更将社会教育置于优先发展的位置。1912 年 1 月 30 日即通电独立各省筹备社会教育，并明确以宣讲为重点，就宣讲内容、宣讲材料及宣讲经费及人员进行了要求。[③] 6 月 4 日，教育部通电各省筹划社会教育办法，因为当时地方官制尚未议定颁布，要求"各省教育司对于社会教育一项，亦应有暂时办法，"可以借鉴"京师学务局已设立通俗教育科，由部核准开办"做法，催促各省教育或"先设一科，或三科分设"，"悉心筹划，妥为规定"，以谋社会教育之急进。[④] 这两则通令虽较简单，但就各地社会教育推进的大致方向作出了较为明确的安排，对各地教育行政机关建设中应设立社会教育专门管理部门的要求，也为各地社会教育的推进提供了行政上的保障，在当时社会教育尚未引起国人重视的情况下尤具针对意义。

教育部在政体骤更、局势不稳的社会环境下，根据当时实际情形应时顺变，从规范学校设置、改变名称等学校管理工作入手，采取了出台教科书审查制度、大力推进社会教育、改造地方教育行政机关等举措，一定程度上保障了政体变更和南北交接之际教育事业的正常过渡和顺利进行，推动了学校教育秩序的恢复和社会教育的开展。

（二）召开临时教育会议

教育部鉴于"前清所定学校章程多不适用，急应改订新制，期合共和政体"，但事关全国教育大局，须"博采全国意见，讨论至当，方可推行尽利"，因而成立之初即积极筹划召开临时教育会议，视其为"全

[①]　《教育部接济留欧学生》，《教育杂志》第 3 年第 12 期，记事，第 80 页。

[②]　《教育部批示横滨华侨学堂值理缪菊辰等禀请立案并赏给匾额》，《临时政府公报》第 1 辑第 2 册，第 67 页。

[③]　《教育部通电各省都督筹办社会教育》，载琚鑫圭、唐良炎编《中国近代教育史资料汇编·学制演变》，商务印书馆 2007 年版，第 601 页。

[④]　高平叔编著：《蔡元培年谱长编》（第一卷），人民教育出版社 1999 年版，第 454 页。

国教育改革的起点"①。

为使临时教育会议能够顺利召开，教育部专门成立了临时教育会议事务所，派原学部庶务科员外郎及主事出身、富于教育行政事务经验的部员彦德、祝椿年等人负责事务所日常事务。②1912 年 5 月初，教育部通过各种媒介通告社会各界，广造舆论以引起国人的重视。5 月 16 日，又召开部务会议讨论临时教育会议举行办法。③5 月 27 日公布《临时教育会议章程》九条及《临时教育会议议事规则》七章、45 条。④ 在完成上述基础性工作之后，6 月 13 日教育部通电要求各省推选临时教育会议代表赴京，通电规定各省所选代表应"曾受师范教育、办学三年以上者"，每省推行二人与会，明确会期为 1912 年 7 月 10 日至 8 月 10 日。⑤

由于组织得当，会议按预期安排于 7 月 10 日在北京开幕，蔡元培到会致词，阐明会议的重大意义，"今日之临时教育会议，即中华民国成立以后第一次之中央教育会议，……关系至为重大"，不独"将来之正式中央教育会议，即以此次会议为托始"，而且"此次教育会议，即是全国教育改革的起点"，所议决之提案，必将对教育产生重大影响。⑥蔡氏发言表明了教育部对临时教育会议的高度期许，也让与会者深感责任之重大，对于会议的顺利进行有着重要的意义。不仅如此，蔡氏还进一步指出民国教育与君主时代教育的不同之处，阐述了五育并举的教育方针，鼓励议员克服自大与自弃的心理，并就借鉴东西方教育制度提出了建议，从而为会议的进行定下基调和明确了方向。

临时教育会议中途遭遇了总长更迭，会议气氛也一度有所波动，如部分议员开始提议删除教育宗旨中的美育，由于蔡元培此前的努力、范源濂"蔡规范随"的思路以及与会人员对教育部主导思想的认同，会议进程总体未受到大的影响。临时教育会议历时一个月，共召开正式会议 19 次，取得了较为丰硕的成果。就议决案来源看，会议共收到提案92 件，其中教育部提交 48 件，议员提出 44 件，说明了部内外对该次会

① 《论政治与教育之关系》，《盛京时报》1912 年 3 月 2 日。
② 《组织临时教育会》，《时事新报》1912 年 5 月 10 日。
③ 高平叔编著：《蔡元培年谱长编》（第一卷），人民教育出版社 1999 年版，第 449 页。
④ 高平叔编著：《蔡元培年谱长编》（第一卷），人民教育出版社 1999 年版，第 451 页。
⑤ 《召集临时教育会之通电》，《时事新报》1912 年 5 月 24 日。
⑥ 高平叔编著：《蔡元培年谱长编》（第一卷），人民教育出版社 1999 年版，第 467 页。

议极为重视。从会议讨论的提案来看，共讨论 35 件，其中包括教育部提案 32 件，议员提案 3 件，教育部提案占所讨论提案的绝大多数，说明教育部在临时教育会议的召开及讨论过程中居主导地位。所讨论提案有 4 项被否决，1 项交还教育部，又说明在教育部主导之下与会议员有较大的发言权，体现了教育部民主决策的思路。[1]

召开临时教育会议，是教育部进行民主决策的重要尝试，保障了教育界力量参与国家教育决策的民主权利，较之清末教育行政权力依然受制于君权是一个历史性进步，是民主政治的确立在教育决策领域的体现。临时教育会议所议决各案，既是对前一阶段教育部工作成果的肯定，也是全国教育家共同智慧的结晶，为这些议决案最终成为法令规程奠定了民意基础。随着一系列法令规程的渐次颁布，民国教育法制体系逐渐成形，从这个意义上说，临时教育会议起到了全面筹划民国教育大业的奠基作用，主导者教育部也功不可没。临时教育会议还有另外一个更为重要的作用，由于参加会议的议员大多为各省区政教界著名人士，在省级教育行政事务中具有较大的发言权，因而他们聚则能够参与全国教育大政，散则成为中央教育政令在地方推行的有力助手，这一点在中央与地方关系日益疏远的民国前期意义尤为重大。

（三）初步建立民国教育制度体系

临时教育会议结束后，教育部以斟酌采用临时教育会议各议决案为主，陆续颁布了一系列教育法令法规（如下表），这一过程一直持续到董鸿祎代理部务期间，历时近一年半，最终初步建立了以学校系统为中心的民初教育制度体系。

表 3.11　　　1912—1913 年期间教育部颁布主要法令规程一览表

年份	颁布时间	议决案名称	法令规程名称	备注
1912 年	9 月 2 日	教育宗旨案	教育宗旨	部令第 2 号
	9 月 2 日	学校管理规程案	学校管理规程	部令第 3 号
	9 月 3 日	学生制服案	学校制服规程	部令第 4 号
	9 月 3 日	仪式规则案	学校仪式规程	部令第 5 号

[1]　我一：《临时教育会议日记》，舒新城编《中国近代教育史资料》（上册），中华书局 1961 年版，第 296 页。

续表

年份	颁布时间	议决案名称	法令规程名称	备注
1912 年	9 月 3 日	各学校学生学期及休业日之规定案	学校学年学期及休业日期规程	部令第 6 号
	9 月 3 日	学校系统案	学校系统令	部令第 7 号
	9 月 6 日	中央教育会议组织法案、地方教育会议案、教育会组织纲要案	教育会规程	部令第 8 号
	9 月 13 日	教科书审定法案	审定教科用图书规程	部令第 9 号
	9 月 18 日	各省图书审查会规程案	各省图书审查会规程	部令第 10 号
	9 月 28 日	小学校令案	小学校令	部令第 12 号
	9 月 28 日	师范学校令案	师范学校令	部令第 13 号
	9 月 28 日	中学校令案	中学校令	部令第 14 号
	9 月 29 日		学校征收学费规程令	部令第 15 号
	10 月 22 日	专门学校令案	专门学校令	部令第 16 号
	10 月 24 日	大学校令案	大学令	部令第 17 号
	10 月 25 日		学生操行成绩考查规程	部令第 18 号
	10 月 25 日		学生学业成绩考查规程	部令第 19 号
	10 月 29 日		各学校招生办法	部令第 21 号
	11 月 2 日		法政专门学校规程	部令第 22 号
	11 月 13 日		工业专门学校规程	部令第 23 号
	11 月 14 日		私立专门学校规程	部令第 24 号
	11 月 22 日		医学专门学校规程	部令第 25 号
	11 月 22 日		药学专门学校规程	部令第 26 号
	12 月 2 日	采用切音字母案	读音统一会章程	部令第 27 号
	12 月 2 日		中学校令施行细则	部令第 28 号
	12 月 5 日		商船专门学校规程	部令第 30 号
	12 月 6 日		外国语专门学校规程	部令第 31 号
	12 月 5 日		商业专门学校规程	部令第 32 号
	12 月 7 日		农业专门学校规程	部令第 33 号
	12 月 10 日	师范学校规程案	师范学校规程	部令第 34 号
	12 月 20 日		教育部分科规程	部令第 35 号

续表

年份	颁布时间	议决案名称	法令规程名称	备注
1913 年	1 月 12 日		大学规程	部令第 1 号
	1 月 16 日		私立大学规程	部令第 3 号
	1 月 19 日		视学规程	部令第 4 号
	2 月 24 日	高等师范学校规程案	高等师范学校规程	部令第 6 号
	3 月 19 日		师范学校课程标准	部令第 15 号
	3 月 19 日		中学校课程标准	部令第 16 号
	4 月 3 日		高等师范学校课程标准	部令第号（空缺）
	7 月 17 日		捐资兴学褒奖条例令	部令第 32 号
	8 月 4 日	实业学校令案	实业学校令	部令第 33 号
	8 月 4 日		实业学校规程	部令第 35 号
	8 月 20 日		经理欧洲留学生事务暂行规程	部令第 37 号

　　资料来源：商务印书馆编译所编《民国教育新法令》（第 1—5 册），出版日期分别为 1912 年 12 月，1913 年 2 月、3 月、5 月、10 月；邰爽秋等合选《历届教育会议议决案汇编》，教育编译馆 1935 年版，第 2—4 页。

　　这一时期教育部行政活动主要有以下几个重大成果：一是明确了资产阶级民主教育导向。蔡元培所倡导"五育并举"的新教育方针虽未被临时教育会议全部采纳，但除世界观教育一项，其他四育均被采用，形成了民国初期的教育宗旨，从而在根本方向上保证了新的价值取向。二是以对临时教育会议议决案的采纳为基础，颁布了一系列法令规程。此时期颁布的 42 项法令规程，有 18 项为临时教育会议议决案，占总体法令比率之 43％，清楚表明了集中全国教育家之智慧推进教育发展的执政路向。三是基本形成了涵盖教育宗旨、学校系统到各级各类学校教育法令规程层面的国家教育体系，保障了此时期学校教育的发展。

　　总之，1912 年 1 月至 1913 年 8 月，面临恢复教育秩序和为民国教育奠基的重大历史任务，教育部在蔡元培和范源濂的通力合作和相继努力下，通过颁布教育宗旨明确教育方向，以恢复教育秩序为入手之方，以召开临时教育会议为纳言之道，以建立资产阶级民主教育制度体系为主要目标，初步完成了对民国教育的全面筹划，不仅奠定了民国教育的发展基础，而且对其后续发展产生了深远的影响，更从教育大政方针的制定、民主决策的尝试和具体职能的实施等方面推进了中国教育行政近代化进程。虽然 1913 年间国内政局开始恶化，但这种推进的余绪一直持续到教育次长董鸿祎代理部务期间。之所以能够取得上述成果，主要与这一时期共和政体的确立引发的深刻社会变革的历史需要有关，当然也与革命力量占主导地位、责任内阁制得以保持之下总长拥有较大行政空间密切有关，是民初两位总长蔡元培与范源濂的跨党派合作和前后相继努力的结果，当然更离不开全国教育界人士的群策之力。

二 袁世凯统治时期的多重变奏：1913.9—1916.6

1913 年 8 月，袁世凯为进一步强化专制统治，在思想文化领域大力宣扬尊孔复古。这一时期先后上台的汪大燮、汤化龙等人也成为自觉或不自觉的推手，在文化教育领域推行尊孔读经，但在目标上又与袁氏相左。帝制高潮期上台的张一麐虽系袁氏亲信却又坚决反对帝制。教育部在此情况下既有否认民初教育改革的举措，又有积极推动教育发展的一面，与民初教育部行政活动持续推进的局面相比，这一时期则出现了多重变奏，教育事业平稳发展的势头遭到遏制和干扰。

（一）从恢复尊孔、节录经文到颁布袁氏教育宗旨

袁世凯为在思想文化领域加强对全国的影响和控制，大力宣扬尊孔。1913 年 6 月 22 日发布《尊崇孔圣令》，将尊崇孔圣提到"以正人心，以立民极"，"祈国命于无疆，巩共和于不敝"的政治高度，在全国范围内正式推行尊孔复古政策。① 当时袁氏复辟帝制的意图尚未暴露，他的尊孔主张甚至得到社会上很多人的附和，而且将之视为巩固共和政体的手段，"共和政体，道德为先，中国道德，根源孔教"，认为推行尊孔有利于"保国民之秩序，措国家于治安"②，进步党也持此种观念。7 月 31 日进步党人支持下的熊希龄内阁成立，在梁启超主导下新一届内阁发布《大政方针宣言书》，其中将教育分为学校教育和社会教育，明确宣称社会教育方针遵守信教自由原则，但又奉"孔教为风化

---

① 《大总统公布尊崇孔圣令》，载中国第二历史档案馆编《中华民国史档案资料汇编》（第三辑·文化），江苏古籍出版社 1991 年版，第 1—2 页。

② 《孔教会保存文庙学田祭款电》，《宗圣汇志·杂录》，第 1 卷第 1 号。转引自张卫波《民国初期尊孔思潮研究》，人民出版社 2006 年版，第 43—44 页。

之本"①。袁氏推进尊孔实为巩固统治进而实现复辟，进步党人则是秉持政治理想而巩固共和事业，目标各异，却在表面上出现了暂时的一致性。

1913 年 9 月 11 日，进步党人汪大燮被正式任命为教育总长。汪大燮（1860—1929），字伯唐，祖籍安徽黟县，生于浙江钱塘（今杭州），清末举人。清末曾先后任内阁中书、翰林院侍读、户部郎中、总理各国事务衙门章京、外务部右丞、留日学生监督、外务部右侍郎、邮传部左侍郎及驻日公使等职，可以说长期浸染于清末官场，因而不可避免地带有传统官僚习气。汪氏又是清末立宪派重要人物，维新期间曾任《中外纪闻》主编，为"戊戌变政时有力人物"②。1907 年出任考察宪政大臣，赴英、德等国考察宪政，为清政府实施宪政改革作准备，③ 可以说其思想观念也具有一定的趋新性。汪大燮的政治立场和思想观念有着清末立宪党人的普遍特征，既有保守的一面又有着趋新的一面，总体上，正如时任教育部参事钟观光的评价"称为半新人物，似犹勉强"④。除此之外进步党人还具有一定的投机性。高一涵曾评论由清末立宪派发展而来的进步党说："这党宗旨在和平改革，无论什么时代，只要容许他们活动，他们都可俯首迁就；到了他们不能活动的时期，也可偶然加入革命党；但是时局一定，他们仍然依附势力，托庇势力之下以从事活动。"⑤ 因而袁世凯统治时期上台的进步党人在内阁施政宣言上一面宣扬信教自由一面又以孔教为风化之本来推进教育事业，表现出了与蔡、范二人迥然相异的施政意向。

9 月 15 日汪氏到部发表政见，其第一条即主张教育应"以德育为先务"，而注重德育"首重尊孔"，开始把"孔教为风化之本"方针在教育领域贯彻实施。⑥ 在这一思想指导下，9 月 17 日教育部通令各省定

---

① 湖南省凤凰县政协文史委员会编：《凤凰名人第一辑：熊希龄》（下册），内部资料，1982 年，第 24 页。

② 黄远庸：《记新内阁》，转引自周秋光主编《熊希龄：从国务总理到爱国慈善家》，岳麓书社 1996 年版，第 186 页。

③ 顾明远主编：《中国教育大系·历代教育名人志》，湖北教育出版社 1994 年版，第 413 页。

④ 高平叔编著：《蔡元培年谱长编》（第一卷），人民教育出版社 1999 年版，第 535 页。

⑤ 李剑农著：《中国近百年政治史》，复旦大学出版社 2007 年版，第 320 页。

⑥ 《教育总长照例发表政见》，《大公报》1913 年 9 月 19 日，第 2 张。

阴历八月二十七日孔子诞生日为圣节，要求所属"各学校放假一日，并在该校行礼，以维世道，以正人心，以固邦基，而立民极"，明确"各校应永依旧历八月二十七日行礼"①。民初教育部力图淡化的尊孔仪式被重新明确规定。本来通电中还有"三跪九叩之说"，但遭到部中进步人员的竭力抵制，认为此种规定与既有法律抵触，汪氏"始删去此语"②。也许正是这种内部阻力使汪氏认识到欲贯彻自己的理念，唯有进行较为彻底的人事调整，这恐怕是汪氏任内人事大规模更动的最直接原因。人事调整过程中众多革命派及倾向革命的部员的离去，使抵制汪氏推行保守教育政策的力量大大削弱。袁世凯所掀起的尊孔活动得以在教育领域得到实质性推进，汪氏领导下的教育部显然充当了重要推手。

在教育领域推行尊孔政策必然涉及读经问题。1913 年 10 月，当时形形色色的尊孔团体中规模最大的孔教会，就读经问题具呈教育部要求在学校中恢复读经。在此问题上，大力推行尊孔政策的汪大燮表现出了明确的婉拒态度，进步党与袁世凯推行尊孔的目标差异开始在具体举措上演变为全部恢复读经和节录经文的分歧。教育部在回复孔教会的公文中称"四书五经所包至广，既非专言道德之书，亦非若教科书之自成系统"，故不列入教科书之列，但教科书"仍采用经文，根本经义斟酌今古，俾学者可以即知即行"，因而"可断章取义，节录人文，虽无读经之名，仍未失读经之实"③。实事求是地讲，汪氏这一态度延续了民初对于读经的态度，具有一定的积极意义，也说明了进步党人在读经问题上与其他尊孔团体的不同立场。对于教育部这一态度，主张全面恢复读经的孔教会显然并不满意。1913 年 12 月 2 日，孔教会会长康有为向袁世凯直接提出呈请，要求将读经一科加入学校课程，袁世凯将该呈请交教育部，要求核议各学校读讲经之程序如何分配及关于成绩如何考查，④ 表现出对这一呈请的支持。后续情况限于资料不得而知，但汪大燮任内全面恢复读经并未实行当为确事。

1914 年 2 月 20 日汪大燮去职后，蔡儒楷暂时兼署教育总长，未及

① 《教育部致各省都督民政长等电》，载中国第二历史档案馆整理《政府公报》（第 17 册），上海书店出版社 1988 年版，第 503 页。

② 高平叔撰著：《蔡元培年谱长编》（第一卷），人民教育出版社 1996 年版，第 537 页。

③ 《教育部对于小学读经之批辞》，《教育杂志》第 5 卷第 7 号，记事，第 55—56 页。

④ 陈学恂：《中国近代教育大事记》，商务印书馆 1981 年版，第 249 页。

两月，内阁重行组建。5月1日，进步党领袖人物、众议院议长汤化龙转任教育总长。汤化龙上任以后，并未如汪大燮倡行尊孔以迎合袁氏，而是表现出意欲恢复民初教育方针的意图，"兹闻该总长拟将民国教育方针再行申明，通饬全国妥为核办，并将关于考核之法严行规定以期迅收实效"①。但这一执政意图显然得不到袁世凯的支持。双方的分歧首先表现在读经问题上。汤氏就职后，继续推进汪氏任内提出的"节录经文"的做法，"拟决将各级学校均添读经专科，并由编订经训教科书颁布各校上课"②。但这一做法显然不能令北洋派人满意，5月26日北洋悍将、时任安徽都督的倪嗣冲上书袁世凯，要求袁氏转饬教育部通令各行省"大学、中学、小学均严读经之令"，对于"有志向学而小学堂不能并收并蓄者"，可"自行延师专课四书五经"，并建议以经学程度作为升学之资格。袁氏批交教育部查核办理。③ 接此批示后，汤氏向袁世凯呈送《上大总统言教育书》作为回复，着重说明四书五经"卷帙繁多，理解高深，未足为教"，"经学义旨渊微，非学龄儿童所能领会"，清末中央教育会议决议"采取经训为修身科之格言，小学校内不另设读经一科，民国仍之"，故建议"宣明宗旨于中小学校修身或国文课程中采取经训，一以孔子之言为旨归；其有不足者，兼采与孔子同源之说以为之辅"，各学段教材之分配，"均按儿童程度，循序引申"，应该说，汤氏的态度也延续了民国成立以来教育部对于经学的既有立场。此建议提出后，遭到北洋派系的强力反对，倪嗣冲立即致信时任山东巡按使的蔡儒楷，指斥教育部"二、三部员，乃欲操制作之柄，取前圣之经籍，以供其抉择去取"，"删节经文，割裂章句，上侮圣言，下误后学"，怂恿蔡氏联合各省都督联合通电要求全面恢复读经，此事因蔡儒楷暗中反对而作罢。④ 袁世凯的智囊团成员、参政院议员陈树德拟文上呈袁世凯，对汤氏建议也予以斥责。面对强大的反对力量，汤氏也未示弱，

① 《教育部将申明教育方针》，《大公报》1914年5月12日，第2张。
② 《汤总长拟编经训教科书》，《大公报》1914年5月23日，第2张。
③ 《倪嗣冲呈请大总统提倡经学教育的有关文件》，载中国第二历史档案馆编《中华民国史档案资料汇编》（第三辑·文化），江苏古籍出版社1991年版，第16—20页。
④ 《倪嗣冲呈请大总统提倡经学教育的有关文件》，载中国第二历史档案馆编《中华民国史档案资料汇编》（第三辑·文化），江苏古籍出版社1991年版，第16—24页。

"上呈自行辩驳"，袁世凯最终对汤氏建议"准予照行"。① 这次较量汤氏似占上风，但其结果并不真正反映袁氏本意。1915 年 1 月袁世凯公然下令小学增授孔孟，"初级小学须读孟子一书，高级小学则须读论语一书"。教育部接此饬令，认为与前定办法大有出入，遂上呈总统"历陈读经种种窒碍之处，意在取消原议"②，认为"如欲注重国民道德，宜采取经书中精粹之语，勒为一编，不宜以论语孟子标为科目"，据理力争。袁氏阅此呈文后态度颇不谓然，③ 使教育部顿时处于两难之境地。读经问题之争，表面上是进步党与袁氏力量之间关于教育政策的政见分歧，其实它是资产阶级改良派与残余封建势力的一次政治较量。

在读经问题上受到袁世凯的干扰，汤氏欲重行申明民初教育方针的思路也因袁氏的介入而改变。1914 年 6 月，袁世凯亲自规定教育方针以引导教育方向，并交谕教育部遵行。④ 12 月份教育部拟定《整理教育方案草案》对此作出回应。该《方案》认为"概整理方案之凡者"则首先应立今日之教育方针："第一，变通从前官治的教育，注重自治的教育；第二，力避从前形式的教育，注重精神的教育；第三，摒弃从前枝节的教育，企图全部的教育。"⑤ 细究其内容，注重道德教育、唤起人民的办学责任心、全面推进教育是其主要特点，与民初五育并举的教育宗旨相比，其主导思想和着眼点已变，显然有迎合袁氏意图的一面，袁氏对此迅速作出了回应。1915 年 1 月 22 日发布的《特定教育纲要》，其第三条内容为"申明教育宗旨，注重道德、实利、尚武，并运之以实用，以命令颁布"，即"以道德教育为经，以实利教育、尚武教育为纬；以道德实利尚武教育为体，以实用主义为用"⑥。该教育宗旨即是在根据教育部所呈《方案》基础上"参互编辑而成"⑦。1915 年 2 月，

---

① 华觉明：《进步党与袁世凯》，全国政协文史资料研究委员会编《文史资料选辑》（第 4 卷第 13 辑），中国文史出版社 2010 年版，第 105—106 页。

② 《教育部呈覆学校读经办法》，《大公报》1915 年 1 月 23 日，第 2 张。

③ 《教育部之两难题》，《教育杂志》第 7 卷第 2 号，记事，第 14 页。

④ 《官交民国教育方针》，《大公报》1914 年 6 月 25 日，第 2 张。

⑤ 《教育部整理教育方案草案》，载陈学恂主编《中国近代教育史教学参考资料》（中册），人民教育出版社 2000 年版，第 207—208 页。

⑥ 《袁世凯特定教育纲要》，载陈学恂主编《中国近代教育史教学参考资料》（中册），人民教育出版社 2000 年版，第 223 页。

⑦ 《教育部饬第八十一号》，载中国第二历史档案馆整理《政府公报》（第 50 册），上海书店出版社 1988 年版，第 405 页。

袁世凯正式颁布教育要旨，明令以"爱国、尚武、崇实、法孔孟、重自治、戒贪争、戒躁进"为教育宗旨，与清末教育宗旨相比，仅差忠君一条，其余皆仍其旧，其用意也与清末教育宗旨一般无二，即要求培养专制体制下的顺民，几乎完全推翻了 1912 年确立的民国教育方针，是袁世凯消弭革命思想、巩固专制统治进而实现帝制复辟的政治企图在教育领域的具体表现。对这一教育宗旨的形成，教育部起了一定的推动作用。

1915 年 10 月汤化龙去职，袁世凯亲信、政事堂机要局长张一麐因反对帝制遭北洋派人嫉恨，袁氏遂让张氏出任教育总长。张一麐虽系袁世凯亲信，对复辟帝制却持反对态度，只是出于传统效忠思想和当时政治体制的制约，对于汤化龙任内颁布的袁氏教育宗旨等并未加以改变，但对于恢复尊孔和读经等未再有实质性举动，既不提倡也未明确禁止，使此前教育领域内的复古思潮在帝制高潮期间反趋缓和。

这一时期的教育部先是提倡尊孔，继而在袁之意旨下颁行袁氏教育宗旨，这种政策在张一麐任内并未被明确禁止。这种政策走向使教育部先前颁布的许多教育政策遭到否定或修正，各项教育事业也受到了不同程度的干扰。其一，社会教育的推进受到干扰。对于民国建立以来教育部所着力推进的社会教育，汪大燮竟有撤销社会教育司之意，其任内对于社会教育也不热心推动。汤化龙任内，社会教育虽然形成了以通俗教育为中心的推进局面，各项社会教育设施也有了很大发展，各省区宣讲活动进行得颇有成效，但其宣讲内容主要是新颁定的教育宗旨等政令条文，一定程度上沦为巩固袁世凯专制统治的工具。即使在张一麐任内把社会教育作为推进重点也难以摆脱宣扬专制政体、封建宗法思想的窠臼。其二，初等教育又重回双轨制。1915 年 2 月，袁氏在《特定教育纲要》中宣布，初等教育首要"改初等小学校为两种：一为国民学校，以符义务教育之义，一为预备学校，专为升学之预备。中学校分文科、实科，以期专精深造"①，此举虽然也有针对当时教育实际情况的考虑，但其浓厚的等级制度意味与共和政治的发展趋向明显不符。在当时的历史情形之下，教育部遵照《特定教育纲要》要求，于 1915 年 7 月 31 日

---

① 《特定教育纲要》，载朱有瓛等主编《中国近代学制史料》（第三辑上册），华东师范大学出版社 1992 年版，第 44—45 页。

颁布《国民学校令》《高等小学令》，将袁氏意旨形成教育法令予以实施。《预备学校令》则在张一麐任内颁布。"国民学校"以平民子弟为对象，年限四年；"预备学校"以士族子弟为对象，年限七年。在相关法令中也都对恢复读经有所规定。虽然由于帝制迅速归于失败，上述法令未及全面实施，依然在初等教育领域造成了一定的混乱。

从恢复尊孔到节录经文再到颁布袁氏教育宗旨，进步党人在迎合袁氏意旨的道路上愈走愈远，虽然在恢复读经的方式问题上有所抗争，汤化龙任内也有恢复民初教育方针之意，但最终不得不走向妥协。这种矛盾行为的背后折射了作为资产阶级改良派代表的进步党人在传统封建势力面前的软弱，它直接导致教育部各项政策的变更，民初所进行的诸项教育改革成果被否定或冲淡。作为北洋派人员的张一麐虽然在任内并未明确延续上述政策，但也未能予以纠正。教育大政方向的改弦更张给教育事业的发展带来了混乱，迟滞了教育发展步伐。

（二）对教育事业的持续筹划

汪、汤主持下的教育部虽然在教育领域宣扬尊孔，采取"节录经文"的做法未予以落实，进而颁行袁氏教育宗旨，给教育事业的正常推进造成了干扰，但作为著名的政治人物和富有理想的教育行政长官，二人依然有着自己的施政理念，张一麐更是借助与袁世凯的特殊关系对教育事业积极筹划，他们推进教育的努力也取得一定成效。

熊希龄内阁成立后，梁启超起草了新一届政府的施政大纲，其中教育事业列出六方面：第一，尊崇孔学为道德教育之根本；第二，力主严格整顿学风；第三，人才教育与国民教育分途并进，人才教育以注重实业为主，国民教育以培养师范为先；第四，审定音读以期统一语言；第五，严行审定教科书作为国定教科书；第六，审度财政与时势之情形，推行社会教育徐图社会之改良。① 上述六条成为汪氏任内教育部之行政纲领。但由于任期短暂，汪氏仅在调查全国学务、筹划国立大学、整顿私立学校和留学教育以及筹划义务教育等项有所举动。

1914 年 5 月汤化龙上任后，先是于 8 月在政事堂会议上提议组织学术评定会和筹备六大学。② 12 月汤氏又向袁世凯提出渐次推进专门教

---

① 《教育大政方针私议》，《教育杂志》第 5 卷第 8 号，第 99—105 页。
② 《教育部呈案之内容》，《大公报》1914 年 8 月 3 日，第 2 张。

育、整理地方教育、推进边地教育及扩充实业教育等四大条陈。① 同月汤氏提出《整理教育方案草案》这一系统规划。

表3.12　1914 年 12 月教育部《整理教育方案草案》及实施情况表

主要内容	责任部门	后续情况
确定义务教育年限，明白宣示，使地方知建学为对于国家之责任	拟请大总统宣示，再部拟地方学事通则	大总统申令注重国民教育，颁布定义务教育施行章程
各县暂就原有区划，分为若干学区，于一定期限内必须设置学校	于地方学事通则中规定	地方学事通则草案呈准
各地方固有学务存款，及关于学务特别捐，均作为学务基本金，不得挪用	由部定教育基本金保存法	各学校官有荒山地植林基金通咨
各县小学，均令就地筹款开办，以养成人民之自觉力	拟于地方学事通则规定	地方学事通则草案呈准
中小各学校修身国文教科书，采取经训，以保存固有之道德；大学院添设经学院，以发挥先哲之学说	由部修订规程	公布国民学校令和高等小学令
各学校宜注重训育，以孔子为模范人物，不宜偏重知识一方面	由部通饬办理	
各学校宜注重学生之个性陶冶	由部通饬办理	
各学校宜养成学生之自动力暨共同习惯	由部通饬办理	大总统颁布新教育宗旨，全盘否定民初教育宗旨
各学校宜置国文于科学的基础之上，格外注重，尤以适用为主	由部通饬办理	公布国民学校令和高等小学令
各学校校长教员，务期久任，以完成训育之作用	由部另订教员任用法	未出台相关法令
小学教授概用学级担任，以贯达教授统一之旨	由部订定小学教员服务规程	未出台相关规程
初等小学校教科书，于一定期限内，国定制与审定制并行	由部编写教授要目并编纂纲要	成立两个专门委员会进行
小学校设补习科，责成实行，以图国民教育之补充	由部另定补习科规程	公布国民学校令和高等小学令

---

① 《汤总长之四大条陈》，《大公报》1914 年 12 月 31 日，第 2 张。

续表

主要内容	责任部门	后续情况
设法优待小学教员，使各尽心于职务	由部订小学教员年功加俸法、退隐费、遗族扶助费等各项规程	未出台相关规程
师范学生采严格训育主义，俾将来克尽教师之天职	由部通饬办理	召开全国师范校长会议讨论
师范教员宜舍去局部的见解，每岁课暇，于其师范区内巡回视察，以为指导改良之准备	由部通饬办理	召开全国师范校长会议讨论
高等师范学校之设置采集中主义；师范学校之设置采分立主义	由部分别修订规程	召开全国师范校长会议讨论
师范生用特别养成法，以供目前小学教员之用	由部订定小学教员讲习所规程	召开全国师范校长会议讨论
中学教育图贯通根本之旨趣，准予变通课程时间	由部修订中学课程	未能完成修订
预储实业教员，以植实业教育之基础	由部订定甲乙种实业教员养成所规程	公布河海工程测绘养成所章程
甲乙种实业，须体察地方情形，以定校数与设立之科目	由部修订甲乙种实业规程	未能完成修订
女子教育注重师范及职业，并保持严肃之风纪	由部分别修订规程	未能完成修订
大学校单科制与综合制并行	由部修订大学令及大学规程	未能完成修订
专门法政教育，官治与自治人才并重	由部通饬办理	未有相关训令出台
专门实业及其他特种教育，以克应社会需要为主	由部通饬办理	各省法政专门扩充法政讲习所设立
选送游学生由中央制定划一之方法，以求实效	由部修订外国游学生规程	留日官费生转学限制，管理留欧学生事务规程
学艺类社会教育，以广施教化，增进全国国民之学艺为目的	如京师图书馆、历史博物馆等为重点进行	张一麐任内有图书馆规程颁布
通俗类社会教育，以补充社会群众道德及常识为目的	修订各项规程	通俗教育研究会成立

资料来源：据璩鑫圭、唐良炎编《中国近代教育史资料汇编·学制演变》，商务印书馆2007年版，第733—747页；陈学恂主编《中国近代教育大事记》，商务印书馆1981年版，第261—270页；丁致聘《中国近七十年来教育记事》，国立编译馆1935年版，第56—60页等相关内容整理。

由上表可知，汤化龙此次提出的教育整理方案可谓是集大成之作：

（1）方案从范围来看颇为宏大，囊括了教育的各个方面，可以说是继蔡元培规划教育事业以来的又一次全面筹划，颇显汤化龙试图全面推进教育事业之良苦用心；（2）其推进的重点在于小学教育和师范教育，体现了汤氏注重国民教育的思路，这一思路既与袁氏教育发展理念有相通之处，也是清末成长起来的立宪党人最为典型的教育思想；（3）方案的各项计划都有明确的责任部门和具体实施方法，具有较强的可行性和规范性；（4）从实施情况来看，大多数都在中央教育行政层面付诸实现，也有一部分虽然在汤氏任内未能进行，但为后继教育总长的行政活动提供了可资参考的思路。

1915 年 1 月，袁氏先后颁布《特定教育纲要》和《教育要旨》，主要是对汤氏《整理教育方案草案》进行采纳和完善的基础上完成的，从而把上述计划的部分内容上升为中央政府法令。2 月教育部又拟召集中央教育会议，并提出小学、师范、中学、实业及社会五项教育议案，[①] 3 月提出改组各省视学、拟改教员为实官、扩充高等师范、维持奖励学基金、整顿各处小学等五大计划，[②] 表现出汤氏欲集全国教育界之智慧和通过完善教育监督、稳定师资和保障经费以推进教育事业的执政思路。8 月汤氏提出各项计划，其中包括"严防外人之侵夺教育权"，这是首次由教育总长提出"教育权"的概念，说明持保守立场的进步党，对教会教育在中国的发展也心存戒心，同时也说明了汤氏任内教育部并没有中断收回教育权的努力。[③] 此外，汤氏还拟将强迫教育及普及教育两项列入立国大计。[④] 汤氏虽然于是年 9 月去职，但其各项筹划在张一麐任内得到了一定的延续。

1915 年 10 月 5 日，张一麐就任之后，对于汤化龙任内之种种计划"颇有萧规曹随之意"[⑤]，然亦有自己的教育主张，他较为注重三个方面：切实进行实利教育，厉行推广国民教育，师范教育力求崇实。[⑥] 张氏还亲自视察京师学务，向京外教育机关征集改良意见，并在此基础上多次对教育事业进行筹划。

---

① 《汤总长对于五项教育提出之意见》，《大公报》1915 年 2 月 23 日，第 2 张。
② 《汤总长教育之五大计划》，《大公报》1915 年 3 月 6 日，第 2 张。
③ 《汤总长将有进行教育之种种》，《大公报》1915 年 8 月 5 日，第 2 张。
④ 《汤总长预备两案之起草》，《大公报》1915 年 8 月 8 日，第 2 张。
⑤ 《张总长请设教育会议》，《大公报》1915 年 10 月 17 日，第 2 张。
⑥ 《张总长之办学方针》，《大公报》1915 年 10 月 12 日，第 2 张。

表3.13 张一麐掌部期间教育事业规划一览表

时间	内容	施行时限
1915年10月	赶办之件：召集师范校长会议；召集中小学校长会议；规定国民教育推广手续；社会教育急进计划之厘定；推广乡间教育；发表甄别京兆教员成绩	第一阶段为二年；第二三阶段各一年；筹备之件于四年办理完成；普及教育五年内完成
	筹备之件：各项教科书之改订；教育宗旨之修正；规定新学制；教育官厅之增设；检查全国教育成绩；甄别各省办学人员；强迫教育进行秩序之拟定	
1915年10月底	重新厘定蒙藏教育筹划办法，并知照蒙藏院将案中筹备之点协同规定以便斟酌适当	
1915年11月底	普通教育：训育方针；地方教育经费之规划；高等小学国民学校检定及优待章程；编纂高等小学国民学校教则宜如何注重实用；高等小学国民学校读经节读全读问题；中学校宜否加添军事教材、儿童学龄期限可否延长、高等小学及国民学校教科书国定及审定问题；中学校宗旨及分科问题；单级学校及二部学校宜否特定规程；教育基金维持及筹划问题；注重体育问题；补习教育问题；职业学校设置问题；蒙养园应否特定问题；代用国民学校规程宜如何规定；改良办法；儿童特殊教育问题等十八个方面。 师范教育：扩充师范教育问题；课程及毕业年限问题；师范教育注重实习办法；服务年限问题；师范生任用宜否特定规程问题；保姆养成问题等六个方面。 专门教育：人才养成问题；地方自治人才养成问题；实业教育系统及课程问题；大学区规划问题；大学分科问题；大学院应否亟行设置；各级美术学校宜否亟定规程；技师养成问题等八个方面。 社会教育：宣讲人才养成问题；扩充宣讲问题；戏曲小说年画改良问题；检查读本宜否制定问题；公众补习学校宜否制定问题；通俗教育图书馆及美术博物馆设置问题；贫民教育问题等七个方面。 特别案：学校系统问题；省教育行政机关独立问题；教员叙员问题等	
1916年1月	次年1月份，教育部拟定教育事业应行筹备并将呈明公府，内有四端：一增设通儒院；一增设国民学校（至少须增至五万所），一厉行实业教育；一审查全国教科书及讲义。同月又将应行设施之要件拟定草案：一为全国师范学校增设之计划，一为厉行社会教育之计划，一为筹设内蒙学校之计划	

资料来源：《张总长请设教育会议》，《大公报》1915年10月17日；《张总长之办学方针》，《大公报》1915年10月12日；《张总长对教育之筹划》，《大公报》1915年10月21日；《张总长条拟教育普及之阶段》，《大公报》1915年11月26日；《张总长请设教育会议》，《大公报》1915年10月17日；《教育部明年进行之方针》，《大公报》1915年11月28日；《教育部三大计划》，《大公报》1916年1月19日等有关内容。

　　由上表可知，张一麐的教育事业规划既全面细致，又有所侧重。其范围涵盖各级各类教育事业，并对拟办事项进行年限设定，分出轻重缓急，其重点在于义务教育和师范教育，可以看出张氏对教事用力颇深。前已述及，由于张一麐与袁氏的特殊关系，虽然此时张氏不再预闻机要，但袁氏对张氏的各项举措也颇为看重。即使在云南起事之后，虽然袁氏集中精神于征滇事宜，仍然较为注重教育事项，可见对张氏之重视。只是"惟以财政支绌之故，关于各种设施不得不缓急逐渐进行"，对张一麐所提筹划未能全面回应。1916 年 3 月政事堂交谕教育部，将"义务教育及实业教育两项，急筹推广之方俾期速收成效"①。明确了教育的发展重点。

　　通过对汪、汤、张三人任内的筹划活动的考察，我们可以看到，尽管有着对教育发展走向的不同理解以及对外部政治形势的不同反应，但都积极致力于教育事业的筹划，这是此时期教育部活动的一个重要特点。

　　（三）对教育事业的实际推进

　　随着历任总长各项规划的提出，一系列具体教育措施也开始陆续实施，教育事业也得到不同程度的推进，择其要者叙述如下。

　　首先是义务教育方面。汪大燮虽任期短暂，却三次将所提强迫教育实行案提交国务会议，虽然因"地方税尚未划分，国库势难于教育经费全数担任"，"学龄调查尚未拟定标准，于实行上颇有障碍"，各国务员均主张缓办，但汪氏仍然拟定了调查、筹款、推广的三步骤推进强迫教育办法，体现了汪氏对义务教育的高度重视和着力筹划。② 汤化龙也非常重视义务教育，除在各类计划中把义务教育列为重点内容外，于1915 年 4 月咨各省改造私塾，并把师范教育及教科书两项事务列为义务教育入手办法。③ 同月又提出义务教育施行程序，正式拉开了民国前期第一次分期推进义务教育的序幕，④ 其余绪一直影响到帝制之后。在此基础上，汤化龙于同年 5 月制定小学教育之扩张办法，划分全国为大

---

① 《急筹两项教育之交谕》，《大公报》1916 年 3 月 3 日，第 2 张。
② 《汪总长规定强迫教育办法》，《大公报》1913 年 9 月 28 日，第 2 张。
③ 《义务教育之近闻》，《大公报》1915 年 4 月 10 日，第 2 张。
④ 《教育部呈拟具义务教育施行程度呈请核示施行并批令》，载璩鑫圭、唐良炎编《中国近代教育史资料汇编·学制演变》，商务印书馆 2007 年版，第 767—770 页。

中小三区，"普设小学校并按其程度布置一切"①。8 月开会讨论义务教育进行办法，确定进行宗旨为"先从事于利导再进于强迫"，"各边远省分之一律普及期限""恐必当延至十年始能办到"②。汤化龙还拟定地方官吏办学考成细则、③ 设立试验委员会对小学教员进行试验，④ 从而在行政和师资上为义务教育的推进提供保障。教育部推进义务教育的行动得到袁世凯的重视。1915 年 9 月，政事堂对汤化龙所提交的相关议案进行详细核议。10 月中旬张一麐上任，其任内不仅先后颁布了《预备学校令》《劝学所规程》和《学务委员会规程》及相关实施细则，⑤ 还致力于提高小学教职员地位、争取小学教育经费、私塾的改造等方面。⑥ 张一麐关于义务教育的思路被张国淦所延续。1916 年 4 月 28 日，张国淦主持下教育部公布《检定小学教员规程》，同时还公布《义务教育规程细则》等。⑦ 上述历任总长的举动有利于义务教育师资的稳定、教育规模的扩充及强化行政上的保障，对于这一时期义务教育产生了积极影响。

其次是师范教育方面。汤氏于 1915 年 8 月召开全国师范学校校长会议，形成 10 项议决案，其中前五项为教育总长咨询案，其他为与会代表交议案，内容涵盖教育宗旨、课程设置、教科书、毕业生管理、师范教育整顿及进行方法等，⑧ 体现了汤氏推进教育必先注重师范的理念，而且这次师范校长会议的议决案在此后陆续得到采纳和施行，对民国师范教育的发展产生了较为深远的影响。张一麐承继全国师范学校校长会议之余绪，继续加以推进。1915 年 10 月公布实业教员养成所规程，⑨ 11 月 3 日改小学教员讲习所为师范讲习所，扩大师范教育范围。1916 年 1 月 8 日，张氏又修正《师范学校规程》，使其各方面规定更趋

---

① 《汤总长之教育设布》，《大公报》1915 年 5 月 5 日，第 2 张。

② 《普及教育议待十年》，《大公报》1915 年 8 月 15 日，第 2 张。

③ 《教育部规定地方学务考成》，《大公报》1915 年 8 月 15 日，第 2 张。

④ 《郑重小学教育之一斑》，《大公报》1915 年 8 月 19 日，第 2 张。

⑤ 陈学恂主编：《中国近代教育大事记》，商务印书馆 1981 年版，第 272—273 页。

⑥ 《张总长提出三大问题》，《大公报》1915 年 10 月 18 日，第 2 张。

⑦ 陈学恂主编：《中国近代教育大事记》，商务印书馆 1981 年版，第 278 页。

⑧ 邰爽秋等合选：《历届教育会议议决案汇编》，教育编译馆 1935 年版，第 446—482 页。

⑨ 陈学恂主编：《中国近代教育大事记》，商务印书馆 1981 年版，第 272 页。

详尽，尤重学科设置及相关教育设施的增加。① 1916 年 4 月 11 日张国淦任内，教育部通知各省区筹议扩充师范，令各师范学校加强整顿。② 上述举措对这一时期师范教育的发展有着实际的推进作用。

　　再次是社会教育方面。虽然汪大燮任内社会教育几无进展，但在汤化龙任内成为教育部重点推进事项。汤氏将推进重心放在通俗教育上面，于 1914 年 7 月 16 日呈请设立通俗教育研究会，使社会教育的推进有了组织基础。同时，教育部还在 1915 年 8 月呈准的《劝学所规程》及《学务委员会规程》中规定各县一律恢复劝学所设置，在《劝学所施行细则》中将社会教育的施行作为劝学所主要事务之一，③ 上述举措为社会教育的发展提供了切实保障。社会教育在张一麐任内得到了进一步的推动。1915 年 10 月 23 日，公布《通俗教育演讲所规程》《通俗讲演规则》《图书馆规程》及《通俗图书馆规程》等。上述章程主要集中于通俗教育方面，这既是对汤化龙任内以通俗教育为中心推进社会教育思路的承继和补充，也反映了张一麐的社会教育理念。1916 年 3 月 18 日，教育部又将北京通俗教育会制订的《实施露天学校简章》和《露天学校暂行规则》通咨各省，要求酌办露天学校。④ 4 月 15 日，将《通俗讲演传习所办法》通咨各省，要求酌办通俗教育讲演讲习所，以养成通俗教育讲演人才。⑤ 体现了教育部推进社会教育首重讲演的思路和囿于社会实际因陋就简的灵活性。

　　综上所述，在袁世凯为巩固专制统治而在思想文化领域大肆推进尊孔复古政策的影响下，加之汪大燮、汤化龙等进步党出身的教育总长在尊孔方面又与袁氏有着表面的一致性，因而这一时期教育部行政路向开始转变，其中最为典型的是读经思潮复燃和袁氏教育宗旨的颁布，民初教育部致力于废除读经、清除教育领域封建因素的努力遭到重创。但汪、汤二氏推进尊孔的目标毕竟不同于袁氏，而且袁世凯也有发展教育巩固统治的一面，因而这一时期的教育部能够继续履行自己的职能，积

---

① 陈学恂主编：《中国近代教育大事记》，商务印书馆 1981 年版，第 275 页。

② 陈学恂主编：《中国近代教育大事记》，商务印书馆 1981 年版，第 278 页。

③ 《教育部公布劝学所规程施行细则》，载朱有瓛等编《中国近代教育史资料汇编·教育行政机构及教育团体》，商务印书馆 2007 年版，第 156 页。

④ 陈学恂主编：《中国近代教育大事记》，商务印书馆 1981 年版，第 277 页。

⑤ 陈学恂主编：《中国近代教育大事记》，商务印书馆 1981 年版，第 278 页。

极筹划和推进教育事业的发展。汪、汤二氏的努力在张一麐和张国淦任内得到了一定程度的延续。只是由于行政路向的转变和教育部人事的大幅度逆向调整，使这一时期行政效率大不如前，加上帝制乱局之下政治局势动荡不安，虽然在历任总长的努力下教育部推进了上述举措，但实际成效却不尽如人意，与民初两年相比，出现了民国成立以来的第一次低潮。据黄炎培考察，"全国学校数元、二、三年进步之速率略相等由八万零而十万零而十二万零；独四年度速率最小，犹未及十三万"。全国学生数，各年度增速递减趋势更为明显，"二年度三百六十余万，视元年度增七十余万。至三年度四百万零，则视二年度仅增四十余万矣；乃若四年度四百二十余万，则视三年度仅增二十余万矣"①。

1912—1916 年间，教育部在政治、经济、文化变革及内部人事频繁变更的多重影响之下，其行政路向及活动轨迹呈现出既清晰又矛盾的复杂特点，也是这一时期教育行政近代化复杂进程的外在体现。就行政路向而言，主要受政治局势的影响以及这种影响之下教育部人事变动的直接作用，教育宗旨及大政方针层面出现了由资产阶级民主教育向封建复古方向的变化。南京临时政府时期和北京政府初期，革命派占据主导地位，资产阶级民主教育家蔡元培得以提出民主教育方向的教育宗旨，也得到了社会上下的广泛认同，虽然蔡元培不久去职，但进步党人范源濂也顺应社会大势坚持这一教育方针，应该说中央教育行政顺应了共和政治的需要，为民国教育的发展确定了正确的方向，是教育行政近代化取得进展的重要表征。随着袁世凯公开同国民党决裂并对革命派力量大加压制，封建顽固势力开始抬头，这一时期先后上台的进步党人汪大燮、汤化龙，其政治立场和执政理念发生了重大变化，配合袁氏在教育领域推进尊孔，虽然在读经问题上并未完全迎合袁氏意旨，但仍然充当了封建色彩浓厚的袁氏教育宗旨出台的推手。此后教育总长由北洋派人士出任，袁氏教育宗旨既没有被加以强调，但也未被取消。大政方针上的历史性倒退，从根本上制约了这一时期教育行政近代化的进程。就活动轨迹而言，表现出由全面规划向有所偏重转变、筹划多而落实少的特点。1912 年蔡、范二总长召开全国性教育会议，全面筹划全国教育事

① 黄炎培：《中华民国最近教育统计》，载舒新城编《中国近代教育史资料》（上册），人民教育出版社 1961 年版，第 363—364 页。

业，并建立了比较完善的资产阶级教育制度体系，从而使民初教育事业出现了全面发展的可喜势头。以民主决策的方式筹划全国教育大业是这一时期教育行政近代化取得进展的重要体现，教育制度体系的建立这一重要成果又为此后教育事业的推进奠定了良好的基础。但这种趋势随着政治经济局势的恶化而无形中断，直到 1913 年 8 月全国局势始趋于稳定，对教育全面推进才成为可能。这一时期，汪大燮、汤化龙、张一麐等人对教育事业进行了种种筹划，许多筹划可以说颇具针对性和现实意义，但由于经费困绌及总长的频繁更迭，更因袁氏复辟激起了全国人民的反对怒潮，使这种筹划和努力备受干扰甚至无形中断。虽然在义务教育、师范教育及社会教育等方面有所推进，但相较于整个教育事业来说，不仅未能全面推进，而且较之民初蔡、范二总长任内力度小、成效微。

第四章 1916—1928 年间的教育部

1916 年 6 月袁世凯去世后，中国陷入军阀割据的泥淖。政治上，统驭各派力量的权力中心不再，各派军阀力量起伏不定，民初有着相对鲜明纲领的政党也蜕化成形形色色、大小不一的政团，蚁集于各派军阀周围伺机谋取政治利益，上述因素不仅使中央政府频频改组，各省区政治局势也不安定。经济上，国家经济发展日趋恶化，财政体系已经崩溃，前者对教育事业产生了重要影响，后者则使教育经费日益紧张。文化上，在新文化运动和五四运动的双重冲击下，思想文化领域出现了传统与近代激烈冲突、中西思想潮流汇聚激荡的现象，教育思潮和理论出现了由日本转向欧美、由全盘吸纳到批判吸收的趋势。在上述社会变革的影响下，教育部自身的发展演变有了不同于前期的新特点和新内容。

第一节 机构与职能

1916—1928 年间，虽然处于军阀割据的混乱状态，但共和政体却在大部分时间里得到保持，教育部在中央政府中的地位仅有两次短暂的起伏。动荡的政局和拮据的财政使各派政治力量更加重视短期利益如人事权位争夺和经济利益的追逐，无暇顾及诸如国家行政制度等方面的长远建设，教育部的主体机构与职能因之较前期稳定。但社会环境的变化及教育事业的实际发展也使教育部面临着机构和职能调整的要求，只是这种调整主要发生在较低层次，主体机构及其职能没有发生大的变化。

一 教育部地位之变化

教育部在中央政权架构中的地位主要随政治局势的变化而改变，与执掌中央政权的军阀统治之下责任内阁制的演变直接相关。

1916 年 6 月，以段祺瑞为首的皖系军阀掌控中央政权，在南方革命党人的压力下承认《临时约法》并重新召集国会，被袁世凯破坏的责任内阁制得以恢复，教育部的独立行政地位也得以提升。1916—1920 年间皖系统治时期，段祺瑞先后和黎元洪、冯国璋两任总统产生府院之争，时而上台组织政府，时而在野操纵中枢，皖系军阀主导中央政权的政治格局并未改变，府院互相牵制之下责任内阁制也未被破坏。1920 年直皖大战后，直奉两系共同掌控北京政权，依然保持了责任内阁制的框架。1922 年第一次直奉战争中直系胜出，取得了中央政权的掌控权，由于受到南方革命力量的压力，依然保持了责任内阁制。1924 年奉系联合皖系残余力量和南方国民党人，形成倒直三角同盟，取得第二次直奉战争的胜利。先是直系将领冯玉祥独自掌控北京，在组阁时积极引进国民党力量。后奉军势力入关，孙中山也离粤北上，各方力量围绕北京政权展开角力，11 月在各方妥协之下由段祺瑞出面组织临时执政府，责任内阁制的框架开始变化。

段氏此次上台纯属各方妥协平衡的产物，其本身并没有多少实力，尤其无军事实力作为凭借，只能通过更改中央政权的框架来强化自身权势。他上台之后根据章士钊的提议，"以国家元首的身份兼为行政首长，不设国务院或其类似机关，由执政直接指挥各部"，不着痕迹地做到了"府院合一"，① 责任内阁制实际上遭到了破坏，各部的行政地位被降低。由于在行政体制上直接隶属于临时执政，教育部这一时期实际上沦为段氏压制教育界反抗其媚外卖国活动的工具。而且在军阀加强对教育界的控制之下，恢复读经、反对白话文的逆流在临时执政府期间又开始出现。虽然 1925 年 12 月 26 日段祺瑞在各方压力之下被迫公布《修正临时政府制》，恢复设置国务院并任命许世英为国务总理，实际上内阁并无独立职权，和袁世凯时期政事堂的地位相似，各部包括教育部依然处于临时执政的直接领导之下。直至 1926 年 4 月冯玉祥发动北京政变，临时执政府结束，这种架构才得到改变，责任内阁也得以恢复，此前较为反动的诸项举措也告一段落。

临时执政府结束后不久，1926 年 6 月南方国共两党开始合作北伐。

① 钱实甫著：《北洋政府政治制度》，中华书局 1984 年版，第 99 页。

随着北伐的胜利推进，北方各派军阀群相荟集于奉系周围，张作霖已经成为北京政权的实际掌控者。初时张作霖并没有直接插手政权组织，而是组织傀儡政府运作，这种情况延续了近一年。

一年后，改组后的南京国民政府再次发动北伐，张作霖开始走上前台。1927 年 6 月张氏在北京组织军政府，正式建立了奉系独裁政权。他先是修改《国务院官制》，规定国务员包括国务总理和各部总长，组成国务会议；国务总理对大元帅的命令，均须副署；各部总长就关系所主管的部务连带副署。各部均由国务员分管，直属大元帅，总长由大元帅任免。同时修改各部官制，规定各部总长隶属大元帅。这种高度极权的政治架构再一次扼杀了各部的行政独立性，使教育部在军政府时期成为军阀政府压制学界、对抗国民党和共产党人的影响、巩固军阀统治的工具。

1916—1928 年间，北京政府实质上是军阀专政，但责任内阁制在大部分时间内得以保留，依然为教育部赢得了较大的独立行政空间，只是这种独立行政空间能否得到较好的利用，从而在困难情况之下推进教育发展，则大多取决于先后上台的教育总长们以及部员群体的变化。责任内阁制的政治框架受到两次破坏期间，教育部行政路向发生重大转变，对这一时期的教育事业产生了严重干扰。

二 主体机构及职能的调整

总体而言，这一时期教育部的主体机构较为稳定，虽然 1921 年之后由于经费问题频繁发生索薪潮，也出现过几次部员全体"罢公"，但并没有导致主体机构的根本性变动。这一时期主体机构的调整主要集中于编纂和审查两处的分合和演变，其他机构则保持了稳定。

教育部成立之初在总务厅之下设有编审处，根据 1918 年 12 月公布的教育部分科规程，其职掌事务为："一、编纂教育公报及教育上必要之图书；二、审查教科书之图书；三、审查教育用品及理科器械；四、译述外国教育法令与学校章程及关于教育书报。"[①] 应该说编审处分掌的各项事务非常明确，主要集中于教科书编纂和审查以及教育公报的编

---

① 《教育部分科规程》，朱有瓛等编《中国近代教育史资料汇编·教育行政机构及教育团体》，商务印书馆 2007 年版，第 116 页。

辑和发布。但其实不然，因为当时社会文化事业虽然名义上由内务部和教育部共同管理，可实际上图书出版尤其是国外著作译述等工作主要依赖教育部进行。正如 1912 年 5 月教育部在修正官制案中所陈述的理由那样，编审处所掌事项"系与各项学术相关，范围甚广，宜设特别机关，分司其事。原案所列编纂、审查两项职员，自应另定官制"①。基于这种定位，加之中央政府及教育部历任长官对编审处作用的不同认识，使其成为此时期主体机构中唯一出现频繁变动的部门。

　　1917 年 2 月，范源濂在原编纂、审查两股基础上增设译述股，虽然人员并没有增加，但各股职能划分更为明晰，从而提高了编纂处工作效率。新增的译述股，分"英文、德文、法文、俄文、日文"五类，每类派主任一人、译述员若干人分任翻译各类书籍及杂志事宜。② 为节约经费起见，译述股不另行增加人手，其人员由编纂、审查二股人员兼任。这样既明晰了职能又不增加人员费用支出。1921 年，范源濂第三次出任总长期间，设立附属机构教育资料采集委员会，负责收集各类教育参考资料以应教育界之需，一定程度上承担了译述股的职能，遂将其裁撤。③ 可见，无论译述股从增设到裁撤，具体设置上由其他部门兼顾转变为专门设置，都表现出了范源濂对这一工作的重视。

　　1923 年 12 月 7 日，教育部面临着经费支绌的困难境地，总长黄郛改编审处为图书审定处，开始收缩其职能。编审处下设两部，甲部设国语、外国语、历史、地理、法制、经济、哲学、教育、心理、美术等组；乙部设数学、物理、化学、生物、地质矿学、农科、工科、体育卫生等组，由该处负责的教育公报转由总务厅文书科接收，从而使该处职能更为集中，而图书审定的范围有所扩大，不再仅限于教育类图书。与图书审定范围的扩大相对应，审定处除设常任审定员之外，并设名誉审定员及兼任审定员等，队伍得到扩大。④ 作为执掌审查全国图书的重要机构，它此时承担着整个国家层面的文化交流工作，应该说这一机构的

---

①　《国务会议审核教育部官制修正草案理由》，载中国第二历史档案馆编《中华民国史档案资料汇编》（第三辑·政治），江苏古籍出版社 1991 年版，第 23 页。

②　《编审处译述股规则》，载多贺秋五郎编《近代中国教育史资料》（民国编上），文海出版社 1976 年版，第 390—391 页。

③　《教育公报》，第 7 年第 12 期，第 3 页。

④　《兴学以来教育大事记》，载民国教育部编《第一次中国教育年鉴》（戊编），开明书店 1934 年版，第 31 页。

职能调整顺应了五四运动之后西方思潮和民间大量译作出现的形势，一定程度上起到了对西方文化去粗取精的过滤作用，有着较为积极的历史意义。

1925 年 2 月 17 日，教育总长章士钊提请国务会议议决裁撤图书审定处，改设编译馆，编审员 26 人，为实缺荐任人员，正式列入官制。[①] 不仅编制得到解决，而且编译馆的职能范围也较图书审定处更广，其地位得到明显提升，后来又进一步设立国家编译馆。这一调整的初衷，实与章士钊注重学术的思想有着直接关系，也与其企图利用重新设立编译馆引导国内文化走向的执政思路有关。同年 10 月 22 日，因国立编译馆成立，部设编译馆取消，并剥离编译职能，重新改为图书审定委员会，并制定《图书审定委员会规程》10 条，[②] 再一次缩小职能范围。1927 年 7 月 13 日，囿于经费紧张，再度将其他职能并入，改图书审定委员会为编审处，重新回到民初的部门定位。

编审处之所以出现如此大的调整，主要原因有三：其一是其职能规定本身有着较大的弹性，给历任行政主官留下了较大的解读空间；其二是由于关系社会文化事业，受时代文化发展潮流的影响在不同时期有着不同的地位；其三是不同时期的行政主官对编审工作的重视程度和推进角度不同，直接导致编审处地位的起伏和机构的变化。除编审处外，这一时期教育部主体机构基本上保持了稳定，从另一个角度说明了编审处的调整确实是教育行政主官所推进，外力的影响虽然存在但并不是主要因素。

三 附属机构的增设和调整

这一时期教育部因应行政需要和教育发展要求，各类附属机构也有新的变化，主要分为新设和调整两类。

第一类是新设的各类机构。随着各项教育事业的渐次推进，许多重要事务需要成立专门教育机构以资进行，一些新的机构应需而生。据笔者统计，这一时期由教育部所设立或主导的教育机构大致如下：

---

① 《兴学以来教育大事记》，载民国教育部编《第一次中国教育年鉴》（戊编），开明书店 1934 年版，第 34 页。

② 《时事日志》，《东方杂志》第 22 卷第 23 期，第 121 页。

表 4.1　　　　　　　1916—1928 年期间教育部新设立附属机构简表

设立年份	机构名称	主要职能	参与人员
1917 年 9 月	学制调查会	内设普通学制股和专门学制股；调查国内外学制，并对于教育总长之学制咨询案提出意见	人员三十人以内，由教育总长延聘；设各省区调查员和驻外调查员
1918 年 3 月	学术审定会	处理修正参议院议员选举法第十条第一项及第四十四条第一部所规定之学术上著述及发明之审定事务	设会员若干人，分掌审定事宜，由教育总长延聘或派充；设会长一人综理会务，由教育总长于会员中指定
1918 年 12 月	国语统一筹备会	筹备国语统一事项及推行方法	教育部职员若干人由教育总长指定；教育部直辖学校教员若干人由各该校推选；各种语体书报之编辑；设会长一人，副会长二人，由教育总长指定。首任会长张一麐，副会长吴敬恒、袁希涛
1918 年 12 月	教育调查会	在学制调查会基础上扩充而来，隶属于教育总长，调查审议教育上之重要事项	会员由教育总长延聘或指派，会长和副会长由会员公推呈请教育总长指定。首任会长为范源濂，副会长为蔡元培，部员沈步洲、张继煦等九人为会员，聘请陈宝泉、蒋梦麟、王宠惠、吴敬恒等十九人为会员
1920 年 3 月	国语讲习所	隶属教育部，养成国语教员	设所长一人，副所长一人，事务员三人，书记四人，教员由所长延聘。学员为中学师范毕业生或小学教员
1920 年 4 月	义务教育研究会	受教育总长监督，研究义务教育实施方法，实现教育普及；下设总务部、调查部、编辑部	由教育总长指定教育部员充任，亦可延请人员入会；设会长一人，由次长兼任；主任三人，办事员若干人；首次会员有邓萃英、张继煦、覃寿坤等 17 人
1920 年 10 月	教育资料采集委员会	应教育界之需要，采集各种教育资料，范围为教育史、教育行政、公民教育、女子教育、职业教育和科学教育	人员由教育总长派部员兼充，参事蒋维乔、秦汾为该委员会正副主任，陈荣镜等为各股主任

设立年份	机构名称	主要职能	参与人员
1920 年 12 月	专门以上学校视察委员会	隶属于教育总长，掌管视察专门以上学校	设常任委员八人，由教育总长由部员中指定，其中主任由专门司长充任；必要时设临时委员，由教育总长延聘或指派
1921 年 1 月	国有教育财产处	承教育总长之命，掌筹划国有教育财产事宜，包括动产和不动产；下设三股	设处长一人，由教育总长选派；每股设主任委员一人，委员若干人，分兼任或专任两种；兼任委员由教育总长由部员或直辖机关中选派，专任委员由处长呈荐教育总长任用
1922 年 3 月	筹办退款兴学委员会	筹划退还庚子赔款接洽事宜；调查国内教育状况，决定退款之用途及其分配之标准	设委员若干人，由教育总长延聘或指派部内外人员组织；设会长一人，副会长一人，由委员公推；另设干事若干人，由会长商承教育总长派充
1922 年 12 月	教育基金委员会	筹划全国教育基金事宜，原有国有教育财产处和华俄道胜银行中国本息事宜委员会归并办理	设委员长一人，副委员长二人，委员三十人；委员由教育总长遴选教育界人员呈请大总统委派，委员长、副委员长由委员互选产生；熊希龄、汪大燮、蔡元培等 29 人被推举为委员
1923 年 1 月	蒙藏教育委员会	从事蒙藏教育之研究及审议事项，负责调查蒙藏人民之风俗习惯、制定各项专制以推行蒙藏教育	该委员会向教育总长负责，所拟章程办法须呈请教育总长核准施行
1924 年 3 月	宪政实施筹备委员会	筹备施行宪法上属于教育部主管事项，包括宪政实施程序之研究，宪政实施疑义之审议，宪政实施法令之整理	设委员长一人，由教育次长兼任；主任委员一人，委员十三人，均由教育总长从部员中派充
1925 年 4 月	清理国立学校积欠委员会	负责清理国立学校积欠事宜	派部员秦汾、陈任中等八人为委员
1925 年 9 月	出版品国际交换局	依据国际交换出版品公约设立，负责与各国互相交换出版品，以增进友谊和沟通文化，隶属教育部	张希若为首任局长

续表

设立年份	机构名称	主要职能	参与人员
1927 年 8 月	国立京师大学校筹备委员会	教育公报 16 年 1 期命令 14 页	参事陈任中、司长刘凤竹等为接收员

资料来源：多贺秋五郎《近代中国教育史资料》（民国编上），文海出版社 1976 年版，第 231—232、402、497、509 页；多贺秋五郎《近代中国教育史资料》（民国编中），文海出版社 1976 年版，第 200、202—203、267、274—275、403、670 页；《政府公报》第 195 册第 559 页；《中国现代教育大事记：1919—1949》，第 28 页；《教育公报》第 7 年第 12 期，第 3、455 页；《申报》1923 年 1 月 20 日，第 7 版。

　　从上表可以看出，这一时期新设的附属机构与 1912—1916 年相比具有以下特点：（1）数量增多，各类机构有 16 个，比上一时期明显增多；（2）机构性质既有属于长期性的，如教育调查会、国语统一筹备会、义务教育研究会等，也有临时性机构，如新学制课程标准起草委员会、国立京师大学校筹备委员会等；（3）覆盖范围包括普通教育、专门教育、社会教育及教育经费等，范围拓展；（4）设立时间集中在 1918、1919、1922 及 1925 等几个年份，五四运动后民间教育力量兴起的影响较为明显；（5）参与人员除某些专业性较强或仅限于教育内部事务的附属机构外，其他机构都延揽教育名流参加，更多地借重外部力量成为这一时期教育部新成立机构的最大特点，这也是民间教育力量壮大的一种反映。

　　第二类是原有机构的调整。先是中央观象台因政府元首的迷信而出现隶属上的更改。1927 年 10 月 25 日，张作霖因"当时太白书见、夜出流星等事"与"中央观象台事前之报告尚属相符，甚为重视"，遂召国务各员详询其况，谓"此项事业，至关重要，应即设法扩充"，潘复等即与教育部协商将中央观象台改隶国务总理。[①] 此事虽属个例，也可见机构调整也有一些随机因素在起作用。国史馆的归属也是一波三折，如按照南京临时政府时期的官制草案，当属教育部管辖，1912 年 4 月份南京临时参议院通过的教育部官制也对此予以明确，但此后几次教育

---

　　① 《观象台改隶国务院》，《晨报》1927 年 8 月 12 日，第 7 版。

部官制改订后，国史馆并未列入教育部职掌范围。[①] 其职掌和人员配置的情况是，"掌纂辑民国史、历代通史并储藏关于史之材料。设馆长一人、纂修四人、主事二人。"自脱离教育部管辖之后，"其属于总统府直辖，抑属于国务院，其系统殊不明了"[②]。1917 年 6 月 26 日，教育部呈请大总统将国史馆并入北京大学文科，始见其明确归属。[③] 此时期留学机构也进一步调整，其中以留日学生机构变化最大。1923 年教育部改留日学生监督为学务专员，附于驻日使馆之下。1924 年 6 月又改学务专员为驻日留学事务总裁。1925 年 2 月，又裁去总裁，派吴文洁、邓萃芬暂行管理留日学生事务。1927 年 9 月又恢复留日学生监督制。留欧学生方面，1924 年 12 月 19 日，教育部根据驻欧各使馆呈请，决定裁撤留学生监督，改设学务员，由驻外使馆秘书或领事官兼任。共设三处：一处驻地伦敦专管英国留学事务，一处驻巴黎兼管法比两国留学事务，一处驻柏林兼管德、奥、瑞留学事务。[④] 在 1924 年后改由驻各国使馆代办。留美学生管理机构没有变动。

在北京政府最后时期，一些附属机构因经费困难不得不进行收缩和裁撤。如最后一任教育总长刘哲任内，通俗教育会、国语统一筹备会因经费困难改归部员兼办，国际出版品交换局决定送交北海图书馆接收。作为管理京师教育的京师学务局虽未裁撤，但其所管辖学校医院、讲演所、儿童图书馆、视学办公室着即裁撤。[⑤] 与 1912—1916 年相比，这一时期原有机构的调整是教育部应教育发展趋势的举动，但同时也有机构的调整纯粹是因当政者的一时兴趣所致，显示出一定的随意性。

四　地方教育行政机关的改造

省级教育行政机关的改造，在这一时期取得了突破性进展，最终建立了名实相符的近代三级教育行政体制。

---

① 《修正教育部官制案》《教育部官制》，载多贺秋五郎编《近代中国教育史资料》（民国编上），文海出版社 1976 年版，第 154、382 页。

② 柴德赓、荣孟源等编：《辛亥革命》（八），上海人民出版社 1957 年版，第 575 页。

③ 陈学恂编：《中国近代教育大事记》，商务印书馆 1981 年版，第 293 页。

④ 林子勋：《中国留学教育史》，华冈出版有限公司 1976 年版，第 229 页。

⑤ 《教育部裁并附属机关》，《晨报》1927 年 8 月 22 日，第 7 版。

各省区教育厅的设立和逐步完善。在 1915 和 1916 年全国教育会联合会两次年会上，与会代表"互证各地方教育之现状，揆之教育行政上关系之要点"，认为"各省教育厅之设，实有不能再缓"，经讨论议决形成"请速设各省教育厅案"呈请教育部实施。① 教育部根据以上呈请，鉴于"各省区对于教育行政渐倾向于省自为政，视中央法令若无足重轻"，时任总长范源濂为"振作教育界精神，以完成教育行政权之统一"②，于 12 月呈请大总统设立教育厅。

1917 年 9 月 6 日教育部公布教育厅暂行条例，规定各省设教育厅"直隶于教育部，设厅长一人，由大总统简任，秉承省长，执行全省教育行政事务，监督所属职员暨办理地方教育之各县知事"；根据事务之繁简分设各科，但"至多不得逾三科"，各科置科长一人，由厅长委任，各科科员不得逾三员；设省视学四人至六人，由厅长委任，掌管视察全省教育事宜；"教育厅委任科长、科员及省视学，均须呈报教育总长并省长查核备案"③。不仅从隶属关系上实现了省级教育行政机关的独立地位，而且中央政府取得了省级教育行政长官的任命权，首批任命的 21 省区教育厅长中，有 10 人为教育部员或前教育部员，④ 此举对于掌控地方教育行政、贯彻中央教育政令大有助益。

1917 年 11 月教育部公布教育厅组织大纲及明确教育厅长职权。规定教育厅设第一至三科，"如仅设两科时，得以第三科事项归并第二科办理"。同时规定教育厅长掌各省教育行政事项，"关于行政事项，应由各该厅长视其性质之轻重大小，分别呈明省署及本部核准，或即送行处理，呈报备案。其单纯教育事项，与行政上无甚关系者，应即由各该厅长分别办理，径呈本部。至该管县知事关于教育行政事项呈教育厅外，仍应分呈上级官署，以备查核"⑤。确立了教育和行政两头管理体

① 《请速设各省区教育厅案》，载朱有瓛等编《中国近代教育史资料汇编·教育行政机构及教育团体》，商务印书馆 2007 年版，第 130—132 页。

② 范旭东：《先兄静生先生行述》，载欧阳哲生、刘慧娟、胡宗刚编《范源濂集》，湖南教育出版社 2010 年版，第 634 页。

③ 《教育部公布教育厅暂行条例》，载朱有瓛等编《中国近代教育史资料汇编·教育行政机构及教育团体》，商务印书馆 2007 年版，第 132—133 页。

④ 《教育杂志》，第 9 卷第 10 号，记事，第 70—71 页。

⑤ 《教育部核准教育厅署组织大纲》《教育部规定教育厅长职权》，载朱有瓛等编《中国近代教育史资料汇编·教育行政机构及教育团体》，商务印书馆 2007 年版，第 133—134 页。

制，既有利于教育部的垂直管理，也有助于与省级行政部门的沟通。1918 年 4 月，继范源濂出任总长的傅增湘在设置教育厅的基础上公布省视学规程，规定各省设视学四人至六人，不得兼任他职，[①] 进一步完善了省级教育行政机关建设。酝酿于上一时期的教育厅制至此得以实现，改变了省级教育行政部门机关不相统一、地位偏低的状况。但由于地方权力较大，教育厅虽然得以设置，"事实上有多数省分，其教育行政实权，全操于省公署第三科，终使中央设立教育厅之原意尽失"，"且于教育事业之推行，实有莫大之阻碍，此种冲突较前学礼两部之纠纷为尤甚"[②]。

县级教育行政机关在这一时期完成了由劝学所、学区学务委员并行向教育局转变的过程。1918 年 4 月，教育部公布《县视学规程》，规定"每县一人至三人，秉承县知事，视察全县教育事宜"，视学员"由县知事呈请省教育行政长官委任，但遇必要时，得由省教育行政长官直接任用"，并"须报经教育部备案"，且县视学"不得兼任他职"，在特殊情形下"经省教育行政长官许可，暂由劝学所长兼任"[③]。县级教育行政机构建制亦渐趋完备。由于劝学所名称系清末遗留，颇为各界诟病，加之劝学所之留存实系教育部的折中之举，其地位与权限随着社会形势的发展确有变更的必要。1921 年第七届全国教育会联合会通过议决案，主张以"教育局制"代替"劝学所制"。11 月，广东省教育厅已颁布县教育局规程。在这种趋势之下，1922 年教育部召开学制会议，议决改劝学所为教育局。[④]"十二年三月，遂正式公布县教育局规程，及特别市教育局规程"，"县或市教育局，以局长一人，视学及事务员若干人组织之，并设立董事会"[⑤]。至此，县级教育行政机关也完成了改造，近代意义上的三级教育体制最终形成。但在这一时期，由于中央无法对地方实行有效掌控，"法规虽布，各地除名义上当即改称外，实际上各

---

① 《教育部公布省视学规程》，载朱有瓛等编《中国近代教育史资料汇编·教育行政机构及教育团体》，商务印书馆 2007 年版，第 134—135 页。

② 薛人仰：《中国教育行政制度史略》，台湾中华书局 1983 年版，第 131 页。

③ 《教育部公布县视学规程》，载朱有瓛等编《中国近代教育史资料汇编·教育行政机构及教育团体》，商务印书馆 2007 年版，第 160 页。

④ 《1922 年全国学制会议决议改劝学所为教育局》，载朱有瓛等编《中国近代教育史资料汇编·教育行政机构及教育团体》，商务印书馆 2007 年版，第 161—162 页。

⑤ 蒋维乔：《清末民初教育史料》，《光华半月刊》，第五卷第二期，第 9 页。

县教育行政机关之职权，任免人员多仍其旧"，"而添置董事会者尤少"，出现"法规自法规，事实自事实"的现象。①

总之，这一时期教育部机构和职能的变化与前期相比出现了诸多新特点，也从一个侧面反映了中央教育行政近代化的实际进展。一是主体机构没有出现前期较多的调整而保持了大体稳定，为教育部运转提供了基本保障，虽然后期由于经费问题或其他因素出现索薪潮，但一旦问题得到解决或缓解，教育部又能够恢复运转。二是附属机构开始较多地出现。就行政组织而言，其相关职能的加强和扩充不外乎两种途径和方法：其一是大量增加部门人员，增加自身实施职能的力量；其二是成立各类由教育部主导的机构，大量吸收社会各界力量共同参与。很显然，在政治纷扰特别是经费拮据的情况下，实行第二种方式更为现实。这些附属机构的设立不仅使外部力量能够直接参与教育行政，而且建立了与其他社会力量所办教育机构的沟通渠道，成为吸纳民意推进教育发展的有效途径，使民主决策的范围进一步扩大，推进了教育行政近代化进程。三是三级独立教育行政体制得以建成。建立一个上下贯通、左右相连的符合科层制管理的教育行政体制是中国教育行政近代化的主要目标之一和重要内容，前一时期虽然学界和教育部再三努力，但由于政治纷争和经济掣肘而一再挫败，此时期最终完成了这一艰难历程，奠定了中国近代教育行政体制的基础。四是后期中央教育行政独立地位受到中央政局的变化和民间力量的冲击而呈削弱之势。两次责任内阁制的破坏均导致了军阀对教育部的强力控制，使其行政路向发生变化，严重干扰了教育事业的发展。新文化运动以来教育界学人民主自由的思想激荡，在推动教育革新进程影响教育部决策的同时，也与教育部的关系渐行渐远，导致其行政威权日益下降，成为教育行政近代化进程受阻的外部因素。

第二节　人事组织及演变

1916—1928 年间，由于全国政治陷入混乱，军阀更迭之下各派政治力量此消彼长、起伏不定，导致中央政府频频改组，教育总长更迭较之前期频率更高，教育部人事组织及演变也较之前期有着不同的特点。

---

① 薛人仰编：《中国教育行政制度史略》，台湾中华书局 1983 年印行，第 144 页。

总体上看，以 1921 年范源濂淡出中央教育行政为界标，教育部人事组织及演变在两个阶段呈现出不同的特征。

一 教育总长更迭

表 4.2　　　　1916—1928 年期间历任教育总长任职时限一览表

姓名	任职时限	说明	姓名	任职时限	说明
孙洪伊	1916.6.30—1916.7.12		黄郛	1923.9.4—1924.1.12	
范源濂	1916.7.12—1917.11.30		范源濂	1924.1.12—1924.1.21	未就
傅增湘	1917.12.4—1919.3.29		张国淦	1924.1.21—1924.9.14	
傅增湘	1918.3.29—1919.1.11		黄郛	1924.9.14—1924.11.10	
傅增湘	1919.1.11—1919.5.15		易培基	1924.11.10—1924.11.24	
袁希涛	1919.5.15—1919.6.5		王九龄	1924.11.24—1925.4.14	
傅岳棻	1919.6.5—1920.8.11		章士钊	1925.4.14—1925.12.31	
范源濂	1920.8.11—1921.5.14		易培基	1925.12.31—1926.3.4	未就
范源濂	1921.5.14—1921.12.25	未就	马君武	1926.3.4—1926.3.31	
黄炎培	1921.12.25—1922.4.9	未就	胡仁源	1926.3.31—1926.5.13	
周自齐	1922.4.9—1922.6.11		黄郛	1926.5.13—1926.5.13	
黄炎培	1922.6.11—1922.8.5	未就	王宠惠	1926.5.13—1926.6.22	未就
王宠惠	1922.8.5—1922.9.19		任可澄	1926.6.22—1927.1.12	
汤尔和	1922.9.19—1922.11.29		任可澄	1927.1.12—1927.6.20	
彭允彝	1922.11.29—1923.1.4		刘哲	1927.6.20—1928.6	
彭允彝	1923.1.4—1923.9.4				

资料来源：刘寿林编《辛亥以后十七年职官年表》，中华书局 1966 年版，第 61—72 页。

由上表可知，1916—1928 年间，总长更迭达 31 人次，平均一年 2.4 人次，总体上看与 1912—1916 年间相差不大；任期时间来看，虽然也出现了个别的连任和多次出任情况，但任期稳定性显然不及前期，最短任期仅一天；个别年份出现了更迭高峰期，如 1922 年、1924 年分别达 5 人次。这一时期，各派军阀分化组合频繁，其力量也起伏不定。当时的政治派系大致可分为革命派、改革派和北洋派三派，与此前的国民党、进步党和北洋派有着基本脉络的延续。由于这一时期复杂的政治形势，原来的国民党和进步党分裂为许多小派系，北洋派内部也出现分化，导致 1916—1928 年间大小政团林立，与 1912—1916 年间相比，这些政治团体已渐脱政党色彩，成为利益争夺的政治工具，他们的联合或斗争就构成了这一时期的主要政治生态。就政治派系力量变化与教育总长更迭的内在逻辑而言，首先是这一时期的教育总长大多数有所归属，因而他们随着各政治团体力量的起伏而去留；其次各派政治团体的起伏，又与他们依附的军阀力量的起伏密切相关。这种内在的逻辑可以从下表得知。

表 4.3　1916—1928 年期间历任教育总长派系及其与北洋军阀关系简表

姓名	所属派别	各派别与执政军阀之关系
孙洪伊、彭允彝、任可澄	进步党	1916 年 8 月，进步党人成立宪法研究会，即研究系，拥护段祺瑞。原以黎元洪为中心的进步党分支共和党支持黎元洪。研究系在段祺瑞第三次组阁后遭弃，又转向直系和冯国璋，与安福系敌对。研究系分裂最甚，直系时期不被重视，新结合为新研究系，后改组为宪法研究会，渐与黎元洪接近。研究系在临时执政时期又重新追随段祺瑞
傅增湘、周自齐、刘哲	北洋派	1917 年 3 月，段祺瑞御用党中和俱乐部成立，主张参战。1918 年 3 月，中和俱乐部发展成为安福系，拥护段祺瑞，1920 年直皖之战后瓦解。 1919 年春，安福系一部分成立己未俱乐部，以徐世昌为后援，与安福系对抗。交通系自帝制失败后，旧交系人逃亡，新交系形成，尊徐世昌为领袖，五四运动时期新交系遭重大打击。直系时期保派组织各类政治团体甚多，均支持曹锟。奉系时期安福系又起，分福建派和安徽派，争衡于段祺瑞左右。新旧交通系均转向奉系
王宠惠、汤尔和、易培基、章士钊、马君钊、黄郛	国民党	1916 年冬，国民党人中的稳健派成立宪政商榷会，拥护段祺瑞。后宪政商榷会产生分裂，其一部丙辰俱乐部与韬园系成立民友社，反对段祺瑞；原宪政商榷会改组为益友社后一部分人再次分出成立政余俱乐部，反对段祺瑞对德参战；益友社则主张参战。直系时期益友社改组为民宪同志会，拥护曹锟。政余俱乐部后改组为宪政社，系黎元洪提携。民友社中之小孙派议员成立民治社，初联络吴，继联苏齐，后朋津保。直奉时期政学会和国民党人多出入于冯玉祥国民军中。曹吴党与国民党立场渐近
袁希涛、傅岳棻、王九龄、胡仁源	前清学部旧人、教育名人及地方代表	1916—1928 年间，前清学部旧人、教育界名人依然被重视，但多在非常时期被用以装饰门面，有时也出于拉拢地方势力需要由地方政教名人出任教育总长

资料来源：本表主要根据谢彬著《民国政党史》，学术研究会，1928 年；刘寿林编《辛亥以后十七年职官年表》，中华书局 1966 年版；张国淦著《中华民国内阁篇》，选自《张国淦文集》，北京燕山出版社 2000 年版；郭剑林：《北洋政府简史》，天津古籍出版社 2000 年版等有关内容编制而成。

由上表可知，教育总长之所以频繁更迭，表面原因是中央政府频繁改组，其根源则在于军阀轮流执政的情况之下各派政治力量的起伏。但即使在这样的情势下，各方对教育总长的人选也并不是随意推举，而是有着相对稳定的潜在选任标准，这一点与前述袁世凯时期有着较为相同的地方，而且总体而言实比前一时期坚持得更好。

表 4.4　　　　　　　　1916—1928 年期间历任教育总长
求学及任前教学、教育管理经历表

姓名	求学经历及功名	任前教学及教育管理经历
孙洪伊	秀才	与他人合办普育女学、民新学堂；自办四成小学等
傅增湘	河北莲池书院；进士	清直隶提学使；创办北洋女子师范学堂；开办京师女子师范学堂；杭州求是书院教席
袁希涛	上海龙门书院；赴日本考察教育；举人	上海广方言馆教习；创办江苏宝山县学堂及太仓州中学等学校；太仓州中学监督、上海龙门师范学堂堂长；清江苏省学务处议绅、直隶学务公所总务科长兼图书科长；民国教育部普教司司长、次长
傅岳棻	优级师范学堂；举人	山西大学堂代理监督，清学部总务司长，普通司司长
黄炎培	南洋公学；举人	创办和主持上海广明小学及广明师范讲习所、浦东中学等；江苏都督府教育科长；江苏教育司长和省教育会副会长；发起成立中华职业教育社和江苏省义务教育期成会；中华教育改进社董事
周自齐	京师同文馆；留学美国	清游美学生监督；清学部丞参上行走；游美学务处总办；清华学堂监督
王宠惠	北洋大学堂；留学日本和美国	南洋公学教习
汤尔和	杭州养正书院；留学日本和德国	浙江高等学堂音乐教员；浙江高等学堂教务长兼校医；教育部中央教育会议员；创设国立北京医学专门学校
彭允彝	长沙明德师范学堂；留学日本	国民党本部文事主任；民国大学校长
黄郛	浙江武备学堂；留学日本	北京大学任教
易培基	湖南方言学堂；留学日本	湖南高等师范学校及长沙师范及湖南一师教员；组织教育委员会及教育促进会；湖南省立图书馆馆长；广东大学教授

姓名	求学经历及功名	任前教学及教育管理经历
王九龄	留学日本	参与筹备东陆大学（今云南大学）工作；东陆大学名誉校长
章士钊	武昌两湖书院；南京陆师学堂；留学日本和英国	加入中国教育会，任教习；北京大学教授；北京农业学校校长
马君武	广西体用学堂；广东丕崇书院；震旦学院；留学日本	创办中国公学；上海大夏大学校长
胡仁源	南洋公学；留学日本和英国	京师大学堂教员；北京大学预科、工科学长；北京大学校长
任可澄	举人	贵州学务处参议；创办贵州通省公立中学堂，贵州优级师范选科学堂，宪群法政学堂；贵州教育总会会长
刘哲	北京法政大学；短期留学日本	吉林政法专门学校校长

　　资料来源：本表主要根据夏征农主编《辞海》（第 6 版缩印本），上海辞书出版社 2010 年版；卞孝萱、唐文权编《辛亥人物碑传集》，团结出版社 1991 年版，《民国人物碑传集》，团结出版社 1995 年版；顾明远主编《教育大辞典》（第十卷），商务印书馆 1991 年版；陈旭麓等主编《中国近代史词典》，上海辞书出版社 1982 年版；李盛平主编《中国近现代人名大辞典》，中国国际广播出版社 1989 年版；顾明远总主编《中国教育大系：历代教育名人志》，湖北教育出版社 1994 年版等有关内容编制而成。

　　上表显示，就教育总长学识及相关教育经验而言，其总体水平甚至超过前期，说明即使在军阀当道、政局不稳的情况下，教育总长群体依然有着较高的学识和管理全国教育事业的能力，也为教育部致力于教育事业的推动提供了可能。但由于这一时期总长更迭过于频繁，许多总长在位时期非常短暂，根本无法进行教育事业的系统筹划，而且这一时期的政治团体不再有 1912—1916 年间较为明确的执政纲领，而是注重短期利益的争夺，教育总长们受此影响在任期内要么因循前任得过且过，要么出于政党利益出台相关措施，即使有一些总长得益于较长的任期有筹划和推进教育发展的可能，但受制于经济、文化等因素，其采取措施及取得的成效也不尽如人意。欲进一步考察这些活动及其成效，我们同样要对这一时期教育部内部人事演变进行梳理，为后续考察奠定基础。

二　内部人事演变

　　这一时期教育部内部人事演变，以 1921 年范源濂淡出中央教育行政为界，仍然可以划分为两个大的时段。1916 年至 1921 年，政治局势上不仅中央政权出现了皖系统治向直系统治的转变，而且南北双方呈对峙局面，五四运动爆发又使思想文化领域浪潮汹涌，但教育部行政长官却仅经历范源濂、傅增湘、傅岳棻再到范源濂的循环，其中傅增湘连续三任，傅岳棻连续两任，出现了民国前期教育总长相对稳定时期。在他们的共同努力下，特别是范源濂前后相继的努力下，帝制时期被破坏的人事组织原则很大程度上得到恢复，同时人事的具体调整也反映了教育界力量格局的变化，对教育行政系统内外的沟通以及教育事业的推进都有着重要意义。1921 年之后，各派军阀混战加剧、力量变化剧烈，国共两党力量的崛起也进一步使中国政局复杂化，政党运动与教育界力量的结合成为影响教育部人事的重要外部因素，总长更换速度加快之下，内部人事变化更趋复杂。

（一）1916—1921 年：恢复基础上的渐次调整

1916 年 6 月，段祺瑞继袁世凯成为中国政局的中心人物，但显然没有袁氏的雄厚实力，因而在组阁时不得不顾及各方意见。当时段氏抱着敷衍的态度拟让黎元洪推荐的国民党小孙派领袖孙洪伊出任教育总长。这一点已经显示出段氏对于教育事业持敷衍的态度。由于孙氏志在较为重要的内务总长而拒绝出任该职，加之其他阁员安排也引起各方不满，段氏内阁于 7 月初重新改组，7 月 12 日范源濂第二次被任命为民国教育总长。① 范氏此次出任既与先前教育次长及教育总长的资历有关，其所在的进步党转而追随段祺瑞这一背景更为重要。1917 年 6 月段祺瑞因府院之争被大总统黎元洪免职，范源濂也随之告假，部务由袁希涛代理。未几张勋复辟闹剧发生，段祺瑞则起兵马厂讨伐张勋取得再造共和之誉，黎元洪引咎下台之后由冯国璋继任总统，段氏重新组织内阁。7 月 19 日范源濂重回教育总长任上并兼署内务总长，直至 11 月 30 日内阁重组而去职，共在职一年半左右。范氏上任之时，正面临帝制之后中国教育事业何去何从的重大历史时刻，当时虽然帝制已经失败，新文化运动也开始发展，但社会文化心理依然未有根本变动，帝制时期封建复古思绪未息。范源濂作为民初教育事业的奠基人之一，在这个关键时刻

---

① 《大总统令》，载中国第二历史档案馆整理《政府公报》（第 89 册），上海书店出版社 1988 年版，第 283 页。

坚持了民初教育改革的方向，明确宣布要恢复民国元年的方针，在人事方面即以"恢复和调整"为主线进行。

表 4.5 范源濂第二次出任教育总长期间教育部人事变动简表

部门	人员变动情况	人员变动原因
教育次长	1916 年 8 月 16 日袁希涛就教育次长职	1916 年 8 月 4 日，署教育次长吴闿生呈请辞职
参司层面	1916 年 8 月 10 日荐任沈步洲为专门教育司长 1917 年 9 月蒋维乔任参事，署视学刘以钟任参事，张继熙为普通教育司长	因 1916 年 8 月 4 日原司长易克枭派为秘书 1917 年 9 月参事许寿裳、覃寿坤和普通司长伍崇学调任教育厅长
佥事视学	1916 年 8 月 10 日，呈请任命戴克让试署佥事 1916 年 12 月 30 日，陆懋德、刘以钟、赵宪曾试署视学，李步青暂署视学	戴氏晋升当与夏曾佑有关 1916 年 12 月 26 日，视学许丹、杨天骥另有任命免去本职；时范氏整顿视学处
秘书编纂	1916 年 8 月 4 日派王章祐、蒋维乔、易克枭为秘书 1917 年 1 月 4 日，王章祐调内务部，任命段廷珪暂代秘书 1917 年 9 月 27 日，荐任张缉光、刘念祖为秘书	原兼任秘书汪森宝、王嘉榘、罗惇㬅辞兼职 1917 年 1 月 4 日，王章祐调内务部时蒋维乔调任参事
其他层面	1916 年 8 月 4 日，文官高等考试合格分发到部学习员 18 名派在各厅司学习； 8 月 29 日，委任赵鸿翔为中央观象台技士； 11 月 19 日，委任王应伟为中央观象台试署技士；12 月 21 日，委任曹冕、吴家镇试署主事；1917 年 6 月 13 日起，陆续有文官普通考试合格分发到部人员 26 名，均分各司学习	民国二年颁布有文官考试令，因时局动荡，第一次文官高等考试于 1916 年 6 月举行，第一次文官普通考试于 1917 年 4 月进行，均在范源濂第二次总长任内

资料来源：《政府公报》，第 90 册第 104、161—162、269 页；第 91 册第 15、108 页；第 92 册第 158 页；第 98 册第 59 页；第 99 册第 283、349、486—487 页；第 100 册第 123 页；刘寿林《辛亥以后十七年职官年表》第 60—61 页。

从上表来看，范源濂第二次任内教育部人员变动幅度较大，仅荐任以上层面变更人员即有 20 人左右，荐任以下人员主要有两批文官考试分发到部人员，这种人事变动规模显示出范氏在帝制之后欲全面筹划和推动教育发展的强烈愿望。就具体人员变更而言，有几个特点值得我们注意：（1）注重民初旧有部员的提拔重用。1916 年 8 月 4 日，署教育次长吴闿生辞职，范氏延请曾历任普通教育司司长和教育部次长的袁希涛出任次长。范氏延请袁希涛显然有着多方面的考虑，首先是借重其先前在教育部的资历和威望有利于教育部工作的持续进行，其次是其对普通教育和师范教育素有研究的专业背景有利于范氏注重普通教育思想的贯彻，再次则是表明范氏欲恢复民初教育方针的一种姿态，这种姿态在原参事蒋维乔的回任上表现得更为明确。蒋维乔在汪大燮任内保守力量上升的形势下辞职到商务印书馆供职，范氏上台之后即于 1917 年 9 月延请其为秘书，未几又重任参事。（2）"能者在职"用人原则得到坚持。以秘书处人员为例，8 月 4 日派为秘书的王章祜、蒋维乔、易克枲三人均为教育部资深人士。易克枲毕业于北京译学馆，举人出身，湖南教育厅长任内被蔡儒楷调部任参事，时任专门教育司司长；王章祜原系学部主事、时在四川任职；蒋系南京临时政府教育部重要人员和北京政府教育部原参事。后来增补的三名秘书，段廷珪系京师大学堂毕业，曾任清末湖南省教育司视学，后参加同盟会从事革命活动；① 张缉光曾历任京师大学堂译学馆教务长、学部实业司郎中；② 刘念祖系日本弘文学院毕业，长期从事小学教育。六名秘书的资料表明，先前蔡、范所坚持的"能者在职"原则得到了较好的继承，大大地改善了教育部风气和提高了部员积极性。这种用人思路还体现在录用新人时以文官考试合格分部人员为主。在人事制度远未完善的民国前期，借助各种关系谋求职位司空见惯，当时范源濂即收到"各方面荐书三千封之多"③，但最终我们看到教育部主要接收两批文官考试合格分部人员，其他途径录用人员即使有也属极少数，这在当时的历史环境中确实难能可贵。（3）形成东西洋留学生兼有的决策群体，原有日本留学生占主导的格局开始出现变化。通过请蒋维乔回部、调任时任浙江省教育厅长的刘以钟增补参事，形成了以蒋维乔为首的参事格局。蒋维乔前已作过介绍。刘以钟

---

① 曹隽平：《段廷珪是何人》，《中国收藏》2009 年第 8 期。

② 全国政协文史资料委员会编：《文史资料选辑》（第 140 辑），中国文史出版社 2000 年版，第 195 页。

③ 《教育部改组消息》，《大公报》1916 年 9 月 12 日。

（1889—1918），福建闽侯人，肄业于全闽师范学堂，后考选留日学生入日本弘文学院和东京高等师范学校就读，毕业回国后受聘任全闽两级师范学堂教习，1912 年任福建教育司次官，同年夏作为福建省代表出席第一次全国教育会议时提出以确立国民教育为根本的教育宗旨案，1914 年被聘为北京高等师范学校教育教授，1917 年春调充教育部视学，是年 9 月出任浙江省教育厅厅长。① 如果说蒋氏被请回部明显体现了恢复民初教育方针的导向，那么刘以钟增补参事则体现了注重国民教育的工作思路。调任时任北京大学教授的沈步洲出任专门教育司长，又有着加强高等教育的打算。沈步洲，江苏武进人，早年就读于上海震旦学院，后入英国伯明翰大学获硕士学位，历任上海中华书局英文编辑主任，农商部技正，时任国立北京大学预科学长。② 沈氏入部后不仅成为高等教育的重要决策人，而且在国语运动等方面也起着重要作用。普通教育司长伍崇学外派后由张继熙继任。张继熙（1876—1956），湖北宜都人，曾就学湖北两湖书院，1902 年被派赴日本入弘文学院师范科学习，留学日本期间曾参与主办《湖北学生界》，抨击君主专制、宣传民族独立，被胡适评价为"品学皆好，思想亦新"，时任教育部视学。③ 张氏出任普通教育司司长，加之对普通教育素有研究的袁希涛时为教育次长，无疑增强了普通教育的决策力量。

在进行教育部内部人事调整的基础上，范氏积极推进教育厅建设，行使各省区教育厅长任免权，开始派任省级教育行政长官，从而实质上强化了中央对地方教育行政的管控力度。首批教育厅长名单如下：

表 4.6　　　　　　中华民国第一批教育厅长简表（1917.9.6）

省区	教育厅长	简历
直隶	黄炎培	江苏人，前江苏教育司长，现充江苏教育会副会长
奉天	许寿裳	浙江人，现任教育部参事
吉林	钱家治	浙江人，现任教育部视学

---

① http：//www.fjsq.gov.cn/ShowText.asp? ToBook＝144&index＝732&，2012—02—20。
② 樊荫南编纂：《当代中国名人录》，良友图书印刷公司 1931 年版，第 121 页。
③ 湖北省宜昌地区地方志编纂委员会编：《宜昌地区简志》，湖北省枝江县新华印刷厂 1986 年印，第 363 页。

续表

省区	教育厅长	简历
黑龙江	刘潜	直隶人，现任学务局副局长
山东	胡家祺	直隶人，前山东教育科科长，现任教育部秘书
河南	覃寿坤	湖北人，前湖北省议会会长，现任教育部参事
山西	李步青	湖北人，现任教育部视学
江苏	陈润霖	湖南人，前湖北教育司司长，现充湖南教育会会长
安徽	卢殿虎	江苏人，现充江苏教育科科长
江西	伍崇学	江苏人，现任教育部普通教育司司长
福建	蒋凤梧	江苏人，前江苏第二师范学校校长、众议院议员
浙江	刘以钟	福建人，现任教育部视学
湖北	熊崇煦	湖南人，前教育部佥事，现充湖南教育科科长
湖南	沈恩孚	江苏人，前江苏省公署秘书长，现充江苏教育会驻会书记
陕西	吴鼎昌	直隶人，现任国务院参事
甘肃	马邻翼	湖南人，前甘肃教育司司长，现任甘凉道道尹
四川	吴景鸿	湖南人，前湖南教育司司长、参议院议员
广东	符鼎升	江西人，前众议院议员
广西	吴鼎新	未详
云南	陈廷策	贵州人，前云南政务厅长，现充云南督军署参议
贵州	席聘莘	贵州人，前云南巡按使署参事

资料来源：《教育杂志》9 卷 10 号，记事，第 70—71 页。

由表 4.6 可知，第一批教育厅长中，由教育部部员或前教育部部员充当的厅长为 10 人，加上地方教育司或教育科出身的人员，共为 13 人，占到第一批 21 位教育厅长的多数，其他厅长也多为各省政界著名人士，且于教育事业极为热心，如众议院议员出身的蒋凤梧就积极建议筹集教育经费，更为重要的是教育厅的设置使各省区教育行政长官的任免权收归中央，能够有效推进中央教育政令在地方的实施。

从上述内容来看，范源濂第二次任内的人事调整，有着以下明显的特点：（1）注重对民初旧有部员的任用，充分体现了其恢复民初教育方针的行政思路；（2）承继民初教育部人事组织思路，坚持"能者在职"用人原则选拔人才，形成了东西洋留学生俱有的决策群体，改善部风的同时有助于提高决策的全面性和科学性；（3）人员调整的幅度和范围之大，不仅表现出范源濂精于行政的长处，而且显露出其在政权鼎革之际全面推进振兴教育的强烈愿望；（4）通过贯彻实施教育厅有关制度，实现中央与地方教育行政官员的对调和交流，增强了中央对地方教育的管理力度。这一时期，民元教育方针得到恢复，教育部各项行政活动渐上正轨，教育事业也获得迅速恢复和发展，与范氏第二次任内的卓有成效的人事调整有着密切的关系。

1917 年 11 月，北洋派元老王士珍受命组阁。12 月 4 日，傅增湘被任命为第 14 任中华民国教育总长。[①] 1918 年 3 月 23 日，王士珍内阁倒台，段祺瑞为国务总理，傅增湘再次执掌教育部。1918 年底段祺瑞内阁垮台，钱能训受命组阁。1919 年 1 月 11 日，傅氏第三次出任教育总长。连续三次出任使傅氏成为民国前期任期最长的教育总长，这一时期的教育部各方面的运转也最为稳定。

傅氏连续三次出任教育总长既有着深刻的政治背景，也与其特殊的个人经历和执政成绩有关。1917 年底的北方政局中，国民党人在南方组织护法战争与北方处于敌对状态而不可能参与北京政权的争夺，进步党人因对北京政局深感失望而宣称不再加入新一届内阁，[②] 组阁人选只能从北洋派人物或与其关系较密切人士中产生。傅增湘即是与北洋派有密切关系的人物，早在 1902 年，傅氏即入袁世凯幕府，不仅被委以重任，而且始终与袁氏保持着良好的私人关系，[③] 从而也得到北洋派其他诸要人的看重，这一点傅增湘本人也曾述及，"会政地易人，王聘卿（士珍）拜组阁之命，浼余相助，冯华甫（国璋）方摄白宫，亦以旧交敦促"，王氏和冯氏时分任国务总理和大总统，与段祺瑞并称"北洋三杰"。[④] 刚刚经历过二次帝制喧嚣的北京政府任命阁员时又要顾及与参与帝制人员的切割。负责组阁的王士珍先力邀抵制帝制的前教育总长、时任总统秘书长的张一麐，未果，[⑤] 又对经徐世昌推荐但在帝制活动中大肆迎合的蔡儒楷不甚属意，转而倾向于请傅增湘出任。[⑥] 因为，傅增

①　刘寿林：《辛亥以后十七年职官年表》，中华书局 1966 年版，第 61 页。

②　李剑农著：《中国近百年政治史》，复旦大学出版社 2007 年版，第 457 页。

③　张大民主编：《天津近代教育史》，天津人民出版社 1993 年版，第 91 页。

④　李国俊：《版本、校勘家傅增湘》，政协四川省委员会编《四川文史资料选辑》（第二九十辑），四川人民出版社 1983 年版，第 41 页。

⑤　《王士珍就职与阁员进退》，《申报》1917 年 12 月 5 日，第 3 版。

⑥　《王内阁就职之所闻》，《申报》1917 年 12 月 6 日，第 3 版。

湘虽在民国成立后备受袁世凯重用，历任民国约法会议议员、肃政厅肃政使，① 但他并没有为袁氏复辟帝制摇旗呐喊，而是选择了远离是非中心。

除上述政治因素外，傅氏此前的丰富教育行政经验也成为北洋政府任命其为教育总长的重要考量。在入幕袁世凯期间，傅增湘不仅与袁氏保持着良好的私人关系，更以其在教育方面的经验和见解成为袁世凯在直隶总督任内推行新式教育的得力助手，"袁世凯颇倚以兴学"②。1906年5月袁氏在天津创办北洋女子师范学堂，即任命傅增湘为学堂监督，在傅氏的努力下直隶女子师范教育成为全国女子师范教育的样板。1908年傅氏被主管学部的张之洞奏请延聘兼任京师女子师范学堂总理，③ 同年10月出任直隶提学使，仍兼京师女子师范学堂总理，成为清末推行女子师范教育的代表人物，表明傅增湘在清末学界中属于思想趋新一派。总之，他在清末民初社会大变动中跻身政学两界，且与北洋派关系密切，在帝制活动中不事迎合，这样的教育家此时浮出水面出任教育总长，可以说是水到渠成。

此后傅氏连续两次获得留任，除前此所述与北洋派的关系及其清末时期的教育行政经验等因素有关之外，也与当时政治情势及傅氏首任期间的执政作为获得各方首肯直接相关。1918年3月23日段祺瑞重新上台系南北对峙并未消除、冯国璋迫于南方压力之下的无奈选择，段氏上台之后依然主张对南方护法力量武力解决，因而不愿北方政局出现大的动荡，而且原内阁中主要职位均系皖系人物，也无调整阁员之必要，因而段氏主张旧有阁员"无甚更动"。④ 3月29日傅增湘被重新任命为教育总长。⑤ 段氏重新上台后，一方面对南方动用武力；另一方面大肆向日方借款以建设军队和打造安福国会，其行为与当时国内的和平要求背道而驰，不仅激化了府院矛盾，而且招致全国上下的不满。10月10日，安福国会选出徐世昌就任大总统，冯国璋同时去职，段氏自知不为

---

① 李国俊：《版本、校勘家傅增湘》，政协四川省委员会编《四川文史资料选辑》（第二十九辑），四川人民出版社1983年版，第41页。
② 沃丘仲子编：《近现代名人小传》（下册），北京图书馆出版社2003年版，第56页。
③ 李国俊：《版本、校勘家傅增湘》，政协四川省委员会编《四川文史资料选辑》（第二十九辑），四川人民出版社1983年版，第40页。
④ 《段内阁复活矣》，《申报》1918年3月27日，第3版。
⑤ 刘寿林编：《辛亥以后十七年职官年表》，中华书局1966年版，第62页。

国人所容也辞去国务总理之职，^① 由内务总长钱能训代理国务总理，南北双方开始和议，钱氏与众阁员商定"代理期间暂不提出辞呈，俟组织正式内阁时再行提出"^②。由于安福系、交通系、研究系及南方国民党人等各方力量角逐甚烈，组阁一事迁延日久。直至 12 月 14 日钱能训被正式任命为国务总理，1919 年 1 月 7 日内阁名单在国会获得通过，1 月 11 日傅增湘被任命教育总长。对于此次任命，钱能训在参议院说得颇为明白，即远因傅氏"直隶提学使任内即颇有成效"、近因"在教育总长任内整顿学务不遗余力"^③。傅氏在特殊的政治环境中凭借自己的学识、人脉及行政能力得以两次重任，为其"俟时会之至"落实自己的执政理念，为"保持教育之尊严"创造条件。

傅增湘于 1917 年 12 月 6 日就职。当时，外有新文化运动大潮涌动，内有范源濂努力之下教育事业呈现出的良好发展势头，傅氏上任后也颇欲有所作为，但长期的宦海沉浮经历使其在人事上采取了稳健推进的策略，"私计欲协和新旧，使平衡渐进，以俟时会之至，且保持教育之尊严"^④。到部当日接见全体职员时傅氏即表示"部中办事人员决无更动"，使得"全体职员乃相率欢跃而退"^⑤，由于前任总长范源濂已经按照恢复民初教育方针政策的思路和具体工作需要对教育部进行了人事调整，因而傅氏的稳健推进举措不仅有利于教育部的正常运转，而且为延续范氏恢复民初教育政策的思路乃至承袭蔡元培掌部方针奠定了人事基础。此后两次续任期间，傅氏根据实际工作需要进行了相应的人事更动，总体维持了原有的人事格局。

表4.7　　傅增湘三次出任教育总长期间教育部人事变动简表

部门	人员变动情况	人员变动原因
教育次长	无更动	
参司层面	1919 年 4 月 4 日秦汾荐任专门教育司长	1919 年 4 月 4 日沈步洲出任欧洲留学生监督

① 李剑农著：《中国百年政治史》，复旦大学出版社 2007 年版，第 461 页。
② 《双十节后之内阁形势》，《申报》1918 年 10 月 10 日，第 6 版。
③ 《新内阁通过新众院》，《申报》1918 年 1 月 11 日，第 7 版。
④ 李国俊：《版本、校勘家傅增湘》，政协四川省委员会编《四川文史资料选辑》（第二九十辑），四川人民出版社 1983 年版，第 41 页。
⑤ 《第一次阁议与阁员去就》，《申报》1917 年 12 月 10 日，第 6 版。

续表

部门	人员变动情况	人员变动原因
佥事视学	1918 年 2 月 20 日荐任谈锡恩为视学 同日荐任吴思训为佥事 1918 年 8 月 9 日路孝植荐任暂署佥事 1919 年 1 月 4 日路孝植荐任佥事	视学汪森宝因病辞职 提拔新人 1918 年 8 月 9 日牛献周因涉案停职
秘书编纂	1917 年 12 月 13 日，荐任凌念京为秘书 1918 年 7 月 25 日，荐任徐鸿宝为秘书	原秘书张缉光久未到部被免去职务
其他层面	1918 年 1 月 18 日委任曹冕、吴家镇为主事 1918 年 1 月 22 日委任办事员周溥代理主事 1918 年 2 月 21 日委任张绂为主事 1918 年 9 月 4 日，文官普通及高等考试分部学习员期满均去学习字样留部任用 1918 年 9 月 23 日主事胡家凤、张文廉、赵桢、杨维新、王丕谟、陈延龄、高丕基等七员以荐任职升用	二人均为试署主事 主事罗会坦被浙江教育厅调用，暂停其职 提拔新人 文官考试分部人员学习期满

资料来源：《政府公报》，第 119 册第 337、338 页；第 120 册第 461、583 页；第 121 册第 580、641 页；第 130 册第 648 页；第 131 册第 283 页；第 133 册第 137 页；第 137 册第 42 页；第 142 册第 109 页。

由上表可知，傅增湘连续三次出任总长期间人事调整具有如下特点：（1）人员调整较少。第一次掌部期间，不仅参司主官未加更动，就是历来被各部长官视为安插心腹以保证政事畅通的秘书处，也仅因为原来一名秘书久未到部才新补一人。视学新增一人也系原来视学因病辞职而出现的空缺，佥事新增一名。对主事层面则注重提拔新人，除一人系增补原有额缺之外，另有三人新任主事。此后二次续任期间，荐任以上各员也仅有 3 人出现更动，7 人被提拔。人事的适度调整对于保证教育正常运转的重要性和各项工作的持续性不言而喻，特别是参司主官的相对稳定对教育部政策走向起着一定的决定作用。即以次长袁希涛为例简述人事稳定的重要性和必要性。袁希涛，号观澜，江苏宝山人，清末民初著名教育家。傅增湘任直隶提学使时，曾延请袁氏任直隶学署总务科科长兼图书科科长，此为二人在教育行政上相得益彰之始。1912 年 5月，因其于普通教育素有研究，受首任总长蔡元培相邀任教育部普通教

育司司长，1913 年 10 月转任视学，旋而出京考察各地工作。1915 年
10 月任教育次长。1916 年 8 月再次被任命为教育次长。袁氏不仅有着
丰富的教育行政经验，而且对全国学务知之甚深，成为傅氏掌部的得力
助手。① （2）"能者在职"用人原则得到继续坚持。以荐任以上调整人
员为例，新任专门教育司长秦汾，北京大学毕业，美国哈佛大学硕士，
时任南京商业学校教务长，有着丰富的高等教育行政经验，其留美背景
给教育部带来新的活力，也与此时留美归国人员增多和影响渐强暗相契
合；路孝植，举人出身，历任清学部员外郎，教育部科长、司长等职，
极富教育行政经验；徐鸿宝，举人出身，不仅长期从事图书编译和管理
工作，而且有担任政府文案的经历。② 从上述简单介绍可以看出傅氏用
人注重专业与经验、为事择人的鲜明特征。这些精干人员的升用不仅有
利于进一步提高教育部行政效率，而且为傅氏贯彻自己的执政思路做好
了人事铺垫。（3）适度提拔下层人员以激励部员积极性。就人员提拔
的范围来看，三司一厅皆有人员得到荐任拔擢，在行政机构人事组织中
能够充分发挥示范效应。

　　傅氏秉持稳中求进的人事调整方针，不仅维持了范源濂此前的教育
决策层的人事格局，而且还坚持了"能者在职"原则进行适度人事调
整，从而保障了教育部的正常运转，为傅氏开创民国教育发展新局面、
"保持教育之尊严"奠定了人事基础。正是由于范、傅二人在人事调整
上的连续接力，共同促成了教育部第二个活动高峰期的到来，民国教育
事业也迎来了第二个快速发展期。

　　1919 年 5 月 4 日，在中国近代史上具有重大历史意义的五四运动爆
发。先是教育总长傅增湘因在内阁会议上反对解除北京大学校长蔡元培
职务而被指责为"包庇学阀"，于 5 月 15 日呈请辞职。继之代理部务的
教育次长袁希涛也因对学潮亦毫无办法于 6 月 3 日辞职离京。③ 6 月 4
日晚钱能训内阁召开会议，王揖唐主张撤换袁希涛，并举傅岳棻继任次
长，获得阁议通过。④ 此后教育总长人选引起北京学界、国务院及安福

---

①　素民：《记已故教育泰斗袁希涛先生》，《苏讯》1946 年第 67 期。

②　樊荫南：《当代中国名人录》，良友图书印刷公司 1931 年版，第 180、207、359 页。

③　《内阁更迭之经过》，《申报》1919 年 9 月 26 日，第 6 版。

④　中国社会科学院近代史研究所近代史资料编辑组：《五四爱国运动》（上），中国社
会科学出版社 1979 年版，第 383 页。

国会的三方角力。国务院初提夏寿康掌教育部遭安福国会否决，安福国会试图由己方人物田应璜出任，但引起学界反对，后又有张一麐出任之说。[①] 6 月 5 日，由于国务院与国会双方难以妥协，靳氏遂不提教长，而呈请大总统命傅岳棻代理部务。傅岳棻（1878—1951），字治乡，湖北武昌人，毕业于湖北优级师范，清末举人，曾任山西抚署文案、山西大学堂教务长及代理监督、清学部总务司司长、普通司司长，1912 年任北京政府国务院铨叙局佥事、参事。[②] 傅氏经历说明他是富有教育实践及行政经验之人，但此次得以出任，乃是傅氏在政治上紧随安福系，与北京学界又有较深渊源，有利于段祺瑞政府平息学潮和加强对教育界的控制。

傅岳棻接此任命后颇感忐忑，在其赴部演说中即向部员说明此次上任仅做调人，并非专门来做次长，希望教育部员能够相助。对于部中人事调整亦非常小心。因其首要任务是遏制学潮，而学潮的发动和参与多为专门以上学校学生，故其初期调整重心在专门教育司。随着学潮渐平，其他层面人事也根据工作需要有所调整。

表4.8　　　　　　　傅岳棻掌部期间教育部人事变动简表

部门	人员变动情况	人员变动原因
参司层面	1919 年 6 月 19 日，调邓萃英出任参事 1920 年 2 月，参事汤中复任专门司长 1920 年 3 月 9 日，委任普通司长张继熙任国语讲习所所长，该司第三科科长钱家治为副所长	原署参事陆懋德改任视学 专门司长秦汾兼署参事，两人对调 时教育部为推进国语运动成立国语讲习所，隶属普通教育司
佥事视学	1919 年 12 月 2 日胡庸诰等以荐任职升用 1919 年 12 月 3 日曹冕、徐鸿宝署佥事 1920 年 2 月 4 日刘靖侯等以荐任职升用 1920 年 5 月 7 日任命杨廉署佥事 1920 年 5 月 27 日任命郭显钦署技正	1919 年 11 月 16 日视学张渲辞职
科长层面	1919 年 12 月 16 日派佥事朱炎暂代科长	时专门司第三科科长洪逵派赴皖省视察教育

---

① 参见《申报》1919 年 11 月 7 日，第 6 版；12 月 1 日，第 6 版；12 月 4 日，第 3 版。
② 樊荫南编纂：《当代中国名人录》，良友图书印刷公司 1931 年版，第 308 页。

续表

部门	人员变动情况	人员变动原因
秘书编纂	1919 年 11 月 19 日伍崇学派在编审处办事 1919 年 12 月 18 日派向一中署理秘书	时伍崇学辞浙江教育厅长 原秘书徐鸿宝署理佥事
其他层面	这一时期调整主要有 6 人升任主事或署理主事，文官高等考试人员 33 人分部，7 人被分派国语讲习所和考选留学生事务，以及新进各人分司办事	调整原因主要是一批人被以荐任职升用后的人员增补、新一届文官考试合格人员分部以及向新设机构如国语讲习所等分派人员

资料来源：《政府公报》，第 145 册第 476 页，第 149 册第 410、567 页，第 150 册第 67、308 页，第 151 册第 7、157 页。《政府公报》第 150 册第 93 页，第 151 册第 97 页，第 152 册第 365、481 页，第 153 册第 111、218 页，第 154 册第 167、673、707 页，第 155 册第 188 页，第 156 册第 197 页，第 157 册第 408 页，第 158 册第 188、219 页。刘寿林：《辛亥以后十七年职官年表》，第 63—64 页。

　　由上表可知，此时期人事调整具有以下特点：（1）初期人员调整集中于参司层面，主要目的是加强与北京学界的沟通。以 1919 年 6 月 19 日调邓萃英任参事为例。邓萃英（1885—1972），字芝园，福建闽侯人，毕业于全闽师范学堂，后以官费赴日本进入东京高等师范学校求学，其间加入同盟会成为早期会员，1918 年教育部选送留美入哥伦比亚大学师范学院求学，时任北京高等师范学校教学部主任。[1] 邓萃英与蔡元培过从甚密，其出任厦门大学首任校长即是蔡氏推荐，鉴于蔡元培主持下的北京大学已成为激进知识分子的大本营，因而邓氏进入参司层面显然有加强与京师高等教育界的沟通之意。再如 1920 年 2 月由参事转任专门教育司长的汤中。汤中，字爱理，江苏武进人，清末法政科举人，曾任大理院小京官，早年办教育期间与中国教育会和爱国学社有交往，蔡元培任内即出任教育部参事，[2] 新旧兼容的身份有利于与各方面的沟通。（2）其他层面则适度拔擢部员。先是推荐胡庸诰等以荐任职升用，再是呈荐曹冕、徐鸿宝署理佥事。曹冕系帝制时期政事堂甄选合格分部之人，初被录用为办事员，派在专门教育司办事，不久即派赴日本考察教育，回部后改派普通教育司办事，后署理视学。曹此次升任当与其专门教育司工作经历有关，有加强专门教

---

① 樊荫南编撰：《当代中国名人录》，良友图书印刷公司 1931 年版，第 480 页。
② 樊荫南编撰：《当代中国名人录》，良友图书印刷公司 1931 年版，第 315 页。

育司力量的用意。徐鸿宝，毕业于山西大学堂，时为教育部秘书，当与傅氏曾出任山西学政有关。此外还升任一批人为主事或署理主事。（3）在傅氏后期的人员调整中，主事以下层面的人员大量增加，主要来源是文官考试合格分部人员。1919年的文官考试是中央政府为应对学潮的权宜之计，虽然举行仓促，录用人员的整体素质也不高，但也说明教育部人事调整没有出现鱼龙混杂的不堪情形，此前学者偶有负面论及此点，不免流于表面。

总而言之，傅氏通过对参司层面人员的调整以强化与京师教育界的联系，对原有部员加以提拔升任以加强对部务的影响，在人事引进上以文官考试分部人员录用为主。应该说其人事调整有着一定的合理性，不仅有利于当时学潮的平息，而且大体维持了决策层面的原有人事格局，新进人员也按常规渠道进行，没有出现人事混乱。

1920年7月直皖战争爆发，一个月之后皖系战败，中央政权落入直系和奉系之手。先是靳云鹏在直奉的支持下重行组阁，傅岳棻欲谋重任遭到京师教育界反对。[①] 这是由于傅氏虽然努力加强与京师教育界的沟通，但在平息学潮中屡有配合政府厉行压制之举，招致教育界反感。8月10日靳云鹏提名范源濂任教育总长。范源濂鉴于局势自忖"陌于经济，办不下来"而坚辞不就。[②] 后几经周折多方劝驾，13日范始同意稍缓就职。由于在第二次任期内即按照恢复民初教育方针的思路进行了人事调整，且在傅增湘及傅岳棻任内仅有小幅调整，因而此次任内范氏重点集中于人事的进一步调整及裁汰冗杂人员。

表4.9　　　范源濂第三次出任教育总长期间教育部人事变动简表

部门	人员变动情况	人员变动原因
教育次长	1920年8月18日王章祜署教育次长	傅岳棻辞职
参司层面	1920年10月16日秦汾任参事，任鸿隽任专门司长 1920年12月24日陈宝泉任普通教育司司长	署专门司长汤中回任参事 张继熙出任皖教厅长

① 《北京学界去傅之激昂》，《申报》1920年8月10日，第6版。
② 《靳阁配置人员之波折》，《申报》1920年8月12日，第6版。

续表

部门	人员变动情况	人员变动原因
佥事视学	1920 年 9 月 23 日任张邦华为视学，曹冕署视学 1920 年 10 月 1 日陈延龄为佥事，庄恩祥署佥事 1921 年 2 月 22 日齐宗颐充普四科长 1921 年 3 月 29 日荐任刘念祖为视学	林锡光外派厅长
秘书编纂	1920 年 8 月 25 日荐任罗普、任鸿隽为秘书 1920 年 10 月 24 日凌念京为秘书	徐鸿宝、凌念京辞秘书职 时任鸿隽升任专门司长
其他层面	这一时期共免去 13 名办事员职务，降 2 名编审为办事员，升任 1 人为技士	技士金殿动病故

资料来源：《政府公报》第 161 册，第 423 页；第 162 册，第 505、606 页；第 163 册，第 46、88 页；第 164 册，第 35、36、273 页；第 168 册，第 321、171、805 页。

　　由上表可知，范源濂第三次出任教育总长，在人事安排上与前两次总长任内实有极大不同，体现出"调整和沟通"的思路：（1）参司以上层面人员又有新变化。次长依然选择自己信任和熟悉的人出任，王章祜重回教育部之后，升任次长。参事层面则让长期担任参事的汤中由专门教育司司长重归参事处。秦汾正式出任参事。调时任四川大学校长、美国留学生任鸿隽出任专门教育司司长。任鸿隽（1886—1961），四川巴县人，晚清末科秀才，先后就读于重庆府中学和上海中国公学，1908 年赴日本留学，其间入同盟会。1911 年武昌起义后归国，任孙中山临时总统府秘书。1912 年由稽勋局派遣赴美留学，先后获得康奈尔大学化学学士和哥伦比亚大学化学硕士。任氏出任专门教育司司长，一方面表明范氏更为注重与高等教育界的良好沟通，另一方面也说明留学欧美人员在教育部决策层的力量进一步上升。普通教育司司长则由时任北京高等师范学校校长的陈宝泉取代张继熙出任。陈宝泉（1874—1937），字筱庄，1896 年参加强学会，1897 年考取京师同文馆算学预备生，1902 年任天津民立第一小学堂教员，同年又协助严修创办天津师范讲习所，1903 年留学日本专攻速成师范科。1904 年回国后历任天津地区各小学教务长，旋入直隶学校司，1905 年任直隶学务公所图书课副课长，主编《直隶教育杂志》，年底随严修到学部任职，由主事升至郎中，还曾任普通教育司师范科员外郎，1910 年擢升为学部实业司司长。
1912 年 7 月被教育部任命为北京高等师范学校校长后大力进行改革，
其间还应教育部委托主持召开全国高等师范学校校长会议，并取得丰硕
成果。陈氏此次就职，直到张作霖军政府成立前一直担任该职，是普通
教育司自袁希涛之后最为重要的人事安排。原司长张继熙出任皖教厅长
也有着极大背景。直奉战争之后安徽倪嗣冲下台，使久受摧残的安徽教
育有了发展机会，在教育部和京师安徽知识分子的操作下，当时胡适即
参与其中，调任张继熙出任皖教厅长，揭开了安徽教育新的一幕。
(2) 佥事视学层面及秘书层面新增之人大多系范氏先前重用之人。新
增佥事 2 人，即陈延龄和庄恩祥。二人均为民国元年范源濂任内委任的
首批 22 名主事。新增视学 3 人，即张邦华、曹冕、刘念祖，加强视学
处力量。张邦华，字燮和，浙江海宁人，曾就读于南京矿路学堂和日本
弘文学院，时任教育部佥事；曹冕，字净修，广东番禺人，举人出身，
美国华盛顿大学文学学士，历任广东高等师范学校、北京中国大学、孔
教大学及清华学校教授，[①] 时任教育部署理佥事；刘念祖为范氏第二任
内新增秘书。秘书处因徐鸿宝、凌念京辞职，素有"康门十三太保"
之称、长于文才的主事罗普兼任秘书，同时新增秘书任鸿隽，但不久任
氏改任司长，凌念京再任秘书。就这一层面升任人员来看，范源濂对部
员依然按才施用，并无明显的党派之见和培植私人势力的考量。此时期
人事调整还有一个特点即开始清理部员。这是因为当时教育部已经人满
为患，有名无实、不按时到部之人颇多。

范源濂第三任内所做的人事调整，不仅在傅岳棻基础上又引进留
学欧美之人进入决策层，进一步增强了欧美留学生在教育部的力量，
从而为此后借鉴欧美制度推进教育法规建设做了人事方面的准备，而
且依然坚持民初蔡元培的"能者在职"原则，再次显示出民初蔡、范
合作对人事的深远影响，部内行政效率在动荡政局中重新得到提高。
更为重要的是，这一时期形成的人事格局尤其是参司人员群体在此后
一段时期保持了相对稳定，不仅有利于机构运转在纷扰政局中得以正
常维持，而且与教育界保持着较好的沟通渠道，这对后期总长陷于频
繁更迭中的教育部行政活动起到实际的钳制作用，使其在一定程度上

---

① 樊荫南编撰：《当代中国名人录》，良友图书印刷公司 1931 年版，第 254 页。

能够顺应时代潮流采取相应的举措在混乱时局中推进教育发展，直接的原因即在于此。

从 1916—1921 年间人事演变来看，首先是教育总长相对较为稳定，突出表现为范源濂两次出任和傅增湘连续三任，中间仅傅岳棻为过渡阶段，使人事得以在范氏第二次总长任内初步调整的基础上循序进行，虽然在傅岳棻任内受到了一定的冲击，但在范氏第三次总长任内又得到了一定的纠正；其次表现出历任总长在进行内部人事调整时，都基本上秉承"能者在职"的思路，特别是范源濂任内根据这一原则进行的人事调整首尾相应，两位傅氏总长又能延续坚持，应该说这一时期教育部员工作积极性颇高，特别是有着欧美留学经历人员的加入，使教育部有可能顺应世界教育发展大势筹划中国的教育事业；再次，人员调整的最终结果使教育部与教育界形成了较为密切的联系，此后虽然整体上教育部与教育界渐行渐远，但除频繁更迭的总次长外，其他部员对教育界的活动也能够参与其中，其能够在此后政局动荡之中采取措施推动义务教育、国语运动等的发展，即是这一时期人事调整的结果。人事调整之所以能够有上述现象，究其根本在于当时政治局势虽然混乱，但实际掌控权在皖系之手，追随段祺瑞的范源濂及与北洋派系关系紧密的傅增湘能够连续出任。就实际的执政情况看，总长们均为富有教育经验之人，不乏筹划和推进教育事业的理想，而人事调整则是贯彻和实现自己教育理想的首要之事，因而人事的调整是总长执政思路的体现。

（二）1921—1926 年：稳定与动荡的双重格局

1921 年之后，直奉两系在度过合作的蜜月期后，双方争斗日益剧烈，最终导致 1922 年的第一次直奉战争。胜出的直系虽然完全掌控了北京政权，但其内部也存在着派系之争，先是吴佩孚主导中央政权，继而是津保派取得优势，但随着曹锟贿选丑闻的发生，直系统治的命运走向终结。1924 年第二次直奉战争中直系战败，皖系、奉系、国民党以及国民军力量在北京政局中犬牙交错，直到 1926 年段祺瑞执政府下台，国民军退出北京，奉系才真正掌控中央政权，北方政治局势得以平静。因而 1921—1926 年间是民国前期政治局势变化最为剧烈的时期，教育总长频频更迭之下，内部人事演变也相应最为频繁。

表 4.10 1921—1926 年期间教育部新晋和新任人员情况表

变动人员 / 总长	次长	参事	司长	佥事	视学	科长	秘书	编纂	主事以下人员	备注
范源廉	0	1	0	1	0	0	2	0	1	马邻翼代部
黄炎培	1	0	1	4	1	0	1	0	2	齐耀珊兼署
周自齐	0	0	0	0	0	0	0	0	0	
黄炎培	3	0	0	0	0	3	3	0	0	高恩洪兼署
王宠惠	0	0	0	0	0	0	0	0	0	兼国务总理
汤尔和	1	0	0	1	0	4	2	0	2	
彭允彝	2	0	0	1	1	1	9	4	13	
彭允彝	0	0	0	0	0	0	0	0	0	
黄郛	1	0	0	0	0	0	2	34	9	
范源廉	0	0	0	0	0	0	0	0	0	未就
张国淦	1	0	1	2	0	0	9	0	6	
黄郛	0	0	0	0	0	0	0	0	0	
易培基	1	0	0	0	0	0	3	1	1	
王九龄	0	2	1	2	0	0	5	26	15	马叙伦代部
章士钊	1	0	1	2	0	4	3	0	6	
易培基	0	0	1	0	0	0	2	0	0	
马君武	0	0	0	0	0	0	0	0	0	
胡仁源	0	0	1	0	0	0	4	0	0	
黄郛	0	0	0	0	0	0	0	0	0	
王宠惠	0	0	0	0	0	0	0	0	0	未就
总计	11	3	6	13	2	12	45	64	55	

资料来源：刘寿林《辛亥以后十七年职官年表》，中华书局1966年版，第65—69页；《政府公报》第181册第36、319页，第182册第446页，第183册第505页，第185册第349、429页；第186册第151、291—293页，第192册第493页，第193册第60页，第194册第3、112、147页，第195册第315、349、541、547页，第198册第45、332页，第199册第27、288、415、575页，第200册第73、327、365、423、513、520、568页，第204册第106、204、243—245页，第205册第15、119、245—246、445、470、523—524、599页，第206册第71、123、469页，第208册第175、323、369页，第210册第344页，第211册第467页，第213册第24、55、69、132、169、547、600、634、644、702页，第214册第41—42、91、221、364页，第215册第121、160、445—446、370页，第216册第286、387—388、489页，第217册第161—162、241、455页，第218册第265、343、351页，第219册第102、151、185、249页，第221册第104、335、367、511页，第222册第35、36、109、294、372页，第223册第23、189、361、475页，第224册第319页，第225册第25、237、317、333、405页，第226册第20、97、125、163、203、255页。

我们先来看次长、参事及司长等教育部决策群体人员调整。1921—
1926 年间，次长共有 11 次变更，参事有 3 人调整，司长有 6 人更迭。
教育次长作为总长的重要助手，多为总长选拔推荐，不仅政治立场往往
与总长相近，而且学识背景及个人关系也非常紧密，因而大多随总长共
进退，这是政治局势冲击的直接表现。但我们看到，总体上次长变更频
率远低于总长，而且有 5 次变更集中于两位总长任期内，因而其他时间
便出现一位次长历经多位总长的情况。前已述及，次长的职能为辅佐总
长整理部务，因而这一群体相对较缓的更迭有利于维持教育部在政潮冲
击之下的正常运转。

参事先后 3 人调整，其中范鸿泰为暂时过渡，主要是陈任中和吴震
春两人。陈任中，字仲骞，江西赣县人，光绪壬寅并科举人，清末历任
京师大学堂检察官和监学官、京师督学局局员、学部专门司科员，北京
教育部成立后即任教育部科员，时为佥事兼秘书。吴震春，字雷川，浙
江杭县人，清末进士，清末历任翰林院编修、浙江高等学堂监督，北京
教育部成立后即任佥事。[①] 从上述资料来看，两人均为学优之士，且久
历部职，富有教育行政经验，在此时期先后进入参事处，与原来的参事
秦汾、邓萃英形成了内外兼济的人事格局，既增强了参事处拟定各项法
规的力量，也可以通过与教育界的良好关系而对外部动向作出反应，如
1922 年学制会议的召集即是参事及司长推动的结果，[②] 推进义务教育、
国语运动发展，出台《外人捐资设学认可办法》等项措施的背后都有
参事们的身影。[③] 司长层面的 6 次调整全部集中在专门司，说明这一时
期处理与高等教育界的关系成为教育部行政的重心，也是此时期高等教
育界与教育部关系紧张的真实反映。专门教育司具体人员的调任反映了
各个阶段教育部整顿高等教育的不同思路，基本上经历了初期以加强沟
通为导向向后期力图压制的转向，其中以章士钊任内刘百昭的出任最为
典型。

再来看佥事以下层面人员的调整。视学和科长的调整分别为 13 人、
2 人和 12 人，虽然数量上比参事人员调整多，但其人员基数却是参司

---

① 樊荫南编撰：《当代中国名人录》，良友图书印刷公司 1931 年版，第 82、277 页。
② 《学制会议筹备之经过》，《申报》1922 年 9 月 20 日，第 7 版。
③ 杨思信《民国政府教会学校管理政策演变述论》，《世界宗教研究》2010 年第 5 期。

以上人员的七八倍，因而调整的幅度相对而言并不大。这一时期人事调整幅度较大的部门，主要是与教育总长联系较为紧密的秘书以及人员众多的主事以下人员。秘书作为特殊部员，虽然人员数额有明确规定，但大多均系总长亲信，升迁流徙较快，因而调整多达45人次。主事以下人员在这一时期几有不可控制之势，由于人员过多、薪资过少又不能及时发放，消极怠工及常不到部多发生于这一层面，历任总长也曾多次清理，但历次清理之后又延引新人入部，致使人员不减反增，造成了后期教育部人满为患、效率低下。至于编审处，前在机构演变中已经述及，起初并没有设以实缺，且机构变迁过频，这一时期即经历了几次变迁，每次变迁后人员均要重新派定，出现了人事调整数量较高的现象，实际并非全部为新增人员。

1921—1926年的人事演变最大的特征是频繁，不仅体现在总长层面，其他层面相较于前期也是如此。但在总体频繁的特征之下，又有着一些具体的特点：首先是其动荡程度在各个层面不尽一致，呈现从总长、秘书到佥事、参事逐步递减的趋势；其次是大规模的调整多集中于少数几位总长任内；再次是专门教育司成为变化最剧烈的部门。说明在时局不稳的情况之下，总长们大多持维持立场，仅有少数总长因各种因素进行了较大范围的人事调整。处理好五四运动后与高等教育界的关系显然成为教育部较为重要的事情，这也是专门教育司人员调整过多的最主要背景。这一时期人事变化的特点不可避免地影响着教育部行政活动。首先就教育总长而言，过度频繁地去留导致除个别任期较长的总长任内有所规划和推动之外，大多数总长仅限于部内人事的调整和重拾以前教育部未尽计划，根本没有时间和精力进行新的规划。总长的这种缺憾在次长以及参事司层面人事的稳定中得到了一定程度的弥补，参司层面在教育部中起着辅佐核心决策和负责教育部具体运作的职能，使其他层面人员的变动对教育部的影响始终局限于事务层面，并没有触及教育部行政的大方向。

（三）1926—1928年：派系一统下的相对稳定

1926年4月20日段祺瑞临时执政府垮台。南方的国民党已经实现了与共产党的合作，在稳固其在广东的政权之后积极筹备北伐。面对来自南方的压力，北方各派军阀力量逐渐形成以奉系为主的格局，但各派争斗不断，内阁重组困难重重，近三个月时间里教育总长位置虚悬，一众部员人心涣散。至 6 月杜锡珪内阁成立后，在乡榜同年张其煌极力向吴佩孚和顾维钧推荐的情况下，[①] 当时吴佩孚也有拉拢西南军阀势力之意，遂任命时在北京居住的贵州政教界名人任可澄出任教育总长。任氏后在顾维钧内阁获得续任，教育部的局势才算平静下来。

任可澄，字志清，贵州普定人，清末举人。1904 年任贵州学务处参议，参与创办贵州通省公立中学堂、贵州优级师范选科学堂、宪群法政学堂，1909 年参与组织宪政预备会，成为贵州宪政派首领人物之一。辛亥革命后，历任大汉贵州军政府枢密院副院长、贵州都督府右参赞、黔东观察使、镇远道尹、云南巡按使等职。1915 年参与组织护国军讨伐袁世凯。1916 年 6 月 6 日曾被任命为云南省长，但任氏并未到职。1917 年 7 月护法之役中任广州军政府内政部长。1920 年"民九事变"后，被推为贵州代省长和省长，1922 年袁祖铭定黔前离任。这样一位在云南乃至南部数省区政教界举足轻重的人物出任教育总长，成为急欲拉拢西南势力以对抗南方国民党人的北京政府的理想人选。

此时的北京政权已处于奉系势力控制之下，虽然在阁员配置上奉系依然考虑吴佩孚的意见，但也仅限于诸如教育部一类地位不太重要的部门。上任后的任可澄也深知其中利害，因而在教育部人员调整过程中不能不顾及这一现实，对奉系人物多有提拔和重用。其时南方国民党人已通过西征南伐稳定了广东局势，并与共产党开展合作准备北伐，北京政府内部许多与国民党关系密切的人员纷纷辞职南下，此类人员的离去也成为教育部人事调整的触发因素，同时也限制了其人事调整的来源渠道。任氏上任之后，一方面注重提拔贵州人士和奉系人员，一方面也比较注重所提拔部员的才干以稳定部内人心。

表 4.11　　　　　　　　　　任可澄掌部期间人事变动简表

部门	人员变动情况	人事变动原因
次长层面	1926 年 7 月 22 日胡汝麟任教育次长；12 月 31 日秦汾暂兼代理次长	12 月 31 日胡汝麟辞职

---

① 何静梧、龙尚学主编：《贵阳人物续》，贵州教育出版社 1996 年版，第 153 页。

续表

部门	人员变动情况	人事变动原因
参司层面	1926年9月22日秦汾暂兼代司长；11月27日秘书罗普署理参事，佥事杨晋源暂署参事；1927年3月9日任命罗普、杨晋源为参事；3月15日吴家镇暂行代理司长	9月专门司长罗惠侨名为视察大学，实则已经南下任职；11月27日署参事吴震春辞职；1927年3月9日邓莘英去职南下
佥事视学	1926年11月20日，吴家镇先行署理朱炎遗缺；主事杨维新署理沈彭年遗缺；11月27日，秘书路朝銮署理视学，派主事史甸暂署佥事；1927年1月15日路朝銮署视学补齐宗颐遗缺，蔡以锐、戴修鹭、乔曾佑以荐任职升用；2月7日，杨维新署佥事，左仲、吴家镇为佥事；4月2日，任命史甸为佥事	佥事朱炎另有任命，佥事沈彭年去职，佥事周树人去职，视学齐宗颐另有任用
秘书编纂	1926年8月7日，派罗普、路朝銮、陈祥翰、孙世杰、吴鹏基为秘书；8月9日，派王抚洲为图书审定委员会委员；先后新派秘书处办事人员多达21人	当时原秘书请辞，秘书处办事员也多有离部
其他层面	1926年11月20日，一等额外部员赵梦超署理主事，张中达调署主事；11月27日委任暂署主事裴善元为主事，一等额外部员凌煦代理主事；1927年3月15日，委任凌煦为主事；此外新派和升用一等额外部员15人，新派二等额外部员14人	时杨维新、吴家镇、史甸等升任为佥事，一二等额外部员各有5人去职

资料来源：《政府公报》第229册第203、283、385、407—408页，第230册第151、224、371、419页，第231册第32、263—264、327—328、359—360、371页，第232册第31、96、99、151、327、387、505页，第233册第53、107、177、269、387页，第234册第192、344页。

　　从表4.11中，我们可以看到教育部各个层面均出现了大量人员辞职或离职，因而此时期许多人升用和新人进入。我们试对各层面人事变动作一分析。（1）教育次长由胡汝麟出任。胡汝麟，河南通许人，京师大学堂肄业，虽然有过任河南高等学堂教务长的短暂教育经历，但其大部分时间从事经济工作，曾任全国烟酒专卖局总办。此次出任次长，似有借重其经济才干解决教育经费的用意。（2）参司层面，罗惠侨、吴震春、邓莘英请辞，其中罗邓两氏实际已经南下。吴家镇、罗普、杨晋源、秦汾得到晋升。吴家镇，字重岳，湖南湘乡人，此次升用与其有留学管理经历有关，因为此时教育部的重要任务之一即是处理涉外学生及教会学校。如前所述，罗普名列"康门十三太保"之一，是享誉政教两界的才子。秦汾则是美国哈佛大学毕业生，且久任参事。与此三人以才干得以升用相比，资历、才干各方面均无名望的杨晋源得到升用，其奉天省籍成为最重要因素。（3）秘书处的人事更迭更能显示任可澄的用人思路，贵州人路朝銮、吴鹏基等被任命为秘书，杨维新等奉省人员入秘书处办事，地域因素和派系关系成为任氏提拔人员的重要考量。（4）佥事层面出现了多人辞职现象，刚提拔任命在秘书处办事的杨维新、史霈等人又被迅速荐任佥事或暂署佥事，反映了这一时期教育部人事动荡的实态。（5）主事以下层面出现了人员的大量更动，仅额外部员群体就新进 29 人，同时有 10 人去职。

从任可澄掌部期间的人事变动来看，南方局势的迅速发展已经吸引了北方革命派或倾向革命人士南下，教育部渐为依附于奉系军阀政府的人士占据，这种人事变动使其主要精力在于维持部务的运转，致力于教育革新的内在动力渐息。

1927 年 6 月，张作霖成立安国军政府，自任大元帅，中央各部门全由奉系人马接管，刘哲出任教育总长。刘哲是奉系人物中较为少见的政治和教育双料名人，不仅担任过吉林政法专门学校校长、东北政府教育总长，而且还历任吉林省第二三届参议员、众议院议长及北京政府参议员、大总统顾问，在私交上也同张作霖过从甚密，正是凭借此等经历和人脉关系，才得以成为北洋政府最后一任教育总长。对于刘哲与张作霖的这种"文人"与"响马"之间的亲密关系，知情人士谓"除他俩都是东北故土之人一说而外，再未找出其他原因"①，而刘哲则对张作霖怀有知遇之恩和效忠思想。

刘哲上任时，正值国民党通过发动"四·一二"政变迫害共产党，第一次国共合作宣告失败，国民党取得了南方军事力量的控制权，只是一时无力继续北伐，使北方军阀政权得到喘息和整顿的机会。对于部员的离部南下，刘氏对此先有所知，因而在未到部前接受记者采访时对人事调整进行了说明，他将对"在南方已经就事者；欠假不归或兼差挂名者；自请辞职者"三类人予以裁汰，其余人等则"按其资格成绩，分

---

① 九台市政协文教卫生委员会编：《九台文史资料》（第五辑），1999 年版，第 144 页。

别酌留"，并谓"此来一人未带，绝无乘机援引私人之心"①，事实并非
如此。此时期人事更动大体情况如下。

表 4.12　　　　　　　　刘哲掌部期间人事变动简表

部门	人员变动情况	人员变动原因
次长层面	1927 年 6 月 25 日，林修竹出任次长	暂代次长秦汾辞职
参司层面	1927 年 6 月 27 日社会司一科科长徐协贞暂代专门司司长 1927 年 7 月 7 日孙树棠任专门教育司司长，刘凤竹充社会教育司司长，二人对调 1927 年 7 月—10 月间，史霈、周从政任参事，派王丕承、杨策、王明辰、关鸿翼在参事上任事 1928 年 3 月 5 日专门司第一科长吴家镇代理专门教育司司长	当时司长系吴家镇暂代陈宝泉辞职，高步瀛辞职 专门司司长刘凤竹请假
佥事视学	1927 年 8 月 18 日派张树珊在视学上任事，8 月 29 日派曲永声在佥事上任事，12 月 5 日派牟文芳在佥事上任事；1927 年 10 月 7 日，派陈懋治、柯兴昌等 24 人为佥事，派张邦华、钱家治等 12 人为视学，派郭显钦为技正	对所有佥事、视学重新任命，增设佥事上任事、视学上任事等层级
秘书编纂	1927 年 7 月 21 日派吴玉琛、王泽同、赵成蕖、张希天、谭鹏志、步翼鹏暂充秘书，8 月 23 日派姚人龙为秘书，10 月 4 日荐任姚人龙、刘致中为秘书，4 月 2 日秘书刘致中辞职，荐任黎敬夫为秘书；这一时期秘书处办事员有 22 人；10 月 26 日，派罗普、袁叙庵等 16 人为编纂员	原有秘书请辞；图书审定委员会又改为编纂处，新系编纂各员
其他层面	1927 年 11 月 23 日，委任赵德孚、德启等 39 人为主事；后有 4 人署理主事	重新任命各主事；三人被免职或停资

资料来源：《政府公报》第 234 册第 548 页，第 235 册 135、215、218、247、323、649、717、797 页，第 236 册第 3、215、457、524、559、629、703、775、879 页，第 237 册第 173、345、383、559、703 页，第 238 册 516 页，第 239 册第 91、141、509—510、621、797—798 页，第 240 册 136 页；《晨报》1927 年 7 月 1、2、3、8、11、17 日，8 月 22 日，9 月 26 日；刘寿林《辛亥以后十七年职官年表》第 71 页等有关内容。

　　由上表可知，北京政府最后一任教育总长、奉系人物刘哲掌部期

---

① 《刘哲发表谈话》，《世界日报》1927 年 6 月 25 日，第 3 版。

间，虽然标榜教育事业非一党一派之事业，也无趁机"援引私人之心"，但教育部还是基本上为奉系人物所掌控：（1）在核心层面，暂代次长秦汾辞职，胡汝麟再次出任，五个月后辞职，林修竹出任次长。林修竹（1884—1948），字茂泉，山东掖县（今莱州市）人，清末秀才，1902 年留学日本，归国后曾历任山东高等学堂教务负责人、山东省教育司科长、省长公署教育科主稿兼实业科主稿等职。此次出任即与其乡籍背景有关，同时也表明北京政府仍然注重人员的教育背景。参司层面，周从政代替杨源出任参事，孙树棠、刘凤竹出任专门教育司和社会教育司司长，二者均为吉林人。史葆系 1916 年高等文官考试合格分部人员，虽非东三省人物，却是刘哲在京师大学堂的同学，此次升任参事当缘于此。①（2）在佥事和视学层面新升用 7 人，从人数上看幅度并不是很大，但最关键的是这些人分科办事后马上出任科长，掌一科行政大权，从而使刘哲实现了对教育部各科的掌控。张清修派入总务厅文书科，刘念祖派专门教育司第二科，张树珊派社会教育司第一科；科长陈懋治辞职，陈延龄接任；吴家镇代理专门教育司第一科科长，原科长齐凤竹请假；张文廉请假，普二科科长胡庸诰暂行兼理普四科科长，王家驹为普四科科长；谢中为社二科科长，并对普二科、统计科科长予以更换。（3）原来并不在官制之中的编纂处，在 1926 年成为实缺官制之后，设有编纂处处长一职掌领导之责，此次也由吉林人成多禄出任处长。秘书处人员更是逐渐被全部更换。如果说，此前的教育部多少还留有一些容纳各方贤俊的余地，此次的调整则彻底阻塞了教育部的纳贤之路，基本成为奉系人物的天下。

由于财政窘迫，刘哲任内不得不实行大量减员。先是"部内各员均可视察学务"，欲将"视学员缺裁撤"，最终保留十二名视学员。减参事四名为三名，另一名额改设总务厅厅长一职。其他"佥主技三项未加裁并"，但将人员众多的"一二等额外部员均改称为候补部员，员额设一百三十名，较前减去三十名"②，至 7 月 10 日阁议又减去三十名。③连安插长官亲信的秘书处也未能幸免，先后裁去秘书处办事员十余

① 《京大各科部学长昨开会议》，《世界日报》1927 年 9 月 6 日，第 6 版。

② 《教部官制昨已提交国务院》，《晨报》1927 年 7 月 8 日，第 7 版。

③ 《教部又打破三十个饭碗》，《晨报》1927 年 7 月 11 日，第 7 版。

人。① 经上述裁减，教育部人员大大减少，只不过我们要看到这是经费困难、时局动荡之下的被动之举，而非刘氏注重行政效率的主动施为。

任、刘二氏任内的人事演变有着非常浓厚的没落气息。首先，其人事演变的主要原因是教育部人员的南下或离部，人事调整的被动性非常明显。其次，人事调整在原有部员的基础上，新进人员的渠道大大收窄，大多是东三省人员或依附于奉系之人。因而，即使任、刘两人有着重振部务的打算，在北京政府走向专制独裁、南方国民政府力量壮大之时也无能为力，何况任可澄政治重心在云南而非北京、刘哲又身为奉系人物，两人任内的人事调整也只能从巩固奉系统治的立场出发。

总体来看，1916—1928 年间教育部人事变化，基本上以 1921 年为界划分为两个明显不同的阶段，两个阶段之间又有着相互影响的内在关系。1921 年之前，教育部总长历经范源濂、傅增湘、傅岳棻及范源濂，且任期均较长，总长相对稳定也限定了内部人事调整不会有大的幅度和频率，而且事实上两位傅氏总长也仅是进行了局部调整，这一时期人事变化的重心落在范源濂两次出任总长任内。1921 年之后，总长出现了较为频繁的更迭，直到最后两年才相对稳定。此是这一时期人事演变的总体特点，其主要原因是政治因素的影响。就内部人事调整来说，1921 年前，总长们对参司以上层面进行重点调整以及做好文官考试分部人员的安置，到后期引进新人充实教育部决策力量及清除冗员以提高行政效率的转变，使这一时期教育部运转比较正常，行政效率也较高。1921 年后，内部人事的变更纷纭无常，但前期形成的参司层面群体在这一时期得到了较好的维持，次长变更也相对较缓，呈现出中间稳定、两头混乱的特点，这是因为在政治局势极端恶化时期，历任总长不能久安于位，又身在派系相争的旋涡之中，采取既能维持部务正常运转又能一定程度上安置亲信、加强控制的做法无疑最为现实。就人事调整原则来说，1921 年前历任总长基本上坚持了民初蔡元培时期"能者在职"的原则，不仅体现在荐任职以上人员，即使主事以下人员也以文官考试合格人员为主，并没有为其他途径求职人员大开绿灯，其结果使教育部人事结构较为合理，行政效率明显提高。1921 年之后，各派力量争斗加剧，政治局势日趋恶化，中央政府频频改组，教育总长更迭速度也大大

---

① 《教育部又行裁员》，《晨报》1927 年 9 月 26 日，第 7 版。

加快，教育部人心不稳，人事变动幅度加大，人事录用原则被破坏，行政效率也迅速降低，特别是最后两年北京政府日暮途穷之际，总长们更是只能大量任用奉系人员及本省籍人士来充任各职，至于教育资历只能沦落到次要因素。

人事组织及演变情况反映了这一时期错综复杂的政治、经济及文化环境对教育部的综合影响，先后登台的总长及各时期的教育部员对于局势的判断也各不相同，其推进教育的努力程度、侧重点和成效也不尽一致。

第三节 行政路向及活动轨迹

1916—1928 年间，教育部在政治经济文化等领域急剧变化的外部环境的冲击下，面临着恢复教育秩序的历史任务，在历任总长的努力下，不仅较好地完成了教育秩序的恢复，还开创了全面推进教育发展的新局面。新文化运动、五四运动中西方教育思潮的涌入促发了教育变革大潮，而教育部却陷入此起彼伏的政潮之中而动荡不安，就是在这样的环境下，仍然应教育变革大潮采取了一些行动。对这一时期的行政路向和活动轨迹进行系统梳理，不仅能够整体认识这一时期教育部活动的总体特点，还能反映内部因素的综合影响，从而全面认识和深入理解教育部的活动。

一 帝制后对教育事业的恢复和推进：1916.6—1919.5

1916 年 6 月，随着袁世凯的去世，帝制活动宣告全面中止，受帝制冲击的教育事业亟须恢复和整顿。进步党人范源濂第二次出任总长，颇得段祺瑞倚重，得以在任内放手施为，将其教育理念予以贯彻，促进了教育事业的迅速恢复。范去职后，继任总长傅增湘连续三次出任，任内承接范氏掌部思路，根据实际将"小学以先务"发展为以中学教育为中坚，采取一系列举措进一步推进教育发展，教育领域呈现出全面推进的勃发景象，这种趋势一直延续到五四运动爆发前夕。

（一）范源濂掌部期间的恢复和初步推进

1916 年 7 月范源濂第二次出任教育总长。范源濂上任之后，即表示要"切实实行元年所发表的教育方针",并主张大力提倡军国民教育。① 但此时范源濂面临的局势颇为微妙,因为虽然受帝制的冲击文化教育界兴起反对复辟的潮流,但巩固共和政体究竟采取何种手段依然争讼未休,尊孔思潮并未与帝制一道消殒,新文化运动尚未达到影响一般国人心理的程度。对于中央教育行政而言,实际上处在行政走向的十字路口。因而范氏恢复民元教育方针的执政思路实际上起到了拨正历史航向的重大作用。正是在此执政路向指引下,教育部首先废止袁氏教育宗旨,恢复民元教育方针,继之又全面清除各项制度中的帝制因素,使教育事业开始在民初开辟的道路上前行。

表4.13　　　　范源濂二任教育总长期间废止和修正法令一览表

颁布时间	类别	法令名称	废止或修正
1916.9	大总统令	教育纲要	撤销
1916.9	教育部令	高等小学以上学校考试摘默办法	废止
1916.10.9	教育部令	国民学校令	修正
1916.10.9	教育部令	预备学校令	废止
1916.10.9	教育部令	国民学校令施行细则	修正

资料来源:陈学恂《中国近代教育大事记》,商务印书馆1981年版,第280—281页;《政府公报》第92册第364页,第94册第335—337页。

通过对相关法令规程的废止和修正,教育部撤销了袁氏所颁布的《特定教育纲要》,恢复了民国初年的教育方针;废除了具有等级色彩的普通教育"双轨制",恢复"单轨制",在教育方向和学制方面清除了帝制时期的不良影响。但囿于当时的社会情境,范氏在废止读经问题上没有彻底进行,虽然当时参事处已经将袁世凯时期"擅改不合之处"都做了修改,范源濂却采取了折中办法,"只于国民学校的一分划诺,其余是托词暂搁,永远不理",即仅修正国民学校不再设读经一科,其他各级学校并不废除读经。其中原因,时在教育部任职的许寿裳认为"其取消国民学校之读经者,所以杜教育界之谴责;其留存高等小学及

---

① 陈学恂主编:《中国近代教育大事记》,商务印书馆1981年版,第280页。

师范学校之读经，所以买遗老们之欢心"①。范氏作出如此决定，看似稳健作风之结果，其实也反映了他对读经一事的保守立场，更重要的是这也是当时人们普遍心理的反映。时任教育部社会教育司第一科科长的周树人也曾联合许寿裳、张宗祥等人写信给范，反对仍进行"祭孔读经"②，但这样的抗争最终石沉大海。

　　在初步清除帝制对教育的影响之后，范源濂开始延续民国初年蔡元培和范氏第一次任期内以召开教育会议筹划和制定全国教育大计的执政思路，秉持推进教育事业从普通教育着手和社会教育与学校教育并重的理念，并根据欧战期间我国民族资本主义工商业发展亟须实业人才的现状，连续召开全国教育行政会议和全国实业学校校长会议两次全国性教育专业会议，将集全国教育界人士之智慧推进教育发展的思路拓展到专业教育领域，在职能实施方面推进了教育行政近代化进程，并取得了较好的成果。其中 1916 年 11 月召开的教育行政会议，重点在于普通教育之推进及地方教育行政机关之改造，兼顾社会教育。1917 年 10 月 12 日召开的全国实业学校校长会议，则是专门讨论实业学校发展大计。两次会议的简况见下表。

表4.14　　　　范源濂二任教育总长期间全国性教育专门会议成果一览表

会议名称	会议成果	与会人员
全国教育行政会议(1916.11)	共形成推广国民学校办法案、检定小学教员办法案、小学教员俸给案、各地方孔庙附设社会教育机关办法案、关于劝学所之设置及其职权案、厘定视制度案、蒙民教育暂行办法案、新疆教育暂行办法案、承垦官荒以充教育基金案、请根据地方习惯改一学年为两学期并仍用春季始业案、请规定中等学校校长任用资格案、请限制中等学校招生资格案、对于中小学教科及教科书建议案、学校事务宜分掌案、规定假期作业方法以资利用而图补救案、整顿社会教育首宜改良戏曲以收速效案。共 16 项议决案。其中前 4 项为教育部交议案，其余 12 项为各省区议案	教育部与京师学务局职员、各省区教育科职员

①　刘勇编选：《中国现代学术经典：许寿裳卷》，北京师范大学出版社 2011 年版，第 312 页。

②　陈学恂编：《中国近代教育大事记》，商务印书馆 1981 年版，第 280 页。

续表

会议名称	会议成果	与会人员
全国实业学校校长会议（1917.10.12）	共形成实业学校普通学科与实业学科联络之方法案、实业学校体察各地方状况及应时势需要之点案、实业学校应注意管理训练养成学生乐就实业界职务之习惯案、实业学校宜注重实习使学生确能施诸实用之办法案、实业学校应与实业界联络俾毕业生得有相当之职业案、实业学校教员目前应依何法造就之案、实业学校应互相联络调查教材以求切合地方情形案、注重实业补习学校以增进国民之生活能力案、扩充甲乙种实业学校校数案、振兴实业学校办法案、强迫艺徒职工补习教育办法案、请提出工会法交国会通过公布案、推广商业学校暂行办法案、省会商埠及商业繁昌之县高等小学宜将商业一科特别注重案等40项议决案。其中前8项为教育总长交议案，其余32项为与会各校代表提交议案	各省区甲乙种农工商各校由行政长官各遴选一人参加，如无此种学校，可派讲习科人员参加；教育总长派部员参与讨论，但无可决权

资料来源：邰爽秋等合选《历届教育会议议决案汇编》，教育编译馆1935年版，第482—568页；多贺秋五郎编：《近代中国教育史资料》（民国编上），文海出版社1976年版，第503—504页。

　　由上表可知：（1）全国教育行政会议重点在于国民教育，包括国民教育推广办法、小学教员检定、教员俸给及配套县级行政机关的建设等事宜，与前期《义务教育施行程序》之内容相比对，可见上述举措实为《义务教育施行程序》之余绪，也是范源濂素来注重普通教育和提倡军国民教育思想的体现。对社会教育及中学教育也有所涉及，其着眼点在于教育普及，以地方行政机关的改造作保障，从普通教育和社会教育两方面同时推进，承继了蔡元培发展社会教育的思路。（2）实业学校校长会议不仅以实业教育与社会经济的联络作为重点，而且详细讨论了实业学校的招生、师资、教材、学校管理以及毕业生等，对各具体门类的实业学校存在的问题亦进行了探讨，其着眼点是适应欧战期间我国民族资本主义迅速发展的客观要求，因地制宜培养实业专门人才。这些内容有的不久后即形成法令颁布，如审查教科规程、检定小学教员办法、小学教员俸给规程及中小学校长及劝学所长任命办法，并于1916年底和1917年间得到颁行，使小学教育得到迅速恢复。由于范氏于1917年11月离任，更多的议决案是在范氏的继任者傅增湘任内得到颁行。

　　范氏任内的又一重要举措是以任命蔡元培为北京大学校长为契机，

开始对高等教育进行改革，这也是民初教育部人事组织在教育事业推进中的具体延伸。早在与蔡元培合作期间，两人就形成了蔡注重高等教育而范注重普通教育的互补局面。范源濂就职后，调任北京大学预科学长沈步洲出任专门教育司司长，即有谋高等教育之整顿而将北京大学列为整顿之先的考虑。当时作为全国最高学府的北京大学依然在保守势力的控制之下，暮气沉沉、"声名狼藉"，[①] 亟须改变现状以为全国高等教育之示范。当时军阀势力也企图插足教界，段祺瑞甚至希望由自己的亲信徐树铮出任北京大学校长，这一图谋引起了北京教育界甚至政界的警觉。教育部的主动加上各方的推动，[②] 范源濂遂于 8 月底致电远在欧洲的蔡元培，邀其出任。[③] 蔡氏出任以后，秉承西方特别是德国现代大学理念，结合国内高等教育界期待变革的意愿，进行了一系列卓有成效的改革。同时积极向教育部建言献策，提出一系列大学改革建议。由于此时期范氏与蔡氏的和衷共济，教育部与高等教育界保持了良好关系，对蔡元培主持下的各项改革均予以积极采纳，并以此为蓝本，对原有各项高等教育制度进行了必要的修正和完善，不仅加速了中国大学近代化进程，而且使整个的高等教育进入了一个新的发展阶段。

　　教育部通过采纳全国性教育专门会议议决案、蔡元培所提各项建议以及其他方面的建议案，颁布了一系列教育法令规程，进一步完善和拓展了民初形成的教育法规体系，从而奠定了教育恢复和进一步发展的基础。这一时期教育部所颁法令规程如下：

表 4.15　　范源濂二任教育总长期间教育部所颁法令规程一览表

日期	议决案名称	法规名称
1916.9.19		大学分科外国学生入学规程
1916.10.18		选派留学外国学生规程
1916.12.21	全国教育行政会议对于中小学教科及教科书建议案	审查教科书规程
1917.1.27	全国教育行政会议检定小学教员办法案	小学教员检定办法

---

　　① 高平叔编撰：《蔡元培年谱长编》（第二卷），人民教育出版社 1999 年版，第 6 页。
　　② 沈尹默：《我和北大》，中国社会科学院近代史研究室编《五四运动回忆录（续）》，中国社会科学出版社 1979 年版，第 161—163 页。
　　③ 高平叔编撰：《蔡元培年谱长编》（第一卷），人民教育出版社 1999 年版，第 613 页。

续表

日期	议决案名称	法规名称
1917.2.6	全国教育行政会议小学教员俸给案	小学教员俸给规程
1917.2.6	全国教育行政会议议决小学教员俸给咨询案	小学教员褒奖规程
1917.5.3		国立大学职员任用及薪俸规程
1917.9.6		教育厅暂行条例
1917.9.8		留学日本自费生管理规程
1917.9.19		学制调查会规程
1917.9.27	国立高等学校校务会议议决案	修正大学令
1917.11.30	全国教育行政会议请规定中等学校校长任用资格案	中小学校长及劝学所长任命办法

资料来源：邰爽秋等合选《历届教育会议议决案汇编》，教育编译馆 1935 年版，第 32—33 页；陈学恂《中国近代教育大事记》，商务印书馆 1981 年版；多贺秋五郎编《近代中国教育史资料》（民国编上），文海出版社 1976 年版，第 24—30 页；《教育杂志》9 卷 5 号，法令，第 9、10 页，记事第 35 页。

　　由上表可知：（1）所颁法令规程主要在小学、大学及教育行政方面，说明了当时教育部的施政重心所在，也是范氏注重普通教育、借重蔡元培整顿高等教育以及完善行政体制的执政思路的具体体现；（2）所颁布法令规程中，表现出明显的政策承继性，如汤化龙任内义务教育施行程序有关拟颁法令得到继续，对原有《大学令》进行修正等；（3）所颁布的法令规程依然缺少经费方面的内容。教育经费为教育事业发展之保障，教育部也曾尽力争取，众议院也对此有过响应，如1916 年 12 月份就有众议院议员蒋凤梧等提出建议案，拟将各省官产收入划出五成作为地方教育基金；众议员孙钟等提出建议案，拟咨请政府先行恢复川边教育原状，渐谋扩充，以期巩固边围，[①] 但终未形成相关法令；（4）就两次教育会议形成的成果而言，付诸实施的比率并不高，原因主要是范源濂在会期结束后不久即去职，但这些议决案以后多为教育部陆续采择实施，依然发挥了积极作用。

　　与此同时，范源濂还积极着手准备教育视察，进一步完善和强化教

_____

　　① 《筹备教育基金之建议》《川边教育之曙光》，《教育杂志》9 卷 1 号，记事，第 5、6 页。

育监督体系。先是整顿视学处，"对原有十四视学进行切实甄别，其由
专门出身不通普通教育原理者及原兼他项职务不顾本职者，均予开去本
职，又新调视学三人"①。具体人员为原视学许丹、杨天骥去本职，陆
懋德、刘以钟、赵宪曾试署视学，李步青暂署视学。② 经过人事调整和
力量充实后，教育部于 1917 年 2 月派员对全国学务进行视察。具体人
员分配见下表：

表 4.16　　　　　　　　1917 年教育部视察全国教育人员分配表

区域	人员
直隶、河南、山西	视学张继熙、主事黎惠中
东三省	视学钱稻孙、部员张绂
山东、安徽	视学杨乃康、主事孙鼎烜
江苏、浙江	视学钱家治、主事周开鳌
广东、广西	视学陆懋德、部员雷通群
福建、江西	视学刘以钟、主事王祖彝
湖南、湖北	视学李步青、部员孙炳
四川、陕西	视学赵宪曾、主事吴思训
云南、贵州	视学虞铭新、部员张远荫

资料来源：《教育杂志》9 卷 3 号，记事，第 19 页。

上表显示，此次视察范围覆盖除新疆、西藏、蒙古等边远省区以外
的所有区域，是继民国二年之后又一次大范围的全面视察。此次视察
后，教育部根据视察报告所列各省之问题，分别咨有关各省，就该省教
育整顿提出相关意见。③ 这项视察既有利于教育部对帝制之后各省学务
状况的掌握，进而采取针对性的举措以促进各项教育制度的实施，同时
也对各省学务有着直接的促进作用，视察过后各省区纷纷提出各项教育
发展计划即为证明。④

———————————

① 《教育厅与视学监之搁浅》，《教育杂志》9 卷 1 号，记事，第 5 页。
② 详见第二节人事演变相关内容。
③ 见《教育杂志》9 卷 10 号，记事，第 73 页，教育部整理赣省教育之咨文；9 卷 11
号，记事，第 79 页，教育部咨河南省长整顿豫省教育办法，第 80 页，教育部咨广西省长桂省
教育应行改进各事宜。
④ 见《教育杂志》9 卷 10 号，记事，第 72 页之山东之最近教育计划，第 74 页之浙省长
整顿教育近讯，第 75 页之吉林义务教育概况，第 76 之苏省办理检定教员等。

在积极推进教育事业恢复和发展的同时，范源濂没有忽视教会学校在中国大量存在的事实。早在第一次出任总长期间，范氏即已派员前往日本视察该国对教会教育的对策，为制定相关政策作准备。此后历任总长也进行了一些初期的调查工作。此次范氏开始付诸行动，只是着眼点是将教会学校纳入既有教育体系实现扩充教育的目的，而非对其严加限制。1917 年 5 月 12 日，教育部公布各省区中外人士创设私立各种学校考核待遇方法四条，规定该类学校在满足有关条件基础上、经教育部视察合格后，其毕业生可获得相当之待遇。① 与清末消极取缔的做法相比，教育部在收回教育权方面迈出了有意义的第一步。

范源濂通过恢复民初教育方针，两次召开全国性教育专门会议，及时废止和修正相关法令规程，进一步完善教育法规体系，并派员进行全国性的系统视察，有力地推进了教育行政近代化进程，不仅使全国学校办学方向得以明确，办学行为有所依据，办学过程得到一定程度的监督，教育秩序在帝制之后得到及时整顿和恢复，而且为教育事业全面发展奠定了基础。同时还进行了将教会学校纳入中国教育体系的初步努力，丰富和扩大了教育行政的内涵和外延。

（二）傅增湘掌部期间的全面推进

1917 年 12 月 4 日，傅增湘出任教育总长。如前所述，傅氏出任总长，其此前的丰富教育经验成为重要因素。傅氏为戊戌科进士，1902年 5 月入袁世凯幕，清末新政中被派赴日本考察学务，"赴日考察学务归，袁世凯颇倚以兴学"②。1905 年在直隶创办女子学校，后又设立高等女学、女子师范，其兴学活动体现出注重女子和师范教育的特色。1906 年 5 月，袁氏在天津创办北洋女子师范学堂，任命傅增湘为学堂监督。在傅氏的努力下直隶女子师范教育成为全国女子师范教育的样板。1908 年傅氏受主管学部的张之洞延聘兼任京师女子师范学堂总理，其在教育界的影响开始及于全国。是年 10 月应袁世凯之召出任直隶提学使，得以从一个省的行政层面筹划区域教育事业的发展。其间，傅增湘提出"教化之普行，惟小学实为先务，而小学之推展，又乡僻尤为要

---

① 《教育部布告第八号》，载中国第二历史档案馆整理：《政府公报》（第 108 册），上海书店出版社 1988 年版，第 473 页。

② 沃丘仲子：《近现代名人小传》（下册），北京图书馆出版社 2003 年版，第 56 页。

图"的发展思路，"在任三年，大力推广小学，尤重视乡村小学"①。此外还积极在直隶地区发展实业教育。上述事实说明，傅增湘不仅对初等教育给予特别的关注，而且对师范教育和女子教育也极为重视。傅氏首任期间不仅延续了范氏恢复和发展教育事业的工作路向，而且开始将自己的教育理念付诸实施。

傅氏首任期间，一方面继续采纳落实此前召开的各类全国性专门教育会议议决各案，一方面积极贯彻注重初等教育的理念。对于前者，重点是落实范源濂任内召开的实业学校校长会议的有关议决案。1918 年 1 月 17 日，教育部对全国实业学校校长会议议决案"详加核定，量予甄采"，将采录的十三件议案汇集成册，通咨各省区"转发各实业学校分别遵照施行"。② 次日，又针对各地方实业发展"需要不同、情势互异"的状况，明令各地实业学校对"教授课程及设置科目等"按照地方情势办理，以"切实改进"。③ 1 月 29 日，教育部与农商部会商后共同发文要求各省实业、教育两厅"设实业教育教材调查员"，对各实业学校教材进行一年一次调查，力求实业教材"切合地方情形"。④ 为保证实业学校之经费，采纳会议"实习收入应请通令各省完全留归各校以为扩充实习设备之用"的建议，通令各省教育厅"查照酌量办理"。⑤ 同时针对偏僻省份实业学校分布多在省会，交通不便加之人民生计艰难，"各县乡来就学者甚鲜"，采纳实业学校校长会议免收学费、酌量提供膳宿等费的建议，教育部通令各省依地方财政情形酌量办理。⑥ 众所周知，1914 年以后，由于第一次世界大战的爆发，欧洲各资本主义列强暂时放松对我国的经济掠夺，民族资本主义短期内得到迅速发展，实业

---

① 李国俊：《版本、校勘家傅增湘》，政协四川省委员会编《四川文史资料选辑》（第 29 辑），四川人民出版社 1983 年版，第 40—41 页。

② 中国第二历史档案馆整理：《政府公报》（第 120 册），上海书店出版社 1988 年版，第 431 页。

③ 中国第二历史档案馆整理：《政府公报》（第 120 册），上海书店出版社 1988 年版，第 527 页。

④ 中国第二历史档案馆整理：《政府公报》（第 121 册），上海书店出版社 1988 年版，第 269 页。

⑤ 中国第二历史档案馆整理：《政府公报》（第 120 册），上海书店出版社 1988 年版，第 76 页。

⑥ 中国第二历史档案馆整理：《政府公报》（第 120 册），上海书店出版社 1988 年版，第 269 页。

人才的缺乏成为教育改革面临的重大课题。傅增湘掌部期间对全国实业学校校长会议议决案的贯彻落实，既是他基于国内经济发展实际情况的应时之举，也是他在直隶地区推行实业教育思路的延续。

后者则主要是通过对小学教员检定办法的修正、推行及加强对师范学校及其毕业生的管理等举措来推动初等教育的发展。小学教员检定工作是保证小学教师素质的重要手段。1917 年 12 月 11 日，在傅增湘主持下，教育部公布《修正小学教员检定办法》，规定"检定委员会由省区行政公署组织应改由教育厅组织"，委员长改由"厅长委派科长一人充任"，常任各员由厅长委任，① 上述修正实现了小学教员检定由省区行政公署负责到省教育厅负责的顺利过渡，使教员检定这一重要环节由省级教育行政部门直接掌控。针对教员检定中出现的部分师范学校招收不合格教员、帮助其"速成""免检"的乱象，教育部于 1918 年 3 月 9 日通令各省，此类教员"如为手工图画体操之类充任该项专科教员尚无妨碍，准受无试验检定，但欲兼任他科教员仍应照章施行试验检定"，严肃了《检定办法》的贯彻执行，有利于保障小学教员的整体素质。② 师范学校承担着提供小学师资的重任，受各地具体条件的制约，各师范学校办学水平参差不齐存在很大差距。1917 年 12 月 10 日，教育部通知各省将师范学校分区情况上报，并要求各师范学校"随时视察各该地方教育状况"，作为实施地方教育改革的依据。③ 此外，鉴于当时师范学校毕业生多有"未遵章服务，或经营他业，或旷废闲居"，于"义务教育前途多所窒碍"的情况，1918 年 2 月，傅增湘签发部令，要求各师范学校在学生毕业前三个月将有关表册上报本省区教育行政长官，由各省区"先期计划增设若干校数并查明应行添派之教员人数"，以便师范学校毕业生的对口就业。④ 傅氏通过修正、贯彻小学教员检定办法和加强对师范学校及其毕业生就业的管理，旨在促进小学师资素质的提高

① 中国第二历史档案馆整理：《政府公报》（第 119 册），上海书店出版社 1988 年版，第 407 页。

② 中国第二历史档案馆整理：《政府公报》（第 122 册），上海书店出版社 1988 年版，第 457 页。

③ 中国第二历史档案馆整理：《政府公报》（第 119 册），上海书店出版社 1988 年版，第 318 页。

④ 中国第二历史档案馆整理：《政府公报》（第 121 册），上海书店出版社 1988 年版，第 299 页。

和队伍的稳定，有利于从根本上推进初等教育的发展。如果说采纳实业学校校长会议议决案推进实业教育尚有因循前任的因素，那么上述举措则体现了傅氏发展教育首重初等的理念。随着傅增湘在复杂形势下得以连任，其执政重心开始由顺势而为向有所作为提升，并根据教育发展形势的需要，逐渐形成以推进中学教育为中心的执政思路，通过连续三次召开全国性专门教育会议，开创了新的工作局面。

　　傅增湘充分利用获得连任的历史"机会"，应欧战后西方各国反省其教育之大趋势，深察国内教育发展之实际，提出中学教育"科目之繁、年限之促"既影响高等教育生源又不能完成学生谋生之准备，是以"整理中学之实际设施"当为"全国教育之中坚"的新思路。而中学教育的改进则以师资培养为依托，又涉及与专门以上学校关系的调整。①有鉴于此，傅氏循民初以来蔡元培、范源濂召开全国性专门教育会议、集全国教育人士之智慧推动教育事业发展的做法，在他的主持下，教育部于 1918 年 4 月至 10 月间相继召开全国高等师范学校校长会议、专门以上学校校长会议、中学校校长会议等三次全国性专门教育会议，以求对上述问题做一通盘考虑。至此，前期顺势而为以初等教育为先务的执政思路扩展为以中学教育为中坚、兼及其他教育事业的新思路。

　　这三次全国性专门教育会议有以下特点：（1）召开时间较为集中，三次会议均于 1918 年间即傅增湘第二届任期完成，此后政局动荡对教育部造成的冲击证明傅增湘连续召开三次会议的及时和必要；（2）三次主题不同的会议有着内在的紧密联系，高等师范教育为中学教育提供师资，而专门以上学校的生源依靠中学的提供，体现了以中学教育为中坚的思路；（3）提交议案主体多元，不仅有教育总长及教育部提交的议案，还有大量来自各级各类学校校长及教师代表的提案，是傅氏进行民主决策尝试的重要表现；（4）更为重要的是，这三次全国性专门教育会议与此前蔡元培召开的全国临时教育会议、汤化龙任内召开的全国师范学校校长会议、范源濂任内举行的全国实业学校校长会议、全国教育行政会议等一道，形成以中央行政之力、集采全国教育界学人之智慧、对民国教育进行规划的完整链条，标志着教育部对全国教育事业由

① 多贺秋五郎：《近代中国教育史资料》（民国编上），文海出版社 1976 年版，第 244—245 页。

总体规划到各级各类教育具体规划的基本完成。

表4.17　　傅增湘任内三次全国性教育专门会议主要内容一览表

会议	议决案
全国高等师范学校校长会议（1918 年 4 月）	议决案六项：分别为高等师范学校招考学生各省选送名额应如何分配案、高等师范及附属学校管理教授训练各端应如何联络研究案、分派毕业学生服务办法案、高等师范校长或主任教员视察附近省区教育状况办法案、高等师范学校规定体育试验议决案、高等师范附设国语讲习科议决案等 6 项
全国专门以上学校校长会议（1918 年 10 月）	议决案共 47 项，其中教育部交议者：现行大学规程及专门学校各种规程有无应行修改之处案、专门以上各校学科教授与实习贯通之法案、专门以上各学校可视地方之需要有无应增应减情形案、大学应如何注重学理之研求使学生确能潜心研究案、奖励大学本科毕业生入大学院研究之方法案、专门以上各校应如何注重实习使学生所学确能施诸于实用案、大学各科学额应否视需要与否而酌加分配案等 20 项；各学校代表交议者：修正专门以上学校各种规程案、请修学旅行津贴学费案、专门以上学校附设专修科案等 27 项
全国中学校校长会议（1918 年 10 月）	议决案共 18 项，其中教育总长交议者：现行中学科目有无增减及变通讲授次序之必要案、中学毕业学生有志愿升学者有从事职业者教授有无双方并顾之法案、中学校应如何改良教材配置分量俾上与专门各校下与高等小学均能衔接案等 7 项；各学校代表交议者：拟请全国中学校一律添习武术案、请令各高等专门学校及大学校变通招考新生办法并宣布招生程度以资预备而宏造就案、请确定中学教育宗旨案等 18 项

　　资料来源：邰爽秋《历次教育会议汇编》，陈学恂《中国近代教育大事记》，《中国现代教育大事记》，多贺秋五郎：《近代中国教育史资料》（民国篇上中）等。

　　　　三次全国性专门教育会议的召开是傅增湘任内最为重要的举措，也是他体察当时国内外教育发展大势形成的以中学教育为中坚的执政思路的具体表现，三次会议形成的诸多成果陆续被教育部采用并颁布实施，同时也积极采取其他举措，对这一时期教育事业的发展产生了积极影响。

表4.18　　教育部对三次全国性教育专门会议采录及颁行情况表

时间	形式	原议决案	采纳情况
1918.5.31	教育部训令 233 号	高等师范学校校长会议议决每届招考学生办法案	除各省选送之额改为四分之三，各校直接招考学生应改为四分之一，余皆采录

续表

时间	形式	原议决案	采纳情况
1918.6.1	教育部训令 235 号	高等师范学校校长会议议决高师附设国语讲习科案及各类简章	将全国高等师范学校联合会组织简章及附设国语习科简章分发各省令遵照办理
1918.7.1	教育部训令 272 号	高等师范学校校长会议议决分派学生服务办法案	节录原案并分发各高等师范学校采用
1919.1.23	教育部训令 24 号	中学校长会议议决组织全国中学校联合会案	全案录采，并公布组织全国中学联合会办法
1919.1.29	教育部训令 32 号	中学校长会议议决谋增进学生国文、数学、外国语程度之案	原案注重办法及改进教授方法数条尚属可行，摘录分发各中学校采用
1919.1.29	教育部训令 33 号	中学校长会议议决建议中学校习外国语拟请不规定以英语为主案	中学校令中规定外国语以英语为主，但遇地方特别情形得任择法、德、俄语之一种，申明无修改必要
1919.1.29	教育部咨各省区	中学校长会议议决请划一科学名词建议案	通咨各省将已设之科学名词审查会或私人组织编有未经部审定之名词报部，并将部颁各科名词通令各校遵照应用
1919.1.30	教育部训令 39 号	中学校长会议议决请令专门学校及大学变通招考新办法并宣布招生程度案	通令各专门学校及大学预科招生命题概须依照中学毕业程度勿使太过或不及
1919.3.19	教育部咨各省长	专门以上学校校长会议议决酌派教员出洋留学研究办法案	咨请各省查照议决原案，通令所属各校酌定办理
1919.3.20	教育部训令 116 号	专门以上学校校长会议议决专门学校附设甲种之学科应否与专门学科相联络案	通令各省区，嗣后各专门学校附设甲种之学科除因特别情形经声明允准外，均应与专门学科相联络
1919.3.20	教育部咨各省长	专门以上校长会议议决大学及专门学校本科用外国文课本及用外国语讲授应否一律废除或设法减少案	认为该会议决各办法尚能考虑当前困难，在限制中略作变通，咨各省长令专门以上学校遵照办理
1919.3.20	教育部咨各省长	专门以上校长会议议决专门以上学校招收中学毕业学生办法	予以采纳，通令各专门以上学校遵照办理
1919.3.21	教育部训令 119 号	专门以上学校校长会议议决专门以上学校聘用教员应注重专任教员案	所拟办法全部采纳，通令各专门以上学校遵照办理

续表

时间	形式	原议决案	采纳情况
1919.3.22	教育部训令 121 号	专门以上学校校长会议议决各专门学校拟增加学科案	通令各专门学校如有增加学科需要应报部核准
1919.4.11	教育部训令 147 号	专门以上学校校长会议议决应将中国固有武术大力提倡案	通令各专门以上学校提倡中国固有武术，并作为课外运动之一种实施
1919.4.16	教育部训令 159 号	中学校长会议议决中学生体育应如何从生理卫生上体察施行案	除养成教员一项另训令各高师遵办外，余皆抄录通令各中学施行
1919.4.17	教育部训令 163 号	中学校长会议议决全国中学校添习武术案	碍于师资课本均缺乏，令各中学嗣后如能聘请到相当教员，可列为体操课程之一项，其试验成绩也相应并入
1919.4.23	教育部训令 172 号	专门以上学校校长会议议决各专门以上学校附设专修科案	通令各专门学校嗣后查照各地方情形及需要人才情况酌设专修科
1919.5.3	教育部咨各省长、都统	专门以上学校校长会议议决专门以上学校毕业生处置方法案	经教育部将议决各条与有关中央各部咨商之后，将可采各条咨行各省
1919.5.22	教育部训令 216 号	中学校长会议议决女子中学校应附设简易职业科并须扩充女子职业案	通令各女子中学酌情附设女子简易职业科
1919.5.23	教育部训令 217 号	中学校长会议议决女子中学校家事一科应注重实习案	通令各女子中学遵照办理
1919.5.24	教育部训令 219 号	中学校长会议议决女子中学校课程宜详定标准案	召集办理女校人员详细审查后形成女子师范学科各案，通令各省区办理
1919.5.24	教育部训令 220 号	中学校长会议议决女子中学校已立者宜充实内容、未立者宜扩充校数案	通令各省区如未设立应先就省区经费筹办省立或区立女子中学，已设者遵照议决案充实内容

资料来源：《政府公报》第 128 册第 62—64 页；第 129 册第 165—167 页；第 130 册第 59—60 页；第 138 册第 333 页；第 139 册第 12—15、34 页；第 141 册第 203、211—214、230、260 页；第 142 册第 343、476、603、645 页；第 143 册第 155—158、598、620—621、641—648 页；多贺秋五郎《近代中国教育史资料》（民国编上），文海出版社 1976 年版，第 251 页等。

从上述议决案采纳情况可以看出，傅氏执政思路得到较大程度的体现：（1）采纳比较及时，如高等师范学校会议议决的各案仅一个月后即通令各省施行，说明傅氏稳中求进的人事调整策略促成了这一时期教育部较高的行政效率；（2）对会议成果持续关注，坚持落实，部分成果的落实一直持续到傅增湘去任、袁希涛代理部务期间，这一事实既与傅掌部期间的实际影响和人事安排有极大关系，更说明他的工作思路抓住了这一时期中国教育发展的主要矛盾；（3）总体体现了以中学教育为中坚的思路，可以说，有关中学教育的相关提案转化为教育部政策法令的数量最多而且内容最全面，高等师范教育方面是强调提高学生素质和加强毕业生的分配服务管理等，专门以上学校方面是进一步改进招生办法及提高质量，以与中学教育的改进相适应。总之，三次全国性专门教育会议的召开和相关议决案的采择施行，既是傅增湘对民初以来教育部进行民主决策尝试的承继，更是其体察国内教育实际形成的以发展中学教育为中坚的执政思路的具体体现。

在集中精力贯彻三次教育会议议决案的同时，在傅增湘主持下，教育部还采取了一系列推进教育的其他措施，主要有以下方面：（1）继续落实以前召开的全国教育行政会议、实业学校校长会议乃至师范学校校长会议有关议决案，陆续制定并颁布了《省视学规程》和《县视学规程》，在制度上形成了中央与地方贯通一致的教育监督体系。① 实业教育方面针对甲种实业学校多有接收乙种实业学校毕业生之情况，申明"甲种实业学校招收学生应以高等小学毕业者为原则，以乙种学校毕业者为例外"，以副实业学校设立宗旨。② 师范教育方面则公布《女子高等师范学校规程》三十五条。③（2）对新文化运动以来的文化变革作出积极回应。首先加紧推行国语运动，公布《注音字母表》，成立领导国语运动的专门机构国语统一筹备会。④ 其次设置教育调查会，负责"调

---

① 多贺秋五郎编：《近代中国教育史资料》（民国编上），文海出版社 1976 年版，第 384、390 页。

② 多贺秋五郎编：《近代中国教育史资料》（民国编上），文海出版社 1976 年版，第 449 页。

③ 多贺秋五郎编：《近代中国教育史资料》（民国编上），文海出版社 1976 年版，第 179 页。

④ 民国教育部年鉴委员会编：《第一次中国教育年鉴》（丙编），传记文学出版社 1971 年影印版，第 591 页。

查审议教育上之重要事项"，供教育总长咨询。① （3）解决比较棘手的教育问题。首先是教育经费问题。重新修正《捐资兴学褒奖条例》，降低奖励门槛扩大奖励范围。② 通咨全国各地按照《地方学事通则》及《施行细则》，严格教育基金管理不得挪作他用。③ 其次是针对外人在华设学问题，教育部通咨各省自 1917 年起将外人设立学校调查表与教育统计表一并上报，④ 为从整体上解决这一问题做准备。由上可知，傅氏在两次续任期间，不仅基本实现了自己的教育理念，而且对文化变革作出积极回应，还为解决教育经费及教育主权等重大问题进行了努力。

综上，在教育事业初步恢复的基础上，蓬勃兴起的新文化运动对教育事业提出新要求的特殊历史时期下，复杂的政治局势、良好的人脉关系及其自身的学识能力经验等因素把傅增湘推上了教育总长的位置。1917 年 12 月至 1919 年 5 月一年半左右的时间里，在经历两任总统和三任总理的混乱政局中，傅增湘承继蔡元培、范源濂的执政路向，因应形势需要，及时拓展、调整自己的教育理念和执政思路，通过召开三次全国性教育专门会议，并及时将议决案采纳并形成法令规程，推进了民国前期教育制度体系的进一步细化和完善，促成了民国前期教育事业发展的第二个高峰。

二 五四运动后的艰难转圜：1919.6—1926.7

1919 年 5 月 4 日爆发的五四运动是中国近代历史的分水岭，它同样也是民国前期教育部行政活动的分水岭。五四运动后，受民主自由思潮激荡民间教育力量日益壮大，他们积极引进西方先进教育理论推进教育改革，形成推动教育部进行教育改革的强大外部动力。与此同时，政党的力量也开始影响教育界，军阀政府为消弭和阻断其与政党的关系，对教育界态度转趋强硬。教育部既要呼应教育革新的大潮推进教育事业的

① 多贺秋五郎编：《近代中国教育史资料》（民国编上），文海出版社 1976 年版，第402 页。
② 多贺秋五郎编：《近代中国教育史资料》（民国编上），文海出版社 1976 年版，第396—397 页。
③ 多贺秋五郎编：《近代中国教育史资料》（民国编上），文海出版社 1976 年版，第254 页。
④ 多贺秋五郎编：《近代中国教育史资料》（民国编上），文海出版社 1976 年版，第400 页。

发展，又要秉承政府意旨强化对教育界的控制，还要面对政治动荡之下的人事频繁更迭和经费紧张导致的教潮、学潮，处境倍显尴尬和艰难。从 1919 年到 1926 年，教育部在教育界和政府之间艰难转圜，不仅表现为各个阶段其活动重心和走向的不同，还表现为活动的左右摇摆和前后矛盾。

（一）强化对教育界的控制成为工作重心

1919 年之后，中国社会各阶层力量发生了重大变化，"无论思想、社会还是学术，都呈现一个正统衰落、边缘上升的大趋势，处处提示着一种权势的转移"[1]。这种权势的转移在教育界主要表现为民间教育力量的壮大和崛起，对民主和科学精神的追求使他们进一步增强自主意识，民族主义高涨也使他们更加积极投身于反帝反封建运动。各政治党派也开始重视教育界力量，由"学生运动"发展为"运动学生"，而且矛头直指军阀统治。这种社会发展趋势令北京政府如芒在背，防范和压制教育界成为其行政重心之一，教育部的工作重心也随之转向强化对教育界的控制，只是在不同教育总长任内其控制的程度和方式有所不同。

五四运动爆发后的一段时期，教育部的主要工作是平息学潮、恢复教育秩序。随着教育总长傅增湘及教育次长袁希涛的先后去职，追随安福系的原清学部主事、时任铨叙局参事的傅岳棻以次长身份代理部务。傅岳棻上任之初即言明其在政府与教育界之间的"调人"身份，反映了教育部此时的"中立"角色。1919 年 6 月 10 日北京政府面对全国各界压力答应学生所提罢免曹、陆、章三人职务、释放被捕学生、拒绝在巴黎和会上签字三条件。[2] 6 月 11 日，国务院又通电各省要注意维护学生，并决定各学校提前放暑假。[3] 这些都给教育部平息学潮创造了条件。教育部先是努力改变之前由军警直接出面压制学生的局面，试图缓解教育界与政府之间的紧张关系。傅氏到部后即邀请京师各校长及教职员等召开会议，提出两项办法：与军警机关协商尽撤军警；由教育部与学校劝告学生回校恢复原状，此后学生方面由部校直接洽商，不再假手

---

① 罗志田著：《权势转移》，湖北人民出版社 1999 年版，第 18 页。

② 中央教育科学研究所编：《中国现代教育大事记》，教育科学出版社 1988 年版，第4 页。

③ 多贺秋五郎编：《近代中国教育史资料》（民国编上），文海出版社 1976 年版，第272 页。

军警。① 之后教育部派人南下慰留蔡元培，7 月 25 日蔡元培致电教育部表达了归校意向，蔡氏回任标志着学潮的平息有了阶段性的结果。7 月 31 日教育部通咨各省学校在暑假期间召集善后会议筹议对学生及学生管理之策，并在开学之后连发训令要求学校约束学生。11 月初重新订定颁布《学校管理规则》，要求各省严格遵照执行。② 经过上述一系列举措，五四运动引发的遍布全国的学潮得到初步平息，教育秩序得到初步恢复。

这种平静的局势不久因"福州惨案"再掀波澜。1919 年 11 月 15 日，日本驻福州领事馆为破坏学生反对日货运动，殴打表演爱国新剧的学生，16 日又打死打伤学生多人，制造了"福州惨案"，激起全国人民公愤，教育界掀起新一轮的示威活动。日本政府是段氏集团的后台和靠山，出于维护自身的利益段氏政府对于新一轮学潮开始趋于严厉。11 月 18 日教育部公布《修正教育会规程》，要求教育会"不得干涉教育行政及教育以外之事"，试图将各省区教育界的中心组织阻隔于学潮之外。③ 1920 年 1 月 22 日，教育部又训令京师直辖各单位及各校禁止学生排斥日货。④ 2 月 6 日，大总统令教育部从严整饬学风，"凡有干纪构乱者，不论何项人等，一律依法惩处"。2 月 15 日，教育部允准北京警察厅所请，解散全国学生联合会及教职员联合会，破坏教育界的联合组织机构。⑤ 2 月 16 日，教育部训令各校照章严切惩儆犯规者。3 月 8 日，训令直辖学校告诫学生尊重法纪。⑥ 将学生反对日货的爱国行为视为违法乱纪，表明北京政府已经走向教育界的对立面，教育部与教育界的关系趋于脆弱和敏感。

在强化对教育界的压制和控制中，专门以上学校是重点对象。不仅傅岳棻任内主要是对北京大学等高等院校采取措施，而且范源濂任内也

---

① 中国社会科学院近代史研究所近代史资料编辑组编：《五四爱国运动》（上），中国社会科学出版社 1979 年版，第 383 页。

② 参见《申报》1919 年 9 月 22 日，10 月 15 日，11 月 2 日，11 月 4 日，第 3、6 各版内容。

③ 中央教育科学研究所编：《中国现代教育大事记》，教育科学出版社 1988 年版，第 11 页。

④ 多贺秋五郎编：《近代中国教育史资料》（民国编中），文海出版社 1976 年版，第 253 页。

⑤ 多贺秋五郎编：《近代中国教育史资料》（民国编中），文海出版社 1976 年版，第 262 页。

⑥ 中央教育科学研究所编：《中国现代教育大事记》，教育科学出版社 1988 年版，第 18—19 页。

主要加强对专门以上学校的视察和整顿，对专门以上学校的开办、升格、认可均予以严格规定。1924 年 2 月教育部颁布《国立大学条例》，在贯彻 1922 年新学制精神的同时，规定各校设立董事会，由教育部委派部员充任董事，从而进一步加强对国立大学的直接控制。1925 年 2 月 14 日王九龄到任，更是唯段祺瑞马首是瞻，训令各大学严防共产党。3 月王九龄去职，原为国民党人，后政治立场日趋保守、热心倡导文化"调和论"而得段祺瑞赏识的章士钊兼署教育总长，成为段氏压制教育界的马前卒。章氏上台后，首先对教育界厉行整顿，尤其是对专门以上学校，以整顿学风为名，通过合并北京国立八校、设考试院严考大学师生及公布私立专门以上学校认可条例对高等学校进行整顿。其次配合执政府亲日立场，对学生爱国运动厉行压制，禁止学生纪念国耻。1925 年 4 月 17 日发布整饬学风令禁止学生集会，5 月 7 日禁止学生举行国耻纪念活动，5 月 10 日令学生专心就学不许旁涉他务，1926 年 1 月 15 日通令禁止学生运动。对于章氏采取诸般反动举措的个中情由，许寿裳可谓一语中的，"后面既有万恶的军阀做靠山，左右又有许多的昏蛋坏蛋作侍卫"，所以他决不是"孤行己意之人"，而是代表保守力量"利用国人多数之昏，特地压迫革新的气运，去献媚万恶的军阀而已"[1]。总之，自 1919 年之后，教育部虽历多任总长，但其工作主线在于强化对教育界的控制，只是其出发点和立场略有不同而已，与前期范源濂及傅增湘任内以教育事业的推动为主线形成鲜明的对比，也是教育部在执政方向上受制中央政府意志的反映。

（二）方向多变的教育举措

在配合中央政府强化对教育界压制和控制的同时，教育部对新文化运动和五四运动引发的教育和文化改革大潮也作出了一定的回应，只是这一时期的总长们背景复杂、出身不同，因而这种回应既有积极的也有消极的，表现出了动荡之下教育部行政活动的多变性和复杂性。

傅岳棻任内主要是对国语运动以及义务教育的推动作出了努力。以 1920 年 1 月 8 日通令国民学校一二年级国文科改为语体文，并以此为中心采取相应举措，逐渐形成了全面推进国语教育的良好局面，这一局面

---

[1]　刘勇编选：《中国现代学术经典：许寿裳卷》，北京师范大学出版社 2011 年版，第 314—315 页。

的形成主要依靠以蔡元培为会长的由部内外热心人士组织的国语研究会的推动。1920 年 4 月 2 日教育部公布《分期筹办义务教育办法》，要求各省参照推行，进行了中央教育行政第二次分期推进义务教育的努力，这既是教育部组织的教育调查会积极建议的结果，也与普通教育司长陈宝泉密切相关，是此前范源濂任内人事调整的后续影响。当然，五四运动以后民主和科学的口号响彻全国，平民教育思潮涌起，平民主义、男女平权学说盛行国内，实现教育普及、提高国民智识已成学界共识，这是教育部推进国语运动和义务教育的最大背景。同时仅对国语运动及义务教育有所动作，说明教育部的行政活动已由先前的全面推进转向为重点推进。

1920 年 8 月 11 日，范源濂第三次出任教育总长。范氏面临的教育发展形势与前两次出任总长时完全不同，不仅政治局势大不如前，教育经费也已经到了积重难返的地步。但作为民国前期为数不多具有独特教育理念及丰富行政经验的总长，即使在如此艰难的环境下并没有抱着得过且过的心态，而是以明知不可为而为之的精神，积极进行人事整顿和调整各省教育厅长，使这一时期教育部工作的范围有所拓展。首先表现为学校教育方面出现范围扩大的趋向。不仅义务教育、高等教育方面加以推进，而且对中等教育、师范教育也有所举动。但我们也要看到，此时教育部的动作多限于此前工作的余绪，如义务教育主要涉及各省区义务教育实施计划章程或机构设立的认可、义务教育资料的征集、小学教员定期试验及催促各省呈报计划等，专门以上学校则以视察整顿为重点，师范教育方面则涉及学生管理及教科书审定等事宜。学校教育之外，社会教育、国语运动等也得到了一定程度的推进，但社会教育主要涉及文化印刷品管理及与地方教育行政机关建设相配套的地方社会教育机构的设立等。国语运动主要涉及对各省区国语运动机构的设立及章程的认定、师范学校加授国语钟点、审定《注音字母教授法》和中华国音留声机片、颁布《国音字典》、催促各省筹定国语统一会经费等。[①] 可以看出除国语运动有了一些新的举动外，大都系已往工作的延续。与

① 参见中央教育科学研究所编《中国现代教育大事记》，教育科学出版社 1988 年版，第 26—42 页；丁致聘编《中国近七十年来教育记事》，国立编译馆 1925 年版，第 87—95 页有关内容。

上述事业多为已往工作的继续相比，这一时期最为重要的举措是在收回教育权方面开始采取较为严厉的措施。1920 年 11 月 16 日，教育部发布通告要求外人在华设立的专门及高等以上学校向中国政府注册。① 1921 年 4 月 9 日，教育部制定教会所设中等学校请求立案办法六条，其中包含对该类学校中宗教活动的限制。② 这既是范氏力图将教会学校纳入既有教育体系的执政思路的延续，也表明教育部开始呼应文化界非基督教运动的开展而限制教会学校的宗教活动。

范氏去职后，教育部进入总长更迭最为频繁的时期，其中 1922 年即有五任总长去留。总长的频繁变更使教育部不可能对教育事业有系统的筹划和持续的推动，其举措主要在国语统一筹备会的推动下于国语运动方面有所动作，再者是顺应全国学制改革的趋势和收回教育权运动的潮流而有所举动。3 月 8 日教育部颁布修正后的《国语统一筹备会规程》，主要是完善国语统一筹备会常设机构的人员配置。4 月 29 日布告注音字母书法体式，5 月 10 日布告增定注意字母四声点法，使注音字母的书写、印刷及读音有了统一的规范和标准，有助于国语教育的进一步推进。10 月 27 日又公布《国语教育奖励办法》，有利于激发各省区的推进热情。是年教育部迫于全国掀起的学制改革大潮，于 9 月 20 日至 31 日主动召开全国学制会议，并将形成的学制决议案送交同年召开的第八届全国教育会联合会审议，11 月 2 日公布《学校系统改革案》。11 月 7 日又通咨各省区切实推行《学校系统改革案》。是年教育部还于 11 月 16 日规定外国人设立学校须如法报部立案。

1923—1924 年间，由于受到时局的干扰、经费的困扰和总长的频繁更迭，各项政务无形停滞，仅有的举动多以新学制的施行而展开，国语运动和收回教育权也有所涉及，但力度已明显减弱。新学制实施方面，1923 年 3 月 5 日规定新学制实行后小学校长资格的认定，5 月 29 日颁布《实施新学制中小学校进行及补充办法》。1924 年 1 月 12 日布告征集中小学校各科课程标准，6 月通令各省取缔私塾、增设学校以示推进普通教育。国语运动方面，6 月 2 日通达各省区督促小学教员研究

---

① 朱有瓛主编：《中国近代学制史料》（第四辑），华东师范大学出版社 1993 年版，第 782—783 页。

② 多贺秋五郎：《近代中国教育史资料》（民国编中），文海出版社 1976 年版，第 352 页。

国语，并将国语科加入小学教员检定内容之中。11 月通咨各省区试用注音字母为国语拼音文字，要求各省教育行政机关添设国语循环指导团。对教会学校也有所举动，1924 年 11 月发布通告，规定未经核准备案的教会学校，其毕业生投考国内各大学概不收录，显示出强硬态度。

1925 年 3 月章士钊以司法总长身份兼署教育总长后，公开反对白话文，主张在普通教育领域恢复经学，大开历史倒车。他恢复创办《甲寅》杂志，与国语运动和白话文阵营展开论战。在其任内，不仅对山东省试行加添经学予以允准，并在部务会议上公开提议恢复读经。虽然如此，章氏任内也采取了一些较为积极的措施，如修正《捐资兴学褒奖条例》，扩大奖励范围，进一步提高人们捐资兴学的积极性；颁布《督促师范毕业生实行服务办法》，有利于中小学师资队伍的稳定；修改学校系统改革案，使中学段年限更符合实际；令各省赶办义务教育，顺应了教育界要求教育普及的呼声；更为重要的是在收回教育权运动的大潮中，出台了《外人捐资设学请求认可办法》，虽然从实际产生情形来看，是教育部对私立学校进行整顿过程中的应对措施，但从其内容来看对收回教育权运动作出了回应，产生了积极的历史影响。

综上可见，在 1919 年至 1926 年长达七年的时间里，教育部的工作主线是强化对教育界的管理和压制，其着眼点是巩固北京军阀政府的统治。同时作为教育主管部门，也采取了一定的措施，但这种措施多非主动施为，而是对教育界掀起的教育改革的被动呼应，因而主要集中于国语运动、义务教育及收回教育权等有限的几个方面，而且在国语运动方面还出现了逆历史潮流而动的举措，凸显教育部在军阀政府和教育界之间的艰难转圜境地。教育部不仅无法延续民初以及帝制以后进行民主决策全面筹划全国教育的工作思路，连正常的法令实施也频遭阻碍，甚至沦为历史潮流的反面，对教育行政近代化以及教育近代化进程产生了消极影响。

三 奉系统治后期的控制和倒退：1926.7—1928.6

1926 年 7 月，国民党誓师北伐。为配合军事斗争的进行，国民党与共产党在教育界发动了反帝反封建的政治斗争，北京政府随之进一步强化对教育界的控制。在 1926—1928 年间先后出任教育总长的任可澄和刘哲，其任内的举措也主要表现为强化对教育界的管理，各项教育措施相较前期也渐趋倒退。

（一）进一步强化对教育界的控制

1926 年 6 月，任可澄出任教育总长。前已述及，任可澄系贵州政教名人，其出任虽然系吴佩孚拉拢西南势力之故，但其教育背景显然也是出任的重要因素。任氏早在 1905 年即任贵州学务处参议，开始涉足教育。他认为创办教育须先有师资，遂征得贵州当局同意创办师范传习所。其后创办的贵阳中学发展为通省公立中学。两年后又为培植中学师资创办优级选科师范学堂。同时，感到一般人太不懂得政治，所以又办宪群法政学堂，传授一些合乎时代潮流的政治常识。在其省长任内又创办贵阳女子师范学校。① 其办学经历呈现出注重师范教育、中等教育及适应形势需要的特点。但在当时的特殊形势下，虽然任氏声明"在任首以整饬学风为务"②，在此基础上再行整顿，但已不可能完全按照自己的教育理念和教育经验开展相关活动，教育部的行政路向不可避免地走向迎合军阀意志进一步强化对教育界控制的方向。

任可澄任内强化对教育界的控制主要通过合并学校及强化考试的手段。1926 年 8 月 28 日，任氏在阁议上提议将国立女子大学及女子师范大学两校合组为国立北京女子学院，分设大学及师范两部，设院长一职，暂由教育总长兼任，议决通过。③ 此项办法实际上在 1925 年 12 月份已由国务会议议决分立办理，此次计划合并改组，任氏虽借口分立存在窒碍，且合并有利于缓解经费紧张，但并不能掩盖加强对两校控制的意图。事实上，此项举动引起了两校的反对，教育部是通过武装力量完成改组的，这也进一步加剧了教育部与京师教育界的紧张关系。为进一步把大学师生束缚在校园内，1927 年 2 月又公布《专门以上学校毕业生资格试验规程》和《专门以上学校毕业生资格试验委员会规则》，重新拾起了考试这一控制工具。在对大学进行整顿的同时，任氏对中学教育也进行规范和发展。1926 年 8 月 16 日颁布《特别试验规程》，考试未立案各中学毕业生，8 月 31 日通令取缔中学生转学，初步稳定了中等教育秩序。

---

① 彦夫整理：《任可澄生平一夕谈》，《文史天地》1994 年第 1 期。
② 何幼兰：《任可澄先生的教育思想及实践》，《贵州文史丛刊》2001 年第 3 期。
③ 《昨日之阁议》，《世界日报》1926 年 8 月 29 日，第 3 版。

1927 年 6 月张作霖正式组织军政府，奉系全面接管北京政权，长期追随张作霖的奉系人物刘哲出任总长。如前所述，刘哲曾担任过吉林政法专门学校校长、东北政府教育总长，有着较为丰富的教育管理和教育行政经验。但纵观整个民国前期，东北地区地处关外，又长期受日本控制，是较少受新文化运动波及和影响的地区，从这个角度而言，刘哲的思想趋于保守当可理解。刘氏又与张作霖私交甚密，怀有一种知遇之恩的效忠思想。这种特殊的经历和关系使他主持下的教育部，在行政路向上呈现出保守性和全面强化控制的特点。

1927 年 7 月 28 日，教育部公布《京师学务局暂行组织条例》14条，规定学务局直隶教育部，实现了对京师中小学的强力掌控。后又于1928 年 2 月 25 日训令所控各省区中学校应采取严格主义，3 月 7 日公布各省区中等学校毕业覆试规程。为了强化对高等教育的控制，8 月 2日教育部在阁议上提出合并国立学校建议。8 月 9 日即公布《国立京师大学校筹备委员会规程》，组织国立九校合并，次日即派员接收国立九校，并派警察到场弹压。8 月 31 日公布《国立京师大学校组织法》17条，共分七科两系一女子部。9 月 20 日成立国立京师大学校，刘哲兼校长，申明宗旨"保存旧道德，取法新文明"。在此基础上，开始对专门以上学校进行严格管理和视察。10 月 7 日公布《临时试验学生规程》，甄别京师私立大学学生。10 月 23 日令各私立大学禁止学生开会，认真取缔平民夜校。1928 年 1 月 20 日，公布《修正专门以上学校视察委员会规程》及《施行细则》。2 月 7 日，公布《专门以上学校毕业生覆试条例》。3 月 28 日公布《国立京师大学校学则纲要》。以上举措从教育行政、学校及学生管理方面强化了教育部对教育界的控制。

（二）渐趋倒退的教育举措

这一时期，教育部也有一些致力于教育事业发展的举措，但在军阀的干预及教育总长的直接影响下，出现了各项举措渐趋倒退的现象。

任可澄任内，教育部尚能对教育事业主动施为。1926 年 5 月 29 日拟在全国增设小学一千二百处、中学四百处，7 月 7 日任氏主持召开部务会议否决成都师范大学改为国立大学的呈请，又在一定程度上体现了任氏重视师范教育、扩充普通教育的理念。[①] 7 月 13 日，教育部又训令

---

① 《教部昨开部务会议》，《世界日报》1926 年 7 月 8 日，第 7 版。

各省，自本年度起各大学一律不准附设专门部，各大学及各专门学校除各级师范学校外不得用附属名义设立中学或小学，[①] 进一步理顺各层级学校的关系，是新学制推进的深入。国语运动推进的余绪也并未彻底消失，1926 年 11 月公布国语统一筹备会所定之国音罗马字母拼音法，只是这一公告并非教育部正式颁布，而是国语统一筹备会诸人在当局没有批准的情况下以通告的形式公布，从反面说明了任氏对国语运动的消极。在全国收回教育权运动的形势下，教育部在此前颁布《外人捐资设学认可办法》的基础上，1927 年 3 月 18 日向外交部提出取缔外人私立学校意见书，4 月 4 日又向外交部提出关于外国人在华设立学校问题两项意见，一定程度上推进了收回教育权进程。但正常的行政活动开始受到军阀的干预，对北京政局有着重要影响的吴佩孚反对男女同学，派易克枭与教育部商量解决办法，1927 年 5 月 23 日教育部否决了北京师范大学附中男女合班教授的申请，表现出了秉承军阀意志下的复古倾向。[②]

相对于任可澄任内所采取的各项举措总体上尚为积极和进步，刘哲任内的各项举措则渐趋反动。1927 年 8 月 27 日通令取消各校学生会及学生联合会，禁止学生在校开会。9 月教育部决定京师大学各部科取缔男女同校，后改为男女分坐，9 月 8 日通令中小学以上禁用白话文。1928 年 5 月，竟然借口体育活动易扰乱身心影响学业而禁止体育比赛。同月以开除学籍威胁压制学生纪念"济案"等进步活动。虽然如此，教育部在外部力量的影响下，还是推出了一些进步措施。特别是在收回教育权方面，1927 年 10 月 12 日教育部拟定《教会设学限制办法》，规定此后教会设立学校须一律呈部立案。11 月 19 日又修正外人设学请求认可办法。其他方面如 11 月 17 日公布修正《学校系统表》，11 月 25日修正《审定图书规程》，12 月 20 日修正《义务教育儿童暂行办法》，训令各省区厉行义务教育。1928 年 4 月 14 日修正《视学规程》，5 月设立教育视察委员会等。但北京政府已经走向穷途末路，这些举措已经成为一纸具文，并没有多大的实际意义。

由上可知，任、刘任内教育部活动特点之一是加强对教育界的管理，任可澄主要采取合并国立女子大学及女子师范大学、禁止中学采取

---

① 《教部对于大学附设专门附中之取缔》，《教育杂志》第 18 卷第 8 号，第 9—10 页。

② 《吴佩孚干预教事》，《世界日报》1926 年 7 月 1 日，第 7 版。

男女合班教授等举措，刘哲任内变本加厉，不仅合并京师九校、加强学校视察、强化毕业覆试，而且禁止学生集会、禁止体育比赛、压制学生纪念"济案"、禁止男女同校，甚至采纳国务会议上阁员提出的"设一戒尺严管学生"的建议。[①] 之二在国语运动等方面开始出现倒退，任可澄任内尚有国语统一筹备会公布国音罗马字母拼音的进步举动，至刘哲任内则公然主张祀孔讲经、禁止白话文和国语及设立国学研究馆以示和南方国民党政策相对抗；[②] 其他诸如推进义务教育、对教会学校进行限制等一些积极措施，由于北京政府的迅速倒台使其失去了应有的意义。总之，自奉系实际掌控北京之后，最后两任教育总长任可澄、刘哲先后掌部期间，教育部主要精力集中于对教育界的强力掌控，各项教育举措也渐趋反动。1928 年 6 月 3 日，张作霖潜行出京，教育总长刘哲等人随行，北京政权由国务总理暂摄，教育部同其他中央行政部门一样无形解散。

综上所述，1916—1928 年间，教育部行政路向及活动轨迹较前期呈现出更为复杂和多变的特点。就行政路向而言，主要表现为帝制之后，适应共和政治建设的需要，范源濂以恢复民初教育方针作为执政导向，这一导向在傅增湘任内得到继承和发展。五四运动后，西方教育思潮大量涌入，民初教育方针开始受到质疑，教育部组织教育调查科进行调查，最后主张以教育本义代替教育方针。由于此后政局恶化，行政长官更迭过于频繁，无论是教育本义还是教育方针在后期都未得到实际的执行，中央教育行政之船无明确航向可言。在行政路向上述变化的趋势下，教育部的活动轨迹也呈现出明显的阶段性。在五四运动之前，由于行政路向明确，总长任期稳定，加之政治形势相对缓和，教育部出现了范源濂任内的恢复和发展，到傅增湘任内的全面推进的活动轨迹。但这种良好的局面在五四运动后即告中止，在行政路向不明、总长更迭频繁、政治局势动荡之下其走向曲折崎岖。先是傅岳棻任内工作重心转向对教育界的控制，而推进教育事业反成为应时之作，虽然范源濂任内有了主动推进的气象，但已无力使活动进入原有良性发展的轨道。1921年之后教育部活动更是左右摇摆、前后矛盾，既有对国语运动、义务教

---

① 《教育部将置戒尺打学生》，《晨报》1927 年 8 月 25 日，第 7 版。
② 《祀孔讲经礼制拟定》，《晨报》1927 年 8 月 23 日，第 7 版。

育等的推动，又有压制教育界、反对白话文、恢复读经的逆势行为。教育部行政路向和活动轨迹之所以出现上述特点，主要原因是政治局势使然。帝制之后经历过初期皖系尚且平稳的阶段之后，全国实际上已陷入无统治中心的混乱状态，各派政治力量也沦为无明确政纲可言的政治社团，所关注的多为短线政治博弈，眼中仅有现实的利益之争和权利算计，因而除帝制后少数几位总长在任期间略有可观外，大多数总长都无系统的施政思路和工作重点，而是随波逐流、陈陈相因或不思进取、得过且过。此外，教育经费的困顿引发的学潮、教潮和索薪潮更是教育部挥之不去的梦魇，焦头烂额之时何谈政绩。与此同时，文化界却发生了深刻的变革，加速了教育变革进程，从而对教育部行政活动产生了冲击，加上教育部内参司层面的相对稳定，这也是此时期教育部能够采取一些推进教育发展的积极举措的主要内外部因素。

上篇小结

　　民国前期是中国教育行政近代化进程的不可或缺的发展阶段。作为全国最高教育行政机关，教育部负有组织和领导全国教育行政系统运行之责，因而其自身建设的过程集中反映了中国教育行政近代化的发展历程，其在各方面取得的成效体现了中国教育行政近代化的发展水平。

　　机构与职能的演变是教育行政近代化发展的物性标志，为教育行政机关运行提供前提和基础的同时，也一定程度上影响着教育行政近代化发展的整体程度。民国前期教育部机构与职能的整体变迁可以1916年为界分为两个明显不同的阶段，精确地说是以1914年7月教育部官制的颁布为界限。1914年之前为机构与职能的调整和完善期，其焦点在于核心机构的逐步调整以及相关职能的细化和完善。主要成果首先是建立了一厅三司的主体架构，逐渐调整各科设置和进行职能分配，与清学部相比各厅司设置有所合并和增减，一改学部机构与职能叠床架屋之冗杂，使教育部运行规模初具精简高效的特点。其次是设立社会教育司，将社会教育与学校教育置于并列地位，标志着近代大教育管理格局的形成。社会教育司的设立，是西方社会教育思想和日本的通俗教育成就共同影响的结果，但在中央教育行政层面成立专门的管理部门，与当时教育先进国家相比是一个创举，表明了学人在吸纳西方先进教育管理经验基础上的创新。再次是附属机构的渐次设立，这类机构既有教育部下设的教育研究机构和各类委员会，也有教育部主导的官民合作性质的半官方机构。它们的设立既有着对清学部的经验借鉴，也有着适应共和政治下重视民众权利的用意，不仅拓展和增强了各司科职能，又为社会力量参与到中央教育行政中来搭建了活动舞台，具有积极的时代意义。最后是对地方教育行政机关加以承继和改造，推进了中国近代教育行政体系建设进程。成立之初，教育部即着手对名称各异、政令自出的省级教育行政进行改造，统一设立教育司，又针对县级教育行政机关较为混乱的体制，采取暂时保留劝学所的方法，使三级教育行政机关得以运行。1914 年之后主体机构及其职能在政局动荡之中保持了大体稳定，其重点则转向各类附属机构的改造和设立。主要成果首先是附属机构得到较多设置，不仅数量增多，而且种类也相应增加，应该说社会力量参与到中央教育行政有了更多的渠道。其次是最终完成教育厅和教育局建设，形成了近代三级教育行政体制，奠定了近代教育行政体制基础。1912—1928 年间教育部取得上述成果的同时，我们也要看到其存在的不足之处。首先是机构的精简并不利于工作的全面进行；其次是机构的设立和调整较多地受到政治形势的影响而迁延推迟；再次附属机构总体上依然数量偏少，咨议机构未能成立，更由于政治纷争、经费支绌饱受生存威胁，从而限制了官民合作的水平、范围和效果；三级教育行政体制虽然形成，但因中央与地方之关系日趋疏远，这一行政系统并未能发挥出应有的功能，这些都对教育行政近代化进程产生了干扰。

　　有效的人事组织是行政机关能够保持高效运转的关键，人员素质、人事格局及演变又直接决定着行政机关具体行政活动的走向。教育部人事组织制度主要在袁世凯统治时期形成，与清学部时期相比，既有人员配置简洁、层次清晰的特点，又有着制度不太严密、实际执行不到位的问题，反映了这一时期教育行政近代化的困境。相对于虽属虚应故事但较为简洁的人事制度，民国前期实际的人事演变较为复杂。居于教育部核心层面的总长群体，其最大特点是更迭频繁，根本原因是这一时期政局动荡。但即使如此，军阀们出于维持统治的需要，与各政治派系相互利用，组织政权时既考虑自己的根本利益，又要兼顾各政治派系的参政诉求，因此在教育总长的选任上也不得不作出一些姿态，使得这一群体大多数具备较高的学识和实际行政经验，具有领导和管理全国学务的能力。但由于总长们政治派别不同，教育理念各异，因而执政思路各不相同，由此导致内部人事变化呈现出复杂的态势。总体上看，蔡元培、范源濂两任总长在民初奠定了新旧并存、优势互补的人事格局以及"能者在职"的人事组织原则对其后的人事演变产生了较为深远的影响。这一影响主要归功于范源濂三次出任总长期间对蔡元培执政思路和用人原则的继承和发展，先是在蔡元培辞职后范源濂在原有人事基础上进行了维

持和扩充，使教育部更具活力和更为高效。帝制之后又以恢复民初教育
方针为思路对人事进行了恢复和调整，在五四运动之后又适应当时教育
界力量壮大的趋势积极推动教育界资深人士入部，其间形成了参司格
局，在其后动荡时期保持了稳定。但教育部人事发展也受到保守力量和
动荡局势的冲击、干扰和破坏，主要是帝制时期保守的进步党上台之后
导致人事组织的逆转，不仅"能者在职"人事原则被摒弃，而且人事
格局也被扭转，再则在奉系后期出现了派系一统的局面，使人事组织趋
于反动和僵化。局势不宁使人员频繁更动主要表现在1921年至1926年
间，但在上至总长、下至部员的频繁更动之中，却出现了参司人员的相
对稳定，使教育部各项行政活动备受干扰的同时，又能维系基本的
运转。

外有变化莫测的社会转型浪潮的冲击，内有机构、职能及人事调整
变化的直接影响，加之不同时期教育事业发展的实际情况也不尽相同，
民国前期教育部的行政路向和活动轨迹呈现出既有努力推进又有摇摆不
定甚至前后矛盾的复杂特点。总体而言，教育部行政路向和活动轨迹在
1919年之前虽有起伏，但基本走向还是比较明确的。先是1912年蔡元
培和范源濂二人的密切合作下，形成了第一波教育部行政活动高峰，主
要成果是通过确定教育方针明确了教育发展的民主改革方向，采取有效
举措促进了政体更替之际教育秩序的恢复，召开临时教育会议集采全国
教育界之智慧初步建立了资产阶级民主教育制度，使教育部管理和领导
全国学务的职能得到较好的发挥，极大地推进了教育行政近代化水平，
从中央行政层面为民国教育的发展奠定了良好基础。随着袁世凯走向专
制和复辟帝制，民初教育的良好开局遭到了帝制狂潮的冲击，不仅教育
方针重新倒退回尊孔复古，而且读经也被变相恢复，建立在民初教育方
针基础之上的教育制度也遭篡改，虽然教育部在这一时期也延续此前教
育部各项举措，通过召开全国师范校长会议、强化对教育的筹划、重点
推进义务教育和社会教育等举措试图推进教育发展，但在教育大政方针
倒退的情况下，其所做的各种努力大打折扣，各项教育事业在政局稳定
时期反陷入低潮。帝制失败后，教育部以恢复民初教育方针为导向，通
过废止和修正各项制度入手，推进了教育事业的恢复和发展，并在傅增
湘时代形成了全面推进的良好局面，使教育部行政水平发展到一个新阶
段。1919年之后，这种虽有起伏但相对稳定的行政局面因政局趋于恶

化、经费困窘不堪而中止，教育部实际上丧失了推动教育事业的主动性和应有的行政威权，其工作重心开始转向对教育界的压制和约束，范源濂第三次出任总长也未能挽回这种趋势。1921 年之后，经费不足达于极点，教育近乎破产，转圜于教育界和政府之间的教育部尽管在部内外人员的共同努力之下依然有所动作，推动了这一时期诸如义务教育、国语运动等的发展，但范围和力度大大减弱，其工作主线主要是加强对教育界尤其是高等教育的管理。1926 年之后教育部在军阀的严格掌控之下更是趋于没落，除继续以合并及考试等手段强化管理之外，其他各项举措也开始全面走向反动，彻底沦为军阀抵制革命、加强专制统治的政治工具。

下　篇
民国前期教育部与教育事业的推进

民国前期，中国在半殖民地半封建社会的深渊中挣扎，传统势力与进步力量在社会各个领域的冲突和斗争、中华民族与西方列强之间的矛盾汇聚成一个巨大的历史漩涡，中国社会经历着由传统向近代的痛苦蜕变，对民国前期教育部推进教育事业的努力产生了深刻而复杂的影响。

　　本篇拟通过学制演变、义务教育、社会教育、国语运动及收回教育权等五个专题，分别对教育部在基础制度建设、学校教育发展、教育与社会文化事业的互动及反对西方列强文化侵略等方面，对教育部所做的各种努力进行深入考察，以期客观和全面地呈现教育部与民国前期教育事业的关系，从而深入认识教育部在民国前期这一教育近代化重要阶段所充当的角色及实际发挥的作用。

第五章 民国前期教育部与学制演变

学制是学校制度的简称，又称学校系统，它规定了各级各类学校的性质、任务、入学条件、修业年限及其之间的相互关系，在学校教育制度体系中居基础性地位，它的科学和合理与否，关系到教育方针的贯彻、教育目的和任务的实现。在中国近代学制演变史上，具有里程碑意义的学制分别是清末颁布的《癸卯学制》、民国初期的《壬子癸丑学制》和1922年颁布的《壬戌学制》，三者的演变过程体现了中国学制近代化的历程，后两者民国前期教育部均参与制定之，在推进学制近代化进程中充当了重要角色。深入考察教育部与学制演变之间的关系，既有利于认识时代对学制演变产生的影响，又能客观理解教育部在学制近代化过程中的实际作用。

第一节 教育部与《壬子癸丑学制》

《壬子癸丑学制》是中华民国颁布的第一个学制系统，在国体骤变、万象更始的过渡时期发挥了重要作用。它的颁布和实施不仅有力地促进了教育秩序的恢复和稳定，也成为民国初期教育事业得以迅速发展的重要前提和保障。这一学制的制定和实施，是在教育部主导之下，适应政权变更的需要，集中全国教育界之智慧完成的。

一 教育部与《壬子癸丑学制》的制定

（一）拟定学制成为教育部工作中心

"教育行政，经纬万端，必先以规定学校系统为入手之方法"①，民

---

① 《教育部拟议学校系统草案》，《教育杂志》第 3 年第 12 期，1912 年 3 月。

国前期教育部显然在政权变更之际对学制拟定的重要性有着非常清醒的认识。

辛亥革命后归国的首任总长蔡元培，因对国内教育"殊多隔膜"，前往上海邀请原中国教育会和爱国学社同仁、时任商务印书馆编辑的蒋维乔赞襄部务。当征询蒋氏对于当前部务的意见时，蒋即言"前清学制，全不适用，且为天下诟病已久，不若于此数月中，先行草拟民国学制"，蔡颇为赞同，"请悉由子主持之"①。蒋氏的这一建议，并非一时兴起之言，而是有着深刻的时代背景和直接的促动因素。清末学制虽开启了学制近代化进程，但由于封建色彩浓厚而且较为繁琐，与共和政治不相适应。蒋氏所在的商务印书馆诸人如高凤谦、陆费逵等亲历清末教育改革，于此中种种弊端体认甚深，在共和政治建立之际纷纷在报纸杂志上著文倡言学制改革。蒋氏此番建议与此有直接关系。蒋维乔随后赴南京襄助蔡元培组织教育部，由于蔡元培忙于政务，蒋氏实际上承担了维持南京临时政府教育部日常运行的重任，拟定学制也就成为这一时期教育部的中心工作。

1912 年 1 月 19 日，刚刚成立的教育部即发通令，"民国既立，清政府之学制有必须改革者"，先行颁布《普通教育暂行办法》及《普通教育暂行课程标准》，初步清除教育领域中的封建因素，至于"完全新学制，当征集各地方教育家意见，折衷厘定，正式宣布"②。这一通令既对当前教育有巨大指导意义，又表明教育部制定新学制的意图。2 月间，蔡元培发表《对新教育之意见》，认为"共和时代"当有"超轶政治之教育"，提出具有鲜明资产阶级民主特点的"五育并举"教育方针，③ 为学制拟定工作指明了方向。

在具体人事组织上，教育部围绕拟定学制这一中心工作，大力召集曾留学东西洋各国人员，当时部内人员"英、美、德、法、俄、日皆备"，为学制拟定工作的顺利进行奠定了人事基础。④ 按照预定程序，

---

① 蒋维乔：《民元以来学制之改革》，载陈学恂主编《中国近代教育史教学参考资料》（中册），人民教育出版社 1987 年版，第 163 页。

② 《普通教育暂行法之通令》，《申报》1912 年 1 月 21 日，第 3 版。

③ 蔡元培：《对于教育方针之意见》，载璩鑫圭、唐良炎主编《中国近代教育史资料汇编·学制演变》，商务印书馆 2007 年版，第 608—614 页。

④ 蒋维乔：《民国教育部初设时之状况》，载璩鑫圭、唐良炎主编《中国近代教育史资料汇编·学制演变》，商务印书馆 2007 年版，第 629 页。

充分利用部员的留学特长加紧编译各国学制以便博采各国先例。在此基础上，"各就所长，分别撰拟小学、中学、大学规程"①。政务繁忙的蔡元培对学制拟定工作非常关心。3 月 18 日，蔡氏迎袁结束后回到南京，不顾旅途劳苦，次日下午即赴部审查学制系统。20 日午后又同教育部诸人讨论学制系统。② 在全体部员的共同努力下，"临时政府三个月结束，而中华民国全部学制草案，实在此时大略完成"③。

这一工作即使在教育部北迁过程中仍进行不辍。4 月上旬蔡元培率教育部人员北上，途中停留上海，"因北上之期未定，而编纂学制之事不可缓，遂决议设机关于上海"。4 月 12 日蒋维乔与王云五觅得上海北四川路三幢洋房用作在沪编制学制的办公处，因为此处可"就近借用广学会及涵芬楼之书作参考"④。4 月 15 日蔡元培率第一批部员随国务总理唐绍仪等先期离沪，蒋维乔等人继续留在上海，等待其他教育部人员，学制工作在蒋氏的主持下依然在加紧进行。4 月 26 日，蔡元培正式履任新职，在完成了初步的人事改组之后，北京政府教育部开始设司分科，机构运转步入正轨，前此形成的学制草案"部中再分别加以整理"⑤，最终形成临时教育会议学制交议案。

（二）多渠道征集意见完善学制

学制拟定工作之所以能如此高效进行，不仅有赖于南京临时政府时期教育部员的积极努力和北京政府教育部成立之后部员间的大力合作，而且也有赖于教育部善于从多渠道征集意见，并积极采纳对草案进行完善。当时主要通过邀请专家到部及召开全国教育会议等方式。

关于邀请有关专家直接到部商讨，当时由于地理优势和人脉关系，江浙人士成为主要的被邀请对象。1912 年 1 月 24 日，教育部邀请离南京较近的江苏教育界著名人士黄炎培、俞子夷至部，蒋维乔等人与之"讨论学制系统至详悉"⑥。黄炎培（1878—1965），字任之，江苏川沙

---

① 高平叔编著：《蔡元培年谱长编》（第一卷），人民教育出版社 1999 年版，第 401 页。

② 高平叔编著：《蔡元培年谱长编》（第一卷），人民教育出版社 1999 年版，第 423 页。

③ 高平叔编著：《蔡元培年谱长编》（第一卷），人民教育出版社 1999 年版，第 401 页。

④ 蒋维乔：《民国教育部初设时之状况》，舒新城编《近代中国教育史料》（第四册），中华书局 1928 年版，第 195—198 页。

⑤ 蒋维乔：《清末民初教育史料》（节录），载璩鑫圭、唐良炎编《中国近代教育史资料汇编·学制演变》，商务印书馆 2007 年版，第 1073 页。

⑥ 高平叔编著：《蔡元培年谱长编》（第一卷），人民教育出版社 1999 年版，第 401 页。

人（今上海），清末秀才。1901 年入南洋公学受教于蔡元培，1905 年加入同盟会，辛亥革命后先后创办和主持广明小学和师范讲习所、浦东中学，在爱国学社、城东女学等新教育团体和学堂中任教，并参与发起江苏学务总会，民国成立后任江苏都督府民政司总务科长兼教育科长，后任江苏省教育司长，在江浙教育界享有极高声望，是革命党人中少有的于教育有精深研究之人。从 1913 年起陆续发表《学校教育应采用实用主义之商榷》《小学实用主义表解》《实用主义小学教育法》等文，教育研究和实践重心开始全面转入实业教育。① 俞子夷（1885—1970），字诲秉，江苏苏州人，早年肄业于上海南洋公学、爱国学社，1902 年至 1905 年，跟随蔡元培参与光复会部分活动。辛亥革命前，先后在上海爱国女校、广明学堂、芜湖安徽公学等校任教。1906 年受黄炎培之约，应聘为上海广明学堂师范班教员，1908 年转任上海青墩小学教师。是年被江苏教育总会选派赴日本考察教育。辛亥革命后任江苏一师附小教员。② 可见教育部所邀请之人，大都为革命派或倾向革命派的教育家，反映了教育部在拟定学制上的工作导向。当时国内外其他教育家也纷纷投书教育部，建议书"积久盈尺"，成为教育部拟定学制的重要参考。③

　　3 月间，教育部把"归纳各家意见，并参酌列国成规"基础上形成的三份草案公布于《教育杂志》及《申报》上，广泛征求全国教育界的意见。④ 教育部的这一做法得到了各界人士的进一步回应。4 月份即有沈步洲在《教育杂志》上发表《学校系统刍议》，重点对义务教育之年限及初等小学与高等小学之年期进行分析，建议年限暂仍其旧为四年，高等小学为四年，义务教育暂缓进行，中学四年，高等专门及大学科三年，预科一年或二年等。⑤ 学界的参与使学制讨论更趋深入，内容也逐步完善。

　　为进一步集中全国学人之智慧，全面筹划全国教育大业，重组后的

---

　　① 顾明远总主编：《中国教育大系·历代教育名人志》，湖北教育出版社 1994 年版，第 518—519 页。

　　② 顾明远总主编：《中国教育大系·历代教育名人志》，湖北教育出版社 1994 年版，第 550 页。

　　③ 高平叔编著：《蔡元培年谱长编》（第一卷），人民教育出版社 1999 年版，第 401 页。

　　④ 详见《教育杂志》第 3 年第 12 期以及 1912 年 3 月 31 日《申报》相关内容。

　　⑤ 沈步洲：《学校系统刍议》，《教育杂志》第 4 卷第 1 号，言论，第 11—20 页。

教育部于 7 月 10 日组织召开全国临时教育会议，其重点即是讨论学校系统，"本部成立伊始，因前清设学宗旨及奏定学堂章程所载各节，多有未合，首以更定学制为要图，故有召开临时教育会议之举"①。7 月12 日教育部向临时教育会议交议学制草案第四稿，成为当天第一个讨论的议案，也是与会人员最关注、讨论最热烈、耗时最长的议案。当时"议员讨论大体于高小及大学预科之年限争论颇烈。高小有主张四年者，有主张二年或三年者；大学预科有主张三年者，有主张二年者，莫不言之成理也"，当日宣布学制案初读成立，付审查委员会审查。② 7 月 17日，会议讨论学校系统案审查报告，议决："初等小学正名为小学校，四年毕业；高等小学三年毕业；中学四年毕业；大学预科一年毕业。"由于 17 日当天未能议完，7 月 18 日续议，议决："大学本科、法、医各四年毕业，余皆三年。小学补习科二年。师范学校预科及高等师范学校预科各一年。师范学校本科四年。高等师范本科三年。甲、乙两种实业各三年。专门学校预科一年，本科三年或四年。"③ 全案至此得以正式成立。

（三）从《壬子学制》到《壬子癸丑学制》

临时教育会议通过的学制议决案，除个别内容外，绝大部分均被教育部采纳。1912 年 9 月 3 日，临时大总统明令公布《学校系统案》，这就是《壬子学制》，它是中华民国第一个明令颁布的学制，因此时正值各地恢复开学之际，《壬子学制》的颁布促进了教育秩序的正常化。

此后教育部在 1912 至 1913 年间，在《壬子学制》基础上陆续颁布各类学校法令规程，考虑当时教育实际情况并进一步采纳各方意见，一些法令规程的内容与《壬子学制》中各类学校的规定略有不同。其中：甲种实业学校修业年限增加预科一年；师范学校除一年预科外，本科分为两部，第一部修业年限四年，第二部修业年限一年。这些调整综合起来形成 1912—1913 年学制，又称《壬子癸丑学制》。

---

① 民国教育部文书科编：《教育部行政纪要》（全一册），文海出版社 1986 年版，第 3—4 页。

② 我一：《临时教育会议日记》，载舒新城编《中国近代教育史资料》（上册），中华书局 1961 年版，第 296 页。

③ 我一：《临时教育会议日记》，载舒新城编《中国近代教育史资料》（上册），中华书局 1961 年版，第 297—298 页。

《壬子癸丑学制》规定受教育年限十八年，总体分为三段四级：第一段为初等教育段，分初、高二级，共计七年；第二段为中等教育段，仅设一级，年限为四或五年；第三段为高等教育段，亦只设一级，内分预科、本科，共计六年或七年。三级之上设大学院供本科毕业生进一步研究，之下设蒙养园接纳幼童入学，均不计入年限。从横的方面来看分为三系：一为直系各学校，包括小学、中学、大学或专门学校；二为师范教育，分师范学校及高等师范学校二级，所居地位为中、高二段；三为实业学校，分甲、乙二种，所居地位为初、中二段。此外，还有补习科、专修科及小学教员养成所，皆是此三系中的各种特别或附设的教科，谓之旁支。①

通过教育部上下的共同努力以及集采全国教育界之智慧所拟定的《壬子癸丑学制》，建立了上下衔接、左右兼通的学校教育体系，从而为民国教育制度奠定了基础。《壬子癸丑学制》不仅初步完成了把共和革命的成果在教育领域进行巩固的时代要求，而且为具体的学校法令规程的制定奠定了制度基础。其制定过程中体现的民主决策方式为以学制为中心的新教育制度在全国的贯彻实施提供了广泛的民意支持。

二 教育部与《壬子癸丑学制》的实施和调整

（一）教育部与《壬子癸丑学制》的初期实施

1912 年 11 月 2 日教育部专门就学制实施问题发布训令，对师范、中等和初等教育实施学制问题予以明确要求，所有师范、中学、小学、实业各校，除新招各生照新章办理外，其各级原有学生仍照旧章授课，给予各校以一定的过渡。要求新章公布后，课程之配列、毕业时期之厘定及教科书采用要制定变通办法以与新章相合：（1）中学校、高等小学校修业年限均视旧章减少一年，其各级原有学生，在中学校已达四学年，在高等小学校已达三常年者，应展期补习。原有学生在中学校四学年以下、在高等小学三学年以下者，应按照新章通计各科历年教授时数，除音乐、图书、体操、手工等科依各该科性质每周教授时数无庸另行增加外，其余各科照新章教授时数分年排比，或能如期毕业或须展期

---

① 《壬子癸丑（1912—1913）学制图》，载舒新城编《中国近代教育史资料》（上册），人民教育出版社 1961 年版，第 227—228 页。

补习以适合新章毕业程度。（2）初等小学校修业年限与旧章相同，学科及教授时数亦出入无多，各级原有学生自可遵照新章切实授课。（3）师范学校新定本科四年、预科一年，合计仍与旧章五年毕业之期相符，惟新章增加科目，视他项学校较多，除已过一学年以上，未习英语者，得准其免习外，应按照新章通计各科教授时数分年排比如期毕业，不得藉口缩短毕业期限；已满五年其程序尚未完足应按照新章毕业程度再行补习。（4）教科书凡业已教授多时不便中途改易者，应仍继续教授以免纷更，甫经教授必需换及虽教授已历若干时而课数与新章时数过相悬殊实难造就者得采择适用之本。①

这一训令使师范、中小学校及实业学校在新旧过渡之际在课程开设、学生补习以及教科书采用等方面有所依据，促进了教育秩序的迅速恢复。对于教育部直接管辖的专门学校及大学，则先后通令各校向教育部立案，并就专门学校毕业办理事宜通令各校以示规范。之后，陆续颁布《小学校令》《中学校令》《师范学校令》《大学令》《专门学校令》以及相关规程，形成了较为完善的学校教育法规体系，促进了《壬子癸丑学制》的具体实施。

《壬子癸丑学制》颁布以后，直至1922年新学制颁布的近十年间并没有大的变动，"这个学制可算本期的中心学制，并且一直行到十年以后"②，有力地推进了这一时期教育事业的正常进行。对这一学制及在此基础上制定的相关法令规程的积极意义，陆费逵如此评论，"政府北迁，教育部人才，既皆极一时之选。益以临时教育会议，集千百人之见识经验，而议定种种制度，其妥善可行，夫岂待言。……吾为吾国教育前途幸，吾尤为吾国未来国民幸也"③。证诸这一时期教育事业的发展实际，民国新学制的颁布和实施确实关系重大，而教育部的主导地位显而易见。

（二）教育部与《壬子癸丑学制》的后续调整

囿于各方面因素，新学制也存在着一些不足。其一是学制仍有"模

---

① 《教育部训令第10号》，载璩鑫圭、唐良炎编《中国近代教育史资料汇编·学制演变》，商务印书馆2007年版，第666页。

② 《壬子癸丑（1912—1913）学制图》，载舒新城编《中国近代教育史资料》（上册），中华书局1961年版，第227页。

③ 陆费逵：《新学制之批评》，载吕达主编《陆费逵教育论著选》，人民教育出版社2000年版，第132页。

仿日本制"之痕迹。这一方面是因为南京临时政府教育部人员中，以留日学生人数较多，而且多系师范教育出身，对日本教育较有研究。在参加临时教育会议的议员中，"据统计，有留学或赴外考察经历者至少为60人，占议员总数的64%，其中人数最多者是留日或赴日考察人员，至少为47人，占留学或赴外考察总人数的78%，占议员总数的50%"①，成为新学制仍保留有日本色彩的直接原因。另一方面清末学制实施以来，全国学校模仿日本学制发展已具规模，骤然改行欧美学制也不现实。此中原因蔡元培有过说明："日本学制，本取法欧洲各国，惟欧洲各国学制，多从历史上渐演而成，不甚求其整齐划一，而又含有西洋人特别之习惯，日本则变法时所创设，取西洋各国之制而折衷之，取法于彼，尤为相宜"，虽然对临时教育会议也提出了"兼法欧美"的建议，终未实现。② 因而《壬子癸丑学制》中，原有学制小学年限过长、中学年限过短的弊端并没有完全消除，小学年限过长仍然不利于贫寒子弟完成学业，中学年限过短导致出现"毕业生任事者缺乏实用之叹，升学者尤多程度不及之端"③。专门以上教育，因"当时教育界办学经验，于小学较为丰富，……至中等教育并未发达，经验殊少，于专门大学，更属茫然"④，因而专门以上学校的规定较为简单，其中为提高专门以上学校学生的质量而采取各省高等学堂改为大学预科的做法，却因经费问题没有及时推行分区大学建设，⑤ 各省顿失学术中心，有志于学问者反因大学预科名额少、路途遥远而丧失求学机会。另外还存在灵活性不够、各学段课程重复等现象。上述不足的存在，既体现了学制变迁的渐进性，也使学制在实际的推行中不足之处渐显，为学制调整乃至整体改革埋下伏笔。

1912—1922年间，中国社会历经袁世凯复辟和张勋复辟两次封建政治的回流，民族资本主义在欧战期间及结束初期获得了较为迅速的发

① 于潇：《全国教育会议与民国时期教育》，博士学位论文，浙江大学，2011年，第25页。

② 我一：《临时教育会议日记》，《教育杂志》第4卷6号，特别记事，第3页。

③ 顾树森：《对于改革现行学制之意见》，载朱有瓛主编《中国近代学制史料》（第三辑下册），华东师范大学出版社1992年版，第738页。

④ 蒋维乔：《民国教育部初设时之状况》，载琚鑫圭、唐良炎主编《中国近代教育史资料汇编·学制演变》，商务印书馆2007年版，第629页。

⑤ 《申报》1913年4月1日，第2版。

展，政体的变动及经济的发展对学制产生了变革需求。教育界学人也针对原有学制之不足及现实需要之变革纷纷献言立说，尤其是在全国教育会联合会历届年会上屡有学制改革案之提出。在上述因素的促动下，教育部对《壬子癸丑学制》进行了不同程度的调整。主要有：

初等教育阶段的首次调整是 1914 年 2 月公布《半日学校规程》。民初不仅成年人失学情况严重，学龄儿童未入学者也居多数，因而该《规程》明确半日学校专为救济幼年失学之人而设，规定小学校可以附设半日班，只是男女同校之小学校不适用，这是扩充小学校的一种变通。① 由于措施灵活，易于推行，半日学校在全国得到较为迅速的普及，对于发展小学教育有着积极的意义。初等教育段的第二次调整则主要与政治因素有关。1915 年 2 月，袁世凯发布《特定教育纲要》，认为"只求识字之平民子弟与有志深造之士族子弟，受同式之教育，在人情既有未顺，于教育实际亦多违碍"，要求取法德制，分小学为国民学校和预备学校二种。② 7 月 31 日，教育部修正《国民学校令》《高等小学校令》，11 月公布《预备学校令》，小学学制由单一制改为双轨制。1916 年 1 月颁布《国民学校令施行细则》和《高等小学校令施行细则》，同时废止民国元年 9 月颁布的《小学校令》和有关施行细则，将尊孔读经重新列入学校教学内容，这是普通教育在教育宗旨和课程设置上的倒退。尽管双轨制未及实施便告终止，但在初等教育领域造成了一定的混乱。

中学教育在民国初期发展较为缓慢，而且中学"卒业升学人数远不及不升学之人数"，未升学学生因无社会上谋生之智识又面临就业问题，如果任其发展，定会造成中学教育愈发达而社会"游民日多"的严重后果。鉴于上述形势，1916 年第二届全国教育会联合会通过《中学校改良办法案》，该案建议中学校"自第三年起，得就地方情形酌授职业教育科并酌减他科时间"，以便照顾到中学校毕业生的谋生需要。③

---

① 《教育部公布半日学校规程》，载璩鑫圭、唐良炎编《中国近代教育史资料汇编·学制演变》，商务印书馆 2007 年版，第 806 页。

② 《特定教育纲要》，载舒新城编《中国近代教育史资料》（上册），人民教育出版社 1981 年版，第 255 页。

③ 《中学校改良办法案》，载朱有瓛主编《中国近代学制史料》（第三辑上册），华东师范大学出版社 1992 年版，第 388 页。

1917 年 3 月 12 日教育部采纳这一建议，通令各省区中学校"在完足普通教育之时"可"增设第二部"，"于不求升学之学生，酌授以裨益生计之知识技能"①，使中学教育能够兼顾升学和就业，此为推进中学教育之先声。1918 年，傅增湘任内秉持"以中学教育为中坚"的执政思路，② 召集中等学校校长会议，讨论中学课程训练及其与小学、大学衔接问题，其形成的一系列议决案不仅推进了中学教育的发展，也客观上为 1922 年学制改革"以中学为中心"提供了实践基础。1919 年教育部召集教育调查会，对中学实行文实分科进行讨论，议决"一、请部颁行通令各中学得就地方特别情形增减科目，变通时间；二、修改课程标准以备各校参考"③。1919 年 4 月教育部根据此议决案，通咨各省，中学校应斟酌地方情形酌量增减科目及时间，可"就中学校令施行规则第一条所列各学科目，酌量增减，并得增减部定各科目之时数。但增减科目，必须由该校详确斟酌，声叙理由，列表报部核准后，方可开始教授，以昭慎重"④。上述措施都使各地方在中学教育上的办学灵活性增加，是对当时民族资本主义工商发达需要更多技术人才以及人民生计艰窘的现实回应，也是对以往中学教育只重普通教育不重生计教育弊端的矫正。

高等教育在这一时期也有较大调整。针对外国在华人士有进入大学学习的需要，教育部于 1916 年 9 月 19 日公布《大学分科外国学生入学规程》，规定大学分科得许外国学生入学，⑤ 对大学规程进行了完善。高等教育的进一步调整则主要源自蔡元培在北京大学的改革。1917 年教育部任命蔡元培出任北京大学校长。在蔡元培的积极推进下，教育部对民初颁布的《大学令》进行了修正。上任不久的蔡元培即在教育部

① 《教育部咨各省酌定中学增设第二部办法请通令周知文》，载中国第二历史档案馆整理《政府公报》（第 104 册），上海书店出版社 1988 年版，第 529 页。

② 《中学校校长会议开会傅总长训词》，载多贺秋五郎编《近代中国教育史资料》（民国编上），文海出版社 1976 年版，第 244—245 页。

③ 《教育调查会第一次会议报告》，载陈学恂编《中国近代教育史教学参考资料》（中册），人民教育出版社 1987 年版，第 479 页。

④ 《教育部咨交通部各省区中学校应斟酌地方情形酌量增减科目及时间文》，载璩鑫圭、唐良炎编《中国近代教育史资料汇编·学制演变》，商务印书馆 2007 年版，第 813 页。

⑤ 《教育部公布大学分科外国学生入学规程》，载璩鑫圭、唐良炎编《中国近代教育史资料汇编·学制演变》，商务印书馆 2007 年版，第 814 页。

组织的部分高等学校校长会议上提议修正大学令，1917 年 9 月 27 日，教育部正式公布《修正大学令》，修正要点如下：1. 原大学令第三条中规定："称大学者，必须是文理二科并设或文科兼法、商二科，或理科兼医、农、工三科，或二科或一科。"现修正为"设二科以上者得称为大学，其但设一科者称为某科大学"；2. 预科编制及年限的变动：原大学令第八条规定："大学各科修业年限三年或四年，预科三年。"大学规程第十七条规定："预科分为三部。"现修正为：大学本科修学年限一律改为四年，预科二年，"预科分隶于各科"。^① 另外大学还逐渐开放女禁，招收女生，实行男女同校，实行选科制。大学教育门槛的降低，使各省有实力的专门学校能够升级成为各省区的教育中心，有利于改变民初各省高等学堂骤然取消而各地大学未能开设的状况。实行男女同校、选科制等表明高等教育近代化取得了一定成果。

在上述局部调整的基础上，1917 年教育部对学校系统重新进行了厘定："（一）小学校四年毕业，为义务教育，毕业后得入高等小学或实业学校；高等小学三年，毕业得入中学校或师范学校或实业学校；（三）小学校及高等小学校设补习科，二年毕业；（四）中学校四年，毕业后得入大学或专门学校或高等师范学校；（五）大学预科三年、本科三年或四年毕业；（六）师范学校预科一年、本科四年毕业，高等师范预科一年、本科三年毕业；（七）实业学校分甲乙两种各三年毕业；（八）专门学校预科一年、本科三年或四年毕业。"^② 这样，此前的各项调整得到了正式确认。经过上述局部调整，使学校系统能较好地适应当时各地社会经济文化发展、人民生活的实际水平，从而保证了这一基础性教育制度的整体稳定。以往学界在讨论近代学制演变中过于注重学制制定过程及其内容的考察和分析，对学制的调整特别是《壬子癸丑学制》的调整并没有予以特别的关注，因而教育部在学制演变中充当的角色并不清晰，实际上正是其对《壬子癸丑学制》的调整才使学制这一基础性制度得以不断适应教育发展实际而保持了大体稳定。

1922 年之前学制系统的局部调整，虽然原因多样、内容不一，但

---

① 《修正大学令》，载中国蔡元培研究会编《蔡元培全集》（第三卷：1917—1919），浙江教育出版社 1997 年版，第 133 页。

② 《重订学校系统》，《教育杂志》第 9 卷第 4 号，记事，第 28 页。

整个调整过程中教育部始终居于主导地位。这种主导地位一方面由于政治上虽然历经变乱，但无论是南京临时政府时期、袁世凯统治时期还是皖系时期，中央地位并未受到来自地方的全面冲击，基本保持了全国的统一；其次是经费上的危机尚未完全爆发，中央政府各项借款尚能进行，中央教育行政依然有着一定的行政威权；再次是教育总长虽历经易人，但大多数总长都能勤于政事、屡有建树，特别是民初蔡范二人合作的影响及于 1921 年，是教育部能够保持主导地位的重要原因。教育部主导《壬子癸丑学制》的调整，并非意味着对新一轮学制改革的全盘掌控。1919 年之后，教育部的主导地位就已经受到冲击。1920 年之后，由于政局的动荡教育总长频频易人、甚至位置空悬，导致教育中枢无力，而教育界力量格局随着留美学生的大批回国而渐生变化，留美学生逐渐成为推进教育改革的主体。以他们为中坚的教育界，开始大力倡导美国学制，"当时美国盛倡之六三三制，又移植于中国；所谓发展个性、分组选课等，均本之美制"[①]。学制由局部调整走向整体变革成为历史的必然，教育界力量的变化也使学制改革从效法日本向借鉴欧美转变。

第二节　教育部与《壬戌学制》

《壬戌学制》的产生是中国学制基本完成近代化的重要标志，它是政府与民间合作基础上效法欧美兼顾国内教育实际共同努力的结果。虽然严格地说，它是教育部在民间教育力量已经形成的较为成熟的草案基础上参酌而来，就贡献而言民间教育力量居主要地位，教育部似有坐享其成的嫌疑，但考虑到其在时局动荡之下先是为争取学制制定的主导权召开了全国会议，继之又积极推进新学制的实施，应该说仍然作出了可贵努力，此中曲折也突显教育部执政之艰难。

一　《壬戌学制》产生之背景

如前所述，自《壬子癸丑学制》颁布以来，学界对学制批评之声不断，虽然教育部回应这些呼声，对学制进行局部调整，但要求对学制进行整体改革的呼声一直都存在。

---

① 王凤喈：《中国教育史大纲》，商务印书馆 1932 年版，第 303 页

　　早在 1915 年 4 月第一次全国教育会联合会召开时，湖南省教育会代表即提出《改革学校系统案》，为倡导新学制改革之嚆矢。该案认为学制各部分互相关联，如果不定总方针而对各部分进行局部改革必然无效果，故提出学制改革不能枝枝节节为之，必须要作远大之规划，建议重新订定整个学制。① 因此案关系重大，当时教育会联合会认为"应否改革，宜以郑重之手续出之"，遂议定一面分函各省征集学制改革意见，"以三个月为限，详细备具意见书，送由教育部解决"，一面由联合会陈请教育部，"在未解决以前，暂勿变更现制"，表现出了审慎态度。②

　　与民间推动学制变革的呼声相对应，1917 年 9 月 20 日教育部公布学制调查会规程，其主要工作为"调查内外学制"，会员三十人，下设普通学制、专门学制两股，除在部内设学制调查会外，在各省及外国派有学制调查员。③ 1918 年又成立教育调查会，不仅把范围扩大为"调查教育上之重要事项"而且对"重要事项"具有"审议权"。④ 在该会1919 年举行的第一次会议上，教育部交议各项应调查事项，与会人员议决学制系统应为应行调查之重要事项，认为原学校系统取划一之法实因当时"办教育者学识经验，皆苦不足；若学制稍趋繁复，即不免无所适从"，"今则各方面皆病其呆板，似应参用并行活动制"，然而"兹事重大，不可轻易更张，亦须详悉调查"。该次会议还对"中学校分为文科实科"、"专门以上学校附设专修科"以及"高等学会及博士学位"等事项进行审查，提出相应调整办法：1. "请部颁行通令，各中学得就地方特别情形增减科目，变通时间"；2. 修改中学课程标准，以备各校参考；3. 专门学校"设专修科，年限在二年以内"。⑤ 上述情况说明，无论是学界还是行政当局，对学制全面更张均持慎重态度，更倾向于进

　　① 《改革学校系统案》，载璩鑫圭、唐良炎编《中国近代教育史资料汇编·学制演变》，商务印书馆 2007 年版，第 833—834 页。

　　② 《全国省教育会第一次联合会记略》，载璩鑫圭、唐良炎编《中国近代教育史资料汇编·学制演变》，商务印书馆 2007 年版，第 832 页。

　　③ 多贺秋五郎：《近代中国教育史资料》（民国编上），文海出版社 1976 年版，第 231—232 页。

　　④ 多贺秋五郎：《近代中国教育史资料》（民国编上），文海出版社 1976 年版，第 402—403 页。

　　⑤ 陈学恂：《中国近代教育史教学参考资料》（中册），人民教育出版社 2000 年版，第 479—484 页。

行局部调整。

这种慎重态度自 1919 年以后开始改变。五四运动以后，西方各种文化思想加速涌入，传统封建思想受到猛烈的冲击荡涤，立于新一轮思想解放大潮的潮头之上，是一批欧美留学生，由此他们取得了文化教育改革的话语权。

思想解放大潮的到来，欧美留学生的参与，不仅加速了此前一直处于酝酿期的学制改革进程，也使这种改革取向由日本转向欧美。"近一二年来，教育思潮猛进，该学制（即壬子癸丑学制）几有不可终日之势。"① 从全国教育会联合会年会的提案情况可以看出这一趋势。1920年召开的全国教育联合会第六届年会，关于学制议案者有安徽二案，奉天、云南、福建各一案，会议认为似此重大议案，"似未可以短促之时期，少数之意见，骤行议决"，仍然坚持慎重的态度，制定了四个办法推进此项工作：一是请各省区教育会于明年开会两个月以前，先组织学制系统研究会，以研究之结果形成议案，分送各省区教育会及第七届全国教育会联合会事务所；二是第七届教育会联合会应先将学制系统案议决，再议其他各案；三是明年开会时请教育部派专员发表关于学制之意见；四是将历届收到关于学制议案及会外意见书汇编成册，分送各省区教育会，以备研究。② 1921 年 10 月召开的第七届全国教育会联合会年会，重点讨论了学制系统改革问题，这次会议有广东、黑龙江、云南、山西、江西、甘肃、浙江、奉天、直隶等 11 个省区代表分别提出了改革学校系统方案的计划，会议认为"广东案较为完备，议决审查方法即以广东为根据，与其他各案比较审查"③，形成学制系统草案。

第七届全国教育会联合会议决新学制后，全国教育界人士群起研究，各省区学校也有先期试办者。当时发行量最大的《教育杂志》成为学人发表有关学制意见的重要平台，也对当时各地学制改革工作进行了忠实的记载和反映。对于这种趋势，教育部自然不能置身事外，但在1921 和 1922 年间全国学制改革呼声最高潮时期，教育部却深陷北京政

---

① 陶行知：《我们对于新学制之草案应持之态度》，载璩鑫圭、唐良炎编《中国近代教育史资料汇编·学制演变》，商务印书馆 2007 年版，第 900 页。

② 《改革学制系统案》，载璩鑫圭、唐良炎编《中国近代教育史资料汇编·学制演变》，商务印书馆 2007 年版，第 846—847 页。

③ 《第七届全国教育联合会纪略》，《教育杂志》第 14 卷第 1 号，第 11—13 页。

治漩涡，总长先后更迭近 10 人次，各项政务无形阻滞，对把学制作为中心议题的第七届全国教育会联合会年会，教育部竟然未派员与会。第七届全国教育会联合会对此时教育部的处境显然十分清楚，以至于将形成的学制系统决议案寄交各省区教育会、高等教育机关征求意见，甚至将草案寄全国各报馆各教育杂志社请其披露广征意见，并要求各省区教育会将本草案付讨论后拟订各级课程草案及实施方法，提出于下届联合会，唯独没有向教育部呈请之案，似有把中央教育行政机关摒除于新一轮学制改革之外的意图。① 对教育部而言，这无疑是一个不祥的信号，全国教育会联合会已经以软性手段实际分享和架空了中央教育行政机关的权力，在新一轮学制改革热潮中教育部面临被边缘化的危险。

此时教育部中人也非无动于衷，只是由于总长更迭频繁、政局不稳之下有心无力。至 1922 年 6、7 月份，鉴于学制改革已成不可避免之势，虽然当时暂时兼代总长的高恩洪"不知教育为何物"，但在部中参事、司长积极努力推动下，高恩洪遂拟召开全国学制会议，② 意在第八届全国教育会召开之前先行制定学制，以取得主导权，维护中央教育行政之颜面。由此可见，这一时期局势动荡、总长频繁更迭之下参事、司长群体的稳定，对教育部应全国形势召开全国学制会议起了重要作用，也由此进一步证明了 1921 年之前特别是范源濂两次总长任内所形成的人事格局对此后教育部的重要意义。

二 教育部与《壬戌学制》的制定

（一）召开全国学制会议

1922 年 7 月 1 日，教育部公布学制会议章程，规定会议中心议题即是学校系统和地方教育行政机关，本着给予各地灵活进行的设想，因而会议议题并不涉及相关细则。关于学制会议组成人员，主要包括：由省及特别行政区教育行政机关各选派一人；由各省及特别区教育会各推选一人；国立高等专门以上学校校长；内务部民治司司长，教育部参事司

---

① 邰爽秋等合选：《历次教育会议议决案汇编》，良友图书印刷公司 1935 年版，第 307—308 页。

② 《学制会议筹备之经过》，《申报》1922 年 9 月 20 日，第 7 版。

长，教育总长延聘或指派者十五人。① 应该说学制会议议员具有较广的代表性和较强的专业性，为学制会议能够取得预期成果奠定了基础。

为保证学制会议能够顺利进行，7 月中旬教育部成立学制会议筹备会，设会议事务所于西单牌楼手帕胡同，由教育部派出人员二十余人组成，首席参事汤中为主席。筹备会会员共分两组：一组筹拟学校系统议案，其主任为参事邓萃英；一组筹拟地方教育行政机关议案，其主任为司长陈宝泉。"虽无次长主持其事，而筹备员仍积极进行"，草拟议案三件"学校系统改革案"、"县市乡教育行政机关组织大纲案"及"省区教育行政机关设立参议会案"。② 筹备期间，教育总长已历高恩洪、王宠惠和汤尔和三人。汤尔和还未上任，即传其欲借学制会议之机，废止专门学校。当时北京大学校长蔡元培也赞成废止专门学校，认为"国立大学无所不包"，"仅省立大学可以设分科大学"。对此各专门学校保持着极高警惕，也预示着会议将有一番争执。③ 9 月 8 日教育部又公布会议细则，就会期、具体人员组成、议事规则和程序等进行详细规定。④

虽然教育部进行了精心准备，但会议开场并不顺利。原定 9 月 15 日开会，因报到人数过少而延至 20 日始正式开会。开幕时，据筹备会员报告，到会人员有五十八人，占应到全体会员九十八人的六成，勉强达至法定人数。后虽有陆续到会者，前后也不过八十余人，广东、贵州、新疆三省区未派员与会。9 月 20 日正式开会之时，又值兼署教育总长王宠惠辞职、被任命为总长的汤尔和还未就职，因而开幕时临时主席蔡元培宣布先由大总统代表宣读总统致词，略去教育总长开幕致词一节。后投票选举会议正副主席，蔡元培当选为主席，部员王家驹为副主席。⑤

9 月 20 日下午为第一次会议。前教育总长、时任国务总理王宠惠也到会致词，可见各方对学制会议还是相当重视。部参事邓萃英说明教育部交议学制案之拟定经过及主旨，学制案主要内容为：初等教育段为六

---

① 《教育部召集之学制会议及其议决案》，载璩鑫圭、唐良炎编《中国近代教育史资料汇编·学制演变》，商务印书馆 2007 年版，第 976 页。

② 《学制会议筹备之经过》，《申报》1922 年 9 月 20 日，第 7 版。

③ 《学制会议与汤尔和》，《申报》1922 年 9 月 17 日，第 10 版。

④ 《教育部令第 92 号》，载中国第二历史档案馆整理《政府公报》（第 192 册），上海书店出版社 1988 年版，第 115—116 页。

⑤ 高平叔编著：《蔡元培年谱长编》（第二卷），人民教育出版社 1999 年版，第 558 页。

年，并以六年为义务教育之年限，鉴于目前教育实际，仍行四二制；中等教育段采四二制；高等教育段，主张大学专门并存，年限为四至五年。山西教育会交议案大致内容为：初等教育段为七年，采四三制；中学为六年，采三三制；高等教育中之职业学校改收中等初级毕业生，年限五年，大学毕业年限为三至五年，高等师范则改为大学。会议决定两案并案，先进行分段讨论，完毕之后付之审查。①

9月21日第二次会议期间，又有会员提交改革学校系统案一件以及对全国教育会联合会所议决学制草案之意见等三件一并纳入讨论，可见与会人员对此前联合会形成的学制案已经有比较深入的研究，为此次形成的学制议决案植入了联合会草案的因子。大会讨论中，对于学制制定原则，"大抵会场议论，对于学制多主解放，惟其解放范围有大小之同。其主张解放范围较大者，则地方派也。其较小者，则中央行政人员也"。对于教育进行之方针，"有提高与普及两点之不同。其偏重提高者，则学理派也；其偏重普及者，则经验派也"。"然皆非有所绝对主张；故自始至终，仅有反复之辩论，初无愤激之意气，此种会议气象，在近年以来，恐将为教育界所独占矣。"② 应该说，这次学制会议不仅气氛良好，而且教育部延揽了众多教育家如蔡元培、袁希涛、李建勋、沈步洲、陈宝泉等的参与，会议取得了较为理想的成果。北大派和高专派之间的争执得到较为理想的解决即是明证。

通过两天连续三次大会讨论，9月21日下午议决将意见交审查会审查。9月22日上午开第一次审查会，以教育部学校系统改革案为主，而以各会员提案为参考。在审查过程中，审查员对初等教育段与中等教育段的审查较为顺利，但到高等教育段时，针对师范学校是否存在、高等专门学校的存废，引发了较为激烈的争执。知晓内幕之人言"学制会议，表面上固谓原于现行学制不良、小中高三级系统未善，实则其动机乃专为废止高等、统一于北大而起"，说明前此传闻不诬。究其源头，在于当时以蔡元培为首的北大派力主大学扩充，而专门学校则竭力自保之故。③ 由于当时会员多数主张两者并存，是以在9月30日下午大会通

① 《教育部学制会议开幕》，《申报》1922年9月23日，第10版。

② 《学制会议之经过》，载璩鑫圭、唐良炎编《中国近代教育史资料汇编·学制演变》，商务印书馆2007年版，第983页。

③ 《学制会议中北大与七专暗潮》，《申报》1922年9月25日，第7版。

过的学制系统案规定：小学分初高两级，定四二制；实业学校改职业学校；中学分初高两级，定四二制，但得通融三三制；师范定六年；高专得改为单科大学；高师得改为师范大学。① 蔡元培和汤尔和的设想并没有得到会议的通过而实现。

最后形成的学校系统改革案，与全国教育会联合会草案相比并无大的出入，只不过略有差异，"如小学六年，然亦得依地方情形定为七年，毕业后入中学二年级。此则循山西省教育会之提议也"。"如中学六年，教育部交议案主张采'四二制'，而会场主张'三三制'者殊不少。最后之决定，两者并存，以'四二'为原则，以'三三'为例外。""如大学与高专问题，当会议之初，外间风说甚盛，谓大学派将主张废止高专，纷纷猜测，略现恐慌。及会议既开，始知风说之非确，相与释然。最后之决定，高专之程度，下接'四二'制之四年初级中学，其有提高程度改收六年小学。此与全国教育会案略异。然高级中学仍得设师范科也。"至"义务教育，仍以四年为原则。职业教育之规定，与全国教育会案相同。而旧设之乙种实业学校，改为职业学校。甲种则改为职业学校或高级中学农工商科，均经分别规定"②。可以看到，部版决议案显然受到全国教育会联合会案的影响。

（二）学制议决案的产生

全国学制会议结束后，刚刚履新的教育总长汤尔和为郑重起见，将议决案送往济南征求即将召开的第八届全国教育会联合会同意，虽然其本意至善，谁知由于误会而波澜丛生，显示出当时教育部与教育界极为脆弱又极其敏感的关系，也从一个侧面反映了教育部当时在教育界中的困难处境。

1922 年 10 月 11 日第八届全国教育会联合会年会在山东济南召开，教育部特派部员陈容、胡家凤与会，并向大会提交了学制会议的议决案和教育总长提交学制会议的原案各一百本分发各代表。在原案引言中说，民国元年曾有一次教育会议议定学制，现在隔了十年，已有修正的必要，所以提出此案，并没有提及学制会议召开是因上年第七届全国教

---

① 《学制议决案专电》，《申报》1922 年 10 月 1 日，第 4 版。

② 《学制会议之经过》，载璩鑫圭、唐良炎编《中国近代教育史资料汇编·学制演变》，商务印书馆 2007 年版，第 983—984 页。

育会联合会的新学制草案这一背景，当然也间接否定了学制会议议决案与全国教育会联合会议决案之间的关系。就我们今天看来，这实在是教育部一次极大的失误，因为这样一份官样文件如果放在学制会议这样一个官方召集的会议中当不致引起风波，可是把文件送至全国教育会联合会而又不承认联合会先前的决议案，实在是不应该有的疏忽。教育部特派员代读汤尔和的致辞，意欲向与会代表说明学制会议的经过和成果，希望联合会悉心讨论教育部交议案。由于致辞未事前印发，又系文言做成，兼之特派员的江苏口音，一众会员均未听懂。而会议主席分发的交议案中，由教育部向学制会议提交的议案又被冠以《教育总长交议案》之名，致使许多会员误以为是向联合会提出的，种种误会引起了与会人员的极大反感。①

就教育部特派员而言，当然希望能以部交提议案为准，不希望有大的更动，这就必须首先消除误会，阐明教育部真意。12 日上午，两位特派员访问了几省的代表，希望能以部提议案为基础，但从各省代表的反应来看显然很难实现。胡适等人开始居间调解，主张"根据广州的议案，用学制会议的议决案来参考比较，择善而从"，得到大部分会员的同意，虽仍有一部分会员特别浙江代表不肯承认学制会议议决案，但经解释之后同意把学制会议的议决案作为一种参考的底子。至此，两份交议案的主从之争以教育部的失利告终。12 日散会后，教育部特派员陈容、胡家凤访问北京代表胡适、姚金绅，虽然已承认学制会议的原案肯定要改动，但仍然希望越少越好，因而极为希望胡适的调和论占上风，并希望胡氏提出一个折衷调和的修正案。当晚胡、姚二氏即起草修正案，逐条皆与两位部派员商酌，至次日晨一时始草完，在最后的誊清稿上逐条注明所根据的底本，此即为"审查底案"。该案特点颇具调和性质且多倾向学制会议议决案：（1）精神上大部分用广州案，而词句上多采用学制会议案；（2）初等教育一段用广州案，稍加修正；学制会议承认了山西提议的七年小学，今删去；（3）中等教育一段，采学制会议案，以四二制为原则，以三三为副则；但加一条"三年期之初级中学课程，应与四年期之初级中学前三年之课程一律"。（4）职业学校一

---

①　胡适：《记第八届全国教育会联合会讨论新学制的经过》（节录），载璩鑫圭、唐良炎编《中国近代教育史资料汇编·学制演变》，商务印书馆 2007 年版，第 986 页。

项，采用学制会议的概括主义，而不用广州案的列举主义，图上也用学制会议案的斜线；（5）师范学校定为六年，依学制会议的图表，六年自为一栏，而不采广州案图表上前三年画入初级中学的办法；（6）高等师范只依旧制存在，不列入系统图；删去了学制会议降低一年的高等师范；（7）师范大学，为单科大学之一种，收受高级中学毕业生，修业四年；（8）学制会议降低了专门学校一年，收受初级中学毕业生，这是和广州案的精神大背的，故仍依广州案，提高二年；（9）大学一项，酌采两案；（10）凡学制会议中顾全旧制之处，如甲乙实业学校之类，皆改为"附注"，不列入正文；（11）学制会议有"注意"四条，今采"选科""补习"两条分入相当的各段；余两条：一论"天才教育"，一论"特种教育"，仍保存了列为附则。①

此后的议程表明，教育部特派员采取的这一办法是正确的，否则会激起更猛烈的反弹。从13日开始至14日下午五时，全案讨论完毕，共开五次会。会场上讨论最激烈的几点如下：（1）七年的小学仍得存在，但不承认学制会议中"七年毕业者得入初级中学二年级"的一句，并且不列入学制；（2）中学校仍回到三三制为原则，四二制与二四制为副则，文句仍用广州案（讨论最烈也最久）；（3）高等师范不列入新学制一条，也颇有异议，但结果仍依底案，不列入学制；（4）为救济初级中学教员之不足，审查会增入两条办法：（甲）大学校与师范大学设二年期之师范专修科，（乙）师范学校与高中之师范科俱得设展长二年之师范专修科。此后被公推为起草员的袁希涛、胡适、许倬云于15日夜间据上述意见修正，其中新添两点：（1）中学校用三三制为原则，四二制为副则；但二四制不列入正文，而加一附注"四二制之中学校，其初级前二年得并设于小学校"；（2）本年江苏师范学校会议议决，不办师范学校前三年，把五年的经费并起来专办后三年。起草员认此办法为最妥善，故添一条"师范学校得单设后三年，收受初级中学毕业生"。形成"起草员案"。17日上午，甲组审查会开第八次审查会，讨论"起草员案"，经过文字上的修正，全案通过，只有二四制不列入正文未能通过，后删去附注，仍列入正文为副则之一。此即为"审查会报

---

① 胡适：《记第八届全国教育会联合会讨论新学制的经过》（节录），载璩鑫圭、唐良炎编《中国近代教育史资料汇编·学制演变》，商务印书馆2007年版，第988页。

告案"。①

1922 年 11 月 1 日，教育部依据此案呈请大总统公布，是为 1922 年学制，因该年为农历壬戌年，又称《壬戌学制》。它的诞生，既标志着中国学制完成了由模仿日本向效法欧美的转变，也标志着中国学制近代化的基本完成。对于《壬戌学制》的出台，时任教育次长的马叙伦即作如是说："这个制度是黄炎培等先生们研究好了，汤尔和赞成的。"②事实上远非如此简单，它是教育界长期酝酿的结果，教育部的作为也证明它并不是学制改革的旁观者，而是积极参与其中，但囿于自身动荡不安、威权不再，致使在学制形成过程中未能充分发挥行政主导作用，予以人"坐享其成"之感。教育部这种境遇此后并未改善，主要表现为其在学制实施过程中的力不从心。

三 教育部与《壬戌学制》的实施和调整

新学制颁布之后，迅速推进各地实施成为重要工作，教育部为之作出了努力，也取得了一定成效。但由于政治动荡、军事频兴、经济困难等消极因素的影响，新学制的实施离预期相距甚远，教育部也根据实际情况进行了相应调整。

（一）教育部与《壬戌学制》的实施

1922 年颁布的《壬戌学制》，体现了美国战后教育发展的新趋势，其最为突出的特点是"六三三制"和"纵横活动"，③ 与《壬子癸丑学制》相比，主要集中于中小学阶段普通教育的调整。专门以上学校，蔡元培为首的北大派曾力主扩张大学、废除专门，而代之以本科、分科大学的架构，由于未能得到全国学制会议与会人员的通过而作罢。基于此，新学制的实施重点就在于普通教育之进行。

1923 年 5 月 23 日，教育部发布第 195 号训令《实施新学制中小学校进行及补充办法》。主要内容为：

---

① 胡适：《记第八届全国教育会联合会讨论新学制的经过》（节录），载璩鑫圭、唐良炎编《中国近代教育史资料汇编·学制演变》，上海教育出版社 2007 年版，第 989 页。

② 马叙伦著：《我在六十岁以前》，生活·读书·新知三联书店 1983 年版，第 81 页。

③ 陶行知：《中国建设新学制的历史》，璩鑫圭、唐良炎主编《中国近代教育史资料汇编·学制演变》，上海教育出版社 2007 年版，第 1053 页。

一、中小学校在新学制未颁以前所招之学级，仍应按旧制办理。

二、高级小学应与初级小学并设，但同学年有两级以上，或设有补习科及职业补习科者，亦得单独设立。

三、初级中学得由县经费设立，以求普及，但不得移用小学经费。

四、高级中学与初级中学宜于合设；但有特别情形，得分设之。

五、原中学校欲设高级中学者，应经由各该省区教育行政长官调查认定后始得设立。其调查之事项如下：

（一）地点是否适于各处初中学生之升学。

（二）教员资格及教学成绩是否适于高中之程度。

（三）经费是否相合。

（四）设备是否相合。

（五）学校已往之效力如何。（如学生升学之分数及毕业之用途等）

以上调查，得由教育行政长官组织调查委员会，加入大学校、高等师范及专门学校教员。

六、旧制高小毕业之学生，得考试初中二年级。[①]

此项训令有如下特点：（1）顾及新旧学制的过渡，规定新学制的实施从新招学生开始，旧制高小毕业生可考试初中二年级；（2）赋予地方相当的灵活性，小学中的初小和高小、中学中的初中和高中，均规定原则上合并设置，遇特殊情形亦可分设；（3）中学段学校的增设均注意经费的规定，初级中学不能挪用小学经费，新增高级中学应有经费来源；（4）注重吸纳专门以上学校人员参与普通教育学校调整，利于普通教育和高等教育的衔接和沟通。总之，这一训令解决了新旧学制并行时期中小学校实施新学制面临的主要矛盾和问题，促进了新学制的平稳推行。各省接此通令后纷纷开始行动。

---

① 《实施新学制中小学校进行及补充办法》，载璩鑫圭、唐良炎编《中国近代教育史资料汇编·学制演变》，上海教育出版社2007年版，第993—994页。

表 5.1　　　　　　全国各省区实施《壬戌学制》情况表

省份	有关计划	主要内容
浙江	施行新学制标准案	施行期限：一年；包括初、中、高等；对调查、开设、师资、经费等项，规划较为详尽
江苏	改制办法九条 预算办法十一条	立足于原有学校基础按照新学制进行改制；针对学校改制情况，对各相关经费预算进行相应调整和增加
安徽	施行新学制之普通原则，各学段教育案，中小学补助案	订有实施普通原则五条；对小学、中学、师范、职业及高等教育分别定案；补助义务教育和普通中学
奉天	改定学制系统纲要	除定有小学、中学（师范学校、职业学校）、大学校（专门学校）进行办法外，还定有社会教育暂行办法
云南	关于施行新学制之意见	小学新旧制并行；中学进行试办三三制
山东	实施新学制标准办法	对小学、中学、高等教育分别拟定实施办法；并拟有新旧学制之过渡办法
吉林	学校施行新制标准	对初等、中等、高等教育分别拟定办法
甘肃	新学制实行标准	对初等、中等、高等教育分别拟定年限，并有详细实施说明；自1924年开始实施
直隶	实行新学制标准	订有实施普通原则两条；对初等、中等、高等教育分别拟定实施标准
江西	实施新学制大纲 初级中学条例	对初等、中等、高等教育分别拟定实施办法；对学校内部管理订有办法七条；初级中学单独设有条例
湖北	施行新学制标准	对小学校、中学校、师范学校、职业学校及专门学校分别拟定进行办法；内容较为全面，包括经费等项

　　资料来源：璩鑫圭、唐良炎主编《中国近代教育史资料汇编·学制演变》，上海教育出版社2007年版，第995—1050页。

　　就上表可知，这一时期各省区纷纷行动，不仅京畿的直隶、山东，文化教育向为发达的江苏、浙江，连边疆省份如云南、甘肃等省也开始行动，其他省份虽限于资料未知具体情形，但这一学制在较大范围内得到响应，当为不争的事实；征诸各省区具体实施计划，可以看到新学制主要精神和内容均得到较好的落实，而且能够根据本省实际予以灵活变通；有许多省份也敏锐地认识到学制的改变需要经费的大力保障，因而对教育经费有较为详细的安排。1922 年之后，中国的政治局势渐趋恶化，教育界更因经费困顿而频发风潮，虽然上述各省区就新学制实施进行了积极筹划，但大多沦为"计划归计划，实施归实施"的困难境地。对 1922 年新学制的实施情况，胡适作了较为客观的评价，他认为"学制系统的改革究竟还是纸上的改革；他的用处至多不过是一种制度上的解放"[①]。

高等教育方面。1924 年 2 月 23 日教育部公布《国立大学条例》，主要特点有：1. 大学得设董事会，审议学校进行计划、预算、决算及其他重要事项；2. 取消各科学长，由教务长一人主持全校教务，由正教授或教授兼任；3. 取消助教授一级；4. 除评议会外，恢复各科教授会，并添设教务会议；5. 教育部对于国立学校校长咨询事项，改用公函，以表示尊重。[②]《国立大学条例》的出台，虽然用意在于强化对国立大学的控制，但在培养目标、课程设置、管理制度等方面吸收了北京大学的改革成果和《壬戌学制》的有关内容，是新学制改革在高等教育领域中的具体实施。

课程标准方面。推进新学制实施更为重要的是制定相应的课程标准，教育部却完全失去了对这一工作的主导，实际承担这一任务的主要是全国教育会联合会。1922 年 10 月、1922 年 12 月、1923 年 4 月全国教育会联合会先后召开三次会议拟订中小学课程标准及中小学毕业标准。1923 年 6 月最后一次会议，确定了中小学课程标准纲要并予以刊布。对师范教育除高级师范外的课程标准也作了规定。对职业教育虽很重视，但因各地各业之情况各异，课程不能强求一致。对大学专门学校的课程，这个课程标准起草委员会并未涉及，仍依民国初年学制课程参以各校意见执行。

（二）教育部与《壬戌学制》的调整

1927 年 11 月 15 日，教育部公布修正学校系统表，对《壬戌学制》作出修正：中学以"四二制"为主，以"三三制"辅之；高级普通科

---

① 胡适：《对于新学制的感想》，载璩鑫圭、唐良炎编《中国近代教育史资料汇编·学制演变》，上海教育出版社 2007 年版，第 915 页。

② 《教育部公布国立大学校条例令》，载中国第二历史档案馆编《中华民国史档案资料汇编》（第三辑教育），江苏古籍出版社 1991 年版，第 173—175 页。

得用分组选科制；大学须文科实科并设，每校至少设两科以上；师范专修科限设于大学教育系或师范大学。① 此次学制的调整，因北京政府实际控制区域日益减少且半年之后即告瓦解，因而并未产生多大效用。

就教育部与《壬戌学制》的制定、颁布和实施的关系来看，具有以下几个特点：其一，教育部居于被动地位。这种被动地位有着多种因素，最重要的是长期的政治动荡使教育部无法从事持续的教育调查研究，因而根本无从着手学制改革一事。教育总长的频繁更迭使教育部各项政务陷于停滞，即使部中人员有所动作也无济于事。其二，即使如此教育部还是做了一定的努力。从召开学制会议，到试图取得全国教育会联合会在讨论学制时的主导权，及学制颁布之后的实施和调整都可看到教育部的努力。

综上所述，教育部在民国前期这段特殊的历史时期中，对事关教育发展大局的学制较为重视，采取了多种举措推进和参与学制制定、修改，概括起来主要有以下几个方面值得我们注意：其一，对学制的重要性有清醒的认知。在民国成立之初，教育部诸人即把全部工作重心置于学制的拟定之上。在1922年前后虽陷动荡之中，对学制改革实是有心无力，但还是主动召集全国学制会议制定新学制。其二，始终注重集中全国教育界之智慧。民初召开临时教育会议的主要目的是制定《壬子癸丑学制》，《壬戌学制》的制定不仅通过召集全国学制会议来完成，之后还交付全国教育会联合会征求意见，这些都说明了教育部在一定程度上坚持民主决策的制定思路，也为学制的科学性和可行性提供了基本前提。其三，力求维持学制的稳定性。虽然从根本上而言，任何制度都要随着时代的发展而有所调整，但从教育制度整体架构上讲，作为基础性制度的学制却不容有过多更动。教育部在两次学制的实施过程中，也基于保持稳定的思路进行了局部调整，努力使学制成为教育事业的稳定支撑。但我们也要看到，教育部在两次学制制定中所起的作用，因外部局势的变幻及自身地位的变化，渐由主导进行变为被动参与。在1919年前，虽历经政体由专制一跃跻于共和，又出现两次复辟闹剧，全国局势也因之出现数次动荡，但动荡过后又渐归于平静，中央政府的威权并没

---

① 《修正学校系统表公布》，载中国第二历史档案馆整理《政府公报》（第237册），上海书店出版社1988年版，第239—242页。

有彻底丧失，且多数总长对于教育多有努力，因而无论是学制的制定、颁布、实施和调整，教育部均能够居主导地位。1919 年之后，全国局势陷入分裂，国内各派力量争斗加剧而政潮迭起，教育界反抗政府的立场也日益强烈，加之教育经费日趋无着，诸种乱象之下，教育部不仅在中央政府中处境艰难，其与教育界的关系也大不如前，行政威权大为削弱，导致在新一轮学制改革中居于被动，虽然如前所述，教育部也做了一些努力，但成效与预期目标相差甚远。

第六章　民国前期教育部与义务教育事业

肇源于西方的义务教育，其思想和相关制度在近代以后开始传入中国，逐步为国人所接受并成为清末新政及民初教育改革的重要内容。就中国近代义务教育演变总过程来看，有学者将其分为"酝酿发轫、徘徊停滞、民间醒悟、厉行推展"四个时期，[①] 其中的徘徊停滞和民间醒悟即是整个的民国前期，应该说基本概括了这一时期义务教育发展的整体特点，但徘徊停滞期中仍有进展，民间醒悟期也离不开国家的参与和教育行政部门的筹划。实际上民国前期教育部就先后三次进行了推进义务教育的努力，取得了程度不一的成效，只是由于政治、经济等因素的影响，其实际效果与预期目标相距甚远，但我们并不能忽视教育部的作用，其具体推进策略和方式也有可圈可点之处。同时义务教育作为学校教育的有机组成部分，我们通过考察教育部对义务教育的推进，从一个侧面反映教育部在学校教育发展过程中所做的努力。

第一节　教育部与义务教育的初期规划

民国成立之初，教育部确定初级小学为义务教育，但囿于各方面因素，这一时期并没有对义务教育进行单独规划，而是通过制定小学教育推进框架和颁行相关法令规程，使包括义务教育在内的小学教育获得较为迅速的发展。

---

① 参见熊贤斌著《千秋基业：中国近代义务教育研究》，华中师范大学出版社1998年版。

一 教育部推进义务教育之准备

对于义务教育，首任总长蔡元培予以了特别的重视。1912 年 2 月，蔡元培发表《对新教育意见》，主张普通教育宗旨为"养成共和国民健全之人格"①。3 月 29 日，蔡元培在参议院发表政见，主张"普通教育，由教育部规定进行方法，责成各地方之教育行政机关执行，而由部视学监督之"，明确了中央和地方关于普通教育的分工及权限。对于普通教育经费，"取给于地方税，或以地方公有财产为基本金"②。在普通教育中，蔡元培又表明首重小学教育，普通教育"所撙节之款，以之多办初、高两等小学，渐立普及教育基础，一洗前清积习"。此外，他还计划对普通教育内容进行改革，"经学不另立为一科，如《诗经》应归入文科，《尚书》《左传》应归入史科"③，从而划清了与封建教育的界限，体现了共和政治的要求。此后在学制拟定中，教育部将小学阶段的前四年定为义务教育，蔡元培关于普通教育的设想也就成为教育部初期推进义务教育的指导思想和行动框架。教育部北迁之后，蔡元培对于义务教育推行思路更为明确，对推进步骤持渐次扩张态度，"强迫教育之制，始以四年为度，继以六年，终以八年"④，已经具有了在特殊历史条件下分期推进构想的雏形。

受蔡元培之邀出任次长、后多次出任总长的范源濂，对义务教育更是重视有加。他不仅在次长任内与蔡元培积极配合完成小学教育各项法令规程的制定和颁布，更主张在宪法中对义务教育加以特别规定，认为若不在宪法中加以规定，"则人民公私家国之观念不易革之使新"，不仅"不足以增加法律之实施力"，也"不足以追先进之前踪而挽国势于将来"。甚至认为义务教育规定于宪法与否，"在吾国固可断此问题实存亡盛衰关键之所存矣"⑤，将义务教育列入宪法与否的重要性提到了国家兴衰存亡的高度，也是对长期宗法制度禁锢之下国人民族和国家意

① 沈善洪主编：《蔡元培选集》（上卷），浙江教育出版社 1992 年版，第 403 页。
② 蔡元培：《向参议院宣布政见之演说》，璩鑫圭、唐良炎编《中国近代教育史资料汇编·学制演变》，上海教育出版社 2007 年版，第 615 页。
③ 沈善洪主编：《蔡元培选集》，浙江教育出版社 1992 年版，第 403 页。
④ 《教育总长注重教育之种种》，《教育杂志》第 4 卷第 3 号，记事，第 18 页。
⑤ 《论义务教育当规定于宪法》，欧阳哲生、刘慧娟、胡宗刚编《范源濂集》，湖南教育出版社 2010 年版，第 23—27 页。

识淡薄对义务教育的危害性的清醒认识。

蔡、范二人对于义务教育的设想，在中央教育行政层面首先体现在组织精干部员上。1912 年 5 月，蔡元培任命对义务教育极有研究的袁希涛出任普通教育司司长。袁希涛生平已在前文述及，究其一生对中国近代教育的贡献最为突出的即是义务教育和师范教育，因而他出任负责初等教育、中等教育和师范教育管理的普通教育司司长，无疑是最为合适的人选。具体负责小学教育事项的是第三科，此时有张邦华、伍崇学、谈锡恩、李宝圭 4 名科员。分司设科后，张邦华被任命为该科科长。张邦华，字燮和，浙江海宁人，毕业于南京矿路学堂，后入日本弘文学院普通科学习，归国后曾任浙江官立两级师范学堂教员，具有丰富的师范教育经历。伍崇学，江苏上允人，与张邦华、鲁迅为日本弘文学院普通科同学。① 谈锡恩，字君讷，湖北兴山人，早年就读于武昌经心书院、两湖书院，后官费留学日本，入东京高等师范学校肄业。1908 年毕业回国，供职于湖北学务处，兼任武昌优级师范教职。1909 年调京任学部编辑局编辑员，负责教科书的编辑审定。② 李宝圭，湖南邵阳人，曾任湖南西路公立师范学堂地理教员。这是一个对普通教育及师范教育素有研究和具有丰富实践的班子，在袁希涛的领导下，第三科成员"外稽良规，内酌国情"③，悉心规划义务教育之进行。

至此，教育部在明确教育宗旨和行动框架的基础上，为义务教育的推行做好了人事组织准备。

二　教育部推动义务教育之举措

1912 年 1 月 19 日，教育部颁布《普通教育暂行办法》及《普通教育暂行课程标准》，其中规定："初等小学堂改称初等小学校"；"初等小学校可以男女同校"；"凡各种教科书，务合乎共和民国宗旨，清学部颁行之教科书一律禁用"；"小学读经科一律废止"；"小学手工科应

---

① 倪墨炎著：《鲁迅革命活动考述》，上海文艺出版社 1984 年版，第 26 页。

② 顾明远总主编：《中国教育大系·历代教育名人志》，湖北教育出版社 1994 年版，第 479 页。

③ 《袁希涛传略》，载民国教育部编《第一次中国教育年鉴》（戊编），开明书店 1934 年版，第 408 页。

加注重";"旧时奖励出身一律废止,初等小学毕业者称初等小学毕业生",① 使包括义务教育阶段在内的普通教育的进行有了法律依据,全面清除了普通教育阶段的封建因素,保障了政权变更之下普通教育的正常过渡,奠定了民初普通教育迅速发展的基础。

在此基础上,教育部以拟定学校制度为中心,渐次颁布与义务教育阶段相关的法令和办法,推进了义务教育阶段初等小学的迅速发展。

如前所述,南京临时政府时期,学制拟定成为教育部的中心工作。在拟定过程中,教育部于其他学段颇多踌躇,但对义务教育则表现出少有的一贯性。根据《教育部拟议学校系统草案》一文所载,在草案第一稿中义务教育就成为重点讨论内容,认为实施义务教育"宜视人民生计酌定之,必民力能任而后强迫易行",注意到了义务教育的推行和经济之间的内在关系。虽然主张义务教育年限设置要有一定的灵活性和伸缩性,但又为义务教育设定了最低年限,"初等小学四年毕业,为义务教育"。第二稿中更是明确认为学制中义务教育年限"断不能短于四年,而考察国民现状,亦有不能过长之势,不如仍其旧贯;俟将来义务教育可以延长时,渐减高等小学年期以增初等小学年期,其伸缩之余地自在也",既确定了义务教育最低年限和将来伸缩之可能,也与清末学制之关于义务教育的规定相衔接。第三稿认为"第二次草案于义务期限之规定……为救旧制之失,酌时宜之中,大致尽善,无可置议"②。1912 年 7 月 10 日,教育部向临时教育会议提交的第四稿中,义务教育的相关内容保持第三稿表述没有变动,最终形成的学校系统议决案规定"初等小学正名为小学校,四年毕业",为将失学少年纳入其中,初等小学可另设"小学补习科二年"③。9 月 3 日,教育部公布学校系统令中,明确规定初等小学校四年毕业,为义务教育,学生 6 岁入学,10 岁毕业,毕业生可入高等小学或实业学校。④ 在教育部的主导下和博采民意的基础上,义务教育在学制中的地位得到确定。

---

① 《教育部呈报并咨行普通教育暂行办法及课程标准》,载陈学恂主编《中国近代教育史教学参考资料》(中册),人民教育出版社 1987 年版,第 166—167 页。

② 《教育部拟议学校系统草案》,载陈学恂主编《中国近代教育史教学参考资料》(中册),人民教育出版社 1987 年版,第 179—185 页。

③ 我一:《临时教育会议日记》,载朱有瓛主编《中国近代学制史料》(第三辑上册),华东师范大学出版社 1992 年版,第 11 页。

④ 宋恩荣、章咸选编:《中华民国教育法规选编》,江苏教育出版社 2005 年版,第 1 页。

9月28日，教育部根据学制中关于小学校的规定，制定和公布《小学校令》，共9章47条。这是民国政府关于小学教育的第一个法令，对包括义务教育阶段初等小学校在教育宗旨、学校设置、入学年限、课程及教材、师资与经费等方面作出详细规定。

表6.1　　　　　　　1912年《小学校令》对义务教育阶段的规划

项目	主要内容	作用
教育宗旨	留意儿童身心之发育，培养国民道德基础，并授以生活所必须之知识技能	明确义务教育基本内容，指明义务教育发展方向
学校设置	由城镇乡设立；可以二乡以上协议组织联合学校；允许私人或私法人申请设立	办学形式和办学主体的多元化，适应了当时复杂的社会现实
年龄界限	六周岁入学，满十四岁止	明确受教主体
课程设置	修身、国文、算术等科，女子加缝纫，如条件不具备可暂缺手工等科，可设补习科，废止读经	清除封建教育因素，注重联系生活实际，表现出一定的灵活性
教科书	由省图书审查会择定	保证了教科书的质量和内容
经费来源	由城镇乡或学校联合担任，除补习科外一律不征收学费	降低就学成本，有助于扩大教育普及
师资要求	分为本科正教员、专科正教员及副教员，均须有教员许可状	一定程度上保证了教员的素质和水平

资料来源：朱有瓛主编《中国近代学制史料》（第三辑上册），华东师范大学出版社1992年版，第111—117页。

鉴于施行细则出台尚需时日，而"各学校年假期近"，教育部于11月22日将小学各科《教则》及课程表先予以公布。《教则》对各门课程的教学目的、内容选择、教学方法等进行了具体规定。《教则》和课程表的颁布，使小学日常工作的进行有了具体的规范和依据。囿于财政困难，强迫性和免费性的义务教育暂时不能施行，相关法令规程也无法出台，[①] 因而初期义务教育的推动，只能在政策层面上予以特别宣示，而没有进行单独规划，实际的推动则涵盖在普通教育推行之中。

———————————

① 《教育部改良学制之规划》，《教育杂志》第4卷第11号，记事，第75页。

　　为有效落实普通教育各项法令规程，教育部积极推进地方学务监督和保障机制的建立。首先是建立视学制度。1913 年 1 月 19 日，教育部公布《视学规程》，将全国划分为九大视学区域，普通教育为视学三大项目之一，包括"一、教育行政状况；二、学校教育状况；三、学校经济状况；四、学校卫生状况；五、关于学务各职员执务状况；六、社会教育及其设施状况；七、教育总长特命视察事项"①。虽然这是基于视学工作对全国进行大的学区划分，但提供了划区推进学务的思路。其次是对县级教育行政机关进行改造。1912 年 2 月，教育部明令裁撤各县劝学所，于县公署设第三科专管全县教育事宜。由于全国尚未统一，各省区形势未靖，地方执行多有变通，导致县级教育行政设置较为混乱。基于此种情形，1913 年 7 月教育部通咨各省"未设学务委员之县，一律暂留劝学所，并照旧设视学一职"，以资补救。② 至此，教育部初步完成普通教育的相关制度建设和负责初等教育的县级行政机关的改造，促进了初等教育的恢复和发展。不仅如此，对于当时大量存在、实际承担初等教育的私塾，教育部也积极加以改造利用。1912 年，教育部公布整理私塾办法，规定："一、教授科目须奠定小学定章，如技能学科，塾师有不能教授者，得请他人兼任，或暂从阙；二、教科用书必须经部审定之本；三、教授时数须遵照小学课程办理，亦得酌加温习时间；四、塾内用具如讲台、黑板等，必须粗具形式。"③ 在当时小学教育正在恢复而不及扩充之际，利用原来大量存在的私塾作为初等教育之补充无疑是正确而现实的选择。

　　由于教育部思想重视、措施得力，包括义务教育在内的小学教育在 1912 年至 1913 年间获得了长足发展。据统计，1909 年全国小学校数为 51678 所，小学生数为 1532746 人，到了 1912 年小学校数达到 86318 所，小学生数为 2795475 人，1913 年学校数为 107286 所，小学生数为 3485807 人。④ 时人对此颇为肯定："民国成立，国事尚在争执之秋，独

　　① 《视学规程》，载朱有瓛、戚名琇等编《中国近代教育史资料汇编·教育行政机构及教育团体》，上海教育出版社 2007 年版，第 112—113 页。

　　② 《教育部通咨各省暂留劝学所》，载朱有瓛主编《中国近代学制史料》（第三辑上册），华东师范大学出版社 1992 年版，第 88 页。

　　③ 《1912 年教育部整理私塾》，载朱有瓛主编《中国近代学制史料》（第三辑上册），华东师范大学出版社 1992 年版，第 313—314 页。

　　④ 民国教育部编：《第一次中国教育年鉴》（乙编），开明书店 1934 年版，第 423 页。

小学教育骤见发达，有一校学生数倍于旧额者，一地学校数十倍于原数者。南北各省，大都如是，此又我国年来之佳象也。"① 虽然总体上小学教育取得迅速发展，但省区之间差别依然较为明显，据《第一次中国教育年鉴》所载，安徽、云南、广东等省进展较快，即如广西、宁夏、青海等省区小学校也有明显增加，其他各省则发展相对较缓。②

第二节　教育部与《义务教育施行程序》的颁行

民初快速发展的初等教育，1913 年间即因政治动荡而面临困境，更因国家财政出现困局而速度放缓。至全国局势大体稳定后，国家财政也开始有所起色，袁世凯对义务教育素为重视，先后上台的汪大燮、汤化龙等人也积极筹划，义务教育开始被单独规划加以推进。根据当时中央及地方社会形势及财政实际，教育部采取了分阶段推进的策略，开始了推进义务教育的首次系统努力，这一推进思路在帝制失败后范源濂任内得到了承继和发展。

一　《义务教育施行程序》之出台
（一）《义务教育施行程序》出台之背景

1913 年 8 月，袁世凯镇压了国民党发动的"二次革命"后，开始着手恢复各项社会事业。对于教育事业，清末时期的袁世凯就以推动新式教育闻名，此时更出于巩固统治的需要对教育事业倍加重视。正是在这种背景下，此后上台的教育总长均把义务教育作为施政重点，对义务教育的推进进行了单独规划。

9 月 11 日，进步党人汪大燮出任教育总长。10 月教育部即拟定强迫教育办法六条，包括：（一）各属知事将管辖地点分村乡镇分配；（二）调查属内村镇相距若干里及村乡镇户口数目，以便比较；（三）各县各村乡镇内派学董若干，以专责成；（四）为儿童当入学之年，八岁一律入学，违者重罚其父兄，并处罚学董；（五）此项经费由

---

① 庄俞：《小学教育现状论》，《教育杂志》第 5 卷第 3 号，言论，第 33 页。

② 《安徽、云南、广东、广西、宁夏、青海等地小学教育概况》，载朱有瓛主编《中国近代学制史料》（第三辑上册），华东师范大学出版社 1992 年版，第 310—311 页。

各村乡镇人民担任，不得在该属内已筹定之学款挪用；（六）各县暂设女学一二所"，并言"俟试行一学期后，再行扩充"。① 此是民国后第一次明确提出的强迫教育计划，也是首次明确义务教育的强制性质。针对各地偏重高等小学的现象，1914 年 2 月 19 日教育部又训令各省力筹普及教育，要求力戒以往铺张粉饰等无益之举，实施实事求是、竭力撙节之办学思路，总之要达到"经费减而精神益振，成绩著而普及可期"的目标，形成国民教育"以初等小学为正轨，半日学校所以通其变，校外教育所以济其穷"的普及体系。② 这一变通举措使各地教育事业有了灵活发展的余地，也体现了教育部努力推进义务教育的苦心。

1914 年 2 月 20 日，汪大燮去职，严修被任命为教育总长，但严修并未到任，实际由蔡儒楷兼代教育总长。虽系暂时之举，但蔡氏仍心关强迫教育，认为国民教育"非施以强迫，难期普及"，拟"划全国为若干小学区域，每区域设小学校若干处"，在责成各省教育司速为调查刻下学校确实数目及其学生之总计以外，更拟"施行工场儿童之教育、矿山儿童之教育及罪人学校、贫民学校及感化院之组织"，以使国民教育贯彻全国。③ 还针对自治区取消以后县级地方教育行政变更及经费保存采取积极应对措施，要求各市乡教育费，"原定支拨各公立学校及补助各私立校，照旧支给不得减少；各市乡原有之教育公款公产应完全保存，只许提支息租为教育费用，不得挪移；各市乡原有指充教育之附税杂捐先经立案，应继续征收，不得藉词豁免；市乡主管易人，但各学校校长不得率行更换；各市乡关于初等教育推广计划，应按照规定地点依次实"。④ 只是上述计划尚未实施，蔡氏已去职。

1914 年 5 月 1 日，汤化龙出任教育总长，对强迫教育有了新的考虑，更为注重实际情况，"强迫教育之说，全系误会，凡儿童已达学龄，各自就学，固为其父兄之义务，然此事与家庭情况及地方经济大有关系，不可一概强迫"，并言明"本部对于各种学校之方针专在尽力于小

① 《教育部拟订强迫教育办法》，载朱有瓛主编《中国近代学制史料》（第三辑上册），华东师范大学出版社 1992 年版，第 322 页。

② 《教育部训令各省力筹普及教育》，《教育杂志》第 5 卷第 12 号，记事，第 106 页。

③ 《蔡总长教育方针》，《教育杂志》第 6 卷第 1 号，记事，第 3 页。

④ 《维持教育办法之新规定》，《教育杂志》第 6 卷第 1 号，记事，第 3 页。

学教育及师范教育之二点"①。为借鉴域外，7月份教育部还饬令赴日本游历人员"就近考察日本中小学校设备、规制以及教科管理训练方法等"②。在此基础上，1914年12月汤化龙拟定《教育部整理教育方案草案》，把推进义务教育置于方案之首，认为清末义务教育在推行过程中频遭挫折的一大原因是没有对义务教育进行明白宣示，广大国民对义务教育并没有深入认识和理解，"征诸世界各邦，必以国家能履行义务教育而后称为有教育之国，其通例也"，"吾国兴学已十余年，尚无义务教育之规定；民国元年教育部所定学校系统，虽称小学校四年为义务教育，然究未以命令特别颁布，不足耸动全国之视听"，以使人民视义务教育为"官吏考成"之法，"上作而下不应"，即有应者"亦多视为慈善事业，不知对于国家负有何等之责任"，义务"教育凝滞，此为一大原因"，基于此教育部认为欲推动义务教育，"宣示义务教育年限，为今日第一亟务"。该草案还明确了此后义务教育开展之两点：一是以大总统命令"明白宣示，确定初等小学四年为义务教育"，二是由教育部"拟订地方学事通则"通饬各地办理。③《方案》还对义务教育阶段的经费、课程、师资、行政等方面进行初步筹划。

汪大燮、蔡儒楷二人从明确义务教育的强迫性质、确立义务教育的灵活性原则、计划分区施行到筹划经费保障，逐渐形成了推进义务教育的整体思路，至汤化龙任期，在历任教育总长的基础上，对义务教育推行进行系统筹划，以政治宣示为主旨，采取分年推进的策略，分阶段推进义务教育的方案已经呼之欲出。

（二）《义务教育施行程序》之制定

1915年1月1日，袁世凯发布大总统申令，强调"文明各邦皆厉行义务教育制度，其学区分配即就各区内学龄儿童人数分担其延师设学之赀。吾国亦定初等小学四年为义务教育年限，但国民罕知义务，往往弃其青年可贵之光阴。今将以教育普及为期，必使人人有自治之精神而去其依赖之性质，即私家学塾但能合乎教授管理之法，亦当与各学校受同一之制裁"。并指明入手办法一为注重师范以培养师资，二为注重课

---

① 《汤总长之教育意见》，《教育杂志》第6卷第5号，记事，第31页。

② 《大事记》，《教育杂志》第6卷第6号，记事，第47页。

③ 《教育部整理教育方案草案》，载朱有瓛主编《中国近代学制史料》（第三辑上册），华东师范大学出版社1992年版，第30—31页。

本编订以资划一。① 此项申令揭开了义务教育由规划进入实施的序幕，是中国近代以来第一次以国家元首的名义明确宣示推进义务教育，在义务教育发展史上有着重要意义。

1月22日，袁世凯颁布《特定教育纲要》，第一条即明确规定"施行义务教育，宜规划分年筹备办法，务使克期成功以谋教育之普及"。同时要求"亟应极力提倡古学，发展固有文化，始足维持独立之精神，奠国基于不敝"，规定"中小学校均加读经一科，按照经书及学校程度分别讲读，由教育部编入课程，并妥拟讲读之法，通谕京外转饬施行"②。同日，此项纲要由国务卿函交教育部。由此我们看到，袁氏推行义务教育既有着根据国家实际情况采取分步推进的合理策略，但也体现了出于其巩固统治需要着重强调读经科的特点，教育部推进义务教育的行动即被束缚于这一框架内。

4月20日教育部遵照《特定教育纲要》要求，按照分年筹备的思路拟定《义务教育施行程序》呈送袁世凯。4月30日袁世凯批示"准如所拟，分别次第呈请办理"③。5月2日教育部将《义务教育施行程序》公布。《义务教育施行程序》是民国后第一个正式颁布的义务教育实施规划，标志着义务教育由规划进入具体实施阶段。

二 《义务教育施行程序》之实施

《义务教育施行程序》共31条。按照规划，此后义务教育分两期进行："第一期拟办事项为各项规程暨调查各地教育现状，一以规定义务教育根本之要则为办学之准绳，一以察核义务教育最近之状况为整理之根据。第二期拟办事项约分地方及中央为两部分。关于地方者，为师资之培养、经费之筹集、学校之推广；关于中央者，为核定各地陈报之办法，并通筹全国义务教育进行之程限。要之，第一期主在筹备，第二期重在实施。"④

第一期期限为颁布之日起至1915年底；第二期期限为第一期各项

---

① 《大总统申令》，载多贺秋五郎编《近代中国教育史资料》（民国编上），文海出版社1976年版，第195页。

② 《特定教育纲要》，载朱有瓛主编《中国近代学制史料》（第三辑上册），华东师范大学出版社1990年版，第48、52页。

③ 《教育部呈义务教育施行程序》，《教育杂志》第7卷第6号，记事，第50页。

④ 《义务教育施行程序》，载多贺秋五郎编《近代中国教育史资料》（民国编上），文海出版社1976年版，第197页。

规程表册颁布之日起至 1916 年 12 月。两期拟办事项具体内容见下表：

表 6.2　　　　　　　《义务教育施行程序》各期拟办事项

期限	事项名称	备注
第一期 （自颁布之日起 至 1915 年底）	修正小学校令 拟订地方学事通则 拟订地方学务委员会及劝学所规程 拟订小学基金及补助金规程 拟订小学校职员教员任用及俸给等项规程 拟订地方官吏及兴学人员考试法 拟订第一项至第六项之施行细则 修正师范学校规程 拟订私立小学认许及代用小学规程 拟订检定小学教员规程 修正审查教科书规程 调查全国小学校数及已未入学之儿童数 调查私塾及现有塾师及入塾儿童数 调查小学经费数 调查现有小学教员数 调查其他关于教育之各事项 规定调查学龄儿童办法	教育部拟具草案分别呈请公布或经核定后由教育部施行 调查事项由教育部规定 各种表式，列具事项规定、程限，以次通咨各地行政长官按照调查 咨内务部及各省订定办法
第二期 （各规程表册 颁布之日起至 1916 年 12 月）	学务委员会及劝学所之设置 分划学区 筹集经费 调查第一期内部行事项以次报告 检定小学教员 筹备各属应办小学教员 整理私立小学及代用小学 筹备各学区递年设学办法 核定各省及各特别区域义务教育办法并确定递年进行之程限 通筹全国应需小学教员及其次第养成之办法 确定全国小学基金 颁布部编教科书 颁布学龄儿童登记簿式 拟订督促就学办法呈请特申明令以次施行	教育部咨行各地行政长官查照办理 教育部按照期限分别办理

　　资料来源：根据多贺秋五郎著：《近代中国教育史资料》（民国编上），文海出版社 1976 年版，第 197—198 页有关内容制成。

　　此份施行程序应该说整体考虑非常周密，它涉及现状调查、法令规程的制定、中央和地方的权限划分以及具体的师资培养、学区划分、经费保障、私塾纳入等；拟定步骤异常明晰而紧凑，是集历任教育总长思想和筹划之大成之作，也考虑到了实际存在的困难而进行了变通。应该说施行程序的颁布给义务教育发展带来了较好的前景。但要想在短短一年半的时间内完成这一系列动作，其可行性无疑打了一个折扣。不仅教育部应办事项在规定时间内难以完成，而且地方的响应更是迟钝，时间上也大大滞后。

第一阶段各事项的实施情况。在第一期限内应由教育部修正的法令规程有小学校令、师范学校规程和审查教科书规程，拟订的法令规程有地方学事通则、地方学务委员会及劝学所规程、小学基金及补助金规程、小学校职员教员任用及俸给等项规程、地方官吏及兴学人员考试法、各项施行细则、私立小学认许及代用小学规程、检定小学教员规程，这些法令规程均要呈请，或由大总统公布，或部颁行。各项法令规程呈准、颁行情况见下表：

表6.3　关于《义务教育施行程序》教育部有关法令规程颁行情况

阶段	内容	应办事项	实施情况
第一阶段	关于规程者	修正小学校令	1915年7月31日公布国民学校令，11月7日公布预备学校令
		拟定地方学事通则	1915年7月24日草案拟定，8月6日颁布
		拟定地方学务委员会及劝学所规程	1915年8月6日拟订呈请，12月15日颁布
		拟定小学基金及补助金规程	未见呈请或颁行
		拟定小学校教职员任用待遇及俸给等规程	1917年2月范源濂任内公布
		拟定地方官吏及兴学人员考成法	1916年1月8日，颁布地方兴学人员考成条例
		拟定第一项至第六项之施行细则	1916年1月8日，颁布国民学校令、地方学事通则施行细则，4月28日，颁布地方学务委员会及劝学所规程施行细则
		修正师范学校规程	1916年1月8日颁布
		拟定检定小学教员规程	1916年4月28日拟定
		修正审查教科图书规程	1916年4月28日呈准，12月21日颁布
	关于调查者	调查全国小学校数及已未入学之学童数	调查小学校表式已经由部咨行
		调查私塾及现有塾师及入塾儿童数	调查私塾表式已经由部咨行

续表

阶段	内容	应办事项	实施情况
第一阶段	关于调查者	调查小学经费数	调查小学经费表式已经由部咨行
		调查现有小学教员数	调查小学教员表式已经由部咨行
		调查其他关于教育之各事项	调查关于义务教育之各事项已由部咨行
		规定调查学龄儿童办法	未见有关办法出台

资料来源：民国教育部文书科编《教育部行政纪要》（全一册），文海出版社1986年版，第120—123页。

　　由上表可知，应由教育部所拟定的法令、规程及其细则的颁行情况总体上进展非常顺利，不仅法令规程大部分完成和颁布，而且各调查事项均已着手进行。但细加考察，发现整体情况并不令人乐观。首先，法令、规程呈准或颁布的时间，整体延后于既定期限。按照《义务教育施行程序》的要求，这些法令规程应该于1915年完成，否则对于第二期相关事项的进行形成阻碍。我们看到的结果是，在1915年完成的只有4项，占总数的25％。加上1916年的7项，才完成总数的87.5％。其中《审查教科书规程》直到1916年12月21日才获颁布。时间上的迁延注定了《施行程序》已经不可能按既定期限进行。其次，经费作为义务教育施行的重要保障，相关规程却未见颁行，这无疑是推行义务教育的关键，虽然此前已经要求各省区地方保存学款及颁布和修正捐资兴学奖励办法，但没有国家财政的大力投入仍是义务教育推行的最大障碍，所拟议的小学基金及补助金规程、小学校教职员任用及俸给等项规程始终未能付诸实施，甚至连草案拟定也未见进行。再次，针对义务教育的相关调查工作虽也在进行，[①] 但这一调查工作实际已被延迟，原定于1915年底之前进行，迟至1916年2月才得以进行，直至1918年间全国报告至部的县份才达四分之三，[②] 何况其中至关重要的学龄儿童调查办法并未出台。

　　既定动作的延迟，又遇到政治局势的动荡，汤化龙之后继任的章宗

---

　　① 《调查小学校暨各种表式及事项》，载多贺秋五郎编《近代中国教育史资料》（民国编上），文海出版社1976年版，第421—422页。

　　② 《教育部公布全国初等教育概况》，载中国第二历史档案馆编《中华民国史档案资料汇编》（第三辑·教育），江苏古籍出版社1991年版，第516页。

祥、张一麐和张国淦均能对义务教育一以贯之。教育部在这一时期一方面力图维持普通教育经费由地方税为基金，积极鼓励地方士绅热心资助，一方面积极推进小学教员检定工作，派部员分赴各省会同该省学务行政官组织小学教员检定委员会。① 张一麐更是凭藉与袁世凯的特殊关系，在他的主持下教育部先后出台《预备学校令》《劝学所规程》《学务委员会规程》《地方兴学人员考成条例》。但在帝制引发的政治动荡形势下，义务教育的推进仅表现为相关制度的逐步完善，并没有得到较好的落实。直至 1916 年 9 月，全国政局开始平静下来，教育部活动才趋于正常。范源濂主政后，重新延请袁希涛为次长，袁希涛是民国前期义务教育的鼓吹者，也是民国前期教育部推行义务教育的主要策划者。在二人的领导下，教育部在义务教育领域一方面清除帝制影响，废止读经，取消双轨制，一方面召开全国教育行政会议，将义务教育施行程序中未颁各案送交会议讨论，义务教育施行程序得以继续。9 月份废除《预备学校令》、修正《国民学校令》及其《施行细则》，从法令上清除了帝制因素对义务教育阶段的影响。在随后召开的全国教育行政会议上，教育部交议各案即为解决先前忽视的普通教育经费、小学教员薪津及地方教育行政机关改造等问题。当时交议的与义务教育有关的议案包括推广国民学校办法咨询案、检定小学教员办法咨询案、小学教员俸给咨询案、关于劝学所之设置及其权限案、厘定视学制度案、承垦官荒以充教育基金案、对于中小学教科及教科书建议案等 7 件。根据会议议决案，教育部于 1916 年 12 月 11 日公布《变通检定小学教员办法》，12 月 21 日公布《审查教科书规程》，1917 年 1 月 23 日通咨各省施行检定小学校教员办法，2 月 6 日公布《小学教员褒奖规程》《小学教员俸给规程》，2 月 26 日准许各省变通劝学所所长为省直接派委，② 5 月又对辅佐各县知事掌管初等教育的劝学所设立情况咨催各省呈报，③ 但经费保障方面的有关举措始终还是未能得到颁行，对此教育部解释为"关于小学基金及补助金等规程，则以各省区学款之来源，设学之多寡，极不

---

① 《学事一束》，《教育杂志》第 7 卷第 10 号，记事，第 87—88 页。
② 《大事记》，《教育杂志》第 9 卷第 4 号，记事，第 23—24 页。
③ 《大事记》，《教育杂志》第 9 卷第 6 号，记事，第 41 页。

相同，非俟有明确之调查，详为区划，不能有所规定"①，言之凿凿的背后是经费困顿的无奈。自《施行程序》颁布以来教育部推行义务教育的努力至此告一段落。从以上情况来看，义务教育施行程度虽历经重大的政治变动和前后 5 位教育总长更迭，但都保持了这一工作的持续性，使义务教育在制度层面得到了较好的完善，由于政治局势的影响，其实际实施主要在帝制之后才得到切实地推动。

与教育部所做的努力相比，这一时期义务教育的推进并不理想。首先来看有关统计数据。1914 年全国小学校为 121081 所，1915 年为128585 所，进展并不明显，至 1916 年又下降为 120097 所。1914 年小学生数为 3921727 人，1915 年为 4140066 人，还算有所增加，但至1916 年下降至 3845454 人。② 其次有所响应的省区过少，各省区实施情况差距更大。最早试行的是吉林省，主要是把省会划分为若干区，规定凡居住区之儿童必须入学，③ 至 1920 年，吉林省城就学儿童占学龄儿童的 84%。④ 山西省成效最为显著，该省 1918 年宣布厉行义务教育之后，决定分 7 期用 3 年半时间，完成从城镇到乡村的义务教育。由于措施得当、政令严明，山西省义务教育短期内收到良好效果。至 1921 年，学龄儿童已入学者占 75%，较 6 年前增加 10 倍。⑤ 对此，袁希涛曾称赞道："非晋省政教修明，励精图治，不能有此成效也。"⑥ 陶行知也认为："真正实行义务教育的算来只有山西一省。"⑦ 其他各省情况，据统计，1916 年度京兆及直隶、山西、浙江、广西、东三省等地学龄儿童入学率均在 20% 以上，豫、陇、川、鄂、湘、赣、皖、闽、粤、黔等

① 《教育部公布全国初等教育概况》，载中国第二历史档案馆编《中华民国史档案资料汇编》（第三辑·教育），江苏古籍出版社 1991 年版，第 516 页。

② 上述数据参见民国教育部编《第一次中国教育年鉴》，开明书店 1934 年版，第 423页；民国教育部编《第二次中国教育年鉴》，商务印书馆 1948 年版，第 1455 页；陈元晖主编《中国近代教育史资料汇编·普通教育》，上海教育出版社 2007 年版，第 857 页等有关内容。

③ 蒋梦麟：《世界大战后吾国教育之注重点》，载陈学恂主编《中国近代教育史教学参考资料》（中册），人民教育出版社 2000 年版，第 324 页。

④ 吉林省教育厅编：《吉林省近三年概况》，1921 年，第 111 页，转引自田正平、肖朗主编《世纪之理想：中国近代义务教育研究》，第 75 页。

⑤ 《申报》1923 年 6 月 6 日，第三版。

⑥ 袁希涛：《民国十年之义务教育》，载朱有瓛主编《中国近代学制史料》（第三辑上册），华东师范大学出版社 1990 年版，第 329 页。

⑦ 陶行知：《陶行知全集》（第 1 卷），湖南教育出版社 1984 年版，第 583—584 页。

省则不到10%，最低者如安徽省仅有2.27%。[①]

造成上述现象的原因颇为复杂，据1918年2月教育调查会向教育部提出《实施义务教育建议案》中所分析，"时局变乱"及"地方经济情形"为最重要的两个原因。其中前者无疑是最为根本的原因，袁世凯因推行专制统治、复辟帝制，激起了全国的反袁怒潮，使义务教育无法获得稳定推进的社会环境。后者是最为直接的因素，军阀混战带来的财政困难和行政经费的短缺，导致中央及各地对义务教育根本无法提供经费保障，增加了实施义务教育的困难。再者，即使有限的教育经费，由于地方当局对于教育并不十分重视、教育经费多有挪用，更加剧了经费的紧张。这一时期的义务教育虽然成效甚微，但我们不应忽视教育部虽历经人事动荡、经费支绌等困难却持续推进的主观努力以及其采取的颇具实际意义的各项举措，这一时期义务教育在动荡形势之下依然能够得到一定的发展实有赖于此。

第三节 教育部与《分期筹办义务教育清单》的施行

一 《分期筹办义务教育清单》之出台

1917年间，对义务教育极为重视的范源濂，一面将《义务教育施行程序》之未尽事宜继续推行，一面组织教育调查会调查全国教育情况。在他的主持下义务教育被作为重点调查内容。当时的义务教育进行情况，如前所述，整体上进展并不明显，仅个别省区有所成效，全国大部分省区义务教育的推行并不乐观。虽然时局不稳、经济不逮，但教育界人士为实现教育普及、推进义务教育的呼声一直未有停歇，"近年全国教育会联合会一再提议及此，足证舆论所向"。基于上述情形，教育调查会认为义务教育"关系国计民生，至为重大，非由中央政府加以督促，难保地方无因循玩忽之失"，应由教育部"规定实施大纲，呈请大总统明令各省，参照山西办法，酌量本省情形，分年分区筹备次第实施，以民国九年八月为开始实施之期，预定年限办理完竣"，对"各省有最先完竣之区，予该地方官以特别之奖励"，认为"如此推行，国民

---

① 袁希涛：《民国十年之义务教育》，《新教育》第4卷第2期，第215—220页。

教育应有普及之一日"。①

1919 年 3 月初，教育部在傅增湘的主持下拟定《教育计划书》，重新对各项教育事业作出规划，义务教育再次被列为重点，主要内容如下：一是补助各省区初等教育费：补助时间分十年进行；每年由国库指拨常款列入预算以作补助之用，或筹大宗款项依照其他国家教育基金办法，以其子金所入为补助费；补助用途主要作为小学教员年功加俸、退隐及遗族旌恤金、优良小学及私访学奖励费或补助费。二是落实各省区师范学校补助费：针对各省师范学校经费支绌情形，对各省师范教育应行整理之处由国家量予补助。② 该计划将经费补助作为推进义务教育的入手方法，通过直接补助初等教育和强化师范教育补助，以解决此前义务教育发展过程中的经费和师资两大问题，如果付诸实施，无疑会对义务教育产生巨大的推动作用。

但仅两个月后，五四运动爆发，傅增湘迫于压力而辞职，此后教育部集中精力于学潮的平复，加上全国政治局势骤然恶化，此前推进义务教育的工作又被延迟。直至 1919 年第五届全国教育会联合会上，与会人员议决呈请推行义务教育，并将议决案呈送教育部。在外部力量的推动下，教育部在此前工作的基础上又对义务教育重新作出努力。

1920 年 3 月初教育部将全国教育会联合会议案转呈大总统。3 月 19 日，大总统就教育部呈请作出回应，承认此前的义务教育"除山西省分期筹进成效昭著外"，其余各省"或限于财力之未充，或苦于军事之倥偬"，未能一律实施，令教育部将山西省所定办法通行各省参照，以期逐渐推广义务教育。③ 4 月 2 日，教育部根据大总统之令，参考山西省分期推进义务教育办法，订定分期筹办义务教育年限，并公布《分期筹办全国义务教育清单》，要求各省区实施。④

---

① 《教育调查会关于实施义务教育建议案》，载朱有瓛主编《中国近代学制史料》（第三辑上册），华东师范大学出版社 1990 年版，第 327 页。

② 《全国教育计划书》，载中国第二历史档案馆编《中华民国史档案资料汇编》（第三辑·教育），江苏古籍出版社 1991 年版，第 52 页。

③ 《三月十九日大总统令》，《申报》1920 年 3 月 21 日，第 4 版。

④ 《教育部订定分期筹办义务教育年限》，载朱有瓛主编《中国近代学制史料》（第三辑上册），华东师范大学出版社 1990 年版，第 327—328 页。

表 6.4　　　　　　　　1920 年教育部分期筹办全国义务教育清单

年限	区域	要求
1921 年	省城及通商口岸	办理完竣
1922 年	县城及繁华乡镇	办理完竣
1923 年	五百户以上乡镇	办理完竣
1924 年	三百户以上市乡	办理完竣
1925 和 1926 年	二百户以上市乡	办理完竣
1927 年	一百户以上村庄	办理完竣
1928 年	不及百户村庄	办理完竣

资料来源：朱有瓛主编：《中国近代学制史料》（第三辑上册），华东师范大学出版社 1990 年版，第 328 页。

由上表可以看出，教育部采取的分期筹办义务教育办法有如下特征：一是顾及到了各地的经济能力和民众心理，把省城及通商口岸作为第一批限期办理的对象，也有将其作为全省及全国推进样板的考虑；二是人口因素作为一个重要的分级点有其合理之处，因为人口的多寡往往预示着一个地区的经济水平和社会发展状况，这在民国前期战乱不断的情况下尤其如此；三是对二百户以上市乡的推行年限定为两年，表明教育部把这一层级的区域作为重点和突破口，换句话说，这一层级能否突破关系到该计划的成败。这一筹办清单出台后，各省开始有所行动，义务教育迎来了新的发展契机。

二　分期筹办义务教育之实施

教育部认为推行义务教育，"兹事造端宏大，自非悉心讨论，不足以尽美而示标准"，因而设立直属于教育部的义务教育实施研究会以促进义务教育之实施为当时急务。

1920 年 4 月 28 日，教育部颁布《实施义务教育研究会章程》，并指派参事邓萃英、普通教育司司长张继熙、教育厅长覃寿坤、秘书陈任中、刘念祖、金事张邦华、徐协贞、朱炎、曹冕、视学钱家治、李步青、洪彦远、彭世芳、前教育厅长伍崇学、熊崇煦、编审员彭清鹏、舒翰祥为会员，以"集思广益，共策进行"[①]。

---

① 《教育部令第三十八号》，载多贺秋五郎编《近代中国教育史资料》（民国编中），文海出版社 1976 年版，第 267 页。

根据《章程》规定，该会"由教育部设立，受教育总长之监督"。内设总务部、调查部和编辑部三部。内务部所掌事务为："联络各地方实施义务教育机关及办学人员，征求其意见"，"会务分配及进行事宜"。调查部所掌事务为："调查省区及各城镇市村实施义务教育之状况"，"调查世界各国实施义务教育之制度及进行方法"。编辑部所掌事务为："就各地方义务教育实施之现状编辑年报"，"编译世界各国关于义务教育施行方法之书类"，"编辑关于义务教育各种浅说"。其会员均由教育总长指定对于义务教育素有研究者出任。设会长一人，由次长兼任，主任三人，干事若干人均由教育总长指定。每星期举行一次定期会议，每月举行一次各部联合会议，另遇有特别事项得召开临时会议。①

该会于 1920 年 11 月 25 日通咨各省进行义务教育调查，主要有国民学校及学龄儿童两项内容。同日还要求各省区筹设实施义务教育研究会，以使"中央与各省不致隔膜，理论与实际可以相符"，以资推进义务教育。② 教育部则通令要求各省根据部颁计划"订定实施程序，于本年内将所定完全计划及第一期实施事项，先行报部核定"。同时赋予各地一定的灵活性，各省可"在学务发达、财务充裕各地方，自可缩短年限，先期办竣"。对于财政不济之区域，"一时不及赶办者，亦应参照施行程序，不得过于迟缓"，但须"按期将实施事项及实施状况，分别报部，藉资考核"③。

上述两项工作进展较为顺利，山西、湖北、山东、吉林、甘肃、京兆等省区先后上报实施义务教育研究会章程，内部设置大致与教育部所设实施义务教育研究会相同。截至 1921 年 3 月，多数省区已报义务教育实施计划或章程，仅有直隶、甘肃、湖北、新疆尚未上报。3 月 15日教育部又直接训令五省要求速报，之后甘肃、直隶等省陆续上报，基本上顺利完成第一步计划。正当义务教育分期筹办进行之时，全国局势开始恶化，先后爆发直奉战争、第二次直奉战争，中央政权也进入频繁

---

① 《实施义务教育研究会章程》，载多贺秋五郎编《近代中国教育史资料》（民国编中），文海出版社 1976 年版，第 274—275 页。

② 《教育部咨各省区行政长官送义务教育调查表式文》，载多贺秋五郎编《近代中国教育史资料》（民国编中），文海出版社 1976 年版，第 322 页。

③ 《教育部订定分期筹办义务教育年限》，载朱有瓛主编《中国近代学制史料》（第三辑上册），华东师范大学出版社 1990 年版，第 328 页。

改组时期，教育总长频频易人，中央教育行政面临着内外不利因素的影响，推行义务教育的力度大减，各省计划之实施也因"兵事未息，灾荒迭告，未能如期增进"①。

三 分期筹办义务教育之成效

这一时期义务教育推行情况，我们先来看一组数据，1922 年度国民学校为 167076 所，学生数为 5814375 人，比 1916 年度 120097 所和 3845454 人分别多出近 5000 所和近 200 万人，年均增加 33 万人。② 但我们也要看到，这数十万的学童放诸于全国才省均 1 万人，再加上各省成效差距甚大，说明总体实施情况并不理想。这一时期义务教育的筹划者和见证人袁希涛及陈宝泉在他们的有关记述中留下了宝贵的第一手资料。

表 6.5　　　　　　　　1919 年前后各省义务教育之进行情况简表

省区	主要举措及进行情况	学龄儿童入学率（%）
京师	计划推广小学六十六处，约可增收学生二万人	预计达五成以上
京兆	1918 年制订《分期筹办强迫教育大纲》。预备期为 2 月至 7 月底，进行期为 1919 年 8 月起分四期进行，每期 1 年。强迫期，预定自 1923 年 8 月起	23.38
山西	1918 颁行《全省施行义务教育规程》。1920 年 8 月第五期百家以上村庄完竣。1920 年秋收大歉，地方费竭，进行停滞。1921 年岁熟，第六期五十家以上及不满五十家而毗连之村庄联合设学。第七期，制订人家过少无联合者之特别办法	57.37
吉林	1916 年在省城创办义务教育示范区。1919 年推行于长春城区，继及于滨江埠。此外依兰、延吉等埠及其他县城，百户以上之乡镇推行，照原定年限可提前一年办竣	
黑龙江	1920 年订施行义务教育程序，并订有施行章程	21.72（此为东三省数据）
江苏	1919 年拟定分期筹办义务教育计划书及征收教育特捐办法，拟于 1922 年试行强迫教育。其计划系各县同时举办，以儿童数之增加为期限数之正比。另组织义务教育期成会。但 1920 年秋风灾水灾几遍全省，多数地方停缓一年	13.36

---

① 袁希涛：《民国十年之义务教育》，载朱有瓛主编《中国近代学制史料》（第三辑上册），华东师范大学出版社 1990 年版，第 327—328 页。

② 《中华教育改进社公布中国教育统计》，载中国第二历史档案馆编《中华民国史档案资料汇编》（第三辑·教育），江苏古籍出版社 1991 年版，第 926—928 页。

省区	主要举措及进行情况	学龄儿童入学率（%）
浙江	1916 年颁定《施行义务教育之程限》，限十年完竣。由于办学经费未增，师资亦未计额养成，虽校数儿童数增加，但距按年应增之数大相悬殊。1920 年教育厅组织小学会议，筹议义务教育进行办法，提出义务教育款拨付的建议，组织义务教育促进会。是年适遇灾荒，筹款有所窒碍	24.39
山东	1920 年订有《义务教育暂行条例》，将每县分为若干学区，分一年为三期，一等区（县治及市镇与三百户以上之乡村）限是年九月办竣，取普及主义；二等区（一百户以上）限本年十二月办竣；三等区（一百户以内者）限十年六月办竣。但颁行后秋收荒歉未能进行。全省还拟设师范讲习所七十八所，还拟组织义务教育委员会	12.45
察哈尔	1920 年拟定《施行义务教育完全计划》，第一期实施事项，先令各县局组织学务委员，令各旗创设劝学所并分别预筹学款造就师资	
河南	1920 年订有《施行义务教育规程及筹备程序》，与部略同，分筹造就师资，划定学区，调查学龄儿童，劝导强迫等项	8.82
福建	第一期实施事项就福州及厦门着手筹办，以后逐渐进行	3.85
安徽	1921 年起，第一期先筹办省城及芜湖商埠；第二期先筹办各县及繁镇。还规定除省立男女师范学校外，于安庆、芜湖、淮泗三道内，各设国民师范学校一所。各县应设乙种师范讲习所一所。此两期增校之开办费，及一年经常费等筹拨办法，陆续进行。省城及芜湖各筹办义务教育事务所。儿童不能入国民学校者，辅以半日学校	2.27
江西	1921 年起义务教育规划实行，第一期实施区域，仿山西吉林模范区先例，以省城为特别义务教育区域，限 1922 年 12 月办竣，各县市乡分期至十七年六月办竣。设义务教育研究会；拨定留县五成附税为专款；在省城筹办义务教育委员会	4.25
广东	1921 年 3 月规定《全省义务教育分年推进办法》，自 1922 年 8 月起至 1928 年 7 月止，六年办竣。限定广州市于 1921 年 8 月起至 1922 年 9 月办竣。经费时定五十四万元，次年再加十余万元；设市立师范学校以养成长期短期各班师范生	5.2

　　资料来源：根据陈宝泉《义务教育》及袁希涛《民国十年之义务教育》有关内容编制，学龄儿童入学率为民国八年教育部相关统计数据，无公牍各省从阙，一城一县非全省计划不予详列。

　　从表 6.5 可以看出，最有成效的为山西省，其他如京师、京兆、浙江、东北三省也有明显成效，学龄儿童入学率均为 20% 以上。江苏义务教育期成会虽颇有动作，但成效不是太大，学龄儿童入学率为 13%

左右。其他各省多在 10% 以下。有活动报告的省区共 14 省，未记录的各省区情况显然尚不及表中所列省区。因而全国范围内来看，义务教育的实际推进至为缓慢。

新一轮推进义务教育的努力依然未能取得明显成效，主要有以下原因：一是天灾人祸不断，特别是军阀割据之下战争不断，国家财政入不敷出，人民生活水平极为低下，社会局势动荡、经费不敷是造成义务教育不能顺利推进的关键因素；二是教育部自身因人事频繁调整导致政务无形受阻，虽然历任总长多数都对义务教育予以重视，但其推进工作难言系统，也无法保证政策的连续性和工作的持续性，这是义务教育成效不彰的最为直接的原因；三是地方和中央的关系松弛，承担着义务教育实施职能的地方政府对中央政令往往消极敷衍，多流于形式而无实质动作，这是军阀割据给全国局势带来的消极后果，形成了义务教育推进的政治障碍。可见，义务教育的推进仅有教育部的单方推动是远远不够的，政治动荡、军事纷争和灾荒人祸导致了教育部努力的再次受挫，它是政治、经济、自然等因素的综合影响所导致。

四　分期筹办义务教育之余绪

1922 年《壬戌学制》颁布，将小学定为 6 年，前四年仍为义务教育，与前此规定保持了一贯。教育部为实施新学制，于 1923 年 3 月 5 日规定小学校长资格，5 月 29 日颁布《实施新学制中小学校进行办法》，对义务教育发展有一定的促进作用。但此后各派军阀争斗日剧，教育主官在政治旋涡中频频去留，更有甚者，由于经费拮据，教育部在 12 月 7 日裁撤实施义务教育研究会，这一推进义务教育的重要平台的消失，使中央教育行政方面推进义务教育的力度大减。1925 年北京临时执政府期间，章士钊出任教育总长，试图划定全国教育区域以便推进教育事业，其中小学区域拟每省分为 8 区或 10 区，每区设立小学 120 所。9 月 14 日令各省赶办义务教育。但随即出现驱章风潮，章士钊辞职，局势又生动荡，京师及各地索薪等风潮渐起，此次努力又归于无形。1927 年 6 月，北京军政府成立，12 月 20 日，教育部颁布《修正义务教育儿童暂行办法》，并通咨尚在军政府掌控之中的京兆地区实施义务教育，但北京政府已处于穷途末路。虽然教育部在各方力量的推进下，最后两任总长任可澄、刘哲均试图推进义务教育，但因局势不宁、

"学款不裕"而进行维艰,① 因而这一时期的义务教育发展与中学教育和大学教育相比,成绩寥寥。

通过以上考察,我们看到,这一时期教育部虽然面临政治不稳、经济支绌、教育经费无法保障的不利局面,但仍然努力采取各项举措和方法以推进义务教育。其活动的主要特点如下:其一是持续努力推进。整个民国前期,虽然较为系统的努力仅有三次,但三次努力离不开前期历任总长工作的积累,又有后续总长们的承继,使义务教育工作能够持续进行。之所以如此,其根本原因是推行义务教育成为共和政治下要求教育权利平等、追求教育普及、提高国民智识的时代趋势;其直接原因是作为中央教育行政主官的教育总长们大都具有较高的学识和能力,执掌筹划和领导义务教育的普通教育司司长 16 年间也仅历四人,从而使工作的持续性有所保障。其二是坚持分阶段筹备和推进的思路。教育部对于国情、民情和教情有着较清醒的认识,大多数总长都持渐次推进立场,这一思路集中体现在三次系统的努力推进过程中,包括蔡元培的渐次扩张、汤化龙的分期筹备和傅岳棻的分年推进。其三是义务教育的发展总体上进展缓慢,但仍然取得一定成效。1912—1913 年间义务教育无论是在学校还是学生数量上都出现了较为快速的发展,这一趋势在袁世凯时期有所延续,但速度大大放缓。帝制之后在教育部的努力下义务教育又出现了新一轮的发展,但在 1919 年以后又因局势的恶化而徘徊停滞。可以看到,义务教育在这一时期呈现出走走停停的发展状态。从具体的数量来看,虽然有所进步,但与总人口相比,其取得的成效并不明显,即使民初快速发展时期,与清末相比也稍显逊色,总体上发展较为缓慢。义务教育的推进尚且如此,其他学校教育事业教育部虽然也有所计划和努力,但其成效也与义务教育命运相同,只是程度不同而已。以义务教育为代表的民国前期学校教育事业的发展状况表现出了动荡时局之下教育部的无奈境地,但其努力的态度、分期推进的思路值得学习和借鉴。

---

① 邰爽秋等合选《历届教育会议决案汇编》,教育编译馆 1935 年版,第 323—324、338—342、365—366、421—422 页。

第七章　民国前期教育部与
社会教育事业

　　近代以前，中国有着悠久的重视社会教化的传统，"重民"、"养民"、"教民"是历代封建统治者维系政权的重要手段之一，这一传统教化模式在近代以后开始被社会教育所替代。由原来以培养顺民为目标转变为提高国民智识为目标，以政令宣示和规约防范为主要内容转变为以近代文化科学知识为主要内容，教育模式及方法也都有了很大的转变。民国成立后，社会教育被置于重要地位，共和政治之下追求人人权利平等、实现教育普及的政治目标在教育领域演化为提高国民智识、巩固共和国基的现实需要，重视和推动学校教育之外的面向广大民众的社会教育，改变当时国人多数为文盲的严峻现实，成为达至这一目标的较为可行的途径。正是基于上述考虑，教育部将社会教育与学校教育并重，第一次在中央教育行政层面上设立了专门管理部门，借鉴西方特别是日本的社会教育模式，逐步形成以通俗教育为中心的社会教育推进机制，推动了民国初期社会教育的发展。由于政治形势的变化，加之教育部行政长官频频更迭，致使社会教育的推进时断时续。又因教育经费日益枯竭，教育部于学校教育尚应顾不暇，社会教育更是无力持续推进，在社会教育发展的新阶段即平民教育时期，教育部已经丧失了主导权，虽然有所应对，但力度极为微弱。民国前期是中国近代社会教育嬗递演变的关键时期，通过考察民国前期教育部推进社会教育的各项措施，一方面可以客观评价其在社会教育发展进程中的独特贡献，另一方面可以深入认识近代社会教育的推进所经历的曲折。

第一节　教育部与社会教育的初期推进

1912—1914 年间，教育部主要以建立社会教育行政体制为主要手段，以推进宣讲为入手之方，推进了社会教育的初步发展。

一　社会教育行政体系的建立

民国甫立，国体由专制一跃而跻于共和，但民众的观念和意识并没有随之发生根本改变，共和政权的建立尚缺牢固的民意基础。许多有识之士认识到这种危险，撰文呼吁发展教育改造国民品性，认为唯有此才能巩固政治革新成果。[①] 在封建专制之下，一般民众实际被摒弃于学校之外，文盲占据国人的大多数，开展社会教育成为建国初期迫切的选择。民国首任教育总长蔡元培，在长期从事革命和教育活动、又曾留学欧洲的经历中对社会教育的作用有着深切的体认。他认为教育的职责"不仅在教育青年"，也"须兼顾多数年长失学之成人"[②]，这样才能达致真正的教育普及，全面提高国民智识。而欲达此目的，唯有推行"极广之社会教育"，作为学校教育的重要补充，以实现"无人不可以受教育"的目标。[③]

在蔡元培的推动下，教育部在拟定官制过程中，增设社会教育司，置社会教育与学校教育同等的地位。[④] 从现在所掌握的南京临时政府历次阁议的教育部官制草案来看，[⑤] 其坚持社会教育独立设司的思路一以贯之。4 月 4 日，南京临时参议院最终议决《教育部官制》，设普通教育、专门教育和社会教育三司，[⑥] 蔡元培重视社会教育的思想在行政机构的设置上得到实现。社会教育司的设立，标志着社会教育在中央教育

---

① 《论政治与教育之关系》，《盛京时报》1912 年 3 月 2 日。

② 蒋维乔：《清末民初教育史料》，《光华半月刊》第 5 卷第 2 期，1936 年。

③ 北京大学新潮社编：《蔡孑民先生言行录》（上册），北京大学出版社 1920 年版，第 24 页。

④ 蔡元培：《蔡元培自述》，河南人民出版社 2004 年版，第 85 页。

⑤ 共有 3 月份《教育部官职令草案》及 4 月份《教育部官制》两份，其中《官职令草案》系教育部起草呈国务会议讨论。

⑥ 张国福选编：《参议院议事录、参议院议决案汇编》，北京大学出版社 1989 年版，第 143、174—175、194 页。

行政体制中开始有确定的地位，社会教育开始独立于学校教育自成一项教育事业，这在我国教育史上属首创。

新设一个机构，势必牵涉到职能的重新划分，教育部社会教育司的职能确定就颇为曲折，集中体现在宗教和礼俗事务的归属上。蔡元培认为"宗教为国民精神界之事，占社会教育之一大部分。……礼俗所含之分子，亦多隶于宗教，二者皆教育之事"①，因此他在南京临时政府国务会议上建议修改法制局所提交的教育部官制草案，将宗教礼俗两项事务划归教育部社会教育司管理。从《教育杂志》披露的《教育部官职令草案》可以看出蔡元培的这一建议得到了采纳。该草案规定教育部设有礼教司和社会教育司，其中社会教育司掌"（一）关于通俗教育会及讲演会事项；（二）关于博物馆、图书馆事项；（三）关于美术馆、美术展览会事项；（四）关于音乐会、演艺馆事项；（五）关于通俗图书馆、巡回文库事项；（六）关于社会教育书籍编辑所事项；（七）关于调查统计事项；（八）关于保存名迹事项。"礼教司掌"（一）关于改良礼制、整饬风俗事项；　（二）关于各种宗教及寺观、教堂事项；（三）关于祀典事项；（四）关于监理僧侣、教士、道士事项；（五）关于教理讨论等事项"②。后来蔡元培主张对礼教司及社会教育司进行合并，下设宗教科、美术科、通俗科，并在2月份的一次阁议上同参会诸人互相讨论，当时大部分均表赞成，③但此案在送交临时参议院后，因参议院急于处理其他紧急事务，致使包括教育部在内的各部官制迟迟未予议决。直到4月4日，临时参议院议决通过该院法制审查会审查通过的教育部官制，社会教育司得以与普通教育司和专门教育司并列，下设三科：第一科主办宗教礼俗；第二科主办科学美术；第三科主办通俗教育。④ 至此，蔡元培关于社会教育司职能设定的建议得到了确认。

教育部社会教育司的设立及其职能的确定，既有着特殊的时代背景，也有着对外国制度的借鉴，更是蔡元培坚持创新的结果。民国成

---

① 《国务会议审核教育部官制修正草案理由》，载中国第二历史档案馆编《中华民国史档案资料汇编》（第三辑·政治），江苏古籍出版社1991年版，第22页。

② 《民国教育部官职令草案》，《教育杂志》第3年第12期，附录，第63～65页。

③ 《南京新内阁议案》，《顺天时报》1912年2月28日，第四版。转引自台湾"教育部"主编《中华民国建国史》（第一篇：革命开国），编译馆出版社1985年版，第1143页。

④ 《教育部官制》，《教育杂志》第4卷第4号，记事，第25页。

立，中国历史面临千年巨变，由于革命成功之速，广大民众对新政权还没有从思想上根本接受，封建传统思想观念在民众的脑海中依然根深蒂固，因而对广大民众进行各种形式的教育，肃清封建传统思想，以适应共和政权建设之需要，成为教育部的重要任务。近代以来，西方教育思想的涌入，特别是日本教育观念、制度等的引入，使近代社会教育的内容、形式被人们所认识，尤其是日本的通俗教育制度之完善、成效之显著，为国内有识之士所向往。在当时教育部一切皆属草创的情况下，蔡元培的个人见识也至关重要。如果没有蔡氏的极力倡导，在当时的社会环境下，至少社会教育单独设司不可能出现。社会教育单独设司是历史条件和个人作用的综合产物，它的设立使社会教育第一次有了中央层级的专门领导机关和管理部门，对社会教育的发展具有重大意义和深远影响。

地方社会教育行政的建设。1912 年 6 月 4 日，教育部通令各省筹划社会教育方法，对教育司内部分科及相应职能作了说明，当时京师学务局已设有通俗教育科与之对应，教育部要求各省"仿此办法，先设一科，或三科分设"①，以推进社会教育之进行。各省接此通令后，纷纷在省教育司之下设专门科室管理社会教育。如直隶教育司下分二科，分掌普通教育和社会教育；广东教育司下分三科，社会教育科为其中之一；江苏教育司下分四科，推进社会教育尤力。② 因当时省级教育行政尚无划一制度，也有很多省份社会教育与普通教育混合。后时局陷入混乱，直至 1913 年底，教育部虽然制定了省教育司组织章程，规定第四科职掌"博物馆、图书馆、动植物园、美术文艺音乐演剧古物通俗教育等事"③，但由于是年年底为实行减政主义，各省区教育行政机关又由司改科，遂使该项组织章程流于具文。与省级社会教育行政尚取得一些进展相比，县级教育行政机关的组织则甚为分歧，社会教育管理也职责不清，成为民初社会教育推行的主要障碍。

需要指出的是，虽然地方社会教育行政建立困难重重，使地方社会教育的开展面临诸多困难，但各界力量组织成立的半官方和民间社会教

① 《大事记》，《教育杂志》第 4 卷第 4 号，记事，第 24—25 页。

② 《视察学务总报告》，载舒新城编《中国近代教育史资料》（上册），人民教育出版社 1961 年版，第 307—321 页。

③ 《最近教育部之政绩》，《教育杂志》第 5 卷第 1 号，记事，第 2 页。

育研究机构，为这一时期社会教育的推进提供重要助力。为响应蔡元培推进社会教育的号召，1912 年 4 月份南京临时政府教育部人员与唐蔚芝等人发起组织通俗教育研究会，设事务所于江苏教育总会，从编辑宣讲书入手，拟定关于通俗教育各问题并登报征集意见，推定伍博纯等人为理事担任筹备接洽事宜。① 7 月份抵京参加临时教育会议的议员多数加入该会，使该会的影响力及于全国，成为推动通俗教育的重要民间机构。② 此外教育部还规定各级教育会应把社会教育事项纳入自己工作范围。1912 年 9 月 6 日，教育部公布教育会规程，规定教育会在省县城镇三级设立，研究事项包括社会教育，并就研究所得建议于教育官厅，同时教育会还可以处理教育官厅所委任事务，有开设讲演讲习等会之权。③ 作为履行教育监督职责的教育部视学处，也相应地增加了视察社会教育的职能。1913 年公布的视学规程，规定社会教育及其实施状况为视察事项之一。④ 社会教育行政监督制度初步建立。

社会教育行政体制及相关专门研究机构的设立，使社会教育的开展有了一定的组织基础、行政保障和社会支持，咨议机关及监督机关把社会教育事项纳入其职能之中也成为重要的推进因素。

二 初期推进社会教育之举措

与行政机构的建立及其职能的确定较为迟缓相比，社会教育事业实际上早在进行之中。1 月 19 日，中华民国教育部正式成立。十多天后，即 1 月 30 日就向南方独立各省发出通电，要求筹办社会教育，表达了对社会教育的重视和推动的迫切之情：

> 前拟普通教育暂行办法，业经通电贵府在案。惟社会教育，亦为今日之急务，入手之方，宜先注重宣讲。即请贵府就本省情形，暂定临时宣讲标准，选辑资料，通令各州县，实行宣讲，或兼备有

---

① 《通俗教育研究会》，《教育杂志》第 4 卷第 3 号，记事，第 22 页。
② 《通俗教育发达在几》，《教育杂志》第 4 卷第 6 号，记事，第 39 页。
③ 《教育部公布教育会规程》，载陈学恂主编《中国近代教育史教学参考资料》（中册），人民教育出版社 2000 年版，第 281—282 页。
④ 《教育部公布视学规程》，载朱有瓛、戚名琇等编《中国近代教育史资料汇编·教育行政机构及教育团体》，上海教育出版社 2007 年版，第 113 页。

益之活动画影画，以为辅佐，并由各地热心宣讲员集会，研究宣讲方法，以期易收成效。所需宣讲经费，宜令各地方于行政费或公款中，酌量开支补助。至宣讲标准，大致应专注此次革新之事实，共和国民之权利义务，及尚武实业诸端，而尤注重公民之道德。当此改革之初，人心奋发，感受较易，即希贵府迅予查照施行。①

此为民国前期教育部就社会教育发出的第一份通令，其表现出的姿态及相关措施，对社会教育的开展具有重要意义。首先它明确地表达了视社会教育与普通教育同样重要的立场。其次它指明了推进社会教育的主旨在于应实际之需要，既为建设共和国家服务，要求人民明确"共和国民之权利义务"，也为实际生活考虑注重"尚武实业诸端"，更注重国民道德素质的提升。再次它阐明了推进社会教育的途径、方法，明确表示社会教育的入手之处在于宣讲，要求各省组织宣讲团、选辑宣讲材料、研究宣讲方法，既易于进行又易于生实效。最后还就有关经费问题作出明确要求，使宣讲活动有了经费保障。

1912 年 4 月 26 日，教育部接收清学部，全国学务实现统一，开始对全国社会教育事业进行全盘筹划。6 月 4 日，教育部就社会教育进行再次发出通电，这份通电的对象为全国各省区：

现在国体变更，非亟谋社会教育之进行，不能应时势而收速效。本部社会教育司，现分三科，第一科主办宗教礼仪，第二主办科学美术，第三主办通俗教育。此时外官制尚未，各省教育司对于社会教育一项，亦应有暂时办法，以谋急进。京师学务局已设有通俗教育科，由部核准开办。各省是否应行仿此办法，先设一科，或三科分设，应请饬由该教育司酌量地方情形，悉心筹划，妥为规定，电部查核。②

相对第一份通电，此份通电首先是着眼于各省区社会教育行政机构

① 《教育部通电各省都督府筹办社会教育》，载陈学恂主编《中国近代教育史教学参考资料》（中册），人民教育出版 2000 年版，第 176 页。
② 《教育部通电各省筹划社会教育办法》，《教育杂志》第 4 卷第 4 号，记事，第 24—25 页。

的设立。因为对于中央教育行政机关而言，欲较好地行使行政权，最基本的前提就是组建一个健全的和有效的行政体制，以达上通下达的行政目的。其次它已对此后社会教育推行的重心有所指示，即社会教育应以通俗教育为中心。这成为后来形成以通俗教育为中心推进社会教育事业的先导。

教育部在两份通电中体现的急切心情并未在接下来召开的全国临时教育会议上得到延续。

7月10日，全国临时教育会议开幕，这是民国以后召开的第一次全国性教育会议，会议主议题是对全国各级各类教育事业进行全面讨论和作出规划。当时蔡元培把提交大会讨论的议案分为五类，其他四类归属都很明确，唯独第五类蔡元培谓其"大概含有社会教育性质"①，说明当时的提案中并没有明确的社会教育类提案。有学者认为"采用注音字母"等案可以归纳为关于社会教育类，但笔者认为这类提案主要是清末以来国语运动的延续，蔡元培也对关于国语运动的提案作了说明，"有一大问题，是国语统一办法"，"从前中央教育会虽提出此案，因关系重要，尚未解决"，②说明了它与清末以来国语运动的关系，当然，国语运动的开展对社会教育有一定的促进作用，但由此把此类提案归诸于社会教育类实属牵强。社会教育类议案的缺失反映了当时教育界对社会教育的认识存在着官方与社会脱节的现象，教育部的热情推动并没能引起全社会的热烈响应，也预示着社会教育在全国各省区很难得到顺利推进。

三 初期推进社会教育之成效

临时教育会议结束后，教育部对各项议决案斟酌采用，发布各项学校教育法令规程，社会教育推进仍呈无系统状况，直至汪大燮上任前，并没有出台社会教育方面的专门法令规程。仅于1912年10月成立美术调查处，1913年4月12日通咨各省都督、民政长官调查通俗教育。这种状况带来的后果则是社会教育并没有实现与学校教育的齐头并进，虽

---

① 我一：《临时教育会议日记》，载璩鑫圭、唐良炎编《中国近代教育史资料汇编·学制演变》，上海教育出版社2007年版，第640页。

② 我一：《临时教育会议日记》，载璩鑫圭、唐良炎编《中国近代教育史资料汇编·学制演变》，上海教育出版社2007年版，第640页。

然各地遵循两次通电，社会教育也渐次开展，但其成效之不彰也可想见。

这一时期社会教育实际进行情形，并无精确统计数据，我们只能从1913年间教育部的视察报告中探知大概情形。

表7.1　　　　1913年间全国社会教育设施建设及运行情况简表

省份	设施建设及运行情况
直隶	设施计有图书馆2处，改良戏曲练习所1处，戏曲改良33种，宣讲所阅报社在县城等均有设置，但图书馆管理废弛，阅报社除天津尚发达、外县仅县城内能逐日宣讲外，余多名存实亡
奉天	设施计有图书馆设有33处，辽阳县巡回文库已设24处，各县均设有社会教育事务所，讲演会分城厢及乡镇两种，乡镇讲演会多附设于乡自治会或小学内，其他如社会教育讲习所、书籍编辑所等尚在筹议中
吉林	设施计有图书馆1处，吉林通俗报1种，伊通县有白话报1种，五六个县在劝学所内设有社会教育承办员，又拟设通俗图书馆、巡回文库及讲演练习所于省城，但总体尚在萌芽时代，去发达尚远
黑龙江	设施有图书馆但数目不详，省城设有宣讲所2所，宣讲所内设阅报处，但图书馆新书少又地址僻远，其他如音乐会、体育会尚在组织中，总体亦处萌芽时代
河南	设施计有阅报宣讲所5处，开封城内设有图书馆1处，其他如宣讲所、阅报所等在组织中，只是阅报所无人管理亦无人阅报，演说团曾演说一次而听众极少
山东	设施计有图书馆1处，宣讲总会1处，宣讲所1处，通俗教育会、醒世词曲年画局、警华牖俗社、通俗图书社各1处，而且各项管理尚可，相较其他省略为可观
山西	设施计有宣讲所2处，其中教育司署内设1处，河东设1处；宣讲所106处，其中省立宣讲所4处，县立102处；通俗书报社87处，其中省立2处，县立85处；省立社会教育会、体育改良戏曲各2处，讲演会、公众补习学校各1处，总体来看尚发达
安徽	设施计有省立图书馆1处，怀宁县半日学校4处，贫儿教养院1所、贫女初等高等小学校1所，芜湖贫民初等小学校1所，设有省教育会及怀宁、芜湖两县教育会，另规划讲演会3处，通俗教育报社、通俗教育研究会各1处，讲演会尚未告成，通俗教育报已按月刊发
江苏	设施计有省立图书馆1所，省立通俗教育会、图书编辑所、教育品制造所等机构，无锡设有图书馆1处，上海设有通俗教育会，各县设有讲演会。除此之外贫民教育较为发达，成绩较为优良，其中江宁、吴县、上海设有贫儿院，上海设有贫民习艺所，江宁设有忠裔院。总体上看省立图书馆储藏甚富，吴县等图书馆在筹划中
浙江	设施计有半日学校1所，夜学校7所，图书馆及藏书楼各1处
湖南	设施计有图书馆1处，讲演员养成所1处，另拟筹设通俗图书馆、巡回文库博物馆、教育博物馆等

续表

省份	设施建设及运行情况
湖北	设施有图书馆、教育陈列所、模范讲演团等，此外还有通俗白话报日出 1 张，其他如半日学校、公园、博物馆、教育品制造所均在筹备之中
江西	设施计有省立图书馆 1 处，其他如通俗图书馆、公众实习学校、公共游戏场、公开讲演会均在筹拟中
陕西	设施计有图书馆 1 所，省立宣讲传习所 1 所，县立宣讲会 42 所，另拟开办城关夜学校及阅报社 10 所，植物园 1 所，纪念馆 1 所
四川	设施方面已设模范讲演所、白话报、半日学校、戏曲改良会、幻灯、图书馆、阅报处等机构，另拟开办油画馆、活动写真馆、通俗教育调查会、教育品制造所、博物馆、纪念馆、运动场等
福建	设施有图书馆 1 处，通俗科学讲演会 1 处，宣讲会 1 处但已被裁撤，公众实习学校及半日学校 3 处但均系临时设立，设有通俗教育会、妇女演说部、通俗阅报社、省城说报社各 1 处，办有通俗教育杂志已出版 1 次，通俗彩色画报已发行十数次，其他如改良戏曲、征求小说剧本等在进行中，拟办事项有通俗图书馆等 12 项
广东	设施有省立图书馆 1 处，其他图书馆 7 处，教育博物馆 1 处，省立宣讲所 1 所，县立宣讲所 198 所，阅书社 159 处，植物园、学校及运动游戏场、音乐亭亦已略具规模，但存在已经成立而转瞬解散的现象
广西	设施计有省立宣讲所 2 处，各县亦次第设立，图书馆 1 处，通俗学校 1 处，另在筹划之中的有阅报社讲演会、巡回文库等，总体上因地处僻远，发达最微，仅宣讲所成绩最著
云南	设施计有省立图书馆 1 所，省立博物馆附设于图书馆内，阅报社 4 处，军人组织扶风社改良戏剧 1 处
贵州	设施计有省立图书馆 1 所，另有将来计划事项 14 项，筹备事项 8 项

　　资料来源：李桂林、戚名琇、钱曼倩编《中国近代教育史资料汇编·普通教育》，上海教育出版社 2007 年第 2 版，第 966—980 页有关内容制成。

　　上表所列内容，来源于教育部视学处 1913 年对全国范围进行视察的各区报告。我们看到 1912—1913 年间社会教育在全国范围内除青海、西藏以外均得到了响应，各地也都能够较为积极地推进各项设施的筹划和建设，而且取得了一定的成果，说明这一时期教育部推进社会教育的举措得到国人较为积极的响应。从各地具体的举办内容来看，总体上社会教育的发展还处于开始阶段，不仅许多省份成立的社会教育设施数量较少，而且即使已经设立的设施，还存在成立又即行解散以及管理废弛、利用不充分的现象，如最为常见又设立较多的阅报社民众就极少前往阅览、参观、听讲。各省区社会教育的推进并不平衡，甚至相差较大，如直隶、湖北、福建、广东、江苏等省区相比之下较为发达，其他各省则多为纸面上的筹划。在具体的设施运行中，通俗教育设施如通俗图书馆、通俗演讲会等最为普遍，说明立足于提高普通民众智识而又费省易行的通俗教育适于大面积推行，这也成为此后教育部转向以通俗教育为中心的事实依据。

　　社会教育的推进之所以出现上述现象，其原因主要是视察报告中所列两种：一是财政困绌，不仅图书馆、博物馆等耗费巨大的设施不能大量建设，即如通俗讲演也因经费紧张而不能长期坚持；二是办学人员的一般心理和眼光仅有学校教育而无社会教育，所以尽管主管者竭力经营，但具体承办人员却态度冷淡、推进乏力。① 除此之外，社会教育的推进成效不彰与相关法令规程的缺失也有一定的关系，民初两次通电之后相关制度并没有随之出台，致使地方推进既无规范可依，又无推进不力而受罚之虞，因而"教育部之漫无计划，不得不任其咎也"②。对地方教育行政机关的改造比较迟缓，不仅社会教育职能未能及时规定于地方教育行政机关之职能范围，地方视学监督机制也未能及时成立，这也是造成社会教育推进初期进展缓慢的重要原因。但更为根本的是动荡的政治局势。随着袁世凯专制统治的加强，国民党人展开了针锋相对的斗争，全国局势不稳加剧，各项教育事业的推进都受到严重干扰。

第二节　教育部对社会教育的全面推进

　　教育部成立初期未能及时颁布法令对社会教育进行规范和促进，但通过对各地的视察渐对社会教育进行情况有所了解。袁世凯掌控全国之后，社会形势开始稳定，此时进步党人汪大燮、汤化龙先后上任，前者曾任留日学生监督，后者则毕业于日本政法大学，但二人对于社会教育却态度不同，前者把社会教育与社会主义思潮等同而加以抵制，甚至想撤销社会教育司，后者则由于对日本通俗教育有着较为深入的了解，其

---

① 《视察第七区学务总报告》，载李桂林、戚名琇、钱曼倩编《中国近代教育史资料汇编·普通教育》，上海教育出版社 2007 年第 2 版，第 978 页。
② 《教育大政方针私议》，《教育杂志》第 5 卷第 8 号，言论，第 105 页。

任内"学校教育不如社会教育，高等社会教育又不如通俗教育"的思路成为教育部推进社会教育事业的主导思想，① 开启了全面推进社会教育的新局面，这一局面历经帝制高潮中的张一麐及帝制后的范源濂、傅增湘，一直延续到五四运动前后。

一 教育部对社会教育的调查及筹划

教育部在通电各省筹办和推进社会教育的同时，也在为相关法令的出台作准备，主要是对各省推进情况进行先期调查。

调查分中央和地方两个方面进行。1912 年 6 月教育部筹设北京通俗教育调查会，拟定调查办法计 12 条。旋以事属北京地面范围，于1913 年 1 月指令京师学务局接收该会，负责进行京师社会教育调查。

1913 年 4 月 12 日教育部拟订通俗教育调查表五种，包括风俗制度调查表、青年读物调查表、通俗教育各馆所校院调查表、通俗教育各项集会调查表及通俗教育各项娱乐机关调查表，通行京兆尹及各省民政长并各特别区域转饬所属学务机关照表填写报部。此表下发后，各地方陆续填写报送教育部，总计有 969 县报送，195 县未报，其中热河、绥远、川边三个特别区域全未送达。② 1913 年间，教育部还派视学赴各区视察，社会教育即为其中重要内容，8 月份完成视察报告，使教育部对各地推进情况有了较为直接和全面的掌握。1913 年 10 月教育部通咨各省收集通俗讲演之讲稿，"冀收集思广益之效"③，其实也是一次关于宣讲内容的专项调查。上述调查、视察及资料收集工作的进行，为此后有关法令规程的制定和颁行提供了依据。

1914 年 5 月 1 日汤化龙出任总长，开始对教育事业进行全面筹划。12 月教育部拟定《整理教育方案草案》，对于社会教育即按其程度分为两类：一类为"学艺的社会教育"，以广施教化，增进全国国民之学艺为目的，包括"以增高审美思想为主"的美术馆、美术展览会、改良文艺音乐演剧等以及"以奖励事物研究为主"的博物馆、图书馆、动植物园等两方面的内容。前者的建设重点包括京师图书馆及历史博物馆

---

① 《通俗教育研究会会长梁次长代表汤总长训词》，载朱有瓛、戚名琇等编《中国近代教育史资料汇编·教育行政机构及教育团体》，上海人民出版社 2007 年版，第 369 页。

② 民国教育部文书科编：《教育部行政纪要》，文海出版社 1986 年版，第 182—184 页。

③ 《大事记》，《教育杂志》第 5 卷第 9 号，记事，第 71 页。

以及各省图书馆，后者的建设重点则是设译书局、音乐演剧研究会等。一类为"通俗的社会教育"，以补充群众道德及常识为目的，包括通俗教育机构如露天学校、公众补习所、少年育德会、女子育德会、小学教育品陈列所、理学试验所等，通俗讲演机关如巡回讲演团，还包括各类阅读场所如通俗阅书报社、通俗图书馆及巡行文库①，此外还有通俗社会教育之补助形式如改良小说、改良留声机片、改良俚俗图书、改良词曲风谣及玩具等。②

上述草案对社会教育进行了分类规划，根据当时的社会形势及经济状况分出轻重缓急，具有较强的针对性和适应性，成为汤氏任内及此后一段时期教育部推进社会教育的行政纲领。

二　全面推进社会教育之举措

（一）设立通俗教育研究会

1915 年 7 月 16 日，教育部认为民众智识低下不利于巩固国基，而社会教育的推进则于社会进步和国家前途有利，呈请袁世凯设立通俗教育研究会，详考利弊、讲求方法，以全面筹划推行社会教育。③ 这一呈请得到了袁世凯的迅速批准。9 月 6 日通俗教育研究会召开成立大会。此后各省区也纷纷设立省通俗教育研究会。据统计，全国 22 省区共先后设立 232 个。④ 从此社会教育进入到由通俗教育研究会为主导力量的通俗教育时代。

按照章程规定，研究会由教育部设立、直接受教育总长监督，会长由教育次长兼任，为代表教育部推行社会教育的官方机构，负责研究通俗教育事项、改良社会、普及教育，下设小说、戏曲和讲演三股。在会员的组成上，教育部考虑到了社会教育的特殊性，会员涵盖了多个部门

---

① 所谓巡行文库，其方法是在各县设通俗文库总部一所，采集人民必须通晓之图书，输送城镇乡各支部，再由支部转送于村落阅览所，限定日期阅毕，由各处送本部收存，载陈学恂主编《中国近代教育史教学参考资料》（中册），人民教育出版社 2000 年版，第 221 页。

② 《教育部公布整理教育方案草案》，载陈学恂主编《中国近代教育史教学参考资料》（中册），人民教育出版社 2000 年版，第 221—222 页。

③ 《汤化龙呈大总统拟设通俗教育研究会文》，载朱有瓛、戚名琇等编《中国近代教育史资料汇编·教育行政机构及教育团体》，上海人民出版社 2007 年版，第 375—376 页。

④ 《教育部公布全国通俗教育会概况》，载中国第二历史档案馆编《中华民国史档案资料汇编》（第三辑·教育），江苏古籍出版社 1976 年版，第 566—567 页。

和直属机构，包括教育部、京师学务局、直辖学校、京师劝学所、京师警察厅、京师通俗教育会等，人事均由教育总长或教育部指定或协商选派。活动经费由教育部支给，各类活动组织均由会长负责。① 说明了该研究会系教育部主导、其他各部门及民间力量参与的官方机构的性质。据张一麐任内公布的会员录，研究会会员人数达 79 人之多。

汤化龙任内通俗教育研究会很活跃，1915 年 9、10、12 月先后召开三次大会，完成研究会办事规则、修改相关章程，所设各股就各自工作及时进行交流及提出各类议案。以讲演股在第三次大会的报告为例，当时股主任祝椿年报告："讲演股共开股员会十三次"，"第二次大会提交议决案三件"，"第三次大会，本股议决之案有三"，前之所提"宣讲案已由部饬交京师学务局设法办理"，本次大会的三件议案分别为"试办通俗教育讲演传习所案"、"提倡学术通俗讲演案"、"审核讲演参考用书案"②。这一报告表明研究会各股工作还是很有成效的。

在范氏第二次总长任内，通俗教育会对社会教育的推动持续进行。以 1917 年为例。小说股共开会 14 次，审核小说 380 余种，审核杂志十余种，并逐月将已审核之书按次列表，年终汇编总表以备查核；将禁止书目以信函形式通知全国商会选择，将审核小说报告登布教育公报。戏曲股共开会 17 次，编辑剧稿 10 种，呈请内务部咨行 11 种，发交各剧团演唱 3 种，正在排演的有 13 种，呈请奖励的剧目 5 种，呈请咨禁的剧目 11 种，已编鼓词者 2 种；此外还有调查评话时曲鼓词、奖励白话剧等议案经议决酌量施行。讲演股开会 20 次，审核河南、陕西、贵州、江西等省所送年画 26 种，各书店出版之通俗教育用书及讲演参考用书 41 种，通俗教育画 38 种；此外还增设四郊巡行讲演及附设星期讲演会各事均议决施行。③

（二）制定通俗教育为中心的相关法令规程

通俗教育研究会成立时，教育总长已变更为张一麐。张氏不仅大力

---

① 《通俗教育研究会章程》，载朱有瓛、戚名琇等编《中国近代教育史资料汇编·教育行政机构及教育团体》，上海人民出版社 2007 年版，第 364—365 页。

② 《第三次大会会议》，载朱有瓛、戚名琇等编《中国近代教育史资料汇编·教育行政机构及教育团体》，上海人民出版社 2007 年版，第 381 页。

③ 《教育部指令第 5 号》，载中国第二历史档案馆整理《政府公报》（第 120 册），上海书店出版社 1988 年版，第 243—244 页。

支持该会的工作，而且在承继汤化龙思路的基础上，进一步制定颁布了一系列相关法令规程。如《通俗教育演讲所规程》（1915 年 10 月 18 日）、《通俗图书馆规程》（1915 年 10 月 18 日）、《图书馆规程》（1915 年 10 月 18 日）、《通俗教育讲演规则》（1915 年 10 月 23 日）、《通俗演讲传习所办法》（1916 年 4 月 15 日）、《露天学校简章及规则》（1916 年）等，规定了各类社会教育设施的设立和运作规范。

上述法令规程的颁布具有重要意义。其一，从法令规程上确认了社会教育以推进通俗教育为中心的思路。所颁布的各项规程中，除图书馆规程之外，其余均为通俗教育的相关规程。其二，明确了通俗教育重点推进的项目。通俗图书馆、通俗教育演讲所、通俗演讲传习所及露天学校等设施此后取得了明显进展。其三，沟通通俗教育与学校教育之间、通俗教育自身设施之间的互相衔接。通俗教育演讲所、露天学校等设施人员大都注意吸纳学校教员或曾任学校教员的人参与，有些通俗教育设施直接附设于当地学校或图书馆旁。上述法令规程从制度上形成了以通俗教育为中心的社会教育推进框架。

（三）建立地方社会教育行政和监督体系

汤化龙任内，县级社会教育行政职能的混乱局面得到较大改观。1915 年 7 月，教育部制定地方学事通则草案，规定自治区应划分学区，设学务委员会办理地方教育事务，明确社会教育也属其内，如江苏川沙县即在学务委员暂行办事细则中规定"本市、乡社会教育，由学务委员酌量财力办理"①。同年 8 月，教育部呈准劝学所及学务委员会规程，规定各县一律恢复劝学所设置，发布劝学所施行细则，亦列社会教育的施行事项为劝学所事务之一。②

帝制之后范源濂任内，省级地方教育行政机关建设取得了关键进展，社会教育行政机制也最终得以确立。1917 年各省教育厅设立，其组织大纲规定第二科主管"普通教育及社会教育"，省教育行政机关对

---

① 《江苏川沙县市乡学务委员暂行办事细则》，载朱有瓛等编《中国近代教育史资料汇编·教育行政机构及教育团体》，上海教育出版社 2007 年版，第 142 页。

② 《教育部公布劝学所规程施行细则》，载朱有瓛等编《中国近代教育史资料汇编·教育行政机构及教育团体》，上海教育出版社 2007 年版，第 156 页。

社会教育的管理才开始固定下来。①

傅增湘掌部时，完成了省县视学的设立，社会教育及设施是重要视察事项。② 至此，社会教育三级行政体制和监督体制最终完成。

（四）对社会教育进行系统筹划

1915 年汤化龙任内，确定了以通俗教育为中心的社会教育推进思路，在其任内成立通俗教育研究会等专门机构，拉开了筹划社会教育的序幕。这种思路在张一麐任内得到了具体体现，颁布了一系列通俗教育相关法令规程。社会教育的推进在帝制后得到了延续。

1916 年帝制后重新上任的范源濂对社会教育极为重视，在 10 月份召开的全国教育行政会议上教育部交议"推进社会教育案"，该案着眼于"利用空间之公屋，树社会教育之基础，意美法良"，与会人员均无异议，只是对原议案中标明孔庙二字，考虑到"（一）招一般反对教育者之注意，及尊孔者之误会。（二）原案所指适用之屋宇，多不在孔庙范围之内，仅标明孔庙，不惟名实不符，即范围亦形狭隘"。遂议决"以筹设社会教育机关为题，而以孔庙为利用地方公屋之一种"③。此案为解决各地方在社会教育经费不足情况下如何扩充社会教育设施提供了一个现实可行的办法。1919 年 3 月傅增湘第三次出任总长后，教育部公布《全国教育计划书》，对教育事业进行全面筹划，社会教育方面明确了拟重点进行的内容。这一计划不仅直接推进了京师地方的社会教育事业，对各地社会教育进行也具有指导性意义。

表 7.2 　　　　1919 年全国《教育计划书》中之社会教育规划

项目	拟定实施内容
图书馆	整理扩充国立图书馆，择国中交通便利文化兴盛之地分别建设
博物馆	就高等师范区域内筹设，酌各地方情形添设各种特殊博物馆
通俗讲演所	扩充京师原有讲演所，对各省区讲演所加以补助

---

① 《教育部核准教育厅署组织大纲》，载朱有瓛等编《中国近代教育史资料汇编·教育行政机构及教育团体》，上海教育出版社 2007 年版，第 133 页。

② 《教育部公布省视学规程》《教育部公布县视学规程》，载朱有瓛、戚名琇等编《中国近代教育史资料汇编·教育行政机构及教育团体》，上海教育出版社 2007 年版，第 134、160 页。

③ 邰爽秋编：《历届教育会议议决案汇案》，教育编译馆 1935 年版，第 389—390 页。

续表

项目	拟定实施内容
美术馆	筹款设立中国美术馆，办理提倡美术事宜
教育动植物园	筹款设置
文艺音乐演剧	对各项事业进行提倡或补助
公众体育	筹设公众体育场
通俗教育用具	推广幻灯活动影片，筹款设立图画玩具及通俗教育用器械标本制造所，对私所设制造所进行补助
译印东西文书籍	对学术文艺二类书籍择其必要者译印供校外教育之用

资料来源：舒新城《中国近代教育史资料》（上册），人民教育出版社 1961 年版，第 268—269 页。

由汤化龙、张一麐至范源濂、傅增湘，虽然所处的历史发展阶段不同，政治立场各异，但上述几任教育总长于社会教育均甚为着力，不仅保障了通俗教育研究会正常工作的开展，还不断制定和完善通俗教育相关法令规程，积极为法令规程的实施拟定相关计划，从而保障了这一时期通俗教育的持续推进。

（五）通俗教育为中心、讲演先行的社会教育推进格局

对以通俗教育为中心的社会教育的具体推进，教育部选择了以讲演为主要形式，这是因为当时一般民众识字率极低，而讲演形式又较易着手进行，不易为经费等棘手问题掣肘。

1915 年 10 月 23 日，教育部公布《通俗教育讲演所规程》，规定：通俗教育讲演所在省会须设置四所以上，在县治及繁盛市镇须设置二所以上，在乡村由地方长官酌量推行；通俗教育讲演所，私人或私法人均可以设立，但须禀请核准；所长及讲演员资格，要求或讲演传习所或通俗教育研究所毕业，或曾任讲演一年以上著有成绩者，或曾任小学校以上之教员或简易师范毕业者，或教育会劝学所各职员，或地方绅董夙有学望者；所长、讲演员由地方长官委充，并报教育部备案。[①] 此外，教育部还公布《通俗教育讲演规则》，要求讲演不得涉及通俗教育以外之

---

① 《教育部公布通俗教育讲演所规程》，载陈元晖主编《中国近代教育史资料汇编·普通教育》，上海教育出版社 2007 年版，第 954—955 页。

事项，还详细规定了讲演员讲演内容及讲义审查要求。[①] 1916 年 4 月 15 日，又公布通俗教育讲演传习所办法，规定京师地方由京师学务局筹设，在各省由省行政公署筹设，对受传习人员的资格、科目、受业期限作出规定。[②]

此后，各省纷纷设立通俗教育讲演所、成立巡行讲演团。据教育部统计，截至 1918 年全国 25 个省区共设立讲演所 1876 所，各个讲演所每星期平均讲演次数为 3 次，平均听讲人数 30—40 人不等。全国有 21 个省区共设立巡行讲演团 743 个，各个巡行讲演团每星期巡回讲演次数 3 次，平均听讲人数 50—60 人不等。[③] 应该说这两种讲演形式的推行效果还是相当不错的。社会教育以通俗教育为中心、通俗教育以讲演为先的推进格局形成。

三　全面推进社会教育之成效

对于社会教育的实际推行，教育部首重京师地区，以作为全国社会教育示范之区。"社会教育以通俗讲演为关键，比年以来，京师及各省虽已逐渐推行，然大抵各为风气，未能统一"，教育部拟先于京师设立模范通俗教育讲演所一所，"以为各省之表率"。1915 年 10 月呈请袁世凯批准设立，11 月 9 日派林兆翰为所长、祝椿年为副所长，并由该所长、副所长会同社会教育司拟订入手组织办法及相关规划。12 月 1 日模范通俗教育讲演所筹备处成立，计划每星期一三五日下午练习讲演。至 1916 年 1 月 28 日止，共练习二十三次。[④] 此外，1913 年教育部创设京师通俗图书馆一所，为各省首倡。[⑤] 教育部还对京师通俗教育进行年度视察。据 1915 年和 1916 年度视察报告反映，京师各通俗讲演所、巡回讲演团等均能正常进行，1916 年讲演所设置范围比 1915 年区域有所

---

① 《教育部公布通俗教育讲演规则》，载陈元晖主编《中国近代教育史资料汇编·普通教育》，上海教育出版社 2007 年版，第 955—956 页。

② 《教育部公布通俗教育讲演所办法》，载陈元晖主编《中国近代教育史资料汇编·普通教育》，上海教育出版社 2007 年版，第 960 页。

③ 《教育部公布全国各种通俗讲演所概况》，载中国第二历史档案馆编《中华民国史档案资料汇编》（第三辑·教育），江苏古籍出版社 1976 年版，第 563—565 页。

④ 民国教育部文书科：《教育部行政纪要》（全一册），文海出版社 1986 年版，第 174—181 页。

⑤ 民国教育部文书科：《教育部行政纪要》（全一册），文海出版社 1986 年版，第 172 页。

扩大，新增公众实习学校等项。①

随着社会教育各项法令规程的颁布，各省区社会教育也得到了一定程度的推进。全国范围内社会教育设施建设情况，除上述讲演所、巡行讲演团之外，1918 年前后通俗教育各机构如公众补习学校、半日学校、简易识字学校发展情形大致如下：

表 7.3　　　　　1912—1916 年和 1916—1918 年间通俗
教育各类机构设立情况对照表

项目 省份	公众实习学校		半日学校		简易识字学校	
	1912—1916	1916—1918	1912—1916	1916—1918	1912—1916	1916—1918
京师	6	6	55	55	28	23
京兆	1	1	3	4	248	248
直隶	1	1	118	420	1511	1511
奉天	1	1	1	1	257	257
黑龙江	1	1	—	—	4	4
河南	5	5	17	17	932	932
山西	9	9	314	314	260	260
江苏	2	2	17	17	33	33
江西	5	5	42	42	108	108
浙江	2	2	28	28	84	84
湖北	2	2	73	58	165	165
四川	1	1	345	345	160	160
广东	45	45	53	53	54	54
广西	1	1	28	227	224	224
云南	—	—	7	7	28	28
吉林	—	—	13	13	86	86
山东	—	—	20	29	73	73
安徽	—	—	10	10	69	69
福建	—	—	21	21	13	13
湖北	—	—	29	29	8	8

---

① 《京师通俗教育各项学校》《视察京师通俗教育报告》，载陈元晖主编《中国近代教育史资料汇编·普通教育》，人民教育出版社 2000 年版，第 984—1007 页。

续表

项目 省份	公众实习学校		半日学校		简易识字学校	
	1912—1916	1916—1918	1912—1916	1916—1918	1912—1916	1916—1918
陕西	—	—	6	6	14	14
甘肃	—	—	33	33	230	230
贵州	—	—			6	6
新疆	—	—	11	11	20	
热河	—	—	—	—		264

数据来源：朱有瓛编《中国近代学制史料》（第三辑下册），华东师范大学出版社 1990 年版，第 730—735 页等内容制成。

上表内容为 1912—1916 年及 1916—1918 年数据的对照，从具体数据来看，两个跨度较大的时间段，数据多数雷同，此种现象产生的可能原因有二：其一是 1912—1918 年间社会教育设施并没有进行严格的统计，表中数据存在互相参补的嫌疑；其二是社会教育设施的实际发展情形确实没有太大的变化。无论具体原因如何，我们都可以基本认定这些数据总体上还是能够反映当时各类通俗学校情形的。从数据分布来看，半日学校及简易识字学校的数量远比公众实习学校多，说明在当时时局不靖、经费紧张及民力薄弱之下，费省易办仍然是决定通俗教育学校能否大范围推进的重要因素。就各省区分布看，相比前期各类社会教育设施覆盖范围已经扩大，如公众补习学校除边远各省区外均有开设，半日学校及简易识字学校则除西藏之外全部设置；各省区之间差距悬殊，北京附近的直隶、中原地区的河南、山西，居于西南的四川、广西成为比较领先的省区，而文化向为发达的江浙地区并不起眼，可见社会教育的推进与经费固有关系，但地方行政的作用和民间人士的重视更为重要。

这一时期，社会教育之所以能有较大的推进，虽然与政治、经济、文化变革的社会大趋势有着密切的联系，各地方行政机关也付出了一定的努力，但教育部的主动施为显然是关键因素。基于政治不稳、民力不丰、经费拮据的现实，教育部把社会教育的重心定位于费省易行的通俗教育，虽然政治动荡之下总长更迭频繁，但历任教育总长中的多数能够顺应教育普及的要求在发展社会教育上先后承继，不仅注意拓展自身职能成立专门研究机构，而且不断进行各项筹划进一步完善制度建设，此外教育部大力推行的国语运动也对社会教育产生巨大助力。

第三节　平民教育大潮中教育部对
社会教育的推动

　　第一次世界大战结束后，世界范围内和平与民主的潮流激荡。文化教育领域经过新文化运动和五四运动思想解放的洗礼，传统文化受到较为彻底的批判，西方思想潮流大量涌入，教育领域掀起了推进教育普及、实现教育权利平等、提升整体国民素质的思想运动，原来过于注重政府法令宣讲，以培养良风良俗和促进民众识字等为主要内容的社会教育显然不能适应这种需要，其目标、内容及方法等需要进一步拓展和创新，平民教育思潮应时而生。但此时的教育部，却在政治、经济等因素的影响和军阀政府专制程度日益加强的情况下，逐渐丧失了社会教育的主导权。即使如此，它对平民教育依然作出了回应，尽管这种回应较为微弱。

一　对社会教育主导权的丧失

　　自 1919 年以后，教育部不仅总长更迭速度更甚于前，原来还能勉强度日的教育经费随着军阀内战频发而日益窘迫，对于本来就困难重重的社会教育而言更如雪上加霜。受困于政治、经济环境，教育部已无力推进社会教育的全面进行，但社会教育的潮流却并未消退，只是其推动的角色逐渐由原来处于辅助性地位、以全国教育会联合会为主的非官方力量来承担。

　　全国教育会联合会自 1915 年成立以来，几乎每届年会上都有社会教育相关议案提出。1919 年前，这些议案大都呈请教育部采择施行，自己则处于辅助性地位。1919 年之后，全国教育会联合会有关社会教育的议案基本上直接发至各省，不再呈请教育部，凭借其影响在各省区推行，教育部主导权已渐丧失。

表 7.4　　1919 年后全国教育会联合会社会教育相关议决案简表

时间	届别	议决案名称	施行情况
1919 年	第五届	改良戏剧以重社会教育案	函各省区教育会
1920 年	第六届	提倡小图书馆案	函各省区教育会

续表

时间	届别	议决案名称	施行情况
1922 年	第八届	推广社会教育案	函各省区教育会
1923 年	第九届	实施社会教育办法案	函各省区教育会
1925 年	第十届	各省区酌设社会教育专管机关案	函各省区
1926 年	第十一届	催促实施社会教育案 推广通俗教育讲演案	函各省区教育会

资料来源：邰爽秋等合选《历届教育会议议决案汇编》，教育编译馆 1935 年版，第 8—23 页。

　　从上表可以看出，1919 年以后，除第七届年会没有形成社会教育类议决案之外，其他历届大会均提出了社会教育方面的议案。就其内容而言，第五届和第六届仍表现为以往教育部所颁布社会教育法令规程的细化，分别为改良戏剧和提倡设置小图书馆。自第八届以后，开始全面规划社会教育的整体发展，先是"推广社会教育案"，再是"实施社会教育方法案"，甚至干涉地方教育行政机关建设，要求"各省区酌设社会教育专管机关"，其后又再次催促各地推进社会教育。虽然全国教育会联合会并没有实际的行政权力，但其在教育界的权威地位还是对社会教育的推进产生了一定的影响。

　　反观这一时期的教育部，虽然对社会教育事业仍有所动作，但推行力度迅速弱化。仅于 1923 年 1 月派部员李大年专门赴美考察图书馆事宜。[①] 教育部直辖、肩负着研究和推进通俗教育重任的通俗教育研究会，此时期也是趋于沉寂，仅有的几次活动也大多是针对小说的禁止和戏剧的改良等事项。1919 年 8 月 6 日，审查商务印书馆所送图书 19 种，并呈请教育部准作讲演参考及通俗教育用图书。[②] 1919—1920 年间，先后四次呈请教育部和内务部要求禁止《未来观》《玉蒲团》等不良小说。1920 年 12 月 15 日，通俗教育研究会联合中华教育卫生联合会合编图书参考资料。无论从活动的活跃程度还是具体措施的内容上看，社会教育的主导权都已经转移到了以全国教育会联合会为主的民间力量

---

① 陈源蒸、张树华、毕世栋编：《中国图书馆百年纪事（1840—2000）》，北京图书馆出版社 2004 年版，第 30、35 页。

② 《大事记》，《教育杂志》第 11 卷第 9 号，记事，第 77 页。

方面。

　　同时我们也要看到，虽然主导权实现了转变，但教育部建立的社会教育推进框架依然发挥着作用，包括全国教育会联合会的很多措施都是已往思路或举措的完善和深化，应该说此前教育部为推进社会教育所做的努力依然发挥着作用。

　　这一时期社会教育由于得到了民间力量的参与，在局势动荡中各项设施仍取得了一定发展。据统计，1916 年全国省级图书馆仅有 23 所，通俗图书馆 237 所，巡回文库 30 个，公众阅报所 1817 所。到了 1921 年全国有图书馆 170 多所，通俗图书馆 286 所，公众阅报所 1825 处，巡回文库 159 处，博物馆 13 所，演讲所 1881 所，巡行演讲团 940 多个，通俗教育会 233 个。与上一个时期相比，高级社会教育设施得到了较为明显的发展，如图书馆到 1925 年达到 502 所，[①] 这在当时政治动荡和经费困顿的情况之下实属难得。结合前述之各类通俗学校发展情形，可知社会教育在发展的同时，各省区也存在程度不一、甚至差距较大的现象。

二　对平民教育潮流的应对

　　虽然民国以后教育部对社会教育进行了大力推进，但由于政治经济等因素的影响，其取得的成效并未能从根本上提升一般民众的知识水平、改变广大国民的精神面貌，占据全国人口绝大多数的农民和民族工商业兴起之后的产业工人整体素质更为低下。经历过新文化运动和五四运动洗礼的知识分子，逐渐认识到社会大众的作用，而中国在巴黎和会上以战胜国身份受辱于西方，也令国人震惊之下对"教育之不兴"产生了深度警觉。[②] 他们在民主和科学思潮的启蒙下，开始尝试针对一般民众的教育活动，平民教育运动开始兴起，其中陶行知、晏阳初等人起到了先行者的作用。

　　（一）平民教育运动的兴起

　　平民教育最早起源于在法华工的教育。欧战后，欧洲各国在华大量

---

　　① 民国教育部教育年鉴编纂委员会编：《第二次中国教育年鉴》，文海出版社 1986 年版，第 1088 页。

　　② 《平民义务学校缘起》，《申报》1920 年 3 月 7 日，第 11 版。

招募华工，仅在 1917—1918 年间，华工到法国服务的就有 20 多万人，其中近 90% 目不识丁，他们低下的文化素质以及不良的生活习惯，使中国人的形象和中国的国际地位极大地受损，[①] 在法中国留学生为主体的知识分子发动的赴法华工教育应运而生。

华法工人教育的经验、做法及成效，随着留学生的回国得到进一步的推广，1919 年之后风起云涌的民主主义思潮的兴起更是加速了这一进程，渐渐促成了国内平民教育的大潮。这一运动发起的主体是留学生，最早的发起地是上海，主要人物有晏阳初、陶行知等人。早期主要集中在京沪两地，参与者多为留学生集中的高等学校，其对象主要是城市中新兴的产业工人。各高等学校推进平民教育的主要手段是成立各类团体、创办报纸杂志和创设平民学校。当时最为典型的平民教育团体是北京大学成立的平民教育讲演团。该讲演团成立于 1919 年 3 月 28 日，发起人主要为北京大学学生，既有早期共产主义知识分子，也有趋向革命的资产阶级知识分子，其活动范围主要集中于工厂，在乡村也有进行。五四运动后，北京高等师范学校部分教职员和学生联合发起组织平民教育社。此时期还有其他社会团体举办的义务学校，如寰球学生会日校、青年会日夜学校等，平民教育热潮开始在全国兴起。20 年代后，晏阳初、陶行知等人提出了重视农民、开展农民教育的主张，使平民教育运动开始由城市向广大乡村延伸，拓宽了平民教育的范围和广度。

随着平民教育运动的进一步开展和平民教育机构的增加，组建全国性的统一指导机关成为必然，1923 年中华平民教育促进会的成立，即是这一发展趋势的结果，也标志着平民教育运动达到高峰。平民教育促进会董事长为朱其慧，系曾任国务总理的熊希龄的夫人，书记为陶行知，总干事为晏阳初。干事会设总务、乡村教育、城市教育三部和公民教育、平民文学、统计调查、农民生计、市民生计和直观教育六科，显示出平民教育分农村和城市两条线进行，同时也说明了当时平民教育的主要内容是公民教育、生计教育和直观教育等。从平教会的组成人员来看，完全是民间力量主导。就当时所设立的各类平民学校而言，总体上可分为三种类型：一是各学校拓展教育功能而开办的各类平民学校，如湖南一师开办的工人夜学，北京高等师范学校创办的平民学校，北京大

---

① 晏阳初：《平民教育》，《新教育》第 7 卷第 2、3 期，1923 年 10 月。

学学生会主办的平民学校等；二是各级行政官厅顺应形势开办的各类平民学校；三是教育团体，特别是平民教育团体设立的学校。这类学校不仅颁布在城市，还延伸到农村，最为典型的是中华平民教育促进会所设立的学校。当时平教会的分会遍布全国 20 余省，各分会在所在地区纷纷开办平民学校，扩大了平民教育运动的规模和声势。其骨干人员如陶行知、晏阳初等人更是身体力行，晏氏进行了著名的"定县试验"，陶行知则创办晓庄师范学校从事乡村教育的师资建设，这些举措都极大地推进了平民教育的发展。

平民教育在 20 年代前后开始兴起，既是这一时期西方各类社会思潮冲击之下国人在吸纳民主主义思想努力推进教育普及的主动行为，也是对民国以来官方主导的社会教育推行不力情况下的另辟蹊径。

（二）对平民教育运动的反应

如果说教育部对于平民教育运动大潮毫不知情显然不符事实，由于政潮和教潮的干扰而对这一运动有心无力才是其真实处境。就主动权而言，对于属于自身职能的社会教育尚且无力主导，更遑论民间力量发起的平民教育。但就具体的管理权限来说，教育部对于前述第一二两类平民教育机构有一定的发言权，因为各级各类学校开展平民教育活动要受到各级教育行政机关的管辖，其他各级行政官厅举办的平民学校多在专业管理上要求助于各级教育行政机关，因而教育部所能着力的方面也仅在于这两个层面。下面通过几个例子来考察教育部对平民教育的应对。

1924 年 6 月 5 日，教育部在咨复福建省长关于核复省会警察厅平民半日学校简章的公函中作出如下表态：（1）各省平民半日学校系属地方教育，无庸在教育部备案；（2）此类学校所设置课程有必修科和随意科；（3）平民半日学校应按照半日学校有关规定办理。[①] 从上述公函看出，教育部对平民学校的设立还是有一定发言权的，但它显然把平民半日学校作为原有社会教育设施之一种看待，从而有把平民教育纳入既有社会教育体系的用意，回函中声明此类学校属地方教育应由地方管理为主更是证明了这一意图。由于当时各类平民学校都存在遵循何种章程及如何进行的问题，教育部的这一表态实际上起到了引导平民教育发展

---

① 《咨福建省长核复省会平民半日学校简章文》，载多贺秋五郎编《近代中国教育史资料》（民国编中），文海出版社 1976 年版，第 414 页。

的作用。

但在平民教育发展过程中，所遇到的首要问题并非遵循何种章程以资进行，而是由于力量分散、主体多元导致的办学秩序混乱以及经费困难致使难以持续发展这一根本问题。鉴于这种情况，全国教育会联合会先后在十届、十一届全国大会上形成平教各案之决议案及推进办法案，① 建议将平民教育纳入教育行政范围，但中央教育行政层面始终未对这种呼声作出反应，致使平民教育"组织办法，纯任自由，创设废止，毫无限制"，各项设施"无系统的计划"。② 平教运动之所以由轰动一时而后逐渐陷入停寂，其间因素较为复杂，但中央教育行政的不作为当是一个重要原因。

就平民教育的内容来说，并非完全脱离原有的社会教育轨道。1919年之后兴起的平民教育，虽然大多由民间力量发起，试图脱离原有社会教育轨道而另辟新路，但事实上许多平民学校的设立是建立在原有社会教育各项设施基础上，不仅在场所等方面多借用原有社会教育的场所，而且原有社会教育机关的各种图书资源也被平民教育充分利用，平民教育推行的方法如巡行文库等也是从通俗教育得到的借鉴。因而，我们并不能简单地说平民教育已经完全脱离教育部或者说教育部沦为平民教育的旁观者，只能说教育部已无法直接管理和影响平民教育的进行，但其前期所推进的社会教育对这一时期平民教育有着不同程度的影响。

综上所述，在民国前期政治、经济等领域发生巨大变革的过程中，社会教育作为学校教育之补充，起着教育一般民众、提升国民整体素质、适应政治经济发展需要的重要作用。教育部适应历史要求，采取了一系列措施推进社会教育：首先创造性地在中央教育行政层面将社会教育和学校教育置于同等重要的地位，第一次设立专门的社会教育行政机关，并且逐步建立了中央、省、县三级社会教育行政管理和监督体制，成为社会教育得以推进的基本前提；其次根据国情和民力，形成以通俗教育为中心、讲演先行的推进格局，并通过建立和完善相关规程和细则推动社会教育各项设施建设和活动的进行。但由于社会形势的变化以及

---

① 《拟定平民教育办法并催促实施案》，邰爽秋等合选《历届教育会议议决案汇编》，教育编译馆 1935 年版，第 435 页。

② 《拟定平民教育办法并催促实施案》，邰爽秋等合选《历届教育会议议决案汇编》，教育编译馆 1935 年版，第 434 页。

历任行政长官对社会教育的观念各异，教育部推进社会教育的努力在各个总长任内并未得到持续推进，甚至有取消社会教育司之举。除却教育部自身问题之外，社会教育也因局势动荡、经费困顿而进展屡屡受阻，如袁世凯恢复帝制导致全国政治形势日趋混乱，中央及地方财力不丰，学校教育尚难维持，对于社会教育自然也无能为力。上述种种不利因素使教育部经历了民初几年对社会教育的大力推进之后，随着全国局势陷入军阀纷争而力度大减。特别是在 1919 年五四运动之后，平民教育运动兴起，平民教育成为社会教育新的发展形式，教育部已丧失了推进社会教育的主导权。但教育部还是力所能及地对平民教育作出了反应，原有的社会教育设施也在平民教育发展中起了一定的作用，后期平教运动迅速归于平寂也与教育部未能有所作为有着一定的关系。因而严格来说，教育部并非平民教育运动单纯的旁观者，而是一个重要的影响者。

第八章　民国前期教育部与国语运动

　　肇源于清末的国语运动的兴起，是处于半殖民地地位的中国人面临亡国灭种的威胁在文化领域的抗争。清末一批先进的中国人认识到西方国家的强盛在于国民素质的整体提高，开始借鉴西方文字特点及日本文字改革的经验，发动了简字运动和切音运动，成为民初国语运动之先导，但由于清政府的颟顸和无能，这一运动并没有得到政府层面的重视，主要在民间推广。民国以后，通过国语运动实现教育普及成为学人的共识。在这种趋势推动下，教育部在清末简字运动基础上，将推广国语正式纳入行政职能范围，并在"统一国语必先统一读音"思路指导下，通过成立读音统一会推动读音统一工作。虽然这一活动受政治形势影响一度停顿，但帝制之后又得以继续。随着国内形势的变化和新文化运动的深入开展，文字改革成为新文化运动的重要内容，中央行政层面也由前期的读音统一转向文字改革，教育部内外力量的共同参与促进了文学革命与国语运动的合流，形成了全面推进国语运动的局面。但在军阀政府的干预之下，教育部对于国语运动的立场时有变化，尤其在后期发生倒退，不仅力度减弱，而且逐渐走向运动的对立面，严重干扰了北京政府控制地区国语运动的开展。国语运动与文化事业关系紧密，深受文化领域变革的影响，其推进思路、途径和方式与其他教育事业有着明显的不同，因而考察教育部推进国语运动的各项活动，不仅有利于认识教育部在国语运动中的历史性贡献，而且可以从一个侧面感知其对文化事业的影响。

第一节　"统一国语必先统一读音"

1912 年 1 月 19 日，南京临时政府教育部正式成立，在拟定的官制案中即将清末仅限于民间推行的国语运动明确为教育部的重要职能。4 月 4 日南京临时参议院审议通过《教育部官制》，其第六条规定："关于国语统一事项"归专门教育司职掌。① 从此，国语运动在中央教育行政层面有了明确的职能归属，为这一教育事业的推进奠定了组织基础和行政保障。

一　高度重视"采用注音字母案"

民国首任教育总长蔡元培对国语运动非常重视，不仅在拟定官制中始终明确将国语运动列为教育部职能之一，更积极着手组织人员准备进行。1912 年 4 月，蔡元培在北上途中邀请吴敬恒赴京主持读音统一工作。吴敬恒（1865—1953），字稚晖，江苏武进人。1890 年就读江苏南菁书院，次年中举，1894 年就读苏州紫阳书院，1896 年开始创制"豆芽字母"并以此拼写乡音俗语，1897 年被聘为北洋大学堂国文教习，1898 年改至南洋公学任教。1901 年留学日本，次年与蔡元培等人发起成立爱国学社，任学监兼国文教员。后因苏报案逃亡香港，转赴英国留学，1905 年接受了孙中山三民主义的主张加入同盟会。自 1911 年开始积极从事文化运动，提倡国语注音与国语运动。② 在清末国语运动中的著名人士劳乃宣、王照等在革命之后纷纷引退的情况下，革命阵营中对文字素有研究并热心国语运动的吴氏就成为蔡元培的属意人选。吴氏于 7 月入京，受命组织读音统一筹备处，国语运动正式提上日程。

1912 年 7 月 10 日临时教育会议召开前，吴敬恒主持下的读音统一筹备处已经搜集全国各地的"音标十余种之多"③，并完成向临时教育会议交议的"采用切音字母"案。蔡元培在临时教育会议开幕致词中，还特别对此交议案进行说明，针对有人提议初等小学宜教国语而不宜教

---

① 《教育部官制案》，载张国福选编《参议院议决案汇编》，北京大学出版社 1989 年版，第 84 页。

② 杨恺龄撰编：《民国吴稚晖先生敬恒年谱》，台湾商务印书馆 1981 年版。

③ 《临时教育会解决问题》，《申报》1912 年 7 月 14 日，第 3 版。

国文，蔡氏认为教国语必须先统一国语，但由于中国语言各处不同，若仅以一地之语言作为标准，肯定会招致其他地方之反对，因而制定统一的国语语言必须运用公平的办法。国语语言一经确定，才能在此基础上确定音标。① 这段话既体现了"统一国语必先统一语音"的思路，又指明了推进国语运动的手段和方法。由于教育部行政长官的重视，国语问题成为临时教育会议议程中与学校系统、宗教问题及男女同校并列的四大问题之一。②

临时教育会议开至中途，蔡元培辞职，范源濂继任教育总长。范氏延续蔡氏执政方针，也非常重视国语议案。虽然会议议程由于时间紧、议案多而在后期颇显匆忙，但范氏在临近闭幕的前几天亲临会场阐述先议教育部交议的"采用注音字母案"之缘由。他在演讲中说：中国国民多无知识，第一原因即为文字艰深，无字母也是原因之一，表现为方言屡杂全无通行之国语，同处一省却俨若异国，但召集各省人士制定统一的国语一时难以进行，眼下应当从注音字母入手。③ 范氏提议延续了蔡元培"统一国语必先统一语音"的思路，又提出了采用注音字母的紧迫性，得到当时多数在场议员的同意并提前开始讨论。虽然当时针对此案有反对和赞成两种意见，但细究其差异只是在具体推行步骤和顺序上存在不同之处。如李步青、陈榥和陶昌善为代表的反对派认为推行注音字母宜先改良通俗文字，而以伍达、吴曾褆和陈宝泉为代表的赞成派认为采用注音符号有利于统一国语，而统一国语必先有字母。双方均不否认制定和推行注音字母的必要性和重要性，因而多数议员同意范源濂的提议，把"采用注音字母"案提前讨论并不令人意外。

当时关于国语的提案有四个："采用注音字母案"、"国语字母案"、"统一国语方法案"和"国语宜统一先从小学着手案"，前两案均为统一读音的议案，后两者为实施方法的议案，教育部最终根据自己的工作思路，选择先议"采用注音字母案"。该案认为"教育宜普及，文字宜适用于一般人民，不得专为少数才俊计"，明确指出此案之目的在于通

① 我一：《临时教育会议日记》，璩鑫圭、唐良炎编《中国近代教育史资料汇编·学制演变》，上海教育出版社2007年版，第640页。
② 《临时教育会解决问题》，《申报》1912年7月14日，第2—3版。
③ 《教育会讨论国语之议案》，《申报》1912年8月9日，第2版。

过文字改革而推进教育普及。① 此案经会议初读成立，决定不付审查会审查，当场讨论，全案通过，并省略再读及三读。这种快节奏的解决办法，一方面实在是因为时间紧迫，一方面也说明教育部议案得到了大多数与会人员所赞同。最后议决案基本内容为：议决改"注音"为"切音"；由教育部召集于音韵之学素有研究之人，及通欧文两种以上之人，共同议决；并于各省城召集方音代表，以备咨询，字母既定，编成切音字典，发行全国应用。② 此议决案成为教育部推行注音字母的行动纲领，其他三个提案虽未付诸讨论，但在其后的实际工作中也被教育部借鉴和参考。

二　组织召开读音统一会

如前所述，早在临时教育会议召开之前，教育部已设立读音统一会筹备处，"延聘吴敬恒为主任，主持处中一切事务"③。吴氏在进京之前还亲自到前清遗老、清末切音运动主要人物之一、曾任清学部学务副大臣的劳乃宣处请教，劳氏最终受到感动，对国语运动的进行提出了一系列建议。1912 年 7 月，吴稚晖抵达北京，制定《读音统一会章程》，《章程》规定：设会场于教育部；要求会员必须精通音韵和小学、通一种或二种以上外国文字、谙多处方言；规定每省选派会员 2 人，蒙、藏各 1 人，华侨代表 1 人，此外还有教育部延聘的音韵专家。④ 从该章程来看，读音统一会的性质是教育部直辖的官方机构；在会员的选任上，既考虑到了地方的均衡，也从专业素质上进行了限制。这些都为会务顺利开展奠定了基础。7 月中旬蔡元培的辞职给读音统一会的正常筹备带来了一定的消极影响。8 月吴氏也南下出任上海闸北共和女校校长，筹备工作一度陷入停滞。此后范源濂承继蔡元培的思路，对国语运动积极加以推进，这一工作得以继续。12 月 2 日教育部正式公布《读音统一会章程》，具体开会程序由筹备处拟定。之后教育部通咨各省选派代表

---

① 倪海曙：《中国拼音文字运动史简编》，时代出版社 1948 年版，第 66 页。

② 我一：《临时教育会议日记》，载舒新城编《中国近代教育史资料》（上册），人民教育出版社 1961 年版，第 304—305 页。

③ 杨恺龄撰编：《民国吴稚晖先生敬恒年谱》，台湾商务印书馆 1981 年版，第 43 页。

④ 《读音统一会章程》，载多贺秋五郎编《近代中国教育史资料》（民国编上），文海出版社 1976 年版，第 496 页。

到京开会，① 读音统一工作由筹备转入实质进行。

1913 年 1 月 15 日，吴敬恒到京开始准备读音统一会召开有关事宜。② 2 月 15 日，读音统一会正式召开第一次大会。从当日实际到会人员情况来看，与教育部派次长亲临大会相比，各省对此事项显然并不热心，"各省代表，既惮路远，又多不重视"，"有仅派送一人者，且有直至闭会尚未送一人者"，刚开始实际到会仅 44 人，③ 此后陆续到会者计有八十余员。④ 会议人员到会情形反映了当时全国范围内对读音工作的态度较为冷淡，这与民国成立后文化领域并未受到大的触动有关，传统社会心理依然根深蒂固，各省行政当局对文化事业并未予以足够的重视，清末在个别区域和部分民众中推行的切音运动自然也未引起地方官厅的太大关注，这给此后读音统一工作的推行投下了阴影。

会议开始后，教育次长董鸿祎主持并致词，除阐明国语统一之意义外，还代表教育部对读音统一会提出了期望。次由吴敬恒陈述会议大要，与会会员也相继演说。随后进行会长选举，吴敬恒被选为议长，王照为副议长。⑤ 王照（1859—1933），清末进士，曾任清礼部主事，维新运动时期创办天津芦台小学堂等新式教育机构，后因变法失败逃亡日本。在日期间仿日文假名，采取汉字偏旁或字体的一部分，制订了一种汉字拼音方案，成为近代拼音文字的积极提倡者。其所创制的拼音方案在上层社会名流的支持下得到推广，王氏也成为清末切音运动名动一时的人物。此次王氏虽被延聘为会员，但对读音统一会隶属于专门教育司意颇不满，认为已入韵学范围，与推进白话的本旨相异，因而对吴敬恒所拟进行程序讥为"玄虚荒谬"，⑥ 正副议长的分歧反映了当时与会人员之间存在着潜在分歧。但不管如何，吴、王二人出任读音统一会的正副会长，保证了读音统一会的学术性和权威性。

《读音统一会章程》规定该会任务主要为：（一）审定一切字音为法定国音；（二）将所有国音均析为至单至纯之音素，核定所有音素总

① 民国教育部文书科编：《教育部行政纪要》（全一册），文海出版社 1986 年版，第 161 页。
② 杨恺龄撰编：《民国吴稚晖先生敬恒年谱》，台湾商务印书馆 1981 年版，第 43 页。
③ 黎锦熙著：《国语运动史纲》，商务印书馆 1934 年版，第 53 页。
④ 民国教育部文书科：《教育部行政纪要》，文海出版社 1986 年版，第 161 页。
⑤ 《教育部读音统一会开会》，《教育杂志》第 4 卷第 12 号，记事，第 83 页。
⑥ 黎锦熙著：《国语运动史纲》，商务印书馆 1934 年版，第 50 页。

数；（三）采定字母，每一音素均以一字母代表之。① 读音统一会据此拟定《读音统一会议事规则》，规定会议顺序为审定国音、核定音素和采定字母；议案的通过采用表决方式，与会教育部员可参与讨论，但无表决权。② 读音统一会先是用月余时间审定了六千五百余字的国音，加上审定当时俚俗通行的及学术上如度量理化等的新字计六百余字的国音，合计七千二百个左右。又于3月13日正式议决通过三十八个注音字母。虽然从会议程序上看非常公正，会议也达到了预期成果，但这种为追求程序公正而牺牲学理研究的做法，使注音字母在产生之初即存在着缺陷，也为其推行制造了障碍。

5月13日，读音统一会议决国音推行方法：（1）请教育部通咨各省行政长官，转饬所属教育司从速设立"国音字母传习所"，令各县派人学习，毕业回县，再由县立传习所，招人学习，以期推广；（2）请教育部将注音字母从速核公布；（3）请教育部速备"国音留声机"，以便传于各省而免错误；（4）请教育部将初等小学"国文"一科改作"国语"，或另添国语一门；（5）中学师范国文教员及小学教员，必以国音教授；（6）《国音汇编》颁布后，小学校课本应一律于汉字旁添注国音；（7）《国音汇编》颁布后，凡公布通告等件，一律于汉字旁添注国音。③ 5月22日，读音统一会正式闭会。

这次会议不仅完成了国音审定和确定注音字母两大任务，而且拟定了推行国音的办法，应该说在主要人物先后离职④、教育部总长频繁更动的形势下，能够取得这样的成果实属难得：一是虽然在会议期间出现了教育总长的变动，但刘冠雄以海军总长兼代、陈振先以农林总长兼代均为暂时性过渡，对于读音统一会具体会务并没有插手，董鸿祎始终担任教育次长并一度代理部务，参与的教育部部员也没有更易，使蔡范二

---

① 《读音统一会章程》，载多贺秋五郎编《近代中国教育史资料》（民国编上），文海出版社1976年版，第496页。

② 《读音统一会议事规则》，载文字改革出版社编《1913年读音统一会资料汇编》，文字改革出版社1958年版，第1—3页。

③ 黎锦熙：《国语运动史纲》，商务印书馆1934年版，第57页。

④ 1912年4月间，吴敬恒因江西代表高鲲南硬要通过自己的"记音简法"而起争执，高竟欲殴之，又因王照等直隶会员责难他不发表劳乃宣的来信，遂于4月22日请辞去职，会议由副议长王照主持；王氏主持期间由于受到苏浙会员的敌视，5月7日借口"积劳痔发"请病假，会议公推直隶代表王璞主持。

总长任期内的思路得以维持，这是取得成果的前提；二是在具体过程中，教育部参与诸员能够及时协调各方立场，甚至临时代部董鸿祎也参与了有关争执的调解，[①] 故会议虽然讨论激烈，甚至动手相向，但进程并没有中断，保证了成果的顺利产生；三是教育部在延聘人员时注重专业才能，使会议在吴敬恒、王照这两位重要人物先后离去后依然能够继续进行，是会议取得预期成果的最重要原因。这次会议形成的两大成果和推进办法，使读音统一的进一步推动既有了基础支撑，又有了较为具体的推进步骤。

三　读音统一之实际推行

相对于读音统一会的成绩，读音统一的推进受政治局势的影响进展较为曲折。早在读音统一会开会之时，政治形势已经发生变化，因袁世凯于 1913 年 3 月 20 日制造 "宋案"，国民党人在南方发动 "二次革命"，政局的动荡使教育总长在范源濂辞职之后先后出现了海军总长和农林总长暂代的局面。至 5 月 22 日闭会之时，次长董鸿祎暂时代理部务，其对读音统一会形成的 "注音字母" 等议决案以 "关系重要，恐推行或尚有窒碍之处，研求校正不厌精详" 为由，[②] 并没有按照读音统一会的呈请立即颁布。[③] 此后，袁世凯在解散国民党、中止国会后，又废除国务院改设政事堂，置各部长官于事务官地位，教育部独立行政权不复存在。先后上任的进步党人汪大燮、汤化龙在教育领域鼓吹尊孔，读经内容也部分得到恢复，目标与之相悖的读音统一工作只能暂告中止。1915 年 1 月读音统一会会员王璞等再次呈请教育部将 "公制之注音字母推行全国"，教育部回复 "业已派员清理" 予以敷衍，实际上被束之高阁，毫无进行。[④] 直至 1918 年 11 月才得以公布。对于这一情形用黎锦熙的话说 "所有此事之经过，以及各方面对于此事之批评、怀疑、阻碍，一言蔽之，不过将前清光绪末年至宣统三年经过的情状，搬

---

① 黎锦熙：《国语运动史纲》，商务印书馆 1934 年版，第 60 页。
② 民国教育部文书科编：《教育部行政纪要》（全一册），文海出版社 1986 年版，第 161 页。
③ 黎锦熙：《国语运动史纲》，商务印书馆 1934 年版，第 71 页。
④ 黎锦熙：《国语运动史纲》，商务印书馆 1934 年版，第 71 页。

来覆演一番"①。可见袁世凯专制统治之下封建旧势力的顽固对于读音统一推进之消极影响。

1915 年 10 月，张一麐因反对帝制受到排挤，由政事堂机要局长转任教育总长。张氏一向注重社会教育，到任后查出注音字母旧案意欲进行，国语运动在帝制恶潮中竟现转机。② 11 月王璞等人呈禀"设注音字母传习所传授生徒，以期逐渐推行普及全国"③，张一麐"准先行试办"，并月捐俸银二百元作为在京兆试办注音字母传习所经费。12 月 21 日教育部正式呈请大总统，阐明此项工作之意义为"借语言以改造文字，借文字以统一语言"，并就推广步骤作了初步规划："俟传习数月后，先就京城未入校之学龄儿童及失学贫民之年长者，每一学区，饬学务局会同警察厅匀配地点，多设半日学校，露天学校，强迫入学，专习此项字母。一面印成书报，令所有语言，均可以此项文字达之。以次推诸近畿各属，并咨行各省，酌派师范生到京练习"，"期以十年，当有普及之望"④。袁世凯批准立案，"指定顺治门外安徽会馆房屋一所组织一切"，由王璞任所长，此为民国时期第一个注音字母传习所。旋据王氏详报开办情形，"十二月二十六日开学，二十七日授课，分特别班、师范班、普通班三班，来所肄习者颇形踊跃，所有经费奉总长谕月捐俸银二百元，不敷之再由社会司酌拨，现头班生均已毕业，毕业生中亦有愿设分所广为传习者"，教育部批令王氏督促各地加紧进行。⑤ 读音传习所开办不久，云南反袁声起，全国时局又趋混乱，各地筹设读音讲习所的努力无形受阻，但注音字母传习所所长王璞依然勤恳宣传，前来就学之人也颇为可观，又附设一注音书报社，出版一些注音百家姓、注音千字文之类，发行一种定期刊物，名《注音字母报》，扩大了注音字母的宣传力度。这一时期，注音字母在其他行业开始应用，如所编定传音的旗语已被陆军部采用，电报号码也正在试验之中。⑥

---

① 倪海曙编：《中国拼音文字运动史简编》，时代出版社 1948 年版，第 70 页。

② 张一麐：《我之国语教育观》，《教育杂志》第 11 卷第 7 号，杂纂，第 51 页。

③ 民国教育部文书科编：《教育部行政纪要》（全一册），文海出版社 1986 年版，163 页。

④ 黎锦熙：《国语运动史纲》，商务印书馆 1934 年版，第 72 页。

⑤ 民国教育部文书科编：《教育部行政纪要》（全一册），文海出版社 1986 年版，164 页。

⑥ 《教育部国语教育进行概况》，《国语月刊》第 1 卷第 6 期（未找到页码）。

1916 年 7 月，范源濂重新出任总长，国语运动再次被提上日程。1917 年 12 月傅增湘继任以后，坚持范氏主政方针，继续推动国语运动。1918 年 4 月，教育部召集全国高等师范学校校长会议，议决高等师范学校附设国语讲习科，简章上明定专教注音字母及国语；将全国 26 省区分配于七所高等师范学校，分区选送学员入学学习。此案教育部予以采纳并通咨各省高等师范学校施行。11 月，教育部正式公布注音字母表，谓注音字母"未经本部颁行，诚恐传习既广，或稍歧异，有乖统一之旨。为此特将注音字母三十九字正式公布，以便各省区传习推行"。① 读音统一会的一大成果得以颁布，引起社会的积极反响，如浙江接到注音字母表以后即通令各地遵行，全国报界演讲会邀请原读音统一会会长吴稚晖演讲注音字母，上海青年会也积极宣传注音字母。② 注音字母在 1917 年颁布以后，后续工作由统一会的"审音委员会"负责，先后完成对注音字母字类进行排序和增添，注音字母由三十九个增加到四十个。

读音统一会另一大成果是《国音汇编草案》。1913 年 5 月读音统一会闭会之后，所议决《国音汇编草案》呈送教育部。是年年底王璞据此草案编成的《国音检字》出版，教育部以"国定字音关系重大"，"须斟酌尽善，始能颁布实施，与私家传布者不同"，读音统一会原议决的《国音汇编草案》未能正式颁布。1917 年帝制过后，总长范源濂特拨专款支持读音统一会开展工作，1918 年统一会将《国音汇编草案》依据《康熙字典》部首顺序加以排列编成《国音字典》，1919 年 9 月由商务印书馆出版。③《国音字典》初印本问世以后，读音统一会以程序公正而牺牲学理研究的后遗症出现。由于通过表决方式产生的国音存在"南腔北调"的混杂现象，使其不仅难教而且难学，引发了教育界的争论，终于形成 1920 年间的"京国之争"。④ 首先发起者为南京高等师范英文科主任、读音统一会会员张士一，张氏呼吁将注音字母连带国音进行根本改造，主张应以至少受到中等教育的北京本地人的话为国语的标

① 庄俞、贺盛鼎编：《最近三十五年之中国教育》（下卷），商务印书馆 1931 年版，第 85—86 页。
② 参见《申报》1919 年 1 月 24 日，第 7 版；8 月 15 日，第 10 版；9 月 24 日，第 10 版。
③ 黎锦熙：《国语运动史纲》，商务印书馆 1934 年版，第 95 页。
④ 陆衣言编：《国语注音符号浅说》，上海商务印书馆 1932 年版，第 2 页。

准。此项主张得到了教育界的积极响应，1920 年召开的全国教育会联合会年会即有类似议案提出，江苏全省师范附属小学联合会也主张不承认国音，而主张以京音为标准音。至 11 月，教育部派读音统一会黎锦熙等人赴南京与京音派协商，但无果而归。虽然协商无果，但《国音字典》校订工作已经告竣，而且也表现出了向京音靠拢的趋向。12 月 24 日，教育部正式公布《国音字典》，并在训令中晓以情由，事实上此次修正所采用之普通音，大多与北京音暗合，遂使"京国问题"渐趋平息。读音统一会又将修正国音字典之说明及字音校勘记刊布，即国音字典附录。[①] 1921 年 6 月，《国音字典》改定本出版，名为《教育部公布校改国音字典》。对于《国音字典》的地位和价值，时人将其与"洪武正韵"相提并论，较好地说明了其在中国语言文字发展史上的地位。[②]读音统一会两大成果的先后颁布和修正，为国语运动和文学革命的进行提供了工具性前提和技术性支撑。

读音统一工作的推行不仅是教育部初期推行国语运动的一大成就，也给社会文化事业带来深远的影响。首先是文字书法体式的变化。教育部于 1922 年公布新的注音字母书法体式，书法体式规范化有利于注音字母的推行和应用。其次是印刷版式变化，由竖排变为横排，初步改变了国人的阅读习惯，成为数千年来中国印刷版式发展的转折。其三是国音声调问题也取得了进展，由最初的"四点法"形成我们今天所应用的音调法，是国音的基础性指标之一。

由上述考察可知，虽然在教育部的努力下读音统一运动在民国前五年间有了一定的成果，但在具体推动上却进展颇慢，其中原因颇为复杂。就社会环境来看，政体的骤然变更显然没有引起文化领域的激烈变革，文字改革作为文化变革的重要组成部分也没有受到足够的关注。不仅广大的民众不知注音字母为何物，当政军阀也多沉迷于古文汉字，即如推进读音统一的诸人也并未真正摆脱古文正统的观念。就政府层面而言，无论是中央政府还是地方官厅，在政治局势变化无常的形势下，对其他重大教育事项尚无力全面顾及，对国语运动的推行更显冷淡。就教

---

① 黎锦熙：《国语运动史纲》，商务印书馆 1934 年版，第 98 页。

② 庄俞、贺盛鼎编：《最近三十五年之中国教育》（下卷），商务印书馆 1931 年版，第 82 页。

育部自身来讲，除蔡元培、范源濂及张一麟外，其他总长或囿于局势或限于自身学识，大都对国语运动持消极态度，是此时期读音统一推行不力的直接原因。直至帝制之后，外部形势有了新的变化，读音统一工作才重新得到推动。

第二节 "国语的文学"和"文学的国语"

袁世凯复辟帝制的活动虽然失败，但这一历史闹剧竟然发生在共和政治确立四年后的严酷现实引发了国人的深刻反思，不同阶层的人们给出了大致相似的答案，即国人整体智识的低下使共和政治没有牢固的社会基础，封建文化的根深蒂固成为封建专制思想复活的现实土壤，深入批判封建文化创造新文化、推进教育普及提升国人智识成为教育界和文化界的共识。原来独立行进的国语运动和新文化运动，在新的历史条件下走向合流，形成了全面推进国语运动的局面。在这一重要历史进程中，教育部起到了不可忽视的作用。

一 国语运动和文学革命的合流

如前所述，1916 年 7 月范源濂重新出任教育总长，开始对帝制时期各项政策拨乱反正。教育部员中有人深感帝制祸起，主要因民众智识低下"不通文义"而对政治绝无所知，致使国家命运被少数人操纵，设想"凭藉最高教育行政机关的权力，在教育上谋几项重要的改革"，最终认为"最紧迫而又最普遍的根本问题还是文字问题"①。于是几个部员开始著文鼓吹文字改革，据黎锦熙所记，主要有陈懋治、陆基、董瑞椿、吴兴让、朱文熊、彭清鹏、汪懋祖、黎锦熙等人。对部员们的言论持反对立场最激烈的是江苏吴县胡玉缙，当时双方笔来舌往的论战文章达十数篇，论战的结果基本达到了教育部员的预期目标，"各省来信赞成的共有二百余起"。在教育部员的奔走串联下，通过借重教育名流召集各省人员，成立了国语研究会，前教育总长、时任北京大学校长的蔡元培出任会长，前教育总长张一麟出任副会长。② 这场论战的结果催

① 黎锦熙：《国语运动史纲》，商务印书馆 1934 年版，第 66—67 页。
② 黎锦熙：《国语运动史纲》，商务印书馆 1934 年版，第 67 页。

生了国语研究会，标志着中央教育行政层面从推行语音统一向文字问题的转变，同时通过论战的形式引发社会的共鸣和参与，也使教育部此后相关举措的出台和实施有了较好的民意支持。

1917 年 1 月，国语研究会正式成立。在第一次常会上，因到会人数不多，并未建立起比较健全的组织机构，"仅推定蔡子民先生为临时代表，陈颂平、陆雨庵、叶祝侯三先生为临时干事，并未遵照会章推举各项职员"。议决定期出版《国语月刊》进行国语宣传，该刊成为这一时期推动国语运动的喉舌。国语研究会的成立使国语运动有了专门的组织领导机构，说明推进教育普及、提升国民素质成为教育部内外学人的共识，而其阵营的迅速扩大则为与文学革命和白话文运动合流提供了潜在的可能和搭建了基础平台。

在教育部积极推动国语运动的同时，新文化运动的发展也有了新的变化。蔡元培出任北京大学校长之后，循"兼容并包、学术自由"方针，积极延引人才推进各项改革，北京大学成为全国的学术中心。新文化运动的代表人物陈独秀出任北京大学文科学长，《新青年》杂志的编辑工作也迁至北京进行。当时出任北京大学文科教授的钱玄同、刘半农、沈尹默等人也加入到《新青年》杂志的编辑工作中，北京大学成为以陈独秀为核心、以《新青年》杂志为阵地的新文化运动中心。新文化运动中心的北迁使之与教育部推进国语运动有了更近的地缘关系。新文化运动产生的直接原因即受帝制复辟的刺激，最初是以批判以孔学为代表的封建文化和增进国人新知为己任，多在精英知识分子中传播。欧战期间，民族工商业的发达使工人阶级队伍迅速增长，成为中国社会一支新兴的力量，这支力量与新思潮勃发的城市联系最为紧密，因而新文化运动欲对封建文化的批判更为深入和有力，吸引广大民众特别是新兴工人阶级力量的广泛参与成为新的途径，而迅速提高民众文化水平就成为前提条件。因而无论是从主观还是客观上都要求新文化运动的领袖们采用普通民众喜闻乐见的通俗语言进行宣传，这就在技术层面上与前期国语运动的读音统一工作有了交集，这也成为此后国语运动与文学革命合流的基础，但在初期虽然两大阵营地处咫尺，却表现为并向而行。

1916 年 9 月，参与国语运动论争的人员中有人写信给《新青年》讨论"国语统一"问题，陈独秀回答说"兹事体大……此业当期诸政象大宁以后，今非其时"①。陈的态度证明此时这位新文化运动的中心人物对国语运动与新文化运动的关系还未明了。但不久后，这种情况就发生了改变。1917 年 1 月《新青年》发表远在美国留学的胡适撰写的《文学改良刍议》，提出文学改良"六大主张"，成为文学革命的先导，一定程度上标明新文化运动开始注重面向下层民众的趋向。② 陈独秀在此基础上，发表《文学革命论》，公开高举文学革命的大旗，倡导"推倒雕琢的阿谀的贵族文学，建设平易的抒情的国民文学"，"推倒陈腐的铺张的古典文学，建设新鲜的立诚的写实文学"，"推倒迂晦的艰涩的山林文学，建设明了的通俗的社会文学"③。至此，新文化运动经由对封建文化的批评而转向文学改良、文学革命，文字改革的讨论便成为不可避免的话题和应有之义，孕育了与注重文字改革的国语运动合流的可能。

　　新文化运动的重要人员在文学革命的大旗下探讨文学改良，并逐渐将重点转至文字改革，与教育部推行国语运动的努力有了统一的基础，成为两大阵营合流的前提。文学革命阵营的重要人物刘半农于 1917 年 5 月在《新青年》撰文，认为语韵学改革应当"破旧韵造新韵"，具体推进之道则"商诸于'国语研究会'诸君，以调查所得，撰一定谱，行之于世"，已经显露出新文化阵营欲与国语运动阵营合作的趋向。④此后，文学革命阵营开始集中讨论汉字改革问题。6 月，钱玄同致信陈独秀，倡言以世界语取代汉字。⑤ 7 月，胡适致信陈独秀，对倡导世界语提出了不同看法，认为推进国语才更为符合中国实际，还对与国语运动阵营合作表达了热切期望，"知国中明达之士皆知文言之当废而白话之不可免，此真足令海外羁人喜极欲为发起诸公起舞者也"⑥。并从美国寄白话明信片一封至国语研究会，要求加入该会并得到允准，标志着两大阵营交流的真正开始。7 月钱玄同在《新青年》发表《论应用文亟宜改良》，认为推进文学改良重要一条即是"以国语为之"，亦即主张

①　水如编：《陈独秀书信集》，新华出版社 1987 年版，第 80—81 页。

②　《文学改良刍议》，《新青年》第 2 卷第 4 号，第 1—11 页。

③　《文学革命论》，《新青年》第 2 卷第 5 号，第 1—4 页。

④　刘半农：《我之文学改良观》，《新青年》第 3 卷第 3 号，1917 年 5 月，第 1—12 页。

⑤　《钱玄同致独秀》，《新青年》第 3 卷第 4 号，《通信》，第 1—6 页。

⑥　《胡适致独秀》，《新青年》第 3 卷第 5 号，1917 年 7 月，《通信》，第 1—4 页。

将白话提升为正式的书写语言。① 同年，钱玄同也正式加入国语研究会。② 胡适、钱玄同两位文学革命阵营的代表人物先后加入国语研究会更是预示着两个阵营走向全面合流已为时不远。

1917 年夏归国的胡适被蔡元培延聘为北京大学教授，并加入了《新青年》编辑阵营，积极投入文学革命。1918 年 4 月，胡适发表《建设的文学革命论》，副标题是"国语的文学——文学的国语"，在文中他避开了先推行标准国语还是先推行国语文学的争论，一方面主张"创造一种国语的文学"，认为"有了国语的文学，方才可有文学的国语"；③ 另一方面又认为"国语的统一决不是一两部读音字典做到的"，只能在"全国的人渐渐都能用它说话、读书、作文"的过程中逐渐达到标准化。④ 此文指出了国语运动的目标在于倡行语体文、真正实现"言文一致"，而文学革命则把白话文提升为国语、为白话文确立位置，这一口号的提出标志着文学革命和国语运动的真正合流。同月，钱玄同也在《新青年》上发表了《中国今后之文字问题》一文，极力倡言文字改革，提出了"废除汉字"、实行拼音文字的激进主张。⑤ 随后，两个阵营正式展开了对注音字母的讨论以及国语统一筹备会的创设，对于这一时期注音字母的推行和相关政策的形成起到了不可忽视的作用。

两个运动之所以能够走向合流，看似民间力量自然孕育的结果，其实离不开中央教育行政这只幕后之手的推动。时任教育总长的范源濂在中央行政层面对国语运动的大力支持功不可没，时任北京大学校长、兼任国语研究会会长的蔡元培更有培育新文化力量和两大阵营之间的绍介之功。胡适曾回忆说，"这时候，蔡元培先生介绍北京国语研究会的一班学者和我们北大的几个文学革命论者会谈"⑥。可见两者走向合流的过程中，蔡元培的身份和威望是一个关键因素，国语研究会是一个重要

---

① 《钱玄同致独秀》，《新青年》第 3 卷第 5 号，1917 年 7 月，《通信》，第 1—12 页。

② 曹述敬编：《钱玄同年谱》，齐鲁书社 1986 年版，第 28 页。

③ 胡适：《建设的文学革命论》，《新青年》第 4 卷第 4 号，1918 年 4 月，第 289—306 页。

④ 胡适：《中国新文学运动小史》，欧阳哲生编《胡适文集》（1），北京大学出版社 1998 年版，第 128—129 页。

⑤ 钱玄同：《中国今后之文字问题》，《新青年》第 4 卷第 4 号，1918 年 4 月，第 350—355 页。

⑥ 胡适编选：《中国新文学大系·建设理论集·导言》，良友图书印刷公司 1935 年版。

平台，而蔡元培出任北京大学校长是教育部的主动施为，国语研究会的成立和发展离不开教育部一班部员的热心运作，就此而言，虽不能说教育部对两者的合流起着直接促成的作用，但它为这一合流提供了重要的机构前提和直接的联系联络。

文学革命阵营的加入使国语研究会力量和影响大增。1918 年国语研究会会员达 9800 人，其中就有许多参与文学革命的人员。1919 年 2 月 9 日，国语研究会在北京开第三次常会，文学革命头面人物大都与会，"到会人数较上两届稍多，因公同议决，即照新订会章，分别推举正副会长及干事五人"，明确其宗旨为"研究本国语言，选定标准以备教育界采用"，具体会务包括"调查各省区方言；选定标准语；编辑国语书报"等。① 国语研究会虽系民间团体，由于参与者既有教育部人员，也有与教育部关系密切的教育界资深人士，实际上有一定的官方色彩。1920 年国语研究会会员达到 12000 余人，分布范围遍及全国。1921 年研究会设分会于上海，形成了北京和上海两个国语运动中心，国语运动的推进由此进入了新的发展阶段。

二　国语统一筹备会的成立和分设

从上面所述，我们可以看到国语研究会的核心人物基本都在教育部任职，或者与教育部关系密切。"中国向来的革新事业，不经过行政方面的一纸公文，在社会方面总不容易普及的；就算大家知道了，而且赞成了，没有一种强迫力也不会实行的"②，研究会人员有鉴于此，遂推动成立教育部直属的"国语统一筹备会"，并对"国语统一筹备会"和国语研究会进行了分工。"国语统一筹备会"作为教育部附属机关，主要办理行政方面关于国语的事项，国语研究会则可以放手参与"文学革命"和"国语统一"两潮合一的潮流中去，形成教育行政与民间团体的对接，由于两者的成员大部分重复，黎锦熙称之为"宫中府中，俱为一体"③。对此关系，国语运动的重要参与人胡适有一段精彩的评论，他说"政府是一种工具。就国语来讲，政府一纸公文可以抵得私人几十

---

① 《中华民国国语研究会纪闻》，《教育杂志》第 11 卷第 3 号，记事，第 28 页。
② 黎锦熙：《国语运动史纲》，商务印书馆 1934 年版，第 75 页。
③ 黎锦熙：《国语运动史纲》，商务印书馆 1934 年版，第 53 页。

年的鼓吹。凡私人做不到的事，一定要靠政府来做"，换句话说即是
"大家要帮政府，又要政府来帮我们"①。

1918 年 12 月，教育部颁布"国语统一筹备会"规程，规定：国语
统一筹备会直接受教育总长之监督，以"筹备国语统一事项及推行方
法"为宗旨；设会长一人、副会长二人，由教育总长指定，其他会员包
括教育总长指定的若干教育部员、直辖学校推荐的若干教员、由该会延
聘的于各事项有专长的人员；设常驻干事处理日常事务；主要工作分为
四类：音韵；辞典；语法；各种语体书报。② 该会设有多个委员会分别
处理各专门事务，如"汉字省体委员会"、"国语罗马字拼音研究委员
会"、"审音委员会"、"国语辞典委员会"和"国语辞典编纂处"等机
构，其中原读音统一会的相关业务即归属"审音委员会"办理。

1919 年 4 月 21 日"国语统一筹备会"正式成立，教育部聘请张一
麐为会长、吴敬恒为副会长，指定常驻会员八人，教育次长亲临成立大
会发表演说。第一次大会共产生议决案 9 件。包括：加添闰母的提议；
国语统一进行方法的议案；国语统一进行方法案；编辑国语辞典及国语
文典入手办法案；国语辞典之编纂拟博采海内方言案；拟请教育部推行
国语教育办法五条案；欲谋国语统一宜先推行注音字母案；请颁行新式
标点符号议案；加添注音字母小草议案。③ 9 项议案表明了此后推行国
语运动的重点事项，其中两件推进方法的议案则较为详尽地勾画了行进
的步骤和具体内容。同年 12 月 13 日又追加章程第十条，规定在国语统
一筹备会内设常驻干事，从而保证了该机构的正常运转。

国语统一筹备会成立之后，将入手之方法定为"调查各地韵音方
言"，认为如果各省区循国语统一筹备会之例特设专门机关，当可上下
联络一致而使推进效力倍增，遂呈请教育部令各省区设立国语统一筹备
会。1920 年 7 月 6 日，教育部采纳此案并通咨各省区参照国语统一筹备
会规程订定会章，分设国语统一筹备会。④ 1920—1921 年间，先后有京

① 胡适：《国语运动的历史》，《教育杂志》第 13 卷第 11 号，第 8 页。
② 《国语统一筹备会规程》，载多贺秋五郎编著《近代中国教育史资料》（民国编上），
文海出版社 1976 年版，第 497 页。
③ 陈学恂：《中国近代教育史教学参考资料》（中册），人民教育出版社 2000 年版，第
437—442 页。
④ 《咨各省区分设国语统一筹备会文》，载多贺秋五郎编著《近代中国教育史资料》（民
国编中），文海出版社 1976 年版，第 290 页。

兆尹、安徽、奉天、湖北、山西、甘肃、陕西、江西、黑龙江、热河、吉林等省区订定会章呈请教育部核准，但实际上进展"尚属寥寥"，且有"开办不久因经费被裁致难支持"的情况。国语统一筹备会请求教育部督促"未设筹备国语统一会各省限期成立"，筹定"经常临时各费"不得挪作别用以保证国语统一筹备会能够迅速成立。1921 年 3 月 11 日教育部通咨各省区限期设立国语统一会并催促筹定经常费临时费，① 10 月 29 日又督促湖南、广西、察哈尔、绥远、广东、四川、云南等各省区加紧筹备国语统一会。在这种严令督查之下，各省区国语统一筹备会渐次设立，使国语运动有了上下一致的行动体制。

不仅如此，教育部还将建设推动国语运动的组织向下向外延伸。1920 年 9 月 13 日，在国语讲习所学员的呈请下，鉴于"南洋侨民散处各岛，方言各异，统一国语最为要务"，教育部训令南洋总领事及各领事"体察当地情形"，"会同所属学务总会、教育会筹款办理"，"设法倡办，以期侨民言语渐趋一致"，国语运动的影响由此及于海外。1921 年 10 月 25 日，北京政府教育部通咨各省区：所属各国民学校组织国语研究会，"以便将来各教员皆得研究国音、练习国语"，为各科均能用国语教授作准备，要求在学校层面也建立国语推进组织。②

三 以改国文为语体文为中心的全面推动

随着国语统一筹备会的成立和各省区的分设，教育部逐渐形成以国语统一筹备会为主导力量、以国语研究会为主要学术力量、兼采其他教育团体的建议全面推动国语运动的体制。1920 年发布训令，规定小学一二年级国文科改国语科，从师资培养、课程调整、教科书编辑等方面采取措施推动国语运动的发展。国语运动不仅表现为教育领域内的国语教育，而且还表现为社会文化事业中的国语应用。

（一）加强国语师资培养

任何教育事业的行进必先培养师资。在国语统一筹备会成立之前教育部召开的全国高等师范校长会议上，即议决各高等师范附设国语讲习

---

① 《咨各省区催设筹备国语统一会并筹定经临两费文》，载多贺秋五郎编著《近代中国教育史资料》（民国编中），文海出版社 1976 年版，第 344 页。

② 《咨各省请转令所属各国民学校组织国语研究会文》，载多贺秋五郎编著《近代中国教育史资料》（民国编中），文海出版社 1976 年版，第 392 页。

科，开始分区进行培养国语教员。1919 年 3 月 24 日，教育部公布国语讲习所章程，规定"国语讲习所隶属教育部，以养成国语教员为宗旨"，所长、副所长及事务员均由教育总长指派，教员由所长延聘，所招收学员为中学师范毕业生或现任小学教员，具体名额各省区为三人，但视地方需要可以加派，章程还就所设科目及教学管理作了相应规定。① 1920 年 1 月教育部训令全国改国民学校一二年级国文科为国语科，更增加了培养小学教员的急迫性。

为了顺利推进国语师资培养工作，1920 年 2 月 18 日教育部在北京开设国语讲习所第一班，令各省选派中学师范毕业生或现任小学教员各 3 人到京入国语讲习所讲习国语。对于第一班受讲者，教育部不仅期望他们能够成为合格的进行国语教育的教员，更是想播下促进各省国语教育的种子，希望"各学员学成回籍后转相传习"②。此期毕业生一百六十一人，遍布各省区。③ 4 月 22 日举办第二班，重点要求担负各省区负责小学师资培养的各师范学校派遣国文教员入所讲习，并定额每校必派一名。两次毕业共有二百八十五人。④ 在国语讲习所培养了一批种子之后，1921 年 5 月 12 日，教育部即通咨各省区在秋季开学前利用暑假就地开办国语讲习所，让各小学校教员陆续入所讲习，以造就广大合格师资从而推动国语教育。⑤ 9 月 24 日，教育部又发训令续办第三届国语讲习所，"以期收国语普及之效"⑥。1922 年，"教育部又办了两期国语讲习班，第一期学员份子是各省区的大学或高等师范学校的毕业生或现任教员，毕业的有一百零一人；第二期学员份子是投考录取的，毕业的有

---

① 《国语讲习所章程》，载多贺秋五郎编著《近代中国教育史资料》（民国编中），文海出版社 1976 年版，第 200 页。

② 《国语讲习所办法》，载多贺秋五郎编著《近代中国教育史资料》（民国编中），文海出版社 1976 年版，第 253—254 页。

③ 《教育部训令第三〇五号》，载中国第二历史档案馆整理《政府公报》（第 160 册），上海书店出版社 1988 年版，第 39—42 页。

④ 《咨各省区派送师范学校国文教员入所讲习文》，载多贺秋五郎编著《近代中国教育史资料》（民国编中），文海出版社 1976 年版，第 269 页。

⑤ 《教育部训令第二四六号》，载中国第二历史档案馆整理《政府公报》（第 156 册），上海书店出版社 1988 年版，第 415 页。

⑥ 中央教育科学研究所编：《中国现代教育大事记：1919—1949》，教育科学出版社 1988 年版，第 41 页。

五十四人"①。

不仅如此，教育部还采取其他措施推进国语师资培养。1921 年 7 月 9 日通达各省区行政长官令所属师范学校利用暑假开办国语讲习科。② 1922 年 11 月令各省区检定小学教员须附加考试注音字母、国语文和国语方法三项。③ 1924 年 6 月 2 日通达各省区督促设立小学教员国语研究会，小学教员检定加入国语科内容。教育部还派人赴各地讲演，如汪怡、黎锦熙赴上海国语正音会、国语专修学校和浙江省各学校讲演；杨树达赴长沙暑期学校讲演，强化对各地师资培养的辅导。④

虽然中央层面接连采取一系列措施以推动国语师资的培养，但由于各地军阀割据混乱、教育经费无从保障，因而各地的实施情况并不乐观。1920 年当年仅有福建、黑龙江等省将筹办国语讲习所办法报部，师范学校中仅武昌师范学校将国语讲习所规程报部。1921 年也仅有安徽、湖北两省呈报国语讲习所简章。

（二）改革课程设置

国语运动的实际推行，最终还需要落实到具体的学校教育当中，否则政策只能沦为一纸空文。1920 年 1 月 12 日，全国教育会联合会议决《推行国语以期言文一致案》及国语统一筹备会《将小学国文科改授国语案》，并将两议案呈交教育部。教育部采纳议案，通咨各省"文言纷歧，影响所及，教育固感受进步运滞之痛苦，即人事社会亦欠具统一精神之利器"，因而决定"自本年秋学期起，凡国民学校一二年级先改国文为语体文，以期收言文一致之效"⑤。

1921 年，国语统一筹备会举行第三次大会，有会员认为以往部令"仅仅国民学校应改国文国语，师范学校应该酌减国文钟点改授关于国语的各科目，如此部分的办法，那效验是很缓的"，提出应呈请教育部规定中等以上学校国语课程的议案。教育部于 1922 年 10 月复函："查

---

① 倪海曙：《中国拼音文字运动史简编》，时代出版社 1948 年版，第 72 页。

② 中央教育科学研究所编：《中国现代教育大事记：1919—1949》，教育科学出版社 1988 年版，第 36 页。

③ 中央教育科学研究所编：《中国现代教育大事记：1919—1949》，教育科学出版社 1988 年版，第 61 页。

④ 《国语统一筹备会五届年会周年报告》，《国语月刊》第 3 卷第 1 期，报告，第 5 页。

⑤ 《教育部训令第 12 号》，载多贺秋五郎编著《近代中国教育史资料》（民国编中），文海出版社 1976 年版，第 197 页。

所拟办法：'第一条，高等小学校，乙种实业学校，国文科应改为国语科，教授应以国语为主，自属可行；第二条，师范学校，中学校，甲种实业学校，国文科讲读，文言文与语体文并重，作文以语体文为主，应改为讲读作文，文言文与语体文并重；惟第三条，大学校及各高等师范学校特设国语专科一节，现无特别规定之必要。至详细办法，应俟新学制公布后改订课程标准时，再行酌定，俾臻妥协。"① 1922 年 10 月，学校系统改革令颁布，但课程标准改订工作却因政局动荡无法进行，于是第八届全国教育会联合会自行组织一课程标准起草委员会于 1923 年 6 月将所拟订之中小学各科课程纲要刊布。关于国语的要点：（1）小学及初中、高中，一律定名为"国语科"；（2）小学读本，取材以"儿童文学"为主；（3）初中读本，第一年语体约占四分之三，第二年四分之二，第三年四分之一；（4）高中"目的"之第三项为"继续发展语体文的技术"；（5）略读书目举例，初中首列西游记、三国志演义，高中首列水浒传、儒林外史、镜花缘。② 这个纲要虽没经教育部颁布，但由于教育会联合会在全国的影响力，实际上得到了相当范围的施行。

就课程调整的过程而言，国民学校一二年级国文改为语体文不仅首开国语教育之端绪，而且引发了师资培养及教科书改革等系列动作，其作用和影响是非常巨大的。胡适对教育部这一举措作出了高度评价："这个命令是几十年来第一件大事。它的影响和结果，我们现在很难预先计算。但我们可以说：这一道命令，把中国教育的革新，至少提早了二十年。"③ 现在看来，胡氏此论确属先见之明。

（三）推进教科书改革

国语教育推进的另一关键点在于教科书的编写。早在民国元年在推广注音字母时，章炳麟即主张"语言统一后小学教科书，不妨用白话来编"④，但民国前几年教科书的改革在这方面无大进展。

教科书国语化的尝试最先在民间进行。1916 年前后，主持江苏省立第一师范附属小学的俞子夷自行采用白话文自编教材，用于教授初等

---

① 黎锦熙：《国语运动》，商务印书馆 1933 年版，第 84—85 页。

② 黎锦熙：《国语运动》，商务印书馆 1933 年版，第 85—86 页。

③ 胡适：《国语讲习所同学录》（序），载欧阳哲生编《胡适文集（2）·胡适文存》，北京大学出版社 1998 年版，第 164 页。

④ 王晓波：《台湾史论集》，中国友谊出版公司 1992 年版，第 210 页。

小学低年级学生。继而中华书局推出《新式教科书》，于每册后均附有四篇白话文课文。教育部对此作出积极反应，时任教育总长张一麐写了一封信给苏州教育界，主张向一师附小学习，使一师附小深受鼓舞，后来索性连中年级也用白话了。① 对中华书局出版的《新式教科书》教育部批示道："查该书最新颖处，在每册后各附四课，其附课系用官话演成，间有与本册各课相对者。将来学校添设国语，此可为其先导，开通风气，于教育前途殊有裨益。至各册所用文句，其次序大致均与口语相同。令教员易于讲授，儿童易于领悟。在最近教科书中洵推善本。"② 对教科书国语化表示了明确的支持。

1920 年 1 月训令国民学校一、二年级改国文科为国语科后，教育部先是将国语统一筹备会呈送注音字母发音图说分发各校作为国语科参考用书，继将该会所拟练习国语办法转发各省采用，初步解决了教材未能骤改之下的国语教育实施问题。③ 2 月 2 日，又转发新式标点符号给各省区学校。4 月教育部发布通告对国民学校教科书的使用以及渐次调整作出详细规定："凡照旧制编辑之国民学校国文教科书，其供第一第二学年用书，一律作废。第三学年用书，秋季始业者，准用至民国十年夏季为止；春季始业者，准用至民国十年冬季为止；第四学年用书，秋季始业者，准用至民国十一年夏季为止，春季始业者，准用至民国十一年冬季为止。至于修身、算术、唱歌等科，所有学生用书，其文体自应与国语科之程度相应；凡照旧制编辑之修身教科书，其第一学年全用图画者，暂准通用。第二学年所用文体，与国语科程度不合者，应即作废。第三第四两学年用书，均照国文教科书例，分期作废。算术教科书，在未改编以前，准就现行之本，于教授时将例题说明等修改为语体文，一律用至民国十一年冬季为止。唱歌教本，均应一律参改语体文。"④ 上述举措从教科书方面保障了国语教育的推进。

进入 20 世纪 20 年代，随着北京政府日益腐朽，军阀控制之下的

① 陈学恂：《中国近代教育史教学参考资料》（中册），人民教育出版社 2000 年版，第446—447 页。

② 《中华教育界》第 5 卷第 1 期，1916 年，广告。

③ 《教育部训令第二五、二六号》，载中国第二历史档案馆整理《政府公报》（第 152册），上海书店出版社 1988 年版，第 481—482 页。

④ 黎锦熙：《国语运动》，商务印书馆 1933 年版，第 79—80 页。

各省区复古暗潮又起，各地"颇有倒行逆施，复其故辙的现象，不但普通社会对国语教育有不信任的表示，就是教育界中称明达之士也不免妄加非议"，国语统一筹备会鉴于此种情势呈请教育部"将民国九年国民学校改国文作国语的法令重行申明"。1925 年 2 月 23 日，教育部再次申令各省教育厅：凡初级小学应一律用国语教科书禁用国文教科书教授。①

此时期国语运动得到全面推进，有着深刻的时代背景。首先，国语运动作为文化运动的一部分，教育行政上的努力与社会文化事业的发展形成了合流。仅就教材方面而言，在新文化运动的推进下，出现了不少优秀的白话文学作品，为普通学校教育提供了许多国语教材和课外读物。其次，官民之间的有效合作是此时期国语运动得以推进的直接原因。教育部成立了专门机构，形成了官民的合作平台。教育部普通教育司司长张继熙，是统一会的总干事；主管师范教育的第一科科长张邦华，主管小学教育的第三科科长钱家治，都是统一会的会员；修改法令是经由参事室和秘书处完成，三位参事汤中、蒋维乔、邓萃英和秘书陈任中，也都是统一会的会员。② 延引人员亦多为当时的名宿重望，如蔡元培、张一麐、吴敬恒、胡适等人。国语研究会会员人数众多、分布广泛更是推进国语发展的强大动力，各地讲演国语、培养教员、成立各种国语研究团体都离不开这些人员的积极参与。再次，虽然这一时期总长多次更迭，但在教育部核心层面人员并未大幅更动，特别是国语统一筹备会相关人员的较为稳定，保证了国语运动的持续推进，加上教育部采取了颇为有效的举措，形成了国语运动全面推进的良好局面。

同时，我们也要看到，由于时局动荡、经费拮据，教育部及国语统一筹备会本已经筹划的事项很多没有进行，如方言调查事项等，就一直没有进行，导致诸多措施的出台缺乏坚实的基础，对国语统一运动的推行产生了消极影响。许多已经颁行的措施在各省区实施情况也极不一致，导致国语运动无法在全国全面展开。

---

① 中央教育科学研究所编：《中国现代教育大事记：1919—1949》，教育科学出版社1988 年版，第 96 页。

② 黎锦熙：《国语运动》，商务印书馆 1933 年版，第 80 页。

第三节 走向国语运动的反面

正当国语运动轰轰烈烈进行之际，北京政局动荡加剧。1921年范源濂彻底淡出中央政府，教育部推行国语运动失去了核心人物的支撑，力度开始减弱。此后历任教育总长要么不久于位，要么唯军阀马首是瞻，罕有主动推动国语运动者。随着国语运动成为国共两党反对军阀政府的工具，北京政府对国语运动压制日趋严厉，教育部也日益走向国语运动的反面。

一 教育部内部关于国语运动的论争

1924年11月，北京临时执政府成立，原皖系领袖段祺瑞出任临时执政，执政府为防止国民党和共产党人借国语运动及文学革命宣扬革命思想而对教育界和思想界采取压制手段，在此政治氛围之下反对国语运动及文学革命的封建复古之风日浓，教育部也因总长的去留过繁而对国语运动的立场摇摆不定。

初时由于总长王九龄尚未到任，由国民党人马叙伦代理部务。王于1925年3月到任后未及旬日即去职。司法总长章士钊兼署教育总长。章氏原为革命党人，此时思想已趋向保守，公开发表言论反对恢复约法和国会，被段氏延揽入阁，完全沦为北洋政府的政客。章氏对国语运动持反对态度，对"斥桐城为谬种，骂选学为妖孽，而自命为文学正宗"的白话文痛心疾首，对注音字母之类更是不屑一顾。[①] 为宣扬自己的主张，章氏自办《甲寅》杂志，坚决拒绝使用白话文，公开与国语运动唱对台戏。章氏的主张是当时知识分子在政治斗争日趋激烈之时走向分化的一个表征，不可避免地影响到教育行政的走向。他的上台使热心推动国语运动的部员及相关人员意识到了不安和危险。

当时部内外热心国语人士在章士钊到任之前即展开了黎锦熙后来称之为"防御战"的行动。第一步即是抢先发布有关通令，造成既定事实。1925年1月16日，时国民党人马叙伦以教育次长代理部务，教育部咨各省区酌办国语统一筹备委员会提出的下列二案：一、试用注音字

---

① 黎锦熙：《国语运动史纲》，商务印书馆1934年版，第131—132页。

母为国语拼音文字；二、明定教育行政机关添设国语循环指导团。① 针对当时一些地方学校里文言文依然存在的现象，1925 年 2 月 26 日教育部再次训令重申 1920 年所颁教育部法令，要求各省区执行照办。② 在 1925 年 4 月 14 日章氏兼署教育总长后，4 月 23 日国语统一会又对国语教育的宗旨作了说明，"国语的宗旨，一面是谋全国语言的统一，非教育部定一个标准出来不可；一面是谋文字教育的宗旨，非教育部容许作浅易的白话文，并将注音字母帮助他们识字不可。总而言之，这都是小学教育和通俗教育的事，只以小孩子和平民为范围"③。试图表明国语运动的对象与政府利益并无冲突，防止当局以政治上的借口进行阻挠。文学革命阵营的代表人物胡适等人，更撰长文对章士钊反对白话文的态度进行批判。

但这种良苦用心和诸般举措并未能阻止章氏反对国语运动。1925 年 9 月章士钊在《甲寅》发表《答适之》一文，对胡适进行激烈反驳，公开反对白话文。④ 此后又发表《文俚平议》一文，认为"白话文不美、不简、不能载道"，且"古人无行之者"⑤，开始为禁止白话文、恢复读经造势。章氏的这一辩驳其实反映了当时国语运动的一大障碍，即传统知识分子从维护汉字古文的立场出发，仅把白话文作为启蒙一般民众识字的工具，视之为社会精英阶层赐予民众的恩物，而自身则对其极为厌恶和轻视。当然这时章氏提出如此主张，也有配合北京政府在教育领域抵制革命思想的用意，此时各地军阀为对抗国民党人和共产党人在思想领域的影响，开始或明或暗地支持和纵容教育领域的复古活动。由于章氏反对白话文、提倡读经与教育部先前的政策大相径庭，因而在教育部内部引起巨大争议。10 月 30 日，教育部召开部务会议讨论中小学课程标准表，与会人员在国语和国文问题上发生分歧。当时国语统一筹备会黎锦熙等人等主张"以国语统国文"，专门教育司司长刘百昭、参事邓萃英等人赞同；章士钊却主张"以国文统国语"，与黎锦熙有过长

---

① 中央教育科学研究所编：《中国现代教育大事记：1919—1949》，教育科学出版社 1988 年版，第 94 页。
② 国语统一筹备会：《初级小学一律改授国语之教部咨文》，《中华教育界》第 14 卷第 10 期，1925 年。
③ 黎锦熙：《国语运动史纲》，商务印书馆 1934 年版，第 134 页。
④ 《答适之》，《甲寅》，第 1 卷第 8 号，第 3—6 页。
⑤ 《文俚平议》，《甲寅》，第 1 卷第 13 号。

时间辩论。后经教育次长陈任中调停，将"国语科"改为"国语与国文"，既与旧章不相妨害，也有兼顾注重国文之意。在读经问题上，章力主全面恢复，黎锦熙则持彻底废除立场，其他人较为折中，要么建议减少读经时数，要么坚持中学师范读经不应废除，当时未有结果。会后黎锦熙特呈文章士钊陈述反对读经意见，主张："经固当尊，惟经之名必不可存；经固可读，惟'读经'一科，在所必废。"① 双方的争执不下，使教育部对于国语运动的推进模棱两可，严重干扰了这一运动的开展。

二 全面恢复读经和禁止白话文

章氏于 1925 年 12 月 31 日下台，其任内引起的国语运动论争暂告中止，行政层面阻碍国语运动的因素渐淡。此后教长多有更迭，也不乏对国语运动支持之人，但由于当政军阀的掣肘及总长更迭频繁，中央教育行政软弱无力，根本无力制止各地反动军阀和守旧势力对国语运动的反攻，而且随着刘哲的上任走向反面。

1926 年 8 月 8 日，江苏省教育厅奉以孙传芳为总司令的浙闽苏皖赣五省联军司令部函，通令禁止各校男女同学，禁用国语文，特重读经与国文。是年湖北兼省长陈嘉谟下令恢复"存古书院"。奉天也严令小学读经。山东除严令小学读经和禁止白话文外，并筹设以"通经致用发扬东方文化"为主旨的文治学院。直隶省长褚玉璞特颁训令：自小学校以上，一律添加读经、讲经；不准收剪发女生。东北三省也有这类规定。② 恢复读经、禁止国语和白话文已经在北京政局控制范围内泛滥蔓延。负责国语运动的国语统一筹备会，自 1927 年 6 月以后虽然在名义上得以保留，但其活动经费实际已被停止，仅留少数办事员以资维持，处于名存实亡境地。9 月 8 日，北京政府最后一位教长、奉系人物刘哲签发教育部令，要求直隶、山东、奉天、吉林、黑龙江、热河、察哈尔、绥远、新疆各省教育厅长，京师学务局长，国立京师大学，哈尔滨特区教育管理局对所辖中学以上各校"所有国文一课，勿论编纂何项讲

---

① 《教育当局复古思想之实现》，《教育杂志》第 17 卷第 12 号，教育界消息，第 1—3 页。

② 《教育杂志》第 18 卷第 10 号，教育界消息，第 3 页。

义及课本均不准再用白话文体，以昭划一，而重国学"①。至此，教育部已经完全走向推进国语运动的反面，不仅纵容地方读经活动的进行，而且全面禁止白话文，由助力变为阻碍。

虽然此时的教育部力阻国语运动的发展，但在进步力量的支持下国语运动却顽强地呈现出全面推进的态势。1922 年，全国国语教育促进会成立。1924 年，第一届全国国语运动大会成功召开。国语统一筹备会的困境使其重要人员纷纷南下加入国民政府，开辟国语运动新天地。此时未能南下的国语统一筹备会诸人，依然顶着重重压力顺应社会潮流，做了一些力所能及之事，其中一件即是于 1926 年 11 月将审定的国语罗马字予以公告，②使注音字母由章氏的"纽体文"发展至世界通用的罗马字母，为近代汉字拼音方案的形成奠定了基础。但由于奄奄一息的北京军政府的阻碍，这一努力并未产生即时效果。1928 年国民政府统一全国，北京政府全面压制的国语运动才再度焕发生机。

通过以上考察，我们可以看到，由于国语运动与文化事业的联系紧密，因而教育部推进这一运动所采取的举措与其他教育事业有着明显的不同，其发展演变也呈现出独特的特点：第一，推进国语运动的努力受文化领域变革的影响而起伏不定。民初共和政治初建、共和观念鼓舞人心的环境中，教育部对国语运动的推动虽然没有得到各地的积极响应，但在中央行政层面的推动下得到一定程度的实施。之后即因为袁世凯推进封建复古政策，致使推进国语运动的社会基础不再，教育部也持消极态度，国语运动陷于停滞。帝制失败后，国语运动迎来复苏时机，更因新文化运动的深入推进和文学革命的兴起，国语运动与文学革命走向合流，形成了全面推进的良好局面。随着北京政府的日益反动，封建复古思潮又陈渣泛起，教育部也开始主张废除白话文和恢复读经，渐走向国语运动的反面。第二，教育部建立了推进国语运动的行政体制和较为完善的推进框架。教育部对于国语运动的推动虽数度起伏，但与清末国语运动局限于个人层面、比较分散相比，这一时期教育部不仅把国语运动正式列为职能之一，而且专门成立了官方推进机构予以行政上的保障，

① 中央教育科学研究所编：《中国现代教育大事记（1919—1949）》，教育科学出版社1988 年版，第 137 页。
② 《国语罗马字》，《国语月报》1927 年第 1 期。

同时以实施国语教育为中心，通过培养师资、调整课程设置、改革教科书等相关举措，形成了全面推进国语运动的局面。第三，注重对民间力量的借重。因为国语运动本质上是一种社会文化事业，这就决定了它不仅需要教育部的行政努力，也必须有相应的社会力量作响应，因而教育部先是借重各省区人员共同努力促进读音统一，在此基础上又通过成立国语研究会和国语统一会，为国语运动和文学革命的合流搭建平台，吸引了文学革命阵营如陈独秀、胡适等人的加入，大大增强了国语运动推进和影响的力度，不仅促进了学校国语教育的进行，也对文化事业的发展产生了重大而深远的影响。

第九章　民国前期教育部与
收回教育主权

　　1844 年中美《望厦条约》和中法《黄埔条约》的签订，使美国和法国传教士率先获得在中国的传教权，[①] 此后其他列强纷起效尤。在基督教教堂、学校及医院三位一体的传教体制下，教会学校随着教堂的尖顶在中国各地的普设而开始出现，并且在条约特权的庇护下逐渐形成独立于中国教育体系之外的学校系统，在向中国社会导入西方新的教育理论和教育制度的同时，也使中国的教育主权受到严重侵害。民国成立后，政体的迅速更迭引发了中国社会的深刻变革，国际环境也因欧战而发生新的变化，国内各界对教会学校的态度在各个历史时期各不相同。对于教育部而言，由于居决策核心的教育总长们有着不同的政治理念和教育观念，其在不同历史时期对国内外形势的判断也有所不同，因而教育部对教会学校的态度多有变化。初期主要表现为关注教育与宗教的关系，以及对教会学校进行一些调查，但未能在行动上付诸实施。五四运动之后，随着思想界批判矛头的转向和民族主义的逐步高涨，教育部开始重视教会学校，并颁布通告试图将教会学校纳入既有体系，但并未引起教会学校的响应。20 世纪 20 年代后，民族主义进一步高涨，受列宁反对殖民主义及帝国主义学说的影响及国共两党的推动，全国掀起了收回利权运动。在此形势之下，南北政府先后出台严厉举措，促使教会学校向中国政府注册。考察民国前期教育部在收回教育主权方面的努力，能够让我们认识教育部在这一过程中的历史作用，从而对其推进教育事

　　① 王铁崖编：《中外旧约章汇编》（第 1 册），生活·读书·新知三联书店 1957 年版，第 54—62 页。

业作出全面的评价。

第一节　1912—1916 年：政局动荡之下的准备

晚清以来，对于教会学校的存在和发展，虽有先进知识分子发出较为清醒的声音，国人教育主权观念也有所觉悟，但晚清政府迫于不平等条约的束缚，对教会学校无力施为，遂采取消极的"勿庸立案"政策，使教会学校虽处不合法地位却能够不受中国政府约束而独立发展。据统计，19 世纪 40 年代开始出现于中国的教会学校，1889 年即有各类学校学生 16836 人，1906 年为 57683 人，较之 1889 年约增加三倍多，1911年更达到 102583 人，比 1906 年多出近一倍。① 数量大增的同时，其办学层次也由原来以小学校为主逐渐形成了涵盖大中小学及盲聋哑特殊教育的较为完整的教育体系，成为中国教育体系之外的独立王国。② 民国成立后，专制制度的崩溃，共和政权的建立，使国人的政治观念、民主思想为之一新，也为中央政府在新的历史条件下重新规划对教会学校的政策提供了机遇。

一　民初教育部对教育与宗教关系的认识

作为南京临时政府教育总长和北京政府首任教育总长，蔡元培对教会教育的相关言论在一定程度上可以视作是教育部对教会教育的态度。综览蔡氏在其两次总长任内公开发表的重要言论，主要有 1912 年 2 月份《对于新教育之意见》、5 月份赴参议院的施政演说以及临时教育会议开幕词，但均无直接涉及教会学校之处，仅在《对于新教育之意见》一文中论及教育与宗教之关系：

> 盖世界有二方面，如一纸之有表里：一为现象，一为实体。现象世界之事为政治，故以造成现世幸福为鹄的；实体世界之事为宗教，故以摆脱现世幸福为作用。而教育者，则立于现象世界，而有

---

① 陈学恂编：《中国近代教育史教学参考资料》（下册），人民教育出版社 2000 年版，第202 页。
② 中国基督教教育调查会编纂：《中国基督教教育事业》，商务印书馆 1922 年版，第378 页。

事于实体世界者也。……教育家何以不结合于宗教，而必以现象世界之幸福作用？……现象实体，仅一世界之两方面，非截然为互相冲突之两世界。吾人之感觉，既托于现象世界，而所谓实体者，即在现象之中，而非必灭乙而后生甲。其现象世界间所以为实体世界之障碍者，不外二种意识：一、人我之差别，二、幸福之营求是也。……军国民、实利两主义，所以补自卫自存之力之不足。道德教育，……泯营求而忘人我者也。由是而进以提撕实体观念之教育。①

上文主要包括两层意思：其一，从哲学角度出发，认为世界分为现象世界和实体世界两个面向，政治和宗教分别对应于现象世界和实体世界，而教育则有着沟通二者之功能，从功能上初步说明了宗教和教育的区分和联系；其二，从实际作用出发，认为教育能够通过各种训练，破除现象世界中的障碍使人们达致实体世界，进一步说明教育有着宗教所不具备的作用。蔡氏言论已经表现出教育与宗教相分离的观点，这一观点显然受到欧洲特别是法国政教分离运动的影响。这一言论的提出，实际上指出了教会学校世俗化的变革方向。但蔡元培并没有言明对教会学校采取何种具体措施，又说明教育部在成立之初百废待举之时对此尚没有系统和深入的思考。

蔡氏颇为倚重的蒋维乔，是南京临时政府时期部务的实际主持者和北京政府教育部参事，其对教育与宗教关系的看法对教育部相关政策的制定有着重要影响。早在1909年他就发表了《论教育与宗教不可混而为一》一文，以欧洲宗教改革运动导致宗教教育向世俗教育转变为例，从理论和实际两方面对"教育与宗教不可混而为一"进行了论证。就理论而言，蒋氏认为"宗教者，明人与神之关系者也"，其目的在于救助世人"及早解脱上升天国"，即"所谓出世"；"教育者，则以陶冶人类为本旨，明人与人之关系者也"，"故教育必授人以智识、道德、技能，使身心均齐发达而造就适于今日社会之人才，所谓入世"。目的不同，方法各异，二者实不可混于一体。就实际而言，"教育必使人类之

① 蔡元培：《对于教育方针之意见》，载琚鑫圭、唐良炎主编《中国近代教育史资料汇编·学制演变》，上海教育出版社2007年版，第608—614页。

身心均齐发达，故多教必尚多方"，因而"必列种种学科以教之"；宗教则不然，"祷神者宜一意祷神，信者宜一意信神，不得涉及他事"，故"为教最忌多方"，况且"发达如博物、物理、化学等科新发明之学说，多与宗教不相容"，就此而言，教育与宗教也不可混而为一。①

由于蔡氏和蒋氏在教育部中的地位，两人的态度基本可以视作教育部的态度。依据这一态度，我们可以推知如果教育部付诸行动，可能的结果是把教会学校改造为世俗学校，从而将其纳入中国现有教育体系。但蔡、蒋二人关于教育应与宗教分离的主张在南京临时政府时期和北京政府初期显然并未转化为针对教会学校的具体政策措施，其原因大致如下：一是南京临时政府和北京政府在成立之初，均急于寻求西方列强的支持和承认，对各国在华利益予以强力保护。如 1912 年 1 月 31 日，南京临时政府通电独立各省对外国人生命财产要"加意保护"②，教会学校作为外国教会出资兴办之教育机构，自然在保护之列。袁世凯在成立政府之后更是把寻求西方列强的承认视为政权存在的根基。二是政体上的变更并未立即转变辛亥革命前夕国人对教会教育的既有认识，大多数人甚至依然将其作为西方先进教育的模板，1912 年学界仅有庄俞发表《论教育权》一文③，呼吁收束地方教育权力归中央，并未触及回收教育主权这一主题，说明了这一时期国人对教会学校侵害中国教育主权尚未有明确的认知。三是南京临时政府和北京政府初期教育部将精力主要集中于各项学校教育事业的恢复和各项教育法令规程的草拟和制定工作，加之对教会教育采取何种举措也无成例可依，一时之间难以骤然着手。

二 对教会学校的初步行动

教育部在政府北迁之后集中精力筹备、召开临时教育会议，会议结束后，各项工作渐上轨道。对教育部来说，如何应对教会学校实为全新课题，清政府时期对教会学校采取消极限制的措施显然不足为鉴，教育

---

① 蒋维乔：《论教育与宗教不可混而为一》，《教育杂志》第 1 年第 10 期，1909 年 11 月，第 117—119 页。

② 《外交部为保护外人致各省都督电》，中国第二历史档案馆编：《中华民国史档案资料汇编》（第二辑），江苏人民出版社 1981 年版，第 18 页。

③ 庄俞：《论教育权》，《教育杂志》第 4 卷第 3 号，1912 年 4 月，第 33—37 页。

部的目光便投向了近邻日本。近代日本教育的发展命运与中国相似，其教育主权也同样受到教会学校的侵犯，但日本通过严格的教会学校世俗化法令实现了政教的彻底分离，在利用原有的教会学校发展教育方面走出了一条较为成功的道路，① 这种经验无疑对当时的教育部有着现实的参考意义。据资料记载，1912 年教育部曾派员前往日本考察有关应对教会学校的政策，了解日本教会学校与政府的关系。② 根据教育部这一时期的日程安排，这一行动应该在临时教育会议之后范源濂任期内。此次派团赴日本考察表明了教育部尝试解决教会学校的意图。

教育部试图对教会学校有所举动的努力受到政局的严重干扰。1913 年 1 月范源濂因政争辞职，参事蒋维乔也离京南下，海军总长刘冠雄和农林总长陈振先先后临时掌部，后由次长董鸿祎代理部务。虽然总长更迭频繁，但教育部对教会学校的调查并未停止，只不过仅限于京师范围。先是派视学袁希涛等五人视察外人在京师设立学校，又于 6 月 3 日加派金事朱炎协同视察京师外国人设立学校情况。③ 1915 年进步党人汤化龙上任后，通咨各省区对外人所办学校进行统计，"外人在内地设立之各种学校，其编制多与部令章程不合，但既办教育统计，对于此类学校自不能不特别注意"④。教育统计作为国家教育行政机关的重要职能，把教会学校纳入统计范围，正是试图把教会学校纳入行政管理范畴的先导，这是教育部由先前的对京畿附近教会学校的视察而进入到全面调查阶段，但在时间上已延误两年之久。而且汤氏任内对教会学校也仅能做到"注意"和初步统计，未能再有进一步举动。汤氏辞职后，帝制乱局开始，教育部更是无暇于此。由上可见，北京政府初期蔡、范、董、汤等在总长任内对教会学校屡有动作并试图解决，但除派员外出考察、赴教会学校视察及着手开展统计等行动之外，并未有相关政令和实质性举措出台，主要原因即在于政局动荡导致教育部主官频频更调，使针对

---

① ［日］佐藤尚子：《关于日中教会学校的比较教育史》，载田正平等主编《教育交流与教育现代化》，浙江大学出版社 2005 年版，第 388 页。

② P. W. Kuo, "Co-operation between Mission Schools and Government Schools", The Chinese Recorder, Vol. XLVI（1915），p. 172. 转引自胡卫清《普遍主义的挑战：近代中国基督教教育研究（1877—1927）》，上海人民出版社 2000 年版，第 363 页。

③ 《教育部饬第七号》，载中国第二历史档案馆整理《政府公报》（第 30 册），上海书店出版社 1988 年版，第 221 页。

④ 民国教育部编：《中华民国教育法规汇编》，文海出版社 1986 年影印版，第 73 页。

教会学校的措施无法得到持续进行，不仅时间上大为延迟，且具体措施只能停留在视察、调查等初期阶段。当然这也与民初国人对教会学校的认识较之于清末并没有大的转变，中央政府骤然出台新的措施还没有强大的民意支持有关。

教会学校方面，这一时期其实出现了欲改变现状向中国政府靠拢的动向。1913 年成立的中国基督教中心机关中华续行委办会，对教会学校发展现状进行了初步调查，认为基督教学校寻求取得中国政府承认的想法是适当的，有利于教会学校长期的发展。只是由于当时政府限制教会学校毕业生不得享受普通学校毕业生待遇的政策并未得到严格落实，此类毕业生仍然可以参加各种考试并在政府机关任职，加之中国政府未有实质性的强迫举措出台，因而上述倡议并未得到教会学校的积极响应。[①] 当然这一时期尚未形成对教会学校不利的社会氛围也是这种靠拢趋向没有继续发展的重要因素。

第二节　1917—1921 年：新文化运动大潮推动下的举措及成效

教育部初期对教会学校虽尝试解决却无实质性举动，未能改变教会学校自成体系发展的态势，加之民国成立以后社会风气大变，教会学校的优势更为人所知，其数量及种类呈现出稳步发展之势。1912 年全国教会学校人数为 138937 人，至 1915 年为 172973 人，其速度已经超过清末，至 1916 年，虽历经帝制乱局，依然增长到 184646 人。[②] 帝制过后，范源濂再次出任总长，他秉持推广教育的理念，开始了把教会学校纳入现有学校体系的努力。1920 年范源濂再次出任教长，仍然坚持既有思路继续努力。只是由于新文化运动的兴起，尤其是五四运动的爆发使新文化运动发展到新的阶段，国人民族主义意识增强，科学理性主义高涨，教育部政策经历了由初期的宽松和稳健逐渐走向较为严格的限制。

---

① 李楚材辑：《帝国主义侵华教育史资料·教会教育》，教育科学出版社 1987 年版，第182 页。

② 陈学恂编：《中国近代教育史教学参考资料》（下册），人民教育出版社 2000 年版，第202 页。

一　允许教会学校在宽松条件下注册

1916 年 8 月范源濂上任之后，首先对掌管草拟教育法令的参事处人员进行了调整。民初曾任参事的蒋维乔由商务印书馆重回参事处，同时调时任浙江省教育厅厅长的刘以钟任参事。蒋维乔历来主张教育与宗教相分离，也曾参与前期针对教会学校的视察等工作。刘以钟对教育与宗教关系也持分离主张，① 并从国家主义立场出发，认为"无论法人私人，或宗教团体所设立的学校，均须受国家的监督，遵照学校规程，不得施宗教教育及其仪式"②。因而刘氏与蒋氏调入参事处，无疑对教会学校相关举措的出台有促进作用。

1917 年 5 月 12 日，教育部发布第八号布告，指出各省区中外人士创设的学校程度不一，为推广教育起见拟订对该类学校考核待遇方法四条：

一、此项学校办理确有成绩者，经本部派员视察后得认为大学同等学校或专门学校同等学校；

二、此项学校学生修业年限须在三年或三年以上，如设有预科者其预科修业年限须一年或一年以上；

三、此项学校呈请本部认定时，应将左开事项详造表册，在京师者径呈本部，在各省区者呈由行政长官转报本部。表册一目的、二名称、三位置、四学科、五职员及学生名册、六基地及校舍之平面图、七经费及维持之方法、八开校年月。

四、经本部认定后，该校毕业生得视其成绩予以相当之待遇。③

教育部此次颁布通告，一改晚清以来对教会学校采取"勿庸立案"的态度，对经教育部认定的教会学校毕业生予以相当的待遇，是政府对

---

① 刘以钟：《教育与宗教分离》，朱有瓛主编《中国近代学制史料》（第四辑），华东师范大学出版社 1993 年版，第 692 页。

② 刘以钟：《论民国教育宜采相对的国家主义》，载《民国经世文编》（七），北京图书馆出版社 2006 年版，第 4156—4166 页。

③ 《教育部布告第八号》，载中国第二历史档案馆整理《政府公报》（第 108 册），上海书店出版社 1988 年版，第 473 页。

教会学校态度的一大转折。这个转折附有三个条件，即须由教育部派员视察、办学年限应符合学制规定、要详报学校相关资料等。上述办法是在帝制之后恢复和扩充教育的特殊时期教育部采取的应时之举。同时我们也要看到，这则通告把教会学校等同于一般的私立学校，并没有触及教会学校推行宗教教育和宗教活动的要害，蒋、刘两氏的主张并没有得到较为彻底的贯彻。之所以如此既受当时社会上对于教会教育依然缺乏深入认识的制约，也与主政者对教育与宗教关系的态度直接相关，教育总长范源濂即对教会教育的成绩持肯定态度，主张将其纳入既有教育体制而非彻底取缔，这从他在后期收回教育权运动中也坚持这一立场可以看出。① 这则通告客观上为教会学校向中国教育行政当局注册开了一扇足够大的门。

这一通告在教会学校方面引起了一定的波澜。事实上有些教会学校一直有向中国政府靠拢的趋向，但仅限个别地区的个别学校，如江苏省一些教会学校就与江苏省教育会及行政官厅来往密切，其办学成绩也颇得肯定。② 此次教育部的布告姿态最先引起了江浙一带教会学校的回应。1917 年，之江大学召开校董事会会议，校董们强烈希望学校向政府注册，认为注册后不仅可以让学生享有公民权，学校不会被限制宗教教育，还可以避免出现日本那样基督教学校声望被公立学校取代的状况，并指定一个专门委员会调查注册问题的可行性。③ 这是一个非常典型的例子，校董们所列举的注册理由一定程度上反映了当时教会学校对1917 年教育部公告的理解。同时这个例子还表明，日本在应对教会学校的挑战时不仅采取了强硬的政教分离的政策，还采取了提高公立学校质量以抵消教会学校影响的做法，但这种解决方法在当时中国公立教育因各方面因素无法获得稳定发展的情况下无法效仿，这也说明此前教育部赴日本考察教会教育政策对此次通告的出台也产生了一定的影响。个别教会学校对注册的反应逐渐上升为教会的整体性反应。1919 年负责管理浙江和江苏两省教会教育事业的华东基督教教育会专门组成一个特

---

① 陈独秀：《收回教育权》，《向导》第 74 期，1924 年 7 月 14 日，转引自杨天宏《基督教与民国知识分子》，人民出版社 2005 年版，第 224 页。

② 许汉三编：《黄炎培年谱》，文史资料出版社 1985 年版，第 11—15 页。

③ 胡卫清：《普遍主义的挑战——近代中国基督教教育研究》，上海人民出版社 2000 年版，第 369 页。

别委员会研究政府承认基督教学校的问题。其主持人葛德基(E. H. Cressy)认为,立案对于教会学校学生毕业后谋求有官方学历要求的职位,以及升学、获奖学金等都有很大好处,而且目前政府的立案条件没有宗教限制,"因此似乎已开辟了教会大学在政府和差会两者都满意的基础上得到政府承认的道路"。为了说服同人,他还着意强调教会学校在办理教育事业上与政府的一致性,认为"传教士教育者希望不仅作宗教的,而且作教育的贡献。……他们并不试图创造一个脱离中国生活的教育体制,而是要进入它。……如果教会学校拒绝寻求政府的承认,直到有朝一日它们迫不得已才这么做的话,很难令中国人相信所有这一切"。① 应该说,葛德基的主张更从整体层面反映了当时教会学校对1917 年教育部公告的理解,同时他强烈呼吁的背后也反映了教会学校对注册依然有着较大顾虑的现实。葛德基的身份②使他的有关主张产生较大影响,即便如此,其成效也仅限于部分教会学校开始采用官方规定的教材和术语。③

由上可知,虽然教会学校和基督教会对教育部公告作出了一些反应,但注册工作并未取得明显进展,其中原因固然与教会学校的重重顾虑直接相关,但更多是教育部及中国社会并未给予教会学校足够的压力所致。首先是教会学校毕业生实际上并未受到严格限制的局面依然未有改变,许多教会学校毕业生仍然可以参加文官考试并且进入政府部门任职,使教会学校并无毕业生受限制的压力。其次是教育部在范源濂之后直至 1920 年并没有后续措施出台,自身的不作为使前此所做的努力顿失效力。再次是新文化的洪流此时的重点尚在批判封建文化阶段,尚未波及基督教会,这是教会学校依然能够处于独立发展状态的根本原因。此后社会形势的发展,使教会学校与中国教育界的关系正朝着葛氏担心的方向发展,对教会学校采取更为严厉的措施也成为教育部的必然选择。

---

① 缪秋笙、毕范宇:《记基督教中等教育的沿革》,载朱有瓛主编《中国近代学制史料》(第 4 辑),华东师范大学出版社 1993 年版,第 162 页。

② 葛德基(E. H. Cressy),美国传教士,曾担任中国基督教教育会(CCEA)总干事,时任沪江大学教师、华东基督教教育会干事。

③ 胡卫清:《普遍主义的挑战——近代中国基督教教育研究》,上海人民出版社 2000 年版,第 369 页。

二 限制教会学校的宗教活动

1919 年巴黎和会上中国外交失败，促使国人对近代以来国家和民族的命运进行深刻反思，五四运动的爆发促进了国人民族主义意识的高涨。俄国十月革命胜利后，社会主义思潮传入中国，国共两党接受列宁的反殖民主义和帝国主义理论并大力宣扬，反对帝国主义、废除不平等条约成为举国上下的政治诉求。上述情势之下，1920 年至 1922 年间思想文化界掀起反对基督教思潮，集中表现在 1922 年间的非基督教运动，它在为后期收回教育权兴起奠定思想基础的同时，也对这一时期教育部决策起到了重要的推动作用。

1920 年 8 月第三次出任教育总长的范源濂，在教会学校问题上开始顺应民族主义高涨的形势和新文化运动对基督教的批判，教育部的相关政策由宽松转向初步限制。11 月 16 日教育部发布通告，对外人在华设立的专门及高等以上学校的注册作出明确规定：

> 查近年以来，外国人士在各地设立专门以上学校者，所在多有，其热心教育，殊堪嘉许。惟是等学校，大半未经报部认可，程度既形参差，编制时复歧异，以致毕业学生，不得与各公立私立专门学校毕业生学生同等之待遇，滋足惜焉。兹为整理教育，奖励人才起见，特定外国人之在国内设立高等以上学校者，许其援照大学令、专门学校令，以及大学专门学校各项规程办法，呈请本部查核办理，以泯畛域，而期一致。①

此则通告，一方面说明 1917 年通告发布之后教会学校注册工作并未有明显进展，另一方面依然从扩充教育的角度，允许高等以上学校援照相关法令规程的规定办理并报部备案，开始对教会学校分类采取措施。总体来看延续了 1917 年通告的思路，未对教会学校的宗教活动进行限制，说明教育部的解决立场依然力求稳妥。但如前所述，此时外部环境已经有了新的变化，新文化运动在高举科学和民主大旗的同时，宣

---

① 《教育部布告第十一号》，载朱有瓛主编《中国近代学制史料》（第四辑），华东师范大学出版社 1993 年版，第 782—783 页。

告了对基督教文化的批判。早在 1917 年蔡元培就已经提出"以美育代宗教"。① 时隔一年，陈独秀更喊出了"一切宗教，都是一种骗人的偶像"的激进口号。② 1919 年 7 月 1 日成立的少年中国学会，则展开了关于宗教问题的大讨论。③ 新文化运动在五四以后实现由"反孔"到"非耶"的转变，至 1922 年非基督教运动达至高潮。在此浪潮的推动下，教育部此前颁布的较为宽松的注册办法转趋严格。

1921 年 4 月 9 日，教育部将《教会所设中等学校请求立案办法》咨行各省区，开始强化对教会学校内宗教活动的限制：

一、学校名称应冠以私立字样；

二、中学校应递归中学校令、中学校舍令施行规则办理，实业学校应遵照实业学校令、实业学校规程办理；

三、中等学校科目及课程标准均应遵照，如遇有必须变更时，应叙明理由，报经该省区主管教育官厅，呈请教育部核准，但国文、本国历史、本国地理不得呈请变更；

四、关于学科内容及教授方法不得含有传教性质；

五、对于校内学生，无论信教与否，应予以同等待遇；

六、违反以上各条者，概不准予立案，既已经立案，如有中途变更者得将立案取消。④

与专门以上教会学校的立案办法相比，中等学校的立案严格而具体：延续以往思路明确教会学校为私立学校，并在名称标示私立字样；学校办理应按部章进行，特别是科目及课程设置要遵章办理，而且国文、本国历史、本国地理不得变更；学科内容及方法不能有宗教性质，还要求对不信教学生同等待遇；明确上述规定为立案的基本条件，要求严格遵守。这一年范源濂不仅主持出台有关措施，更在公共场合演讲呼

① 蔡元培：《以美育代宗教》，《新青年》第 3 卷第 6 号，1917 年 8 月。

② 陈独秀：《偶像破坏论》，《新青年》第 5 卷第 2 号，1918 年 8 月。

③ 参见杨天宏《基督教与民国知识分子：1922 年—1927 年中国非基督教运动研究》，人民出版社 2005 年版，第 58—84 页。

④ 《咨各省区订定教会所设中等学校请求立案办法文》，载多贺秋五郎编《近代中国教育史资料》（民国编中），文海出版社 1976 年版，第 352 页。

吁教会学校向政府立案，认为教会学校"迄今仍自成一体，与中国的体制不完全相符。它们形成一个特殊的群体。这实在是件令人遗憾的事"①。这是民国以来首位教育总长大力呼吁教会学校向政府注册，说明非基督教运动已得到政府层面的认可和呼应。

　　这一时期由于非基督教运动浪潮的兴起，教育部对于教会学校注册工作的重视及持续努力，以及教会学校学生发动的反教风潮也起伏不断，给教会学校形成了较大压力。起初，基督教会出于对以往反教运动的司空见惯并未给予足够的重视，虽然也有部分教会人士感觉到此次非基督教运动与以往反教活动的不同，但由于教会之间并未形成统一的强有力组织，这种认识未能形成教会内的一致看法。但迫于压力，1921年12月由葛德基委员会代表中华基督教教育会与教育部就承认问题作了一次会商。双方的焦点在于教会学校的强制性宗教活动。教育部依据所颁《教会所设中等学校立案办法》的规定，要求教会学校在教学活动中，不得含有传教性质的内容，并直陈教会学校的强制性宗教活动是其注册的最大障碍。葛氏则宣称若取消了这些宗教活动，他们的经费来源就会因无从落实而枯竭，办学活动会受到严重影响。② 虽然双方在此焦点问题上的巨大差距使谈判搁置，但这是教会方面自民国成立以来第一次与中国政府的正式会商，表明基督教教会已经认识到新的形势变化正朝着不利于自己的方向发展，必须有所动作了。由于谈判遭到搁置，教会学校注册工作依然无大进展，除与地方当局关系较佳的一些教会学校零星注册外，③ 教育部推进教会学校注册的政策并没有引起教会学校的对等反应。

　　与教会学校注册立案进展缓慢相比，其学校数量却依然在快速增长。1917年教会学校学生数为194624人，至1918—1919年，这一数字达到212819人，约占当时中国学生总数的5.14%，1920年教会学校学生数更达至245049人。④ 教会大学的比例则更高，1919年中国国立

　　① 转引自王立诚《沪江大学的历史》，复旦大学出版社2001年版，第157页。

　　② 转引自王立诚《沪江大学的历史》，复旦大学出版社2001年版，第158页。

　　③ 缪秋笙、毕范宇：《中等教育的过去与现在》，《中华基督教教育季刊》第5卷第4期，1929年12月。

　　④ 陈学恂编：《中国近代教育史教学参考资料》（下册），人民教育出版社2000年版，第380页。

大学仅有北京大学、山西大学、北洋大学 3 所，私立大学 5 所，共计 8 所，而教会大学却有 14 所之多，学生千余人，占了绝对优势。教会学校学生不仅数量有了显著增加，而且其学校分布更是遍布各省区，远及新疆、蒙古、贵州等偏远地区。[①] 当时这种发展势头还不为国人所深知，但 1921 年基督教的一份调查报告使教会学校发展的真实情况全面展现在国人面前，引起了国人深深的疑虑。随着国共合作的开始，反帝爱国旗帜下民族主义进一步高涨，原来要求收回各项利权的运动发展成为要求废除一切不平等条约，在政界、文化界和教育界等的推动下，收回教育主权也渐成全国一致的呼声。

第三节　1922—1928 年：收回教育权运动中的举措及成效

1924 年，国共两党开始合作，促进了民族主义浪潮进一步高涨，特别是 1925 年"五卅惨案"的发生，民族主义全面高涨。在反殖反帝理论的指导下，全国掀起废除不平等条约、全面收回国家利权的政治要求，收回教育权运动开始兴起。与国共两党鲜明的反殖反帝立场相比，北京政府执政军阀与西方列强在华利益有着紧密的关系，同时出于对抗国共两党的政治影响，对民众运动往往采压制立场，因而在收回教育权运动中，北京政府不仅没有主动参与，而且对基督教传教事业加意保护，对促动教会学校注册工作也不甚积极。在此困境之下，教育部一方面受制于北京政府立场不能积极主动施为，另一方面又努力顺应社会潮流，颁布《外人捐资设立学校请求认可办法》，并采取相关举措予以实施，在收回教育主权方面作出了一定的努力。

一　参与收回教育权运动

1921 年，为了调查中国基督教教育现状和进一步推动教会教育在中国的发展，英、法、美等国组成联合调查团调查中国基督教教育，该调查团在对中国十九个省进行了五个月详细调查之后整理了一份内容极为详尽的报告书。报告书认为"国立学校在中国教育生活之中已经是个

---

① 古楳：《现代中国及其教育》，中华书局 1936 年版，第 195—196 页。

支配力量，中国教育的前途将越来越属于它们"，"随着时日的消逝，在中国整个教育程度之中，教会学校所占的比重要相对地缩小"。① 针对这种发展趋势，该报告书认为今后教会学校应以质取胜，提出教会教育"更有效率、更基督化、更中国化"的发展目标，从而使中国"更快、更有成效地皈依基督"。② 这种旨在使基督教更长久地在中国落地生根、企图全面影响中国教育各个领域的发展规划，使国人长期以来对教会教育的忧虑进一步上升，引起各阶层的强烈反应。无独有偶，中华续行委办会自 1918 年开始的基督教调查报告也于 1922 年出版，较之前者其中文名取《中华归主》更刺激了中国人的眼球，震撼了他们的思想。

先是学界对此作出了反应。蔡元培于 1922 年 3 月发表《教育独立议》，主要内容之一即是倡导教育与宗教分离，主张改造大学里的神学科目及全面清除其他学校中的神学教育内容，并呼吁"以传教为业的人，不必参与教育事业"③。1922 年 4 月 9 日，蔡氏在非基督教同盟第一次大会上发表演说正式提出了宗教与教育分离的建议："（一）大学中不必设神学科，但于哲学科中设宗教史，比较宗教学等；（二）各学校中，均不得有宣传教义的课程，不得举行祈祷式；（三）以传教为业的人，不必参与教育事业。"④ 此后，国家主义派和共产党人也参与到这一讨论中来，从民族主义的立场出发强烈呼吁收回教育主权。1923年 9 月，国家主义派代表人物余家菊在《少年中国》月刊上发表《教会教育问题》，详细分析了教会教育的存在对国家的危害，明确提出"收回教育权"的主张。⑤ 1924 年 7 月，在中华教育改进社的第三届年会上，余家菊等十二人提议请求力谋收回教育权。⑥ 中国共产党的主要创始人陈独秀也于是年在《响导》周报上接连发表文章，痛斥教会的

① 中国社会科学院世界宗教研究所编：《中华归主》（第 2 卷），中国社会科学出版社1988 年版，第 756 页。

② 陈学恂主编：《中国近代教育史教学参考资料》（下册），人民教育出版社 2000 年版，第 206 页。

③ 蔡元培：《蔡元培全集》（第 4 卷），中华书局 1984 年版，第 17—18 页。

④ 蔡元培：《蔡元培全集》（第 4 卷），中华书局 1984 年版，第 179 页。

⑤ 朱有瓛主编：《中国近代学制史料》（第四辑），华东师范大学出版社 1993 年版，第696—705 页。

⑥ 舒新城：《收回教育权行动》，中华书局 1927 年版，第 58 页。

罪恶，揭露教会教育的侵略本质。① 在举国群情激愤的形势下，虽然南北战争正剧，于 1924 年 10 月召开的全国教育会联合会第十届年会，依然毫无异议地通过取缔外人在国内办理教育事业案和学校内不得传布宗教案两个决议案。② 至此，借助于全国教育会联合会这一平台，"收回教育权便成了全国一致的舆论"③。由于北京政府与西方列强的紧密联系，在非基督教运动中对基督教屈意保护，在收回教育权运动中，更因国共两党的参与北京政府出于自护的本能，对收回教育权运动严加压制，因而这一时期教育部并未能明确支持这一运动。即便如此，这一时期参司层面主要决策人员保持了稳定，时任普通教育司司长的陈宝泉及参事邓萃英，在入部之前就与各教育团体保持着密切的联系，④ 入部之后他们也能够积极参与相关活动，虽然以个人的身份参与，但客观上成为教育部参与收回教育权运动的主要渠道。1924 年 7 月中华教育改进社召开第三届年会，该届年会主要议题之一即是收回教育权，陈、邓二人与会并在会上提出《无中华民国国籍者不得在中华民国领土内对中华民国人民施行国民教育案》的提案，表明了教育部人员顺应时局的一面，也为教育部出台相关政策进行了民意上的吸纳和策略上的参考。

随着收回教育权运动在全国范围内的高涨，各地方政府为限制教会学校发展先后出台了一系列地方性法规来约束教会学校，甚至有取缔教会学校的决议案通过。如广州国民政府于 1925 年 5 月规定教会应与一般学校分离，人民信教不能由学校强制，学校不许宣传宗教。同月湖南省教育司拟订教会学校注册条例，限制教会学校宣传宗教。9 月福建省学生会通告禁止学生进入外人学校。10 月奉天教育厅禁止教会办理儿童教育。⑤ 不仅如此，还有许多激进的学生社团和反教团体纷纷到各省教育会、教育司甚至到教育部上书请愿，呼吁取消教会学校，特别是各

①　朱有瓛主编：《中国近代学制史料》（第四辑），华东师范大学出版社 1993 年版，第 705—709 页。

②　《本届教联会之优点及应改良处》，《申报》1924 年 11 月 20 日，第 11 版。

③　陈启天：《我们主张收回教育权的理由与办法》，《中华教育界》第 14 卷第 8 期，1925 年 2 月。

④　陈宝泉及邓萃英两人在入职教育部之前，积极参与中华新教育共进社及实际教育调查社的工作，在上述两个团体合并为中华教育改进社之后，陈邓两人分任教育行政委员会、国际教育委员会主任等职务，成为该团体的机关会员和骨干成员，以行政人员身份兼社会职务。

⑤　舒新城编：《民国十四年中国教育指南》，商务印书馆 1926 年版，第 9 页。

教会学校退学学生成为这一行动的先锋。① 在社会各界纷纷主张收回教育主权、地方官厅已经有所动作的情况下，主管全国教育事业的教育部很快有了反应。

二 《外人捐资设立学校请求认可办法》的出台

1924 年至 1925 年间，北京政局变化无常，教育部在政治旋涡中不可自拔，加之当政军阀的反动立场，历任总长在教会学校处理方面并无建树。1924 年 11 月，段祺瑞执政府成立，任命王九龄为教育总长，在王未到任前，由国民党人马叙伦以次长暂代部务，教育部开始对收回教育权运动作出回应。如前所述，先是 1924 年 7 月中华教育改进社通过收回教育权相关决议，而且普通教育司司长陈宝泉和参事邓萃英与会并提出类似提案。10 月 15 日全国教育会联合会第十届年会在山东济南召开，形成"取缔外人在国内办理教育事业案"等两项决议案并呈送教育部，② 直接对教育部采取相关举措产生了促动。1924 年底，教育部根据第十届全国教育会联合会两项关于教会学校议决案的呈请，发布通告"凡教会学校未经核准备案者，其毕业生投考国内各大学概不收录"③，开始对收回教育权运动作出初步回应。这一通告也间接承认了此前教会学校毕业生在就业等方面并未被禁止的事实，对此事实的矫正使教会学校感受到了一定的压力。

马叙伦 1925 年 3 月被去职，随后到任的总长王九龄仅在任不足旬日即告假。4 月 14 日司法总长章士钊兼署教育总长。章氏到任后秉承段祺瑞意旨对教育力行整顿，重点针对专门以上学校进行。在整顿的过程中，教育部上年底通告未备案教会学校毕业生国内各大学不得收录迫使许多教会学校开始请求认可，视察人员收到多所教会学校的申请。对此，视察委员会诸人认为"若对于此项学校之当事人、学科、编制、设备等等，一仍旧贯，不加限制，实不足以尊重主权"，④ 开始在收回教

① 《国内教育新闻》，《中华教育界》第 14 卷第 8 期，1925 年 2 月。
② 邰爽秋等合选《历届教育会议议决案汇编》，教育编译馆 1935 年版，第 368—370 页。
③ 中央教育科学研究所编：《中国现代教育大事记：1919—1949》，教育科学出版社 1988 年版，第 91 页。
④ 吴家镇：《外资学校认可办法与我国教育主权》，《新教育评论》第 1 卷第 8 期，1926 年 1 月 22 日，转引自杨思信《民国政府教会学校管理政策演变述论》，《世界宗教研究》2010 年第 5 期，第 121 页。

育主权的轨道上谋划对教会学校的对策。

　　1925 年 11 月 5 日，专门以上学校视察委员会在教育部西花厅开会，出席会议的有专门教育司司长、时任该委员会委员长的刘百昭及委员陈宝泉、洪达、冯承钧、吴家镇、杨荫榆、路孝植、陈延龄等十七人。刘百昭在发言的最后特别提及上海东吴大学立案问题及对新民大学处置方法，并言此两个问题须连带讨论，这进一步说明当时教会学校问题并未成为视察委员会的工作重心。陈宝泉提出"凡教会学校呈请立案之负责人，总须有中国一人在内"。其他人也多有发言，最后就此问题形成三项意见："（甲）外国人在中国设立学校不得以宣传宗教为目的。（乙）宗教不能列入必修科。（丙）学校负责代表至少有中国人一名。"并议决"东吴大学既未将宗教列入必修科，应批令准予试办"，"新民大学与私立大学认可条例不合，应即查照取缔私立专门以上学校阁议，备文警厅，请其取缔。万一该校须赓续进行，应先设筹备处，俟视察认可方能招生"。① 上述内容有两点值得注意：一是此次会议本为视察专门以上学校而开，非专为教会学校，说明章氏上任后并未主动着手收回教育权，而是被动之举；二是三项意见的形成虽是委员会成员讨论的成果，但曾参与收回教育权讨论的陈宝泉等人的意见无疑起了重要作用，从而说明了收回教育权运动对教育部这一决策形成的影响。此次会议形成的三项意见，当时"参事室对此异常满意，且更扩充范围，明确规定"，②形成《外人捐资设学请求认可办法》。

　　1925 年 11 月 16 日北京政府教育部正式公布《外人捐资设立学校请求认可办法》，内容如下：

　　　　一、凡外人捐资设立各等学校遵照教育部所颁布之各等学校法令规程办理者，得依照教育部所颁关于请求认可之各项规则向教育行政官厅请求认可；

　　　　二、学校名称上应冠以私立字样；

　　　　三、学校之校长须为中国人，如校长原系外国人者，必须以中

　　①　《教部之两会议》，《申报》1925 年 11 月 5 日，第 7 版。
　　②　吴家镇：《外资学校认可办法与我国教育主权》，《新教育评论》第 1 卷第 8 期，1926 年 1 月 22 日，转引自杨思信《民国政府教会学校管理政策演变述论》，《世界宗教研究》2010 年第 5 期。

国人充任副校长，即为请求认可时之代表人；

四、学校设有董事会者，中国人应占董事名额之过半数；

五、学校不得以传布宗教为宗旨；

六、学校课程须遵照部定标准不得以宗教科目列入必修科。①

为进一步理解教育部《认可办法》与全国教育会联合会议决案之关系，我们对两者作一次对比。1924 年 10 月全国教育会联合会议决的《学校内不得传布宗教案》，其内容主要有"各级学校内，概不得传布宗教，或使学生诵经祈祷礼拜等事；各教育官厅，应随时严查各种学校，如遇有前项情事，应撤销其立案或解散之；学校内对教师学生，无论是否教徒，一律平等待遇"②。两者虽没有文字上的绝对雷同，但全面限制教会学校的宗教内容成共同原则，只是教育部所颁《认可办法》在此原则下对学校名称、课程设置及中国人的实际控制权进行了具体规定。可以说，教育部对议决案主要原则予以采纳的同时，充分发挥了自己的行政优势使诸项认可办法更明确和更有操作性。时任专门教育司第一科科长、专门以上学校视察委员会成员的吴家镇曾说此项《认可办法》的出台是教育部"应时势之需要"，也说明了两者之间的内在关系。③

《认可办法》在吸收和采纳教育界主张并进一步具体化的同时，也与此前所颁布的举措有着承继和改进的一面，如与 1921 年针对教会所设中等学校而颁布的注册办法相比，此次《认可办法》一方面继续坚持以私立学校对待教会学校，另一方面不再拘泥于琐碎之事而直击要害，即不得以传布宗教为宗旨和不得设宗教科目为必修科，并把实现中国人对教会学校的控制权作为达致目标的重要手段，从行政层面上明确体现了收回教育权的意图。当然具体内容中也表现出了一定的稳健思路，如原拟教会学校校长一律改为中国人担任即在部员的建议下改为可

①《教育部布告第一六号》，载中国第二历史档案馆整理《政府公报》（第 225 册），上海书店出版社 1988 年版，第 337 页。

② 邰爽秋等合选《历届教育会议议决案汇编》，教育编译馆 1935 年版，第 383—384 页。

③ 吴家镇：《外资学校认可办法与我国教育主权》，《新教育评论》第 1 卷第 8 期，1926 年 1 月 22 日。转引自杨思信《民国政府教会学校管理政策演变述论》，《世界宗教研究》2010 年第 5 期。

以由华人担任副校长以便过渡等。教育部的这一举动还从舆论和政治上刺激南方国民政府采取更为激进的收回教育权的举措，从而形成了南北政府双方呼应的局面，共同对教会学校产生了强大压力。因而《认可办法》的出台意味着收回教育权运动已经取得阶段性成果，是中央政府推进教育主权回收的标志性举措，尽管这项举措是被动之下的产物，但也有教育部员主动参与的积极因素。为使《外人捐资设立学校请求认可办法》得到贯彻，教育部同时通咨各省，要求"转饬所属各县详细调查外人所设之各等学校，务将布告全文录送一份，俾得周知"①。

从《认可办法》的指导思想来看，它采消融而非强硬取缔的方式进行，体现了教育部在处理教会学校这一涉外敏感问题上的慎重态度，与收回教育权运动中的激进主张显然大相径庭，尤其是第五条规定"不得以传布宗教为宗旨"相较于以前规定的"学科内容与方法不得含有宗教性质"稍为宽松，第六条"不得以宗教科科目入必修科"给宗教科目的存在留下了余地，因而出台不久即遭到反教各团体的强烈反对。充当先锋的是设立在北京各学校的反基督教大同盟各支部，他们于1926年2月2日组织代表约250人赴部请愿，并共推陈公翊、吴鸿传等6名代表面见时任次长、视察委员会成员陈任中，代表们要求教育部"限三日内下令取缔教会学校"②。面对这种情势，教育部遂于次日召开部务会议，议定咨行外交部意见再作决定。而当时外交部的复电是："查外国人在中国设立学校及在中国传教等事，均系案约所规定。本部外交，遇事须根据条约办理，此时实不便有所主张，仍请贵部核夺可也。"③在当时各部可谓最权重之外交部尚如此态度，教育部更不敢采激进主张。其结果是教育部1926年2月4日又补发一则通告，强调"私立学校及外人捐资设立学校，须按部章办理，关于一切课程、训育管理事项，按照部章，不得擅自违背。如有故意违反者，无论已否经部认可，应即停办。"④算是对这一次请愿运动作出了回应，但并没有改变政府的既有立场。

同月，教育部还应福建省教育厅之呈请，就教会学校学生转学事宜

① 《教部通令遵办外人设校认可办法》，《申报》1925年12月10日，第10版。
② 《京师反基督教大同盟包围教部》，《申报》1926年2月16日，第11版。
③ 《外部对于限制教会学校传教之意见》，《教育杂志》第18卷第4期，1926年4月。
④ 《教部取缔私立及外人捐资学校》，《申报》1926年2月16日，第11版。

通令各省"未经备案外人设立学校学生，请求转学，准由各校酌量程度收受"，这一通令顺应了当时各教会学校频发反教风潮、多有学生要求退学和转学的形势，为其他学校接受教会学校退学学生提供了法律保障，对教会学校形成了更大的压力，对收回教育主权有着实际的推动作用。1927年11月南方国民党宁汉之争而无力北伐，使北方政府获得喘息机会，奉系军阀的日本背景使其在主要针对基督教教会学校的收回教育权运动方面迎合民意有了可能。11月19日，教育部以部令的形式对《认可办法》第7条进行修正，除要求外人所设学校应遵照修正后的学校系统有关规定对课程进行相应调整外，重点规定各学校法人应由中国人担任、所设董事会中国人应占过半名额、禁止宗教仪式及宗教科目列入课程之内。① 此次修正较之原来的《认可办法》在限制宗教内容及强化对教会学校的控制权等方面更前进了一步，体现出因应教育界要求实行教育与宗教彻底分离的精神，显示出此时期教育部各项举措渐趋反动中的进步一面。

三 《外人捐资设立学校请求认可办法》颁布之成效

在《认可办法》出台之前，教会学校已经认识到"注册工作不容稍缓"，各省区教育会大多成立了注册委员会，中华基督教教育会也于1924年成立了全国委员会负责推进此项工作，副总干事程湘帆出任委员长，青年会会长余日章、燕京大学校长司徒雷登及正教授刘廷芳等八人为委员，并与教育部有过数度磋商。② 1925年9月《认可办法》出台前夕，该委员会曾派程湘帆、刘廷芳及湖南基督教教育会会长赵运文等人出面与教育部洽商，负责接待的是专门教育司司长刘百昭，当时双方因隔膜太深未有成果。《认可办法》出台后，由于此前双方已有过数度沟通，教会方面对于《认可办法》多数条款也颇为认同，只是对全盘遵照又不甘心，上述三人又拟具说帖呈递教育部总次长及参事、司长，希望教育部在重要条款作出让步，此后刘廷芳又代表基督教会与教育部有过数次洽商，但未获应允。③

---

① 《教育部令第一八七号》，载中国第二历史档案馆整理《政府公报》（第237册），上海书店出版社1988年版，第313页。
② 《学校注册问题》，《中华基督教教育季刊》第1卷第1期。
③ 刘廷芳：《为注册事致基督教教育界书》，《中华基督教教育季刊》第2卷第1期。

在寻求教育部让步的努力未果的情况下，中华基督教教育会在1926年年初开始敦促各校按具体情况行事。高等学校率先采取了行动。1926年2月，中华基督教高等教育联合会暨高等教育参事会即在沪江大学召开以立案为中心议题的会议。会议形成关于注册问题议决案如下："（一）催请基督教教育机关，从速实行《认可办法》，愈速愈佳；（二）由中华基督教教育会选代表五人向教育部非正式陈述注册意愿并商榷解决办法；（三）如各教育机关觉得能遵照《认可办法》进行立案，由各机关自行决定。向中国基督徒转移权力、并让各校自行决定是否按中国政府要求立案。"1926年4月，中等与初等教育参事会召开年会，形成有关决议案如下：（一）赞同高等教育参事会通过之学校注册案；（二）提出以学校不得干涉宗教自由、学校不得强人信仰任何宗教、学校必须有真正的教育宗旨、学校必须有真正的教育宗旨且不得干涉宗教自由、学校宗旨不得违反宗教自由等作为教育部案第五条之替代或修正条文；（三）建议将立案问题彻底地向国内外基督团体公布。1926年5月召开的全国基督教教育董事会年会也形成了相关决议案：（一）遣派代表到部非正式陈述注册意愿及当前困难，并磋商解决办法；（二）催请基督教各教育机关从速实行《认可办法》；（三）各教育机关遵照《认可办法》请求立案由各机关自行决定。① 由教会方面的反应可知，他们在实行《认可办法》中除第五条规定之外采取积极态度，同时又在如何解决第五条规定方面形成了派代表赴教育部积极磋商的共识，这一工作即由前此成立的全国注册委员会进行。由于时局动荡及相关关系，该委员会未能如期赴京，而教部方面也因政局变化行政主官频频易人，直至1926年6月任可澄到任，双方才有了正式洽商的可能。当时在京的刘廷芳以大学教授的个人资格，于6月28日呈请教育部解释第五条的疑义。7月6日教育部对此项规定作出解释："查该项办法第五条，系言设立学校，当以部定教育宗旨为宗旨；在校内，不应有学生信仰任何宗教，或参加宗教仪式之举，于信仰及传教之自由，并无限制。"② 在教育部较为强硬的立场面前，教会方面表现出了一定的灵活

---

① 刘廷芳：《为解释部令第十六号第五要事》，《中华基督教教育季刊》第2卷第3期。
② 刘廷芳：《为解释部令第十六号第五要事》，《中华基督教教育季刊》第2卷第3期。

性，如采取将宗教内容改入公民科等举措以符合部章规定。①

　　双方互动之下立场渐趋相近，使教会学校的注册工作有了实质进展，只是不同学段实际进展不尽相同。就高等教育而言，当时对注册的态度大致可分为三类：一类以圣约翰大学校长卜舫济为代表，口头顺应而行动抵制。比如，他在 1925 年中华基督教教育会年会上发言中宣称，对于中国人更多参与教会学校管理和控制学校的要求，"不该将此视为自大或不满，而应认为很大程度上是出于新的民族精神，……授予中国同工更大的责任和给与他们各种机会帮助我们的学校的时候已经到了"②。但其言行不一，事实上根本没有表现出转移权力的考虑，直到 1941 年太平洋战争爆发前才因年老力衰而从校长任上退下，转任名誉校长。③ 第二类以燕京大学校长司徒雷登为代表，作出的顺应行动只限于表面文章。他一方面表现出对中国人民爱国运动的理解，认识到"由于西方军事力量强加于中国的那些条约，传教士在开办和管理学校上蔑视或者根本无视中国人的愿望"。"教会学校由外国人掌管，最明显地遭到中国人的反对。"因此积极推进燕京大学向政府备案，以消除中国人的敌视。但他本人却不想真正交出学校的实权，最终只是为了在形式上满足政府方面的要求，让吴雷川出任副校长及名义上的"校长"，自己任"校务长"操纵一切，而事实上他这个"校务长"的英文表述仍是"校长"——President。④ 第三类即以沪江大学校长魏馥兰为代表，在言论和行动上都顺应这一要求。他和司徒雷登一样，表现了理解中国的爱国运动，认为"中国人敦促外国列强同意关税自主、取消治外法权和归还租界。……在这些问题得到满意的解决之前，我们在中国永远不可能有真正的和平。"⑤ 与司徒雷登不同的是，他认为在这种新形势下外国传教士应当退居二线，让中国基督教徒真正地担负重任。正是存在着上述复杂的情形，与注册关系最密切的大学的注册进展并不顺利。对于中等以下学校的注册问题，虽然其面临的压力与高等学校比相对较

　　① 李楚材辑：《帝国主义侵华教育史资料·教会教育》，教育科学出版社 1987 年版，第273—274 页。
　　② 转引自王立诚《沪江大学的历史》，复旦大学出版社 2001 年版，第 160—161 页。
　　③ 徐以骅：《卜舫济和他的自述》，《近代中国》（第 6 辑），1996 年 7 月。
　　④ 史静寰：《狄考文和司徒雷登在华的教育活动》，文津出版社 1991 年版，第 208—210、221 页。
　　⑤ 转引自王立诚《沪江大学的历史》，复旦大学出版社 2001 年版，第 161 页。

小，但也与高等学校的注册有着密切的关联。如果此类学校不能与高等学校注册同步进行，则毕业生受限政策由原前对高等学校的直接冲击将转嫁到中等学校头上。正是基于这一认识，刘廷芳提出了要重视中等学校注册的主张。① 就实际注册情况而言，总体上"以大学及专门学校居多；中小学请求认可的，可说绝无仅有"，因教会大学及专门学校毕业生"没有文官考试、留学考试的资格"，为保证学生的出路和自身的生源，"学校不得不力求中国的认可"。相比之下，无此压力的中小学校则进展缓慢。②

当然，双方的互动并不能真正反映实际的注册进程，这一进程受中国政局的影响呈现出南北不同的情景。《认可办法》出台不久段祺瑞临时执政府即告垮台，直至 1926 年 6 月教会方面才与教育部就第五条完成沟通，此时南方国民党人通过巩固广东革命根据地而势力大张，并颁布相较于北京政府更为强硬的政策，并于 1926 年 9 月开始北伐，教会学校的注册工作历史性地与北伐战争的进行交织在一起。以高等教育为例，随着北伐的顺利进军，所到之处教会大学的注册进程加快，先是 1927 年 1 月 16 日岭南大学率先由国人收回自办，3 月间上海沪江大学、圣约翰大学等也由国人收回，4 月东吴大学收回，6 月南京金陵大学由中国籍教员维持。③ 位于北京的燕京大学和辅仁大学也先后完成了向教育部注册，前者完成于 1927 年 2 月，④ 后者则于是年年中完成。⑤ 我们看到在南北政府的压力下注册取得了实质性进展，教育部颁布的《认可办法》实际上起到了对教会学校注册的指引作用，也直接促进了北京政府控制地区的教会学校的注册工作。以辅仁大学的立案为例，可大致反映教育部接受教会学校注册的情形。

1927 年 6 月 16 日，辅仁大学向教育部递交立案申请，两周后教育部派视学杨荫榆和专门教育司第一科科长吴家镇前往视察，两人在撰写的视察报告中认为，辅仁大学的设学目的是"（1）介绍西方学术和科

---

① 刘廷芳：《为注册事致基督教教育界书》，《中华基督教教育季刊》第 2 卷第 1 期。

② 《教育部重订外资学校认可新章》，《新教育评论》第 1 卷第 3 期。

③ 中央教育科学研究所编：《中国现代教育大事记：1919—1949》，教育科学出版社 1988 年版，第 127—128 页。

④ 燕京大学校友校史编写委员会编：《燕京大学史稿》，人民出版社 2000 年版，第 10 页。

⑤ ［美］吴小新：《北京辅仁大学——天主教本笃会时期的个案研究》，张晓明译，珠海出版社 2005 年版，第 64 页。

学的最新发展；（2）保护和增强中国传统文化的活力"；对教会学校应由中国人主导，二者对该校的评论为"美国传教士既不是作为传教者，也不是作为'文化侵略'的参与者来中国的。学校重要的行政管理和有权威的职位，都委任给了那些乐于与外国职员通力合作并具有中国国籍的人。"最后二人总结道："这些外国人懂得保护中国文化的重要性，愿意派遣人员、携带资金、飘洋过海，甚至以付出个人牺牲为代价……为的是引进西方科学，复兴中华文化。……当国语研究正在衰落，民族文化面临消亡的危险时刻，看到他们付出如此巨大的努力，去遏制这些日益严重的发展趋势，实在令人感到振奋。……因此，为了我们的国家利益，为了回报这些真实的成绩，我们认为中国政府应该正式承认这所大学。"① 数周后，教育总长刘哲签名同意立案。可见，即使在北京政府最后的时期里，也能够基本遵照有关程序，对教会学校呈请注册予以视察，而且从视察报告中可以看出，辅仁大学在转变学校管理权、发展国语等方面采取了一定的措施，表明教会学校开始按照《认可办法》有所行动。

这一时期，教育部与南方国民政府的呼应分别出台了要求教会学校注册的办法，不仅直接促进了教会学校的注册进程，而且也明显遏制了其快速发展的势头。"20 年代以后，教会学校的发展速度有所减慢。到1926 年，教会学校 15000 所，其中大学 16 所，学生约 3500 名。"② 与1919 年相比，8 年间教会大学仅增 2 所，教会学校总数增加 2000 所，较之 20 世纪 20 年代以前，其发展速度明显放慢。应该说，教会学校发展放缓有着多种因素，但民国前期教育部在这一时期的努力无疑是其中重要因素之一。

综上所述，在中国社会尚处于半殖民地社会、教育主权遭到严重侵犯的民国前期，教育部虽然处在动荡的政局之中，依然为收回教育主权作出了一定的努力，只是囿于各方面因素，其前期的努力并未取得明显的成效，后期的努力则产生了较为积极的影响。其一，教育部对收回教育主权作出了系列努力。民国成立以后，教育部在全面规划教育事业的

① ［美］吴小新：《北京辅仁大学——天主教本笃会时期的个案研究》，张晓明译，珠海出版社 2005 年版，第 61—64 页。

② 《中华基督教教育会会报》第 14 期，1926 年。转引自卫道治主编《中外教育交流史》，湖南教育出版社 1998 年版，第 188—189 页。

同时，对独立存在于既有教育体制之外的教会学校也予以关注，也曾派出人员对日本进行考察，但由于因袁氏厉行专制而对外屈服，因而对教会学校的动作仅发生于少数总长任内，且多停留在调查和统计等准备阶段，并未形成相关政策。帝制之后，教育部肩负着全面恢复和发展教育事业的重任，范源濂在前段时期内对教会学校进行调查的基础上，本着扩充教育事业的思路，出台相关注册政策试图把教会学校纳入现有国家教育体制之内。随着新文化运动的深入开展和五四运动的爆发，国内民族主义高涨，教育部出台的政策经历了由宽松向严厉的转变。1924 年收回教育权运动的兴起，教育部并没有主动参与，但出台《外人捐资设学认可办法》，一定程度上顺应了收回教育权运动的潮流，不仅对教会学校产生了行政上的压力，也对此后开始的教会学校注册工作产生了实际上的指导作用。其二，教育部的努力在各种消极因素的影响下受到严重干扰。初期因为政局变化，针对教会学校的工作难以持续进行。此后由于教育总长的频繁更迭，加上军阀政府本身受西方列强的控制，多数总长仅着眼于既有教育事业的筹划和推进，而对教会学校退避三舍，使得教育部针对教会学校所做的努力多发生在范源濂等少数几位总长任内，政策的不连续直接削弱了中央教育行政的威力，成为教会学校注册工作在前期未能进行的重要因素。其三，教育部收回教育主权的努力屡屡受挫的根本原因是中国的半殖民地国家地位。国家主权尚且遭凌，教育主权安能幸免。民国前期，中国的经济命脉牢牢控制在西方列强之手，统治集团也不得不依附于西方列强以巩固政权，文化上也呈现出彼强我弱的态势，教育主权被侵犯是这一国家地位的反映，纵然执掌全国教育大业的教育部有所举动，也很难从根本上扭转这一局面。其四，依靠民众力量推动教育主权的回收是教育部收回教育主权的努力过程中得到的重要历史经验。虽然中国半殖民地国家地位根本上限制了教育部收回教育主权的努力，但我们也要看到广大民众有着改变这一现状的巨大能量。前期教育部的诸项努力没能取得明显进展，与当时国人对教会学校不太重视的态度有关。正是民族主义高涨之下非基督教运动及收回教育权运动的相继兴起，才为教育部对教会学校采取行动提供了强大助力，也真正推动了这一工作的实质性进展。

下篇小结

　　民国前期是中国教育近代化进程不可或缺的发展阶段。作为全国最高教育管理部门，负有组织、领导全国教育事业之责，因而其在各个方面推进教育事业发展的过程较为全面地反映了中国教育近代化图景，其在各方面取得的成效体现了中国教育近代化的成就。

　　教育部对教育制度体系中居基础性地位的学制极为重视。民国后，新成立的教育部即将学制的制订作为中心工作，通过邀请专家到部讨论、在报刊公布草稿征求意见、召开全国教育会议等民主决策方式，最终完成《壬子癸丑学制》的制订。由于这一时期教育界留日学生仍占主导地位和国内整个形势的影响，因而《壬子癸丑学制》依然带有明显的日本色彩，但对封建因素的清除和旧有弊端的矫正，使这一学制适应了民初政体过渡的特殊需要，有力地保障了民初教育事业的恢复和发展。此后因政治、经济及教育的发展变化，教育部先后设立学制调查会和教育调查会研究学制改革问题，并对《壬子癸丑学制》进行局部调整，保持了学制整体近十年的稳定。应该说《壬子癸丑学制》的制定、修订和较长时间保持稳定都离不开教育部的努力。五四前后，欧美留学生大批归国，欧美学制特别是美国学制被引入中国，学制改革的呼声渐强。此时的教育部却身陷政治旋涡，没能对学制改革作出及时反应，直至第七届全国教育会联合会形成的学制议决案并未呈请报部，才使其感到在新一轮学制改革中有被边缘化的危险，遂主动召集全国学制会议，以行政之力推动了1922年学制的颁布和实施。教育部在《壬戌学制》制定中的尴尬处境，是其在中央政府和教育界之间两难处境的真实反映，但也说明处在艰难处境中的教育部依然对学制建设作出了努力。

　　义务教育担负着提高国民整体素质、巩固共和国基的重任，也是教育部始终予以重视并全力推动的教育事业。初期，教育部在学制中规定初等小学四年为义务教育，并陆续出台一系列法令规程，对初等小学入学年限、学校设置、课程标准及管理权限、经费筹措进行了规定，使这一时期义务教育有了可资依据的规范而获得了迅速发展。袁世凯控制全国之后，为加强专制统治，也十分注重教育事业，重点推进义务教育和为义务教育提供师资的师范教育，教育部以颁布和实施义务教育施行程序为中心，通过政治宣示、建立和完善各项制度，形成了较为完善的义务教育推进体系。由于受到帝制冲击下的行政转向的冲击和教育经费的困窘支绌，这一时期的义务教育实际发展相较民初陷入低谷。帝制失败后，教育部承继和修正原有的各项制度，重新进行了新一轮推进义务教育的努力，使其出现了较为迅速的发展势头，但由于各省区财政拮据和各自为政，这种发展势头主要集中于山西等少数几个省份，全国范围内的推进情形并不乐观。1920 年前后，在全国呼吁推进义务教育的情况下，教育部借鉴山西省义务教育推进经验，以分期筹办义务教育计划为中心，掀起了第三轮推进义务教育的努力。此后教育部在动荡时局中始终注意义务教育的发展，直至北洋政府临近垮台依然坚持。只是囿于政局动荡、军争不断，此次努力也收效甚微。总之，我们看到教育部对于义务教育非常重视，先后三次进行了系统性努力，使义务教育在民初及帝制失败后的一段时期里取得了较为显著的成效，但这一时期动荡的社会局势、持续不断的军事纷争以及频繁发生的天灾，使义务教育的发展难有强大的支撑力度，致使教育部诸项举措等同具文，其所做的努力多沦为表面文章。

与学制制定及义务教育的推进力度相比，这一时期教育部对社会教育的推进则显得虎头蛇尾，但在社会教育行政地位的确立、社会教育制度建设及相关的推进举措等方面不无创新之处。初期在蔡元培和范源濂的持续努力下，不仅把社会教育置于与学校教育等同的地位，而且实现了社会教育的制度化建设，创造性地在中央设立专门管理机构，并逐步建立和完善三级社会教育行政体制和监督体制，为社会教育的推进提供了组织基础和行政保障。在袁世凯统治时期上任的进步党人，借鉴日本通俗教育的做法建立了通俗教育为主的社会教育制度体系，并形成了社会教育以通俗教育为中心、通俗教育以通俗讲演为先行的推进体系，使这一时期通俗教育诸项设施得以迅速进行，图书馆、博物馆等社会文化事业设施也得到一定的发展。由于社会的动荡，社会教育虽然行政上取得独立地位，各项制度体系也逐渐建立，但经费短缺和社会认识不足使实际推进困难重重，教育部努力推进也仅在蔡元培、范源濂、汪大燮、张一麐等总长任内，其他总长任内有的尚能有所规划，其余则根本无所措手，因而各项社会教育设施的建立虽有一定的成绩，但并未得到持续地进行，而且经费短缺之下其运行情况不容乐观。五四运动后，平民主义思潮激荡，一批怀抱救国热情的知识分子把目光投向平民教育，成为社会教育的新发展形式。由于部内外各方面因素的影响，教育部丧失了对平民教育的主导权，原有社会教育设施建设虽有进行，但进展缓慢。即使如此，教育部仍然对平民教育作出了一定的回应。

　　发轫于清末的国语运动，是国人面临内忧外患顺应世界潮流、促进国内交流、增强民族意识的图存之举。作为社会文化事业的重要组成部分，民国前期教育部在推进国语运动方面深受文化变革和政治冲突的影响，既有努力积极推进的一面，又有倒退阻碍的一面，表现出了文化冲突对教育部行政的影响，也体现了文化领域近代化进程的反复。初期，教育部因应共和政治下对教育普及、文化普及的时代要求，将国语运动纳入中央教育行政职能之内加以推进。在"统一国语以统一语音为先"思路的指导下，通过成立读音统一会，大力延揽社会力量参与，产生了注音字母与国音汇编草案两大成果，实现了教育部的预期目标。但在袁世凯大肆推行尊孔政策、逐步加强专制统治的环境影响下，教育部也奉行尊孔，在教育领域推行"节录经文"的政策，对与之相背离的国语运动敷衍推诿，致使推进工作陷于中断。新文化运动的兴起及帝制的失败使国语运动再度迎来发展的契机。教育部一面支持读音统一会继续活动，另一方面组织人员积极鼓吹文字改革并推进国语研究会的成立。在国语研究会的推动下，成立了教育部直属的国语统一筹备会，从而实现行政与民间力量的声气相通，借助于这两大平台，教育部最终促成了国语运动与文学革命的合流，由此形成了全面推进国语运动的良好局面。教育部以推进国语教育为中心，通过培养国语师资、改国民学校国文科为国语科、加快教科书建设及出台相关奖励办法，推动了国语运动的发展。此外，教育部还积极与内务部合作对文化出版事业加以规范，加快国语在其他领域的普及，使国语运动不仅在教育领域得到迅速发展，而且对社会文化事业也产生了巨大影响。随着北京政府与南方革命力量冲突加剧，为对抗文化教育领域中革命力量的影响，封建军阀开始支持教育领域的复古做法，教育部也开始鼓吹废除白话文和恢复读经，虽然国语统一筹备会人员也有过抵制活动，但终未能阻止这一趋势的发展，国语运动在北京政府末期的发展遭到中央教育行政的遏制。

教会学校的存在和发展严重侵犯了国家教育主权，是民国前期中国半殖民地半封建社会性质在教育领域的反映，收回教育主权成为中国教育近代化的重要内容。初期教育部对教会学校的存在并没有予以忽视，不仅派人考察日本政府对教会教育的相关对策，还通电各省对各地外国人所设学校进行过调查，以备决策之准备，但由于总长更迭频繁等原因，这一行动仅限于调查统计阶段，未能形成相关法令规程。袁世凯帝制失败之后，教育事业亟待整顿，教育部开始对教会学校有所动作，先从扩充教育的角度出发给予教会学校较为宽容的注册机会，继之又出台限制教会学校宗教活动的严厉措施。五四运动后，民主和科学思想大张，加之巴黎和会上外交受辱，国内民族主义高涨，反对外国侵略收回国家利权成为国人的政治诉求，全国上下兴起了声势浩大的收回教育权运动。教育部因应形势的发展，先是在国民党人马叙伦任内开始限制教会学校的毕业生，继而拟定外人设学认可办法六条，并通过发布通告令各省付诸实施。此举也刺激了南方国民党政权出台更为激进的措施，客观上形成了南北政府的相互呼应，对教会学校产生了强大威慑。虽然此后北洋政府迅速走向覆亡，但教会学校已经在南北各地开始向中国政府注册，此前教育部所做的努力取得了一定成效。

在国难深重、社会动荡的民国前期，教育部不仅坚持推进学制等基础性教育制度的建设，而且对学校教育事业也进行了比较持续的努力，对社会教育的推进也有创造性的举措，对国语运动的推进在社会文化领域产生了重要影响，在收回教育主权方面也作出了一定的努力，这些都从不同方面推动了教育近代化不同程度的进展。

第十章 结语

民国前期的 17 年，是近代以来西方对中国的影响进一步加深的重要时期，也是中国社会推翻帝制、尝试建立共和制度的转型时期。这一时期，中国政治、经济、文化等领域都发生着深刻和激烈的变革，整个社会呈现出新旧交错、中西交汇的复杂态势。这种社会现状既为中国教育的近代变革提供了难得的历史契机，也为这种变革营造了错综复杂的外部环境，决定了这一时期的中国教育变革充满艰难和曲折。作为国家最高教育行政机构的民国前期教育部，正是在这样的历史舞台上扮演着推动中国教育近代化主角的同时，实现着自身的近代化，当然，这一过程面临着各种困境，历经曲折而充满无奈。

第一节 中国教育行政近代化视野下的民国前期教育部

中国近代教育行政的发展历程，如同其他社会事业一样，离不开借鉴西方的历史趋势。它是近代学人学习和借鉴西方，变革传统教育行政模式，建立适应近代教育事业发展的新型教育行政模式的历史进程。这一历史进程的序幕是 19 世纪 60 年代拉开的，民国前期教育部既是前此近半个世纪教育行政近代化的产物，又是这一时期中国教育行政近代化的主要推进力量。这一推进过程是以教育部自身的近代化为中心展开的。

近代以前，无论是东方还是西方，教育管理职能都未能获得独立地位，在中国表现为政教合一，在西方表现为神权一统。在西方，随着文艺复兴运动的兴起，宣告了神权统治的终结，教育重心出现下移，由精英化走向普及化。工业革命的发生标志着以大机器生产为特征的近代社会的开端，知识成为国家富强的决定性力量，教育的地位有了实质性的提升，其专门化发展趋势日益明显，从国家层面设立专门机构对教育进行统筹规划和有效推进成为历史发展的必然。在西方潮流裹挟之下启动的中国教育行政近代化，在开始之时即受到这种发展方向的影响。晚清学部的成立宣告了中国传统的政教合一教育行政体制的终结，中央政府一级第一次设立了专门的教育管理机构，在中国教育行政近代化进程中具有里程碑式的意义。辛亥革命后教育部的成立使这种独立地位得到进一步确认，中央教育行政部门的独立行政权得到进一步发展。民初教育部成立之后，努力吸收东西方各国教育行政经验，使其职能范围在学部基础上有了进一步的创新和发展。中央教育行政职能的专门化及其范围的扩充，既是适应教育发展实际需要的应时之举，也是教育行政近代化的题中应有之义。

为确保中央教育行政职能的有效实施，对其进行细化并设置相应的机构成为保障职能的关键，也是中国教育行政近代化的重要内容，民国前期教育部在这些方面作出了有益的尝试。近代西方国家机构的建设与工业革命后大机器生产的组织形式密不可分，更与近代以来各项社会事业日益专门化的走向相关，在具体机构设置上普遍采用层次明确、分工合理的科层制架构，这种制度上的特点对此时期教育部的机构设置产生了重要影响。晚清学部即是仿照日本文部省的成例建立了初具科层制雏形的内部机构体系，只是受传统官僚制度的束缚，又存在着叠床架屋式的冗杂现象，使机构运转和工作效率大受影响。民初教育部成立之后，在承继和借鉴学部经验的基础上有所创新。先是设立了较为精简的主体机构，并把社会教育置于与学校教育同等的地位而单独设置社会教育司，实现了中国教育行政部门机构设置的重大创新。再是设立各类附属机构为民间力量参与教育行政搭建平台，是共和政治在机构设置上的直接体现。历经曲折最终形成的包括中央、省级及县（市）级在内的三级教育行政体制，是中国教育行政近代化的标志性成果之一。在此基础上，教育部还逐步出台了机构运行的各项制度，规范了日常运行。这些都凸显了民国前期教育部借鉴东西方之经验结合本国实际在机构设置上所做的努力，使专门职能的实施有了可靠的保障，为中央教育行政活动的开展和政策法令的执行提供了机构前提。当然，从另一方面来看，民国前期教育部虽然在机构设置上取得了上述进展，但由于这一时期的政局动荡、经费掣肘、人事纷纭等原因，不仅教育部机构的设置一再延滞，而且其运转也不时受到干扰，地方教育行政机关更被屡屡架空，致使上述成果未能发挥出应有的作用，一定程度上影响了教育部职能的实施。

职能的实施和机构的运作，其主体是人，教育近代化说到底离不开人的近代化、特别是人的观念的近代化，这在教育行政领域也不例外。为保证和提升各级工作人员的基本素质，这一时期教育部进行了颇有成效的努力。民初在蔡元培掌部期间确立的正确的用人原则，奠定了教育部的人事基础，不仅在一定程度的改变了封建社会官场用人的潜规则，彰显了民国共和政治的新气象，而且对整个民国前期的教育部人事产生了积极和深远的影响。这一时期教育部一定程度上能够独立于政治纷争之外，虽历乱局仍能有所作为，实有赖于此。其次是建立了较为完善的人员聘用规则，对各级人员的升迁及新进人员的聘用资格作出了明确规定，事实上这些规则也得到了一定程度地遵守，使这一时期的教育部员素质大体得到保障，这种状况在社会局势变幻莫测、行政主官频繁更迭的局面下尤显难能可贵。再者在教育决策方面，完善了有关议事规则，初步确立了民主决策方向，从而营造了部内良好的决策氛围，有利于部员积极性和主动性的发挥。同样的原因，这些人事组织方面的成就也深受政局动荡的困扰，集中表现在行政主官的频繁更迭，由此导致用人原则屡被打破，人事制度未能得到严格执行，行政效率及部中风气都受到不利影响，从而导致这一时期教育行政近代化进程中的诸多曲折。

总之，民国前期教育部在自身职能的界定和扩充、机构的设置和运作、决策议事程序的确立和人事任用原则的形成等方面相对于晚清学部而言，既有承继也有创新，总体上创新大于承继，大大地推进了中国教育行政近代化进程，不仅对于当时的教育行政活动有着积极的意义，而且对此后的中国教育行政产生了重要影响。只是囿于时代环境的限制，这种积极意义在当时未能得到全面显现。

第二节　中国教育近代化视野下的民国前期教育部

一部中国教育近代化史，即是一部近代国人学习和借鉴西方先进教育思想、制度和实践，结合国内实际对传统教育进行全面改造的历史。这一历史进程推动力量多元，过程复杂曲折，内容丰富多彩。民国前期教育部作为国家最高教育行政管理机关，在这一时期中国教育近代化进程中居于十分重要的地位，它的一系列举措对中国教育近代化进程发挥了不同程度的推动作用。

健全的教育方针和制度体系是一个国家教育事业发展的根本保障，民国前期教育部为此作出了积极的努力并取得了显著成果。首先是确立民国教育宗旨。民国初年教育部颁布了充满民主色彩的五育并举的教育方针，虽然此后有所变更和调整，但除袁氏教育宗旨的短暂冲击之外，总体上保证了民国教育发展的方向。其次是教育部参与两部学制这一基础性制度的制订、颁布和调整，并以此为基础逐步推进教育制度建设。清末随着新式教育的发展壮大，晚清政府先后颁布和实施的《壬寅学制》和《癸卯学制》，一定程度上适应了这一时期教育发展的要求。民初教育部成立后即开始全面清除原有学制中的封建影响，制订了适应共和政体的《壬子癸丑学制》，并在此基础上逐渐建立了较为完善的民国教育制度体系。此后教育部根据教育发展实际对此学制进行了多次调整，保证了教育事业的稳定发展。在新一轮学制改革的浪潮中，虽受困于频繁动荡的政局，但教育部尽可能地参与新学制的制订，并在其实施及调整中起了重要的作用，也对相应的教育制度进行了修正。第三是在教育制度建设过程中进行了民主化尝试。通过召开各种形式的全国性教育专门会议集中各界人士之智慧，筹划全国教育发展大计，大大激发了教育界人士的参与意识。可以说，这一时期教育界人士参与讨论事关教育大政方针决策的广度与深度，从清末到民国的半个世纪中唯此为盛，有力地推进了教育制度建设进程。

衡量教育近代化程度高低的一个基本标准是各级各类教育事业发展的实际状况，这也是一个国家教育行政水平的具体体现。民国前期教育部为推动这一时期教育事业的发展作出了可贵的努力，虽然总体上难言系统和全面，但仍然在一些重要领域取得了明显的成效。这一努力首先表现在对学校教育事业的推进上。以义务教育为例，民国前期教育部从提高国民素质、巩固共和国基的高度出发，对义务教育非常重视，无论是初期对义务教育的全面筹划，袁世凯时期的系统推进，还是此后动荡时局下的坚持，可以说，终其存在的整个时期，始终对这一问题没有懈息。其次是推进的思路和方法比较符合实际。在义务教育的推进过程中，坚持分期推进的思路和划区实施步骤，在当时国家经济不振、区域差异悬殊之下，这些举措有着较强的现实性和可行性，并确实在某些省份取得了较好的成效。最后在学校教育经费的筹措方面，教育部努力采取措施以资维持，在制定明确的政策规定由地方政府承担义务教育经费的同时，积极争取中央补助及推动民间捐资以缓解经费压力，对义务教育发挥了积极的作用。当然，尽管教育部为推进义务教育等学校教育事业作出了不懈努力，其思路、方法及途径也多有可圈可点之处，但由于全国政局持续动荡，军费开支居高不下，教育经费左右支绌，总体而言取得的成效并不明显。

实现普及教育、提升国民整体素质是近代无数志士仁人追求的世纪理想。民国前期教育部在这方面也进行了可贵的尝试，其中不乏创新之举，集中表现在社会教育上。发源于西方的近代社会教育有别于我国传统的社会教化，它已经成为学校教育事业的重要补充，是提升国民整体素质、实现国家富强的重要途径。近代以降，社会教育思想通过日本影响着中国。清末学部借鉴日本通俗教育的推进思路进行了初步的尝试，但总体而言层次低、规模小、影响不彰。这种状况在民国前期教育部的努力下得到较大改观。教育部在中央行政层面将社会教育正式纳入，从而改变了清末地位较低的状况，为社会教育事业的推进提供了坚实的基础。把社会教育作为推进教育普及、提高国民素质的重要手段，将其提升到巩固共和国基的政治高度，是结合中国实际对社会教育观念的一大更新。在具体的推进过程中，又根据国民经济水平及民生实际，采取了较为灵活的制度和形式，从而无论在整体推进程度还是影响范围方面应该说取得了较清末远为明显的成效。当然，我们也要看到，由于近代社会教育理念尚未被国人普遍接受，社会教育经费难以得到切实保障，致使教育行政部门的推进力不从心。新文化运动、五四运动后民间力量推动下的平民教育风起云涌，成为社会教育发展的新形式。面对此种形势，教育部也进行了一些努力，参与推动平民教育的发展，显示出应时顺变的一面。

民国之后逐渐兴起的国语运动其影响和意义远远超出了"教育事业"的范围。民国前期教育部自觉地把国语运动纳入自己的工作日程，在推进国语运动的过程中，其思路、途径和方法都产生了积极作用。国语运动是近代国人面临内忧外患在语言文字领域奋发图存的表现，它旨在促进言文一致，实现教育普及、增强民族凝聚力。这一运动在清末已拉开序幕，但仅限于民间力量的推进，尚未得到国家层面政策的支持。这种局面在民国前期教育部的努力下有了大的改观。教育部一开始就对国语运动的重要性有着清醒的认识，自觉把推进国语运动纳入中央教育行政职能范围，并成立专门机构以领导这一事业的进行。在新文化运动和五四运动的文化变革大潮中，教育部又充分借重文化界力量，从全国最高教育行政机构的角度，适时地发布相关政策，体现政府的意志，推进学校的国语教育及国语在社会各领域的运用，有力地推进了语言文字近代化进程，对教育及社会文化事业都产生了重要和深远的影响。在传统势力依然根深蒂固的现实环境中，教育部推进国语运动的努力不仅在社会上遇到重重阻力，其内部也几度出现反复甚至一度走向运动的反面，这既说明教育事业的推进深受文化观念变革的影响，同时也说明教育部推进国语运动的过程充满了曲折和艰辛。

近代以来教会学校在中国的产生和发展，是中国半殖民地社会性质的体现，严重侵犯了中国教育主权。收回教育主权是中华民族寻求国家独立、民族解放在教育领域的正义诉求，是中国教育近代化的重要内容，也是中央教育行政部门义不容辞的责任。清末学部时期，由于晚清政府的腐朽和媚外，对教会学校采取消极政策，实际上放任其发展。民国成立后，教育部一改晚清学部消极应对的态度，转而采取较为积极的态度并出台了一系列的政策和举措。虽然初期并没有收回教育主权的自觉意识，仅出于把教会学校纳入中国既有教育体制以扩充教育的动机，但教育部各种举措的出台还是给教会学校带来一定的压力。随着新文化运动的深入和五四运动的爆发，教育部在高涨的民族主义意识的驱动下进一步对教会学校采取强硬措施，直至在收回教育权运动大潮中出台《外人捐资设立学校请求认可办法》，实质性开启了收回教育主权的进程，取得了显著成果，并对南京国民政府成立后相关法令政策的出台产生了积极的影响。

总之，在民国前期的十七年间，教育部在教育方针的制定、学制演变、义务教育、社会教育、国语运动及收回教育主权等方面，既有主动施政、作出重要贡献的一面，也有被动消极、无所作为的一面，前者体现的是一个全国教育事业领导者和推进者的角色，后者则反映了这一角色所面临的重重困境。说到底，这也是这一时期中国教育近代化曲折发展的写照。

任何事物的存在和发展都是时代的产物，民国前期教育部也不例外。这种时代性既是其发展的动力所在，又在根本上决定了其发展的范围和程度，内在的主动性只能在这种历史规定性内发生一定的作用。在中国教育由传统走向近代的重要历史时期，民国前期教育部努力进行自身建设和推进教育行政近代化的同时，积极筹划和推进各项教育事业，从不同层面加快了中国教育行政近代化和中国教育近代化的步伐，丰富了中国教育近代化的内涵，体现了适应时代要求的一面，它所发挥的历史作用和提供的正反两方面经验教训为后人留下一份宝贵的遗产。但在积贫积弱的民国前期，受内外环境各种消极因素的制约，教育部的许多努力在当时并未能取得预期成效，其自身甚至数度沦为教育近代化的障碍，对这种时代局限性我们也要有足够的认识。

参考文献

一 基本史料、资料汇编类

蔡鸿源编：《民国法规集成》，黄山书社 1999 年版。

陈瑞芳等编：《北洋军阀史料选辑》，天津古籍出版社 1996 年版。

陈学恂主编：《中国近代教育大事记》，上海教育出版社 1981 年版。

陈学恂主编：《中国近代教育史教学参考资料》，人民教育出版社 1987 年版。

陈元晖等主编：《中国近代教育史资料汇编》，上海教育出版社 2007 年第二版。

陈源蒸、张树华、毕世栋编：《中国图书馆百年纪事（1840—2000）》，北京图书馆出版社 2004 年版。

丁致聘：《中国近七十年来教育纪事》，国立编译馆 1935 年版。

广州市政协文史资料研究委员会编：《广州近百年教育史料》，广东人民出版社 1983 年版。

经世文社编：《民国经世文编·教育》，文海出版社 1987 年版。

李楚材辑：《帝国主义侵华教育史资料·教会教育》，教育科学出版社 1987 年版。

李希泌、张椒华编：《中国古代藏书与近代图书馆史料》，中华书局 1982 年版。

刘成禹：《洪宪纪事诗本事簿注》，文海出版社 1971 年版。

刘寿林编：《辛亥以后十七年职官年表》，中华书局 1966 年版。

刘真主编：《留学教育：中国留学教育史料》，国立编译馆 1980 年版。

龙伟：《民国新闻教育史料选辑》，北京大学出版社 2010 年版。

民国教育部教育年鉴委员会编：《第二次中国教育年鉴》，商务印书馆 1948 年版。

民国教育部教育年鉴委员会编：《第一次中国教育年鉴》，开明书店 1934 年版。

全国图书馆文献缩微复制中心编：《民国教育部文牍政令汇编》，全国 图书馆文献缩微复制中心 2004 年版。

荣孟源、章伯锋主编：《近代稗海》，四川人民出版社 1985 年版。

商务印书馆编：《民国教育新法令》，商务印书馆 1912—1917 年发行。

神州编译社年鉴编辑部编：《民国二年世界年鉴》，神州编译社 1913 年 印行。

沈云龙主编：《近代中国史料丛刊三编第 100—108 辑：中华民国教育法 规汇编》，文海出版社 1986 年影印版。

沈云龙主编：《近代中国史料丛刊续编第 493 辑：京师译学馆校友录》， 文海出版社 1986 年版。

沈云龙主编：《中国近代史料丛刊三编第 100—108 辑：全国教育行政会 议各省区报告汇录》，文海出版社 1986 年版。

沈云龙主编：《中国近代史料丛刊三编第 97 辑：教育部行政纪要》，文 海出版社 1986 年版。

石峻主编：《中国近代思想史参考资料简编》，生活·读书·新知三联 书店 1957 年版。

舒新城编：《近代中国教育史料》，人民教育出版社 1961 年版。

宋恩荣、章咸选编：《中华民国教育法规选编》，江苏教育出版社 2005 年版。

宋原放主编：《中国出版史料》，山东教育出版社 2001—2006 年版。

邰爽秋等合选：《历届教育会议议决案汇编》，教育编译馆 1935 年版。

陶士偰修，刘湘煃纂：《中国地方志集成》，江苏古籍出版社 2001 年版。

王铁崖编：《中外旧约章汇编》，生活·读书·新知三联书店 1957 年版。

王学珍、郭建荣主编：《北京大学史料》，北京大学出版社 2000 年版。

文字改革出版社编：《1913 年读音统一会资料汇编》，文字改革出版社 1958 年版。

辛亥革命武昌起义纪念馆、政协湖北省委员会合编：《湖北军政府文献资料汇编》，武汉大学出版社 1986 年版。

薛绥之主编：《鲁迅生平史料汇编》，天津人民出版社 1983 年版。

张国福选编：《参议院议事录、参议院议决案汇编》，北京大学出版社 1989 年版。

中国第二历史档案馆编：《中华民国史档案资料汇编》（第三辑·教育），江苏古籍出版社 1991 年版。

中国第二历史档案馆编：《中华民国史档案资料汇编》（第三辑·文化），江苏古籍出版社 1991 年版。

中国第二历史档案馆编：《中华民国史档案资料汇编》（第三辑·政治），江苏古籍出版社 1991 年版。

中国第二历史档案馆编：《中华民国史档案资料汇编》（第一、二辑），江苏古籍出版社 1991 年出版。

中国基督教教育调查会编纂：《中国基督教教育事业》，商务印书馆 1922 年版。

中国社科院近代史研究所近代史资料编辑部编：《近代史资料》，中国社会科学出版社 1988—2011 年版。

中华民国史事纪要委员会编：《中华民国史事纪要》（初稿），中华民国史料研究中心 1974 年印行。

中央教育科学研究所编：《中国现代教育大事记（1919—1949）》，教育科学出版社 1988 年版。

朱有瓛主编：《中国近代学制史料》（第三辑），华东师范大学出版社 1990 年版。

朱有瓛主编：《中国近代学制史料》（第四辑），华东师范大学出版社 1993 年版。

［日］多贺秋五郎编：《近代中国教育史料》，文海出版公司 1976 年版。

二　报纸杂志类

《晨报》（1916—1928）

《大公报》（1902—1966）

《大中华杂志》（1915.1—1917.1）

《东方杂志》（1904.3—1948.12）

《国语月刊》（1922.3—?）

《甲寅》（1914.5—1927.2）

《教育丛刊》（1919.12—1926.4）

《教育公报》（1914—1927）

《教育杂志》（1909.1—1948.12）

《临时政府公报》（1912.1—1912.4）

《民国日报》（1916.1—1948）

《民立报》（1910.10—1913.9）

《申报》（1872—1949）

《时事新报》（1907—1929）

《现代评论》（1924.12—1928.12）

《新教育》（1919.2—1925.10）

《新教育评论》（1925—1929）

《新青年》（1915.9—1922.7）

《庸言》（1912.12—1914.6）

《政府公报》（1912.5—1928.6）

《中华基督教教育季刊》（1925—1941）

《中华教育界》（1912.1—1950.12）

三　专著、文集类

《胡适全集》，安徽教育出版社 2003 年版。

《鲁迅全集》，人民文学出版社 2005 年版。

《陶行知全集》，湖南教育出版社 1984 年版。

《张謇全集》，江苏古籍出版社 1994 年版。

《章士钊全集》，文汇出版社 2000 年版。

《章太炎全集》，上海人民出版社 1982—1986 年版。

《中国新文学大系·建设理论集·导言》，良友图书印刷公司 1935
　年版。

白光耀编：《中国近代学校教育》，北京科学技术出版社 2005 年版。

白蕉：《袁世凯与中华民国》，中华书局 2007 年版。

北京师范大学校史编写组编：《北京师范大学校史》，北京师范大学出版社 1984 年第 2 版。

柴德赓、荣孟源等编：《辛亥革命》，上海人民出版社 1957 年版。

常导之编：《教育行政大纲》，中华书局 1930 年版。

陈宝泉：《退思斋诗文存》，文海出版社 1970 年版。

陈宝泉：《中国近代学制变迁史》，文化学社 1928 年版。

陈洪捷：《德国古典大学观及其对中国大学的影响》，北京大学出版社 2002 年版。

陈景磐：《中国近代教育史》，人民教育出版社 1979 年版。

陈景磐：《中国近代教育史》，人民教育出版社 1983 年版，1995 年重印。

陈明远：《文化人与钱》，百花文艺出版社 2001 年版。

陈青之：《中国教育史》，中国社会科学出版社 2009 年版。

陈旭麓：《近代中国社会的新陈代谢》，上海人民出版社 1992 年版。

陈旭麓：《中国近代政派及其思想》，上海人民出版社 1987 年版。

陈学恂主编：《中国教育史研究·现代分卷》，华东师范大学出版社 1994 年版。

陈翊林：《最近三十年中国教育史》，太平洋书店 1932 年版。

陈元晖：《中国现代教育史》，人民教育出版社 1979 年版。

程燎原：《清末法政人的世界》，法律出版社 2003 年版。

程斯辉：《中国近代教育管理史》，武汉工业大学出版社 1989 年版。

程湘帆编：《中国教育行政》，商务印书馆 1930 年版。

程谪凡：《中国现代女子教育史》，中华书局 1936 年版。

戴逸：《中国近代史稿》，中国人民大学出版社 2007 年版。

董宝良、周洪宇主编：《中国近现代教育思潮与流派》，人民教育出版社 1997 年版。

董守义等编译：《日本与中国近代教育》，辽宁教育出版社 1993 年版。

杜成宪、邓明言：《教育史学》，人民教育出版社 2004 年版。

杜春和编：《张国淦文集》，燕山出版社 2000 年版。

方秉性编辑，汪懋祖校正：《中国教育史》，浙江印刷公司 1937 年版。

冯开文：《中华民国教育史》，人民出版社 1994 年版。

复旦大学校史编写编：《复旦大学志》（第一卷：1905—1949），复旦大学出版社 1985 年版。

高明士：《中国教育史》，台湾大学出版中心 2004 年版。

高时良主编：《中国教会学校史》，湖南教育出版社 1994 年版。

耿云志主编：《近代中国文化转型研究丛书》，四川人民出版社 2008 年版。

古楳：《现代中国及其教育》，中华书局 1936 年版。

顾长声：《传教士与近代中国》，上海人民出版社 1981 年版。

顾树森：《中国历代教育制度》，江苏人民出版社 1981 年版。

关晓红：《晚清学部研究》，广东教育出版社 2000 年版。

广少奎：《重振与衰变：南京国民政府教育部研究》，山东教育出版社 2008 年版。

郭秉文：《中国近代教育制度沿革史》，商务印书馆 1922 年版。

郭剑林主编：《北洋政府简史》，天津古籍出版社 2000 年版。

郭廷以：《近代中国史纲》，中国社会科学出版社 1999 年版。

郭为藩主编：《中华民国开国七十年之教育》，广文书局 1981 年版。

何静梧、龙尚学主编：《贵阳人物续》，贵州教育出版社 1996 年版。

侯宜杰：《二十世纪初中国政治改革风潮》，人民出版社 1993 年版。

胡逢祥：《社会变革与文化传统——中国近代文化保守主义研究》，上海人民出版社 2000 年版。

胡平生：《民国初期的复辟派》，台湾学生书局 1985 年版。

胡绳：《从鸦片战争到五四运动》，人民出版社 1981 年版。

胡卫清：《普遍主义的挑战：近代中国基督教教育研究（1877—1927）》，上海人民出版社 2000 年版。

黄美真、郝盛潮主编：《中华民国史事件人物录》，上海人民出版社 1987 年版。

黄仁贤：《中国教育管理史》，福建人民出版社 2003 年版。

黄远生：《远生遗著》，文海出版社 1968 年版。

黄远庸：《少年中国之自白·远生遗著》，商务印书馆 1924 年版。

黄志成、程晋宽：《教育管理论》，上海教育出版社 2001 年版。

江铭主编：《中国教育督导史》，人民教育出版社 1994 年版。

姜国钧：《中国教育周期论》，北京大学出版社 2005 年版。

姜克夫：《民国军事史略稿》，中华书局 1987 年版。

姜琦、邱春：《中国新教育行政制度研究》，新时代教育社 1927 年版。

姜书阁编著：《中国近代教育制度》，商务印书馆 1933 年版。

蒋梦麟：《过渡时代之思想与教育》，商务印书馆 1933 年版。

金林祥：《思想自由兼容并包：北京大学校长蔡元培》，山东教育出版社 2004 年版。

金以林：《近代中国大学研究：1895—1949》，中央文献出版社 2000 年版。

康永久：《教育制度的生成与变革》，教育科学出版社 2003 年版。

来新夏等：《北洋军阀史》，南开大学出版社 2000 年版。

来新夏主编：《北洋军阀史稿》，湖北人民出版社 1983 年版。

雷国鼎：《中国近代教育行政制度史》，教育文物出版社 1983 年版。

雷晓云：《中国高等教育制度变迁及其文化透视》，华中科技大学出版社 2007 年版。

黎锦熙：《国语运动史纲》，商务印书馆 1934 年版。

李才栋、谭佛佑、张如珍、李淑华主编：《中国教育管理制度史》，江西教育出版社 1996 年版。

李桂林：《中国现代教育史》，吉林教育出版社 1991 年版。

李海云：《新教育中国化运动》，社会科学文献出版社 2009 年版。

李弘祺：《中国教育史英文著作评介》，台湾大学出版中心 2005 年版。

李华兴主编：《民国教育史》，上海教育出版社 1997 年版。

李剑农：《中国近百年政治史》，复旦大学出版社 2002 年版。

李喜所：《近代中国的留学生》，人民出版社 1987 年版。

李喜所：《中国留学史论稿》，中华书局 2007 年版。

李新等主编：《中华民国史》，中华书局 1981 年版。

李新主编：《中华民国史》，中华书局 2011 年版。

李忠：《中国教育史研究问题的反思与应对》，山东教育出版社 2008 年版。

梁柱：《蔡元培与北京大学》（修订本），北京大学出版社 1996 年版。

林子勋：《中国留学教育史（1847—1975）》，华冈出版有限公司 1976 年版。

刘德华主编:《中国教育管理史》,河南教育出版社 1990 年版。

刘景全、张静、汪向阳:《宋教仁与民国初年的议会政治》,河北人民出版社 1998 年版。

刘少雪:《中国大学教育史》,山西教育出版社 2007 年版。

刘寿林编著:《辛亥以后十七年职官年表》,中华书局 1966 年版。

刘晓琴:《中国近代留英教育史》,南开大学出版社 2005 年版。

刘勇编选:《中国现代学术经典:许寿裳卷》,北京师范大学出版社 2011 年版。

刘志琴:《近代中国社会文化变迁录》,浙江人民出版社 1998 年版。

卢燕贞:《中国近代女子教育史》,文史出版社 1989 年版。

吕芳上:《从学生运动到运动学生(民国八年至十八年)》,中研院近代史研究所 1994 年版。

罗荣渠:《现代化新论》,北京大学出版社 1993 年版。

罗廷光:《教育行政》,商务印书馆 1946 年版。

罗志田:《乱世潜流:民族主义与民国政治》,上海古籍出版社 2001 年版。

罗志田:《权势转移:近代中国的思想、社会与学术》,湖北人民出版社 1999 年版。

马嘶:《百年冷暖》,北京图书馆出版社 2003 年版。

马啸风:《中国师范教育史》,首都师范大学出版社 2003 年版。

毛礼锐、沈灌群主编:《中国教育通史》(第四、五卷),山东教育出版社 1988 年版。

梅汝莉主编:《中国教育管理史》,海潮出版社 1995 年版。

倪海曙:《中国拼音文字运动史简编》,时代出版社 1948 年版。

倪墨炎:《鲁迅革命活动考述》,上海文艺出版社 1984 年版。

欧阳哲生编《胡适文集》,北京大学出版社 1998 年版。

潘懋元:《中国高等教育百年》,广东高等教育出版社 2003 年版。

钱实甫:《北洋政府时期的政治制度》,中华书局 1984 年版。

曲士培:《中国大学教育发展史》,北京大学出版社 2006 年版。

商务印书馆编:《最近三十五年之中国教育》,商务印书馆 1931 年版。

申晓云主编:《动荡转型中的民国教育》,河南人民出版社 1994 年版。

沈慰霞、章柳泉等编著:《教育行政》,中国教育研究社 1942 年版。

史静寰：《狄考文和司徒雷登在华的教育活动》，文津出版社 1991年版。

舒新城：《近代中国教育史稿选存》，中华书局 1936 年版。

舒新城：《近代中国留学史》，中华书局 1939 年版。

舒新城：《民国十五年中国教育指南》，商务印书馆 1928 年版。

舒新城：《收回教育权运动》，中华书局 1927 年版。

宋恩荣：《近代中国教育改革》，教育科学出版社 1994 年版。

宋秋蓉：《近代中国私立大学发展史》，陕西人民教育出版社 2006年版。

苏云峰：《中国新教育的萌芽与成长（1860—1928）》，北京大学出版社 2007 年版。

孙邦正编著：《六十年来的中国教育》，台湾正中书局 1971 年版。

孙成城：《中国教育行政简史》，地质出版社 1999 年版。

孙绵涛：《教育行政学》（修订本），华中师范大学出版社 1998 年版。

孙培青、李国钧主编：《中国教育思想史》，华东师范大学出版社 1995年版。

孙培青主编：《中国教育管理史》，人民教育出版社 2001 年版。

孙培青主编：《中国教育史》，华东师范大学出版社 2001 年版。

孙翊刚主编：《中国财政史》，中国社会科学出版社 2003 年版。

台湾"教育部"主编：《中华民国建国史》，编译馆出版社 1985 年版。

邰爽秋等编：《教育行政原理》，教育编译馆 1935 年版。

谭汝谦：《近代中日文化关系研究》，《日本学丛书》，香港日本研究所 1988 年版。

陶菊隐：《武夫当国：北洋军阀统治时期史话 1895—1928》，海南出版社 2006 年版。

田正平、商丽浩主编：《中国高等教育百年史论》，人民教育出版社 2006 年版。

田正平、肖郎主编：《世纪之理想——中国近代义务教育研究》，浙江教育出版社 2001 年版。

田正平、肖朗、周谷平主编：《中外教育交流史》，广东教育出版社 2004 年版。

田正平、周谷平、徐小洲主编：《教育交流与教育现代化》，浙江大学出版社 2005 年版。

田正平主编，商丽浩：《政府与社会——近代公共教育经费配置研究》，河北教育出版社 2001 年版。

田正平主编：《中国教育近代化研究丛书》，广东教育出版社 1996 年版。

田正平主编：《中国教育史研究·近代分卷》，华东师范大学出版社 2009 年版。

田正平主编：《中国教育史研究·近代卷》，华东师范大学出版社 2002 年版。

田正平主编：《中国教育思想通史》（第六卷），湖南教育出版社 1994 年版。

汪晖：《现代中国思想的兴起》，生活·读书·新知三联书店 2004 年版。

汪一驹：《中国知识分子与西方：留学生与近代中国》，梅寅生译，久大文化股份有限公司 1991 年版。

王炳照：《简明中国教育史》，北京师范大学出版社 2008 年版。

王尔敏：《中国近代思想史论》，华世出版社 1977 年版。

王凤喈：《中国教育史大纲》，商务印书馆 1930 年版。

王建军、薛卫东编：《中国教育管理史教程》，广东高等教育出版社 2003 年版。

王雷：《中国近代社会教育史》，人民教育出版社 2003 年版。

王立诚《沪江大学的历史》，复旦大学出版社 2001 年版。

王名、刘国瀚、何建宇：《中国社团改革——从政府选择到社会选择》，社会科学文献出版社 2001 年版。

王奇生：《中国留学生的历史轨迹：1872—1949》，湖北教育出版社 1992 年版。

王晓波：《台湾史论集》，中国友谊出版公司 1992 年版。

王云五：《商务印书馆与新教育年谱》，江西教育出版社 2008 年版。

卫道治主编《中外教育交流史》，湖南教育出版社 1998 年版。

吴海勇：《时为公务员的鲁迅》，广西师范大学出版社 2005 年版。

吴家莹：《中华民国教育政策发展史》，五南图书出版公司 1990 年版。

夏承枫：《现代教育行政》，正中书局 1932 年版。

肖超然等：《北京大学校史》，上海教育出版社1981年版。

熊明安、徐仲林、李定开主编：《四川教育史稿》，四川教育出版社1993年版。

熊明安：《中华民国教育史》，重庆出版社1990年版。

熊希龄：《熊希龄先生遗稿》，上海书店出版社1998年版。

熊贤君：《中国教育行政史》，华中理工大学出版社1996年版。

熊贤君主编：《千秋基业——中国近代义务教育研究》，华中师范大学出版社1998年版。

徐茅：《中华民国政治制度史》，上海人民出版社1992年版。

徐争游等编：《中央政府的职能和组织机构》，华夏出版社1994年版。

徐中约：《中国近代史——中国的奋斗1600—2000》，计秋枫等译，世界图书出版公司2008年版。

许纪霖、陈凯达主编：《中国现代化史》（第一卷），生活·读书·新知三联书店1995年版。

许美德：《中国大学1895—1995：一个文化冲突的世纪》，教育科学出版社2000年版。

许师慎编：《国父当选临时大总统实录》，国史丛编社1967年版。

薛人仰：《中国教育制度史略》，中华书局1939年版。

严绍璗：《日本中国学史》，江西人民出版社1991年版。

杨东平：《艰难的日出——中国现代教育的20世纪》，文汇出版社2003年版。

杨宏雨：《困顿与求索：20世纪中国教育变迁的回顾与反思》，学林出版社2005年版。

杨天宏：《基督教与民国知识分子》，人民教育出版社2005年版。

杨晓：《中日近代教育关系史》，人民教育出版社2004年版。

杨阳主编：《中国政治制度史纲要》，中国政法大学出版社2001年版。

殷陆君编译：《人的现代化——心理·思想·态度·行为》，四川人民出版社1985年版。

尹文涓：《基督教与近代中等教育》，上海人民出版社2007年版。

于建坤：《地学情缘——李四光》，山水画报出版社1998年版。

于锦恩：《民国注音字母政策史论》，中华书局2007年版。

于述胜：《中国教育制度通史》（第六卷），山东教育出版社2000年版。

余子侠：《民族危机下的教育应对》，华中师范大学出版社 2001 年版。

喻本伐、熊贤君：《中国教育发展史》，华中师范大学出版社 2000 年版。

张大民主编：《天津近代教育史》，天津人民出版社 1993 年版。

张海鹏：《追求集：近代中国历史进程的探索》，社会科学文献出版社 1998 年版。

张海鹏主编：《中国近代通史》，江苏人民出版社 2006 年版。

张季信编：《中国教育行政大纲》，商务印书馆 1934 年版。

张良才等：《中国教育管理史略》，辽宁大学出版社 1994 年版。

张平海：《现代化视野下的中国教育：1862—1922》，云南大学出版社 2006 年版。

张卫波：《民国初期尊孔思潮研究》，人民出版社 2006 年版。

张伟平：《教育会社与中国教育近代化》，浙江大学出版社 2002 年版。

张宪文等：《中华民国史》，南京大学出版社 2006 年版。

张星烺：《欧化东渐史》，商务印书馆 2000 年版。

张一麟：《心太平室集》，文海出版社 1966 年版。

张琢、马福云：《发展社会学》，中国社会科学出版社 2001 年版。

章伯峰、李宗一主编：《北洋军阀 1912—1928》，武汉出版社 1990 年版。

章伯锋、庄建平：《晚清民初政坛百态》，四川人民出版社 1999 年版。

章开沅：《离异与回归——传统文化与近代化关系试析》，湖南人民出版社 1988 年版。

章开沅等：《比较中的审视——中国早期现代化研究》，浙江教育出版社 1993 年版。

章开沅主编：《中西文化与教会大学——首届中国教会大学史学术研讨会论文集》，湖北教育出版社 1991 年版。

赵厚勰：《雅礼与中国：雅礼会在华教育事业研究（1906—1951）》，山东教育出版社 2008 年版。

郑登云编著：《中国近代教育史》，华东师范大学出版社 1994 年版。

中国蔡元培研究会编：《蔡元培全集》（第二卷），中华书局 1984 年版。

中国蔡元培研究会编：《蔡元培全集》，浙江教育出版社 1996—1998 年版。

中国社会科学院近代史研究所近代史资料编辑组编：《五四爱国运动》，中国社会科学出版社 1979 年版。

中国社会科学院世界宗教研究所：《中华归主》，中国社会科学出版社 1988 年版。

周宁：《地缘与学缘：一九二〇年代的安徽教育界》，合肥工业大学出版社 2010 年版。

周秋光主编：《熊希龄：从国务总理到爱国慈善家》，岳麓书社 1996 年版。

周予同：《中国现代教育史》，良友图书印刷公司 1934 年版。

朱峰编著：《基督教与近代中国女子高等教育：金陵女大与华南女大比较研究》，福建教育出版社 2001 年版。

朱汉国、杨群主编：《中华民国史》，四川人民出版社 2006 年版。

邹小站：《章士钊社会政治思想研究》，湖南教育出版社 2001 年版。

［加］许美德、［法］巴斯蒂等：《中外比较教育史》，朱维铮等译，上海人民出版社 1990 年版。

［美］费正清、费维恺编：《剑桥中华民国史》，刘敬坤等译，中国社会科学出版社 1993 年版。

［美］费正清、赖肖尔：《中国——传统与变革》，陈仲丹等译，江苏人民出版社 1995 年版。

［美］费正清：《中国：传统与变迁》，张沛译，世界知识出版社 2002 年版。

［美］吉尔伯特·罗兹曼主编、国家社会科学基金"比较现代化"课题组译：《中国的现代化》，江苏人民出版社 2003 年版。

［美］吴小新：《北京辅仁大学——天主教本笃会时期的个案研究》，张晓明译，珠海出版社 2005 年版。

［美］约瑟夫·列文森：《儒教中国及其现代命运》，郑大华、任菁译，中国社会科学出版社 2000 年版。

［日］沟口雄三：《中国前近代思想之曲折与展开》，陈耀文译，上海人民出版社 1997 年版。

［日］实藤惠秀：《中国人留学日本史》，谭汝谦、林启彦译，生活·读书·新知三联书店 1983 年版。

［日］佐藤慎一：《近代中国的知识分子与文明》，刘岳兵译，江苏人民

出版社 2006 年版。

四 论文类

《五四运动后至北伐战争前夕的教育界风潮》，《中山大学学报》（社会
　科学版）2010 年第 1 期。

蔡振生：《近代译介西方教育的历史考察》，《北京师范大学学报》1990
　年第 2 期。

陈可畏：《略论 1912 年的蔡元培》，《浙江师范大学学报》（社会科学
　版）2002 年第 1 期。

陈漱渝：《鲁迅与通俗教育研究会——介绍〈通俗教育研究会第一、
　二、三次报告书〉》，《山东师范大学学报》（人文社会科学版）1977
　年第 5 期。

陈翊林：《中国新教育制度行政小史》，《中华教育界》1930 年第 3 期。

崔明海：《近代文言教育边缘化的开端：白话文如何进入国民学校》，
　《学术探索》2010 年第 2 期。

范玉红：《民初教育部倡行图书馆的立场和贡献篇目信息》，《图书馆》
　2006 年第 3 期。

高翠莲：《清末民国时期中华民族自觉进程研究》，博士学位论文，中
　央民族大学，2005 年 6 月。

龚书铎：《中国文化结构的变化》，《历史研究》1985 年第 1 期。

韩华：《民初孔教会与国教运动》，博士学位论文，四川大学，2003 年
　6 月。

何幼兰：《任可澄先生的教育思想及实践》，《贵州文史丛刊》2001 年
　第 3 期。

何泽福，黄仁章：《南京临时政府教育部》，《上海市历史学会 1981 年
　年会论文选》1981 年。

蒋维乔：《从南京教育部说到北京教育部》，《教育杂志》第 27 卷第
　4 号。

蒋维乔：《民国教育总长蔡元培》，《教育杂志》第三年第十期。

蒋维乔：《清末民初教育史料》，《光华大学半月刊》第 5 卷第 1 期。

蒋亚琳：《清末民初知识分子对中国近代图书馆事业的贡献》，《河南图

书馆学刊》2008 年第 5 期。

景东升：《徐世昌与清末民初社会变迁》，博士学位论文，华中师范大学，2005 年 6 月。

李海云：《新教育中国化运动研究》，博士学位论文，华东师范大学，2006 年 6 月。

李希泌：《辛亥前后图书馆史料》，《中国图书馆学报》1981 年第 4 期。

李友唐：《民国时期教育部长简介》，《教育史研究》1996 年第 1 期。

刘建：《中国近代教育行政研究》，博士学位论文，南京师范大学，2008 年。

刘振岚：《近代中国社会性质讨论述评》，《近代史研究》1994 年第 2 期。

柳隅：《新政制》，《庸言》第 2 卷第 5 号，1914 年 5 月。

庞朴：《文化结构与近代中国》，《中国社会科学》1986 年第 5 期。

桑兵：《伯希和与近代中国学术界》，《历史研究》1998 年第 4 期。

桑兵：《晚清民国时期的国学研究与西学》，《历史研究》1996 年第 5 期。

素民：《记已故教育泰斗袁希涛先生》，《苏讯》1946 年第 67 期。

谭佛佑：《清末民初教育行政机构的改革》，《贵州日报》1984 年 7 月 27 日。

陶行知：《中国建设新学制的历史》，《新教育》1922 年第 1 期。

田正平：《老学科　新气象——改革开放 30 年教育史学科建设述评》，《教育研究》2008 年第 9 期。

田正平：《我国二十年代教育改革的回顾与反思》，《教育研究》1989 年第 1 期。

田正平主持"八五"规划重点课题组：《中国教育近代研究总结报告》，《教育研究》1997 年第 12 期。

王凌云：《南京临时政府的教育改革》，《教育史研究》1996 年第 1 期。

王厅生：《近代留学生与中国官僚政治》，《历史档案》1991 年第 1 期。

希有：《论教育总长与全国文化之关系》，《教育杂志》，第三年第十二期。

熊焰：《清末和民国时期教育行政管理机构改革的历史回顾与评价》，《教育史研究》2000 年第 12 期。

徐以骅：《卜舫济和他的自述》，《近代中国》（第 6 辑）1996 年 7 月。

许廷长：《民国时期的中央图书馆》，《中国典籍与文化》1995 年第

3 期。

彦夫整理：《任可澄生平一夕谈》，《文史天地》1994 年第 1 期。

杨思信：《民国政府教会学校管理政策演变述论》，《世界宗教研究》
　　2010 年第 5 期。

于述胜：《论民国时期教育制度的评价尺度及其发展逻辑》，《华东师范
　　大学学报》（教育科学版）1999 年第 3 期。

俞子夷：《1927 年前后几个教育团体——回忆简录》，《华东师范大学学
　　报》（教育科学版）1989 年第 2 期。

张兰馨：《鲁迅的教育思想和教育实践》，《教育史研究》1993 年第
　　2 期。

张应强：《中国近代文化转型与留学教育》，《厦门大学学报》1996 年
　　第 1 期。

郑鹤声：《三十年来中央政府对于编审教科图书之检讨》，《教育杂志》
　　第 25 卷第 7 期。

周海霞：《清末民初中央教育行政机构对教科书的管理》，硕士学位论
　　文，河北师范大学，2006 年。

朱联平：《晚清、民初及北洋军阀时期中国政党监督思想研究》，博士
　　学位论文，华东师范大学，2007 年 6 月。

庄俞：《元年教育之回顾》，《教育杂志》第四卷第十号。

五　年谱、日记、回忆录、传记及工具书类

《八十年来——黄炎培自述》，文汇出版社 2000 年版。

《顾维钧回忆录》，中华书局 1983 年版。

《黄炎培日记》，北京华文出版社 2008 年版。

北京大学新潮社编：《蔡孑民先生言行录》，北京大学出版社 1920
　　年版。

卞孝萱、唐文权编：《民国人物碑传集》，团结出版社 1995 年版。

卞孝萱、唐文权编：《辛亥人物碑传集》，团结出版社 1991 年版。

曹述敬编：《钱玄同年谱》，齐鲁书社 1986 年版。

陈夔龙：《梦蕉亭杂记》，中华书局 2007 年版。

崔志海编：《蔡元培自述》，河南人民出版社 2004 年版。

丁福保编：《畴隐居士自传》，话林精舍 1948 年版。

樊荫南编纂：《当代中国名人录》，良友图书印刷公司 1931 年版。

高平叔撰著：《蔡元培年谱长编》，人民教育出版社 1996 年版。

耿云志：《胡适年谱：1891—1962》，四川人民出版社 1989 年版。

顾明远主编：《教育大辞典》，上海教育出版社 1991 年版。

顾明远总主编：《中国教育大系·历代教育名人志》，湖北教育出版社 1994 年版。

顾明远总主编：《中国教育大系·历代教育制度考》（民国篇），湖北教育出版社 1994 年版。

胡适：《四十自述》，岳麓书社 1998 年版。

湖北省宜昌地区地方志编纂委员会编：《宜昌地区简志》，湖北省枝江县新华印刷厂 1986 年印。

湖南省凤凰县政协文史委员会编：《凤凰名人第一辑：熊希龄》（下册），内部资料，1982 年版。

贾逸君编：《中华民国名人传》，上海书店出版社 1989 年版。

九台市政协文教卫生委员会编：《九台文史资料》，内部资料，1989—1999 年印刷。

李新：《民国人物传》，中华书局 1978 年版。

李新主编：《中华民国大事记》，中国文史出版社 1997 年版。

鲁迅博物馆鲁迅研究室编：《鲁迅年谱》，人民文学出版社 2000 年版。

马叙伦：《我在六十岁以前》，上海书店出版社 1990 年影印版。

欧阳哲生、刘慧娟、胡宗刚编：《范源濂集》，湖南教育出版社 2010 年版。

全国政协文史资料研究委员会：《文史资料选辑》，中国文史出版社 1960—2010 年版。

全国政协文史资料研究委员会编：《辛亥革命回忆录》，文史资料出版社 1963 年版。

商务印书馆编：《商务印书馆图书目录（1897—1949）》，商务印书馆 1981 年版。

沈灌群、毛礼锐主编：《中国教育家评传》，上海教育出版社 1988—1989 年版。

汤志钧编：《章太炎年谱长编：1919—1936》，中华书局 1979 年版。

陶英惠：《蔡元培年谱》，中研院近代史研究所 1976 年版。

王世儒编纂：《蔡元培先生年谱》，北京大学出版社 1998 年版。

王学哲编：《岫庐八十自述》（节录本），上海人民出版社 2007 年版。

沃丘仲子编：《近现代名人小传》，北京图书馆出版 2003 年版。

吴相湘编：《民国人物列传》，中国大百科全书出版社 2009 年版。

许汉三编：《黄炎培年谱》，文史资料出版社 1985 年版。

颜惠庆：《颜惠庆自传——一位民国元老的历史记忆》，商务印书馆 2003 年版。

杨恺龄撰编：《民国吴稚晖先生敬恒年谱》，台湾商务印书馆 1981 年版。

袁景华：《章士钊先生年谱：1881—1973》，吉林人民出版社 2001 年版。

章炳麟：《章太炎先生自定年谱》，上海书店出版社 1986 年版。

郑子展编：《陆费伯鸿先生年谱》，文海出版社 1973 年版。

政协四川省委员会编：《四川文史资料选辑》，四川人民出版社 1962—2004 年版。

左舜生：《黄兴评传》，传记文学杂志社 1968 年版。

六　外文资料

Charles K. Edmunds, *Modern Education in China*, Taipei: Ch'eng Wen Pub. 1973.

Marianne Bastid, *Educational Reform in Early* 20*th-Century China*, translated by Paul J. Bailey, Center for Chinese Studies, The University of Michigan, 1988.

Ruth Hayhoe and Marianne Bastid, *China's Education and the Industrialized World*, M. E. Sharpe, Inc. 1987.

Theodore E. Hsiao, *The History of Modern Education in China*, Peiping: Peking University Press, 1932.

附　　录

民国前期教育部大事年表（1912—1928）

1912 年

1 月 19 日，南京临时政府教育部正式成立。

1 月 19 日，颁行《普通教育暂行办法》和《普通教育暂行课程标准》。

1 月 29 日，通电独立各省都督府筹办社会教育。

2 月 10 日，教育总长蔡元培发表《新教育意见》，阐明"五育并举"教育宗旨。

2 月，通电独立各省裁撤县劝学所，县公署设第三科，专管全县教育事宜。

3 月 2 日，通电独立各省都督府筹办高等以上学校开学事宜。

3 月 5 日，通告独立各省速令高等专门学校开学。

3 月 22 日，南京临时政府教育部宣布解散，并做好各项移交工作。

3 月 25 日，蔡元培在参议院发表演讲，阐述教育规划。

4 月 26 日，蔡元培开始接收学部，重组教育部。

5 月 6 日，委任各厅司职员，开始对外办公。

5 月 8 日，为规划全国学务事宜通电各省，要求各省维持教育现状。

5 月 9 日，通饬各书局将出版之各类教科书送部审查。

5 月 12 日，将原京师督学局及八旗学务处合并为京师学务局，负责京师学务。

5 月 25 日，派部员王家驹等人筹办夏期美术讲习会。

5月27日，公布《临时教育会议章程》及《议事规则》，筹备临时教育会议。

5月，电饬各省教育长官名称应改归一律，各省学校不得任意标题而混淆等级。

5月，颁布《审定教科书暂行章程》，开始筹建京师图书馆。

6月8日，宣布学部时代奖励出身无效。

6月，通电各省社会教育办法。

7月10日，召开全国临时教育会议。

9月2日，公布《教育宗旨》。

9月2日，公布《学校管理规程》。

9月2日，发布训令三则，对象为教育行政官、学校管理员及教员和学生。

9月3日，公布《学校系统》。

9月13日，公布《审定教科用图书规程》。

9月28日，公布《小学校令》和《中学校令》。

9月29日，公布《师范学校令》。

9月29日，公布《学校征收学费规程》。

9月，公布《各省图书审查会规程》。

9月，通电各省推定孔子诞生日为纪念会会期。

9月，通令各省讲明孝悌忠信礼义廉耻。

9月，通告优级师范生毕业后办法。

9月，通咨各省废止中学校以上修业文凭及暂定转学退学办法。

9月，公布教育部分科规程。

10月22日，公布《专门学校令》。

10月24日，公布《大学令》。

10月27日，公布《学生操行成绩考查规程》。

10月27日，公布《学生学业成绩考查规程》。

10月，公布《各学校招生办法》。

10月，通令各省组织县教育会议。

10月，公布《美术调查处简章》。

11月2日，公布《法政专门学校规程》。

11月2日，发布新教育制度彻底更改有关措施及指示（尚待细化）。

11 月 12 日，公布《工业专门学校规程》。

11 月 14 日，公布《公立私立专门学校规程》。

11 月 22 日，公布《医学专门学校规程》。

11 月 22 日，公布《药学专门学校规程》。

11 月 30 日，公布《中央观象台官制》。

11 月，通咨各省订定小学校教则及课程表。

11 月，布告各项专门学校呈部立案期限。

12 月 2 日，公布《读音统一会章程》。

12 月 2 日，公布《中学校令施行规则》。

12 月 5 日，公布《商船专门学校规程》。

12 月 6 日，公布《外国语专门学校规程》。

12 月 6 日，公布《商业专门学校规程》。

12 月 7 日，公布《农业专门学校规程》。

12 月 10 日，公布《师范学校规程》。

12 月，训令各校注重军国民教育。

12 月，公布修正后的《教育部分科规程》。

1913 年

1 月 12 日，公布《大学规程》。

1 月 15 日，成立读音统一会并召开第一次会议。

1 月 16 日，公布《私立大学规程》。

1 月 16 日，发布京师学务局组织及其权限。

1 月 19 日，公布《视学规程》。

1 月，公布各省教育司之规划。

1 月，公布中央学会互选细则。

1 月，公布各省教育司之规划。

2 月，公布《高等师范学校规程》。

3 月 6 日，公布《师范学校课程标准》和《中学校课程标准》。

3 月 22 日，派遣各区视学、视察员前往全国各区域开展视学工作。

3 月，公布《蒙藏学校章程》。

3 月，公布《高等师范学校课程标准》。

4 月 12 日，通咨各省都督、民政长调查通俗教育。

6月10日，许可各私立大学附设专门部。

7月17日，公布《捐资兴学褒奖条例》。

8月4日，公布《实业学校令》及《实业学校规程》。

8月4日，公布《学校发给证书条例》。

8月20日，公布《审查处办事规则》及《编纂处审查规则》。

8月20日，公布《经理欧洲留学事务暂行规程》。

9月18日，公布《中央观象台办事规则》。

9月，通电各省定孔子生日为圣节。

10月，核选编印各省区通俗讲演原稿。

11月1日，裁撤普通教育司第五科，其所属事项归并其他各科。

11月3日，通咨各省行政公署教育经费严禁挪用。

11月19日，通咨各学校发给毕业证书办法。

11月25日，修正《教育部分科规程》。

12月19日，公布《暂行停派留东学生办法》。

12月23日，公布修正后的《教育部官制》。

12月27日，公布《留欧官费学生规程》。

1914年

1月17日，公布《经理留学日本学生事务暂行规程》。

1月23日，公布改定后的《中学校令施行规则》。

1月28日，公布修正后的《审定教科图书规程》。

2月6日，公布《侨民子弟回国就学规程》。

2月20日，公布《半日学校规程》。

5月18日，公布《文官普通行政惩戒委员会规则》。

5月21日，公布《编审处规程》。

5月25日，公布《教科书编纂纲要审查会规程》和《教授要目编纂会规程》。

6月24日，通令中小学修身国文教科书经训采取孔子言论为指归。

7月6日，公布直辖专门以上学校职员任务、薪俸及任用暂行规程。

7月8日，公布《奖学基金条例》。

7月8日，公布《学术评定委员会组织令》（此为重点，要加入论文）。

7 月 11 日，修正后的《教育部官制》公布。

7 月 28 日，修正直辖专门以上学校职员任务暂行规定。

8 月 20 日，公布《经理美洲留学生事务暂行规程》。

10 月 19 日，修正后的《捐资兴学褒奖条例》公布。

1915 年

1 月 1 日，大总统申令注重国民教育。

1 月 7 日，禁止翻印部定教科用图书。

1 月 22 日，大总统颁布《特定教育纲要》，申明袁氏教育宗旨。

2 月 20 日，公布《知事办学考成条例》。

2 月 26 日，通咨各省区将颁布教育事项单行条例报部查核。

4 月 30 日，颁定《义务教育施行章程》。

7 月 7 日，大总统申令科学奖励。

7 月 22 日，大总统申令奖励模范小学。

7 月 31 日，公布《国民学校令》和《高等小学校令》。

5 月 7 日，准许师范学校增设第二部。

8 月 14 日，通咨各学校官有荒山地植林基金。

8 月 26 日，公布《管理留欧学生事务规程》。

8 月，召开全国师范校长会议。

10 月 23 日，公布通俗教育演讲所规程、通俗讲演规则、图书馆规程及通俗图书馆规程。

10 月，公布《实业教员养成所规程》。

11 月 3 日，改小学教员讲习所为师范讲习所。

11 月 7 日，公布《预备学校令》。

11 月 18 日，通令禁止官吏、校长互相兼任，限制教员兼任。

12 月 15 日，公布《劝学所规程》和《学务委员会规程》。

12 月 15 日，通令各省立小学、区立小学、县立小学改为省费补助。

12 月，在京师试办注音字母传习所。

1916 年

1 月 8 日，公布《修正师范学校规程》及《地方兴学人员考成条例》。

3 月 18 日，通咨各省露天学校简章暂行规则。

4 月 15 日，通咨各省通俗讲演传习所办法。

4 月 28 日，公布《检定小学教员规程》《劝学所规程施行细则》及《学事委员会规程施行细则》。

9 月 19 日，公布《大学分科外国学生入学规程》。

10 月 9 日，修正《国民学校令》《国民学校令施行细则》及《高等小学令施行细则》。

10 月 13 日，公布《教育行政会议规则》，开始筹备全国教育行政会议。

10 月 19 日，废止《预备学校令》。

10 月 18 日，公布《选派留学外国学生规程》。

11 月，召集全国教育行政会议。

12 月 21 日，公布《审查教科书规程》。

12 月 26 日，任命蔡元培为北京大学校长。

1917 年

1 月 13 日，训令各留学生监督将留学各校证书样式及学科教授管理方法报部。

1 月 27 日，公布《小学教员检定办法》。

2 月 3 日，发布通令规定师范生服务期间禁兼他职。

2 月 6 日，禁止各校学生加入政党。

2 月 6 日，公布《小学教员俸给规程》和《小学教员褒奖规程》。

2 月 14 日，通咨各部院禁止录用在服务期限内的师范生。

2 月 26 日，修正《劝学所规程》第二条，各县劝学所长改归省公署委任。

3 月 12 日，通令各省区中学酌设第二部，以利中学毕业生谋生之用。

5 月 3 日，公布《国立大学职员任用规程》及《国立大学职员薪俸规程》。

6 月 21 日，公布修正后的教育统计暂行规则。

6 月 28 日，布告大学修业年限预科改定为二年、本科改定为四年。

9 月 6 日，公布《教育厅暂行条例》。

9 月 19 日，公布《学制调查会规程》。

9 月 27 日，修正《大学令》。

10 月，召集全国实业学校校长会议。

11 月 8 日，核准《教育厅署组织大纲》。

12 月 27 日，修正《直辖专门以上学校职员任用暂行规程》。

1918 年

1 月 10 日，公布修正后的《劝学所规程》及《劝学所规程施行细则》。

1 月 17 日，通咨各省区实业学校校长会议采录议案各册。

3 月 29 日，公布《学术审定会条例》。

4 月 13 日，公布《学术审定会条例施行细则》。

4 月 30 日，公布《省视学规程》和《县视学规程》。

4 月，召开全国高等师范学校校长会议。

6 月 1 日，制定高等师范学校附设国语讲习科简章。

7 月 30 日，通令各省推广蒙养园。

8 月 20 日，通咨各省将民国六年度调查外人设立学校情况报部。

8 月 27 日，修正《捐资兴学褒奖条例》，规定僧人兴学捐资与普通人民同奖励。

9 月 2 日，修正《留日官自费奖励暂行章程》和《留欧官费生呈送学业成绩办法》。

10 月 8 日，公布《留日学生监督处简章》。

10 月，召集全国专门以上学校校长会议和全国中学校校长长会议。

11 月 23 日，教育部颁布注音字母表。

12 月 7 日，改订《教育部分科规程》。

12 月 19 日，改订《全国专门以上学校联合会章程》。

12 月 28 日，公布《国语统一筹备会规程》。

12 月 30 日，公布《教育调查会规程》。

1919 年

1 月 18 日，通咨各省重视道德教育。

3 月 12 日，公布《女子高等师范学校规程》。

3 月 19 日，公布大学本科卒业生大学院进学研究奖励办法。

3 月中旬，召开女子学校审查会议。

4 月 16 日，依照音类次序，重行公布注音字母表。

4 月 21 日，成立国语统一筹备会。

5 月 4 日，训令直辖各学校、京师学务局、北京私立专门以上各校严整学风。

5 月 6 日，训令江苏省教育厅尽力推广假期讲习会，介绍教育之新知识。

5 月 22 日，训令各省区女子高等小学校酌设补习科及女子简易职业科。

5 月 24 日，公布《女子中学校课程标准》和《女子师范学校课程标准》，并通咨各省区筹办女子中学校。

6 月 20 日，公布《留学外国自费生补给官费办法》。

6 月 28 日，咨各省区：国民学校学生不必一律著用制服，影响贫寒子弟就学。

7 月 2 日，公布《北京女子高等师范学校暂行简章》。

8 月 23 日，通令各省区暑期召集会议筹议学生运动管理善后办法。

8 月 28 日，布告要求各校教职员要剀切开导学生务须安心求学、遵守校规。

8 月，批准山西国民学校试用该省所编《白话通俗国文教科书》。

9 月 11 日，训令告诫各学校职教员务尽教育之职责。

9 月 16 日，训令重申实业教育之主旨，要求各实业学校所设学科及所取教材要适应地方情形。

10 月 30 日，训令京师各学校严禁学生擅用学校讲舍开会。

11 月 18 日，公布《修正教育会规程》，规定教育会设立的目的及其活动内容，要求不得干涉教育行政及教育以外之事等。

12 月 10 日，训令京师学务局及直辖各学校严禁学生排斥日货。

12 月 13 日，公布《国语统一筹备会规程》追加第十条，会内增设常驻干事。

是年，发布公告，要求专门以上学校教科书，如无本国文适当之著述，可以采用外国文课本，但以用本国语讲授为原则。

1920 年

1 月 3 日，草拟解决教育经费办法，呈请大总统施行。

1 月 12 日，训令各省区，国民学校一、二年级自本年秋季起改国文为语体文。

1 月 24 日，公布修正《国民学校令》第 13、15 条，将"国文"均改为"国语"，规定国民学校一至四年级均学"语体文"，并相应修正《国民学校令施行细则》，将第 4 及 12 条中的"国文"改为"国语"。

1 月，通告各省国民学校文言教科书分期作废，逐渐改用语体文，以 1922 年冬季为限，此后教材一律改为语体文。

2 月 2 日，咨各省区将《新式标点符号》转发各学校以供采用。

2 月 16 日，训令各校照章严切惩儆犯规者。

2 月 18 日，训令各省教育厅派遣第一批国语讲习所受讲者至京学习。

3 月 8 日，咨各省区要求设立教育行政人员讲习会，学习教育上最新学理及今后办学的必要常识。

3 月 8 日，训令直辖学校告诫学生遵守法纪。

3 月 9 日，咨各省区教育厅、京师学务局，要求中等以下教育注重工艺。

3 月 10 日，咨各省区注重改进学校体育。

3 月 15 日，咨各省区蒙藏教育要注重国语。

3 月 19 日，公布《教员许可状规程》，对教员资格认定及取消作出规定。

3 月 22 日，公布《修正学生学业成绩考查规程》。

3 月 24 日，公布《国语讲习所章程》。

3 月 30 日，咨各省区要求派遣劝学专员视察地方实业教育情形。

4 月 2 日，通令各省订定分期筹办义务教育计划，要求至 1928 年办理完竣。

4 月 20 日，函复北京大学，要求审慎办理收纳女生旁听事宜。

4 月 28 日，公布《义务教育研究会章程》，设立实施义务教育研究会。

5月12日，通咨各省区在秋季始业前利用暑假就地开办国语讲习所培训小学校教员，以推进国语教育。

7月6日，咨各省区要求分设国语统一筹备会。

8月8日，大总统批准教育部呈请，定华俄道胜银行股本为教育基本金。

9月13日，训令南洋英兰领总领事国语讲习所开办国语统一会组织。

9月，颁布教育厅暂行条例，恢复各省独立专管教育行政机关。

9月，审定《注音字母教授法》一书为师范学校、国民学校国语参考用书。

10月26日，派符鼎升筹办教育博物馆。

10月25日，公布《教育资料采集委员会规程》，成立教育资料采集委员会。

11月4日，修正《管理留日学生事务规程》，1914年颁布的规程废止。

11月11日，公布《修正教育调查会规程》。

11月13日，审定中华书局所制中华民国留声机片为国语推行之教科用品。

11月16日，通告外国人设立专门以上各校应援照《大学令》《专门学校令》以及大学专门学校各项规程办法呈部核办。

11月25日，通令各省区行政长官筹设实施义务教育研究会。

12月14日，布告国家兴办所得税已规定拨作振兴教育、提倡实业之用，要求各省教育厅广为演劝。

12月24日，颁布《国音字典》，规定此后教授字音以此书为标准。

12月30日，公布北京市政公所、京师学务局所拟订的平民教育办法。

12月31日，公布《专门以上学校视察委员会规程》。

1921年

1月25日，公布《国有教育财产处规程》，设立国有教育财产处。

1月29日，以谋生不易为由通令各省暂缓勤工俭学学生赴法。

2月1日，公布《专门以上学校视察委员会视察细则》。

2月1日，训令京师学务局拟定职业教育及平民教育办法。

2月7日，通咨各省地方师范、中学校及国民高等小学遇有管教各员缺额，应优先录用高等师范及师范学校毕业生。

2月16日，公布《修正侨民子弟回国就学规程》。

2月28日，公布《教育资料采集委员会办事细则》。

3月1日，通咨各省区师范学校及高等师范学校酌减国文钟点、加授国语。

3月11日，催促各省区设置国语统一筹备会并筹定经常费和临时费。

3月15日，通达未报推行义务教育办法的各省省长、都统，速将计划报部审查。

4月4日，训令京师学务局对优良私立平民学校进行补助。

4月9日，订定《教会所设中等学校请求立案办法》，咨行各省区施行。

4月12日，公布《颁给文杏章条例》，对办理教育成绩卓著及有功学术者进行奖励，共分四等三级。

6月16日，布告维持学款办法。

6月，公布《校改国音字典》，以该字典为全国标准音之根据。

7月1日，通知各省区《卿云歌》为国歌，自即日起施行。

7月12日，公布《推广女子教育案》，通咨各省区速设女子中学。

7月12日，咨各特别区速设专管教育机关并送部察核。

7月13日，咨各省区公署要求各省推广蒙养园，同日训令各国立高等师范学校增加体育专科年限改为本科。

7月，咨奉天、吉林、黑龙江、新疆省长，要求各中小学教授俄文，于省视学中设俄文科视学员进行监督。

8月26日，训令专门以上学校自本年秋季起招收新生一律以中学毕业者为限，不得再收同等学力学生。

9月24日，训令续办第三届国语讲习所，期收国语普及之效。

10月25日，通咨各省区饬所属各国民学校组织国语研究会。

10月29日，督促湖南、广西等省区加速筹备设置国语统一会。

11月9日，通咨各省令县视学在视察时应注意国语教育，并派专员周历指导。

11 月 11 日，咨各省区催令师范学校从速加授国语。

11 月 14 日，部员因欠薪开始停止办公。

1922 年

1 月 17 日，拟以关税增加时提十分之一为教育实业经费，通电各省征求意见。

3 月 1 日，公布《筹办退款兴学委员会规程》。

3 月 8 日，修正《国语统一筹备会规程》，追加第八条第一项。

3 月 11 日，设立筹办退款兴学委员会。

4 月 25 日，通咨各省区派科员、视学参加教育部开设的教育行政讲习会。

4 月 29 日，布告注音字母书法体式。

5 月 10 日，布告《增定注意字母四声点法》。

9 月 20 日，召开学制会议。

10 月 23 日，训令北京大学整顿校风、匡救士习。

10 月 27 日，公布《推行国语教育奖励办法》。

11 月 2 日，公布《学校系统改革案》，此后二十年基本沿用此学制。

11 月 2 日，咨各省区 1924 年起检定小学教员加试注音字母、国语文、国语文法。

11 月 7 日，通咨各省区切实推行《学校系统改革案》，拟定准备期限及施行标准。

11 月 16 日，规定外国人设立学校须依法报部立案。

1923 年

1 月，设蒙藏教育委员会。

2 月 26 日，批准孔道会备案。

3 月 5 日，规定新学制实行后小学校长资格，通咨各省施行。

3 月 29 日，公布特别市教育局规程和县教育局规程。

4 月 25 日，通咨各省区教育行政机关添聘中学各科教授临时辅导专员。

5 月 29 日，颁布《实施新学制中小学校进行及补充办法》。

10 月 24 日，因政务停滞等原因，召开全体职员大会，公推代表往国务院请愿。

11 月 9 日，下令禁止女子剪发。

12 月 5 日，令各大学在无高中毕业生的情况下，各校暂依旧制设置预科。

12 月 7 日，裁撤教育调查会及实施义务教育研究会。

12 月，公布《修正委任文职序补办法》。

1924 年

1 月 12 日，布告征集中小学校各科课程标准，计有直隶、山西等七省送部。

2 月 23 日，公布《国立大学校条例》，废止此前所颁《大学令》及《大学规程》。

3 月，公布《宪政实施筹备委员会章程》。

5 月 6 日，提议京兆、热河、察哈尔、绥远设置教育厅，得到国务院批准。

6 月 2 日，通达各省区小学教员国语研究督促，小学教员检定国语科加入实施。

6 月，通令各省取缔私塾、增设学校。

7 月 26 日，《改订管理自费留学生规程》，废止 1914 年公布之暂行规程。

7 月 28 日，公布《发给留学证书规程》。

10 月，训令各女子中学校，自本年秋季始加设家事科。

12 月 31 日，公布国立大学暂设预科办法及各专门学校增设预科办法。

是年，派员视察四川、江西、湖南、湖北、江苏等省教育和赴欧美考察。

是年，规定凡教会学校未经核准备案者其毕业生投考国内各大学概不收录。

1925 年

1 月 6 日，免去东南大学校长郭秉文职，引起易长风潮。

1月6日，提议临时执政府设立京兆教育厅并获准。

1月16日，通咨各省区试用注音字母为国语拼音文字，要求各教育行政机关添设国语循环指导团。

1月，划定全国教育区域：大学分七区，高等师范分六区，小学教育每省分为八或十区，每区要设立小学120所。

1月，修正《发给证书条例》。

2月2日，成立教育行政讨论会，讨论审查关于教育行政上之重要问题。

2月13日，在善后会议上提出教育三案：教育经费独立案，教育基金宜指定专款案，小学教员应由国家补助薪金案。

2月17日，裁撤图书审定处，改设编审处。

2月23日，重行申令凡初级小学应一律用国语教科书禁用国文教科书教授。

3月12日，训令京师学务局、各省教育厅严格审核中等学校教员资格。

3月14日，公布《留日学生事务管理规程》。

3月20日，训令京师各大学及京师学务局严防共产党。

3月，公布《管理留欧学务办法》。

4月16日，修正《国立大学校条例》第10条。

4月17日，发布整饬学风令，禁止学生集会。

4月30日，公布《清理国立学校积欠委员会简章》，设立清欠委员会。

5月7日，禁止学生举行国耻纪念活动引发冲突，总长章士钊住宅被捣毁。

7月2日，公布《私立专门以上学校认可条例》。

7月18日，公布《修正捐资兴学褒奖条例》，对华侨兴学及创办、捐办社会教育者也予以褒奖。

8月1日，解散北京女子师范大学。

8月7日，公布《审定图书规程》，废止《审定教科书规程》，范围扩大至一切关于学艺之著作或发明物，平民书报等也在审定之列。

8月，正式认可私立民国大学、平民大学、华北大学、金陵大学及协和医科大学。

9 月 13 日，正式成立国立北京女子大学。

9 月 14 日，通令各省赶办义务教育。

9 月 15 日，颁布《督促师范毕业生实行服务办法》。

9 月 18 日，通令各省教育厅女子学校应根据地方情形从速增设职业科目。

9 月 28 日，咨复山东省长：加添经学，准予试行。

9 月，教育总长章士钊在《甲寅周刊》发文，公开反对白话文。

10 月 30 日，召集部务会议讨论中小学课程标准表，教育总长章士钊与部员黎锦熙等人因读经、国语等问题产生争执。

10 月，通令取缔私立大学，并对全国私立大学进行调查。

11 月 16 日，公布《外人捐资设立学校请求认可办法》，废止历年所颁各办法。

11 月 17 日，修正《学校系统改革案》，中学改为四二制，兼行三三制。

1926 年

1 月 5 日，部员开会索薪，决定查封四库全书为欠薪抵押品。

1 月 15 日，训令各省教育厅禁止学生运动。

1 月，将编译馆改为图书审定委员会，专掌审定教育图书事宜。

2 月 4 日，通告私立学校及外人捐资设立学校须按部章办理，如违反立即停办。

7 月 13 日，训令各省区：自本年度起各大学一律不准附设专门部，除大学及各专门学校、各级师范学校外，其他学校不得用附属名义设立中学或小学。

11 月 9 日，公布国音罗马字母拼音法。

是年，令国立女子大学及女子师范大学合组为国立北京女子学院，教育总长任何澄兼任院长。

1927 年

5 月 23 日，批复北京师大附中：中学男女合班教授，未便准行。

7 月 12 日，公布《教育部官制》，规定教育部直隶大元帅，管理教育学艺及历象。

7月28日，公布《京师学务局暂行组织条例》，京师学务局直隶教育部办理京师教育。

8月9日，公布《国立京师大学校筹备复会规程》。

8月27日，通令取消各校学生会及学生联合会，禁止学生在校开会。

8月31日，公布《国立京师大学校组织法》，明确办学宗旨为"保存旧道德，取法新文明"。

9月8日，通令各省教育行政机关：所辖中学以上各校"所有国文一课，勿论编纂何项讲义及课本均不准再用白话文体，以昭划一，而重国学"。

9月21日，通令将国立京师大学国学门改为国学研究馆，明确任务为整理及阐扬国学并指导研究生研究高深国学。

11月17日，公布《修正学校系统表》。

12月20日，修正《义务教育儿童检验暂行办法》。

12月20日，通咨京兆尹实施义务教育。

1928 年

1月20日，修正《专门以上学校视察委员会规程》及《修正专门以上学校视察委员会视察细则》。

2月7日，公布《专门以上学校毕业生覆试条例》。

3月7日，公布《中等学校毕业生覆试规程》。

3月28日，公布《国立京师大学学则纲要》。

4月4日，通令各校禁止体育比赛。

4月14日，公布《修正视学规程》。

4月26日，公布《学校证书条例》。

后　记

　　终于完成了本书的校稿工作，窗外冬阳正灿。本书是建立在对博士论文的进一步扩充和修改的基础上的。从浙江大学毕业之初，总感觉论文中尚有许多内容有待于进一步挖掘和阐发，还需要进一步补充和丰富，出版之事一拖再拖。正是在后续的思考中，通过社会学、行政学、组织学等学科理论的学习和借鉴，在前期对教育部本身活动研究的基础上，将其置于更为宏大的社会背景中去进行多角度的思考，并采取新的视野进行研究。正是有了这一新的思考和行动，才感觉将博士论文出版的时机成熟了，它能使自己有了前进的更为厚实和实质性的基础。这里，也有得到国家社科基金教育学项目资助的直接因素，在此首先感谢全国教育科学规划办的关心和支持。

　　我的博士论文答辩时间是 2012 年 12 月 7 日。担任答辩主席的是华东师范大学金林祥教授，委员有华东师范大学黄书光教授、浙江大学田正平教授、周谷平教授、肖朗教授、商丽浩教授、吴宣德教授，他们对我的论文都作了较好的评价，对论文此后的扩充和提升也指明了方向，为此后论文的丰富和完善直至出版树立了信心。在此，感谢他们的悉心指导和关爱。

　　我自 2009 年 9 月起进入浙江大学，师从田正平先生攻读中国教育史专业博士研究生。此时，回想起那三年半虽然艰辛但又美好的时光，很是感慨，也倍感怀念。拜至先生门下，也是缘分使然。当时我征询一位师友的意见，他问了我一句，你是想博得一个名头，还是想扎扎实实做学问，我想也没想就表示想扎实做学问，他就很明确地建议报先生的博士。目标确定了，就开始了艰辛的备考。读博之前，我已从事基础教育工作 15 年，先是在一所乡村中学从事历史教学，后在县级教育行政部门工作。由于始终放不下对学术的那份向往，虽然早期学术一度荒废，但还是毅然决然地重新树立攻读博士的志向，关键的是把久违而且久畏的英语重新拾起来。现在想想，准备考博的日子还真的蓄足了心力、绞尽了脑力、耗尽了体力，疯狂时把耳机每天挂在耳边。天道酬勤，这是人生真谛，于我来讲，运气也不错，竟然在当年浙江大学博士入学考试中听力得了 12 分，真不知是自己在那一刻有如神助，还是得到了哪位贵人冥冥中的点拨，反正是在兴奋和懵懂中跌跌撞撞进了浙江大学。

　　由于长时间与学校和学术的疏远，三年半的时光里在学术之路上走得比较困难，甚至可以说是艰辛，正是先生对我的谆谆教诲，使我一路走来从未产生放弃的念头，在先生的悉心指导下收获了较为丰硕的成果。曾记得，初入校时的迷惘在先生的指导下找到了学术海洋中的方向，明晰了入手的门径。作为一个学术基础薄弱的学生，初入学术之门的我真的很迷惘，看看都是新知，个个均系题目，这也可以写，那也可以做，及至涉及其中，才知已是熟地。直至先生说，就从自己熟悉的教育行政入手，才在迷雾中寻得方向。曾记得，在写作论文时百思不得其解之后在先生的点拨下顿开茅塞，使论文得以顺利进行。工作之后再行读博，最大的问题在于要重新进行学术训练，不仅要具备强大的资料搜集和读取能力，关键是要以严谨的学术话语进行表达，而论文的写作就是关键一环。因而我面临的最大挑战就是增强自己的话语表达的学术味，把自己既往的公文味和生活味的话语习惯作彻底的革除。这是一个极其曲折的过程，也是我博士生涯中最令先生受累的事情，甚至一个概念、一个表格都要反复琢磨和数度调整。曾记得，论文修改时那凝聚了先生心血的批注给我带来的震撼和激励，它也使我逐渐形成了严格和严谨的思考规范和行文习惯。也曾记得，在论文取得进展时先生鼓励和启发的话语使我更勇于前行，坚定了自己未来走学术之路的决心和底气。正是得益于品德高尚、学识渊博、治学严谨的先生的宽严相济的悉心培育，陋拙的我才得以初窥学术之堂奥并获益匪浅，也使我对于人生有了更深入的认识，坚定了今后的人生走向。

　　感谢浙江大学众多关心和帮助我的师长，他们包括授课老师周谷平、肖朗、商丽浩、赵卫平、阎亚军等，从他们的课中不仅得到了知识的浇灌，思想的碰撞，还有治学态度的熏陶，人格力量的感染。其他如刘正伟、吴宣德、王珏、甘露等师长，也给予了我学习和生活中的许多帮助，在此表示深深的谢意。教育学院资料室、图书馆民国文献室及过刊阅览室等处的老师也在搜集资料方面给予了热心帮助，在此一并表示感谢。感谢华东师范大学教育科学学院的丁钢、金林祥、孙培青、杜成宪、黄书光（以姓氏笔画为序）等各位教授，我的学术生涯也离不开他们所提供的精神食粮，他们在我论文写作过程中也给予了莫大的关心、指导和鼓励，在此衷心向他们致以谢意。

永远不能忘记朝夕相处的兄弟姐妹们，三年半的时光里我们共同讨论学术问题、共同享受学术人生，高兴时举杯庆祝，困难时相互扶持。学习之余结伴，我们还纵情浏览和欣赏美丽的杭州风光，使这三年半成为人生中一段美好的时光，他们的名字虽然不在此一一列举，但永记我心。深深感谢我的亲友和家人，正是他们多年来对我的精神鼓励和物质帮助，使我得以顺利完成学业。特别是我的妻子在辛勤工作的同时还要照顾一双未成年儿女，她的支持和督促成为我最大的精神支撑和完成学业的重要动力。

入职湖州师范学院之后，工作和学术上都得到了众多师长、同事和朋友的关爱和支持，金佩华书记、刘剑虹书记、张立钦校长等校领导，马志和教授、舒志定教授、李勇教授、李学功教授、沈月娣教授、刘世清教授、李文兵教授等一众师长，部门的李娟博士、朱高风老师，以及各学院和各部门的同事们，还有学界和期刊界的诸多好友等，他们在各方面给予了我无私的帮助，本书得以出版，离不开他们的直接关心，在此深致谢意。

阎登科

2019 年 12 月于湖州余家漾汀洲之畔